생명 나무

소강석 지음

쿰란출판사

추천사

　인간의 모든 삶은 창조주 하나님과 맺은 언약의 관계에서 이루어집니다. 이 관계의 틀 속에서 인간의 신분과 책임이 결정되며 삶의 방향이 설정됩니다. 이 관계 속에서 인간은 하나님 중심의 순종적 삶을 살아야 하며 하나님께서 부여하신 책임을 이행하면서 하나님을 섬기고 찬양하고 경배하며 하나님을 영광스럽게 해야 합니다. 그러나 하나님은 인간을 무의식적인 기계의 부속품처럼 창조하셔서 기계적으로 이러한 삶을 살게 하신 것이 아니라, 하나님 자신의 모양과 형상에 따라 창조된 인간에게는 하나님의 통치적 기능과 그의 성품과 인격이 반영되어 있으므로 인간이 자율적으로 판단하여 능동적이면서도 열정적으로 이러한 삶을 살도록 하셨습니다.

　바로 여기에 하나님 앞에서 순종과 불순종의 문제가 등장하며 인간은 스스로 둘 중 하나를 선택해야 하는 것입니다. 또한 하나님 중심이냐 인간 중심이냐도 스스로 자발적으로 판단하고 결정해서 자신의 기본적 삶을 살아가야 합니다. 성경에 기록된 인간의 삶의 역사를 보면 불순종의 삶은 그 인생을 파멸에 이르게 합니다(아담). 하나님 중심의 순종적인 삶은 그 인생을 완성시킵니다(둘째 아담인 예수님). 만약 성도들이 이 세상에 사는 동안 자신의 인생을 완성하고 영광스럽게 살려고 하면 인간은 끊임없이 이에 대한 올바른 이해와 그것을 실천할 수 있도록 훈련을 받아야 합니다.

저자는 이미 《선악과와 생명나무》란 책을 저술하여 이 문제를 성경신학적으로 해설하였고, 또 목회적 상황에 적용하여 성도들의 삶을 하나님 앞에서 축복 받고 풍성하게 하는 진정한 길이 무엇인가를 잘 설명해 주었습니다. 그리고 그동안 이를 기초로 목회자를 위한 생명나무 목회 세미나와 생명나무 신학 심포지엄을 이끌면서 이의 목회적 적용과 그 확산운동을 주도해 왔습니다. 저자는 여기서 얻은 경험과 통찰력을 바탕으로 이번에는 이를 더욱 심도있게 보강하여 《생명나무》란 제하에, 성경 전체에 골고루 펼쳐져 있는 생명나무와 선악과나무의 교훈을 정리해서 저술하였습니다.

이 새로운 책에서 저자는 더 세련된 신학적인 체계와 보다 깊은 성경신학적, 목회적, 영적 통찰력을 발휘하여 이를 정리하였고, 또 저자의 특유의 해학과 위트가 넘치는 문장력과 시적인 표현을 구사하여 저술함으로 독자들로 하여금 깊고도 난해한 신학적 내용을 쉽고 재미있게 읽을 수 있게 하였습니다. 그래서 이 책을 읽는 동안 마음의 밑바닥에서 우러나는 감동과 영적 감화를 받게 하며, 생명나무의 삶을 살아야겠다는 새로운 결의를 다지게 하고 있습니다. 더욱이 이 책에서 오늘날 한국 교회와 성도들이 직면하는 많은 문제를 염두에 두고 이를 해결하는 구체적인 대안을 제시하고 있습니다.

현재 한국교회는 과거 어느 때보다 수없이 많은 문제의 늪에 빠져 있고, 심각한 위기에 직면해 있습니다. 이것은 단순히 교역자에게만 책임을 돌릴 수 없다는 데 그 심각성이 있습니다. 교역자와 평신도가 모두 총체적으로 부정과 부패, 사치와 방탕, 분열과 갈등을 조장하면서 교회의 순결성과 권위와 영광이 급속도로 현저하게 떨어지고 있습니다. 저자는 그리스도와 성령과 하나님의 말씀을 통한 생명나무의 삶이 이 위기를 타개할 대안이라고 역설합니다.

생명나무의 삶으로 요약되는 하나님 앞에서의 순종의 삶만이 하나님의 축복을 누리게 하고 인간의 삶을 성숙되고도 능력있게 해주며 궁극적으로 인생을 완성시키는 비결임을 성경이 일관성있게 가르치며 요구하는 이상 이 책은 교역자나 평신도, 신학자를 불문하고 꼭 읽어야 할 유익한 책임을 확신합니다. 이 책을 통하여 많은 독자들이 삶에 대한 새로운 지평을 열어가고 위기에 처한 한국교회가 새롭게 회복되고 성숙되는 계기가 이루어지기를 소망합니다.

2012년 9월 1일
(전)총신대학교 총장 김인환

추천사

　설교자의 영광은 하나님의 구원 경륜을 선포하는 것입니다. 설교자의 특권은 하나님의 창조 경륜을 구원 경륜과 합해서 설교하는 것입니다. 이 두 경륜을 바르게 이해하고 설교할 수 있는 것은 특별한 신학적 이해와 통찰력이 없으면 안 되는 일입니다. 그런데 설교자 소강석 목사님이 이런 탁월한 신학적 이해를 설교에 적용하고 있습니다. 그냥 설교자가 아니라 탁월한 신학자의 경지입니다. 신학자가 평생 연구해도 도달하지 못할 깊고 높은 신학적 이해입니다. 하나님의 창조 경륜과 구원 경륜을 깊이 이해하여 아주 쉽게 풀어 설교한 것이 소강석 목사의 생명나무 연속 설교입니다. 너무 쉽게 풀어 설교함으로써 하나님의 창조 경륜과 구원 경륜을 제시하고 있다는 것을 알아차리지 못할 정도입니다.

　나아가 믿는 사람들에게 살아있어 역사하는 옛사람의 처리법도 바울이 가르친 대로 힘있게 제시하고 있습니다. 많은 설교자들이 놓치는 부분입니다. 옛사람을 처리하는 법은 자기, 곧 옛사람을 십자가에 못 박아 옛사람이 죽었다고 선언하는 것입니다. 죄 용서와 구원을 말하는 것이 복음의 앞부분이라면 옛사람을 처분하여 온전한 새사람으로 살도록 하는 것이 복음의 다음 부분입니다. 이 둘을 합쳐야 그리스도인들이 해방을 누리며 그리스도를 왕으로 모시는 삶을 살 수 있습니다.

설교자 소강석 목사님은 우리에게 절실하게 필요한 복음의 내용을 제시하고 있습니다. 또한 그의 설교에는 다른 면이 있습니다. 성경을 깊이 연구하고 그 배경들도 연구하여 이방종교의 신들의 허상을 잘 밝히고 있는 점입니다. 이로써 우리의 설교자가 강조하는 것은 성경적인 기독교만이 복음이고 다른 종교들은 헛것이라는 것을 바르게 밝혀주고 있는 점입니다. 보통 설교자가 도저히 감심할 수 없는 신학작업을 계속하고 있습니다.

우리 한번 그의 설교들을 따라가보지 않겠습니까? 창조주 하나님은 첫 인류와 언약을 맺으사 그들과 그 후손들을 하나님의 백성으로 삼으셨습니다. 언약체결로 그들은 하나님의 백성으로서 하나님을 잘 섬기며 하나님의 창조를 계발하였습니다. 이렇게 아름다운 삶을 살다가 유혹자의 부추김을 받았습니다. 스스로 선악을 판단하고 결정하는 자주자가 되라고 부추겼습니다. 이 부추김을 따라 아담과 하와는 하나님처럼 선악 판단을 스스로 하는 자주자가 되기로 하였습니다.

이로써 그들은 하나님을 섬기는 것을 거부하였습니다. 그것은 바로 반역죄였습니다. 이렇게 반역죄를 지음으로 죽음과 저주를 받아 영원히 죽게 되었습니다. 자주자가 된 것이 아니라 죄와 죽음의 종이 되었습니다. 그렇지만 하나님은 범죄한 백성들을 불쌍히 여기셨습니다. 하나님은 아들을 보내사 죄와 죽음에서 구원해내셨습니다. 하나님의 아들이 사람이 되어 십자가에서 피 흘려 죽으심으로 범죄한 백성들을 죄와 죽음에서 구출하였습니다. 그리스도의 피로 구출받아서 죄와 죽음에서 놓여나 영생에 이르게 된 자들이 교회를 이루었습니다. 죄와 죽음에서 놓여나 다시 하나님의 백성으로 회복된 사람들의 모임이 교회입니다. 교회에서는 주 예수를 믿는 믿음을 첫째로 하고 하나님 섬김을 제일의 본분으로 삼고 살아야 합니다.

그러나 다시 하나님의 백성으로 회복된 사람들이 교회에서 믿음 생활을 할 때 어떻게 합니까? 무슨 일을 만나든지 주 예수를 믿는 믿음을 첫째로 하고 하나님 섬김을 근본 본분으로 삼고 살아야 하는데 많은 경우 그렇지 못합니다. 비록 그리스도의 피로 깨끗해지고 새사람이 되었어도 옛사람의 법으로 살기를 좋아합니다. 첫 반역을 저지른 백성들의 후손이므로 반역의 기질이 남아 있습니다. 그래서 교회 생활에서 믿음을 첫째로 하고 하나님 섬김을 근본으로 삼지 못하고 선악 판단과 시비를 먼저 합니다.

선악 판단과 시비를 첫째로 하는 것은 선악과 나무를 선택하는 것입니다. 아담과 하와가 선악 판단을 스스로 하기로 결정할 때 자기의 이성으로 하였습니다. 자기들도 자기의 판단으로 하나님처럼 선악 판단을 바르게 할 줄로 여긴 것입니다. 자기들의 능력도 그만큼 탁월하다는 생각을 갖게 된 것입니다. 그래서 선악 판단을 스스로 하기로 하여 멸망에 이르렀습니다. 지금은 다릅니까? 교회에서 자기의 선악 판단을 앞세워 모든 것을 판단하고 결정하면 하나님을 믿고 순종하는 삶을 거절하는 것입니다. 그것은 자기의 우월함을 과시하는 것이므로 믿음의 법으로 하는 일이 아닙니다. 교회생활에서 선악 판단과 시비를 첫째로 하는 것은 인간적인 지식과 기준을 앞세우는 것이고 하나님의 말씀의 가르침을 따라 믿는 믿음의 법으로 하는 것이 아닙니다.

그러면 믿음이 뒤로 물러가고 자라지 못하고 불평과 불만만 가득하게 됩니다. 불평과 불만을 털어놓고 자기의 선악 판단으로 모든 것을 판결하면 교회가 빛을 잃고 생명을 잃습니다. 세상적인 기준과 잣대가 믿음의 공동체를 지배합니다. 이럴 경우 교회에 싸움이 크게 나고 세상의 조롱거리가 됩니다. 자기 과시로 인해 쾌감을 누리고 자기 잘난 것을 드러내게 되어 기뻐할지는 모릅니다. 그러나 그 사람의 믿음은 결단나고 교회는 교회이기가 어렵게 됩니다.

이런 방식은 생명나무이신 예수 그리스도를 믿는 믿음으로 사는 것이 아닙니다. 옛사람이 사탄의 충동을 받아서 일으킨 것입니다. 그러므로 믿음생활과 교회생활에서 선악 시비를 먼저로 하는 것은 선악과 나무를 택하는 것입니다. 그러지 말고 믿음과 생명의 길인 생명나무를 택하고 붙잡아야 합니다. 그래도 옛사람이 살아있어서 자기과시욕이 늘 나타나 자기의 선악 지식과 판단으로 선악 시비를 하고 싶은데 어떻게 합니까? 선악과 나무를 늘 선택하고 싶은 근본 원인을 설교자 소강석 목사님은 옛사람을 처분하지 못한 것에 있음을 간파하였습니다.

따라서 옛사람의 처리법도 성경대로 제시를 합니다. 그리스도의 십자가에 그리스도인이 자기의 옛사람을 못 박아야 합니다. 그래서 나는 죽고 그리스도께서 내 안에 사시게 해야 합니다. 곧 성숙한 그리스도인이 되어 그리스도를 왕으로 모시고 살아야 합니다. 옛사람을 그리스도의 십자가에 못 박아 처분해서 죽었다고 선언하는 것은 처절한 체험과 성령의 조명으로만 얻을 수 있는 진리입니다.

바로 사도 바울이 체험하고 선언하며 가르친 내용입니다. 많은 설교자들이 놓친 부분을 소강석 목사님은 현대에 와서 다시 살려냈습니다. 그래서 옛사람의 처리법을 힘있게 선포합니다. 성경의 가르침의 이해와 깊은 신학적 통찰을 설교에 잘 적용한 설교의 전범입니다. 왜냐하면 로마서에서 바울이 제시한 것을 설교에 적용하여 그리스도인들로 해방과 기쁨을 누리며 살도록 가르쳐주고 있기 때문입니다.

이 본질적인 내용이 생명나무 연속설교에서 소강석 목사님이 피맺히게 부르짖는 말씀입니다. 우리 모두 이 부르짖음에 귀기울여야 합니다. 널리 읽고 다같이 한번 적용할 수 있기 바랍니다. 그러면 설교가 큰 힘을 얻고 성도들로 생명의 희열을 누리게 할 것입니다.

2012년 9월 1일
(전)총신대 신대원장 겸 부총장, (현)한영신대 석좌교수 서철원

추천사

　소강석 목사님이 금번에 집필한 《생명나무》는 성경에 계시된 생명나무를 주제로 하여 전체 22장에 펼쳐놓은 한 편의 드라마 같은 책입니다. 각 장마다 관련 본문을 미리 제시하여 독자들로 하여금 성경의 정황에 미리 주의하도록 배려한 특징이 있기도 하지만, 또한 동시에 늘 전체적인 생명나무 드라마에 독자들을 묶어놓고 있습니다.

　성경에서 생명나무는 창세기 2장 9절에 처음 등장하여 창세기 3장 24절까지 계속됩니다. 그리고 창세기 기록 외에도 잠언 3장 18절, 11장 30절, 13장 12절, 15장 4절에 나타나고, 신약성경에는 요한계시록 2장과 22장에 다시 나타나고 있습니다.

　소 목사님이 이 저서에서 일차적으로 말하고자 하는 것은 생명나무의 신학적 의미를 밝히는 것이 아닙니다. 오히려 개혁신학을 사랑하는 한 목회자의 신학적 묵상이라고 해야 옳을 것입니다. 목사님은 이 일을 시작하면서 첫 사람 아담과 하와가 살던 에덴동산에서 시작하고 있습니다. 목사님은 궁극적으로 생명나무를 말하되, 에덴동산에 주어진 선악을 알게 하는 나무와 대조하고 비교하여 그 의미와 교훈을 묵상을 통해 풀어내고 있습니다. 목사님이 이 책의 서론 부분에서 "생명나무는 제 목회 철학의 심장과도 같습니다"라고 한 말을 기억할 수 있기를 바랍니다.

　에덴동산에서 생명나무와 선악을 알게 하는 나무는 각각 창조주 하나님과 창조함을 받은 인간 사이의 밀접하고 나뉠 수 없는 관계를 표시하는 표지들입니다. 에덴동산에서 사람은 하나님의 대리적 통치자로서 만물을 정복하고 다스리는 명령을 받았습니다. 그리고 아담은 인류의 혈통적 머리이면서 동시에 언약의 대표로서 그 자신이 하나님께서 정하신 대로 하나님과의 언약(행위 언약 또는 생명의 언약)에 순종할 책임이 있습니다.

　우리가 그 이름을 무엇이라 부르든지 에덴동산에서 하나님과 첫 사람 아담과의 관계는 언약관계였음이 분명합니다. 아담은 하나님이 정하신 동안 이 언약에 충실하고 절대 순종할 책임이 있으며, 어기는 경우 죽음의 형벌이 선포되었습니다. 사람은 하나님과의 바른 관계를 유지하고 살기 위해 당연히 하나님과 그의 명령을 순종하고(생명나무로 표시), 죽음의 길(선악을 알게 하는 나무로 표시)을 택하지 말아야 했습니다. 바로 여기에서 소 목사님의 신학적 묵상이 시작됩니다.

　첫 사람 아담에게 주어진 언약(행위언약)은 계속되지도 않고 반복되지도 않습니다. 그것은 첫 사람 아담에게만 주어진 언약입니다(롬 5:12-21). 아담의 불순종으로 아담 이후의 모든 사람에게 죄와 죽음이 이르게 되었고, 이것은 마지막 아담이신 예수 그리스도의 죽음과 부활로 절정을 이룬 구속사역으로 말미암아 예수 그리스도를 믿는 자들에게 죄 용서함과 하나님의 자녀 됨과 영생을 선물로 받는 구원의 은총이 주어지게 된 것입니다.

동시에 첫 사람 아담에게 요구하셨던 하나님과 하나님의 명령에 대한 순종은 오늘 우리 믿는 자에게 계속적으로 요구된다는 사실을 기억하는 것이 좋겠습니다. 하나님의 명령은 죄와 죽음이 들어오기 전 아담의 타락 전에 우리 인류의 혈통적 머리요 언약의 머리인 아담에게 주어진 것이기 때문입니다. 그러므로 아담의 후손인 사람은 신자든, 불신자든 하나님을 떠나서는 살 수 없는 존재인 동시에, 하나님과 하나님의 명령 앞에 선 책임 있는 존재입니다.

우리는 아담처럼 대표적 성격은 없습니다. 첫 사람 아담과의 언약은 계속되거나 반복되지 않습니다. 그 자체로서 끝났습니다. 그러나, 하나님께서 사람의 타락 전에 친히 요구하신 하나님과 하나님의 명령에 대한 순종은 사람에게 그대로 남아 계속된다는 사실도 중요합니다. 개혁신학을 사랑하는 소 목사님은 행위언약의 단회성을 부인하지 않으면서도, 성경에서 계시한 생명나무와 선악을 알게 하는 나무의 신학적 의미를 목회자의 필치로 담담하게 풀어가고 있다는 데 이 책의 신선한 재미가 있습니다. 소 목사님은 생명나무의 관점으로 언약신학을 목회에 훌륭하게 접목하였고 설교로 그 꽃을 피웠습니다.

특히 소 목사님은 한국교회에 대한 사회적인 불신이 짙어가는 이런 때에 교회가 당면한 정황뿐만 아니라 또한 이 민족이 처한 사회적인 갈등과 다툼과 대립을 선악과의 마인드로 조명하고, 이것의 회복을 위해 생명나무의 본질과 하나님의 언약으로 돌아가야 할 것을 제시하고 있습니다. 이 땅의 그리스도의 몸인 교회에 영적, 사역적 생명력의 회복을 역설하고 있습니다.

아무쪼록 이 책을 읽는 독자들이 이 책을 통하여 도전받고, 코람 데오의 삶(하나님의 면전에서 사는 삶)으로 돌아가서, 이 땅 대한민국 조국과 민족의 등불이 되어 민족복음화와 세계선교의 장을 열어가는 사람들이 되기를 기원합니다.

2012년 9월 1일
총신대학교 대학원장 김길성

머리말

생명나무를 생각할 때마다 심장이 뜁니다. 저는 생명나무 신앙을 붙잡고 여기까지 달려왔습니다. 생명나무야말로 제 목회의 다이아몬드요, 이정표요, 축복의 마스터키와도 같은 보화입니다.

제 머릿속에는 창세기에서부터 요한계시록에 이르기까지 통전적으로 펼쳐지는 생명나무 드라마가 선명하게 보입니다. 그것은 가슴 설레는 장엄한 한 편의 대서사시요, 푸른 강물처럼 창일하게 흘러가는 생명의 대역사요, 내면에서 끊임없이 솟아나고 또 솟아나는 마르지 않는 샘물입니다.

이 책은 생명나무에 관한 신학적 기초와 이론, 목회적 마인드와 실용성, 신앙생활의 실제적 적용 등 생명나무에 관련된 모든 것을 집대성한 값진 보고(寶庫)라고 할 수 있습니다. 그런 의미에서 《생명나무》를 저술하게 해주신 하나님께 감사와 영광을 올려 드립니다.

지금 한국 교회는 혼돈과 공허의 블랙홀에 빠져 표류하고 있습니다. 사회적 이미지는 실추되고, 서로 기득권을 잡기 위한 끊임없는 분열과 갈등, 욕망의 충돌을 일으키고 있습니다. 교회의 영광성과 거룩성은 땅바닥까지 추락하고, 성도들의 심령은 갈기갈기 찢긴 채 피투성이가 되어 신음하고 있습니다. 이 모든 다툼과 파괴의 근원에는 선악과적인 마인드가 자리 잡고 있습니다. 그러므로 우리는 다시 생명나무를 바로 알고, 생명나무 신앙으로 돌아가야 합니다.

물론 에덴 동산의 선악과와 생명나무 사건은 창세기 2장과 3장의 사건으로 이미 종결되었습니다. 지금 우리 앞에 존재하지 않습니다. 에덴 동산도 없습니다. 우리는 지금 예수 그리스도의 완성된 구속의 빛 안에서 거듭난 하나님의 자녀로 살아가고 있습니다.

그럼에도 불구하고 우리는 선악과 나무와 생명나무를 공부해야 할 필요가 있습니다. 왜냐하면 사탄이 선악과 사건의 패러다임을 가지고 지금도 끊임없이 우리를 유혹해 오고 있으며, 생명나무의 교훈은 지금도 우리의 신앙생활에 생명의 교훈을 주고 있기 때문입니다.

이 한 권의 책을 통하여서 한국 교회의 영광성과 거룩성을 회복하고 다시 새롭게 부흥하는 도전과 희망을 줄 수 있기를 기대합니다. 절망과 도탄에 빠진 성도들이 다시 꿈과 희망을 가지고 일어서는 생명의 역사가 일어나기를 기도합니다. 생명나무는 부족한 종의 심장과도 같은 목회 원리요, 신앙 원리입니다. 앞으로도 생명나무 신앙을 노래하며 행복하게 달려갈 것입니다.

새에덴교회 장로님들과 성도들, 그리고 믿음의 어머니 정금성 권사님, 아내 배정숙 사모, 원고 교정을 위해 수고해 준 동역자 선광현 목사님, 신학적 조언과 이론으로 조력해 준 이희성 목사님, 쿰란출판사 이형규 장로님께 감사드립니다. 이 책의 출간을 통하여 한국 교회에 생명나무 신앙 운동이 일어나고 생명나무 목회로 전환하는 교회들이 많이 나타나기를 기도합니다.

2012년 9월 1일
새에덴교회 담임목사 소강석

목 차

추천사 - 김인환 (전)총신대학교 총장 ·· 2
추천사 - 서철원 (전)총신대 신대원장 겸 부총장, (현)한영신대 석좌교수 ··· 5
추천사 - 김길성 총신대학교 대학원장 ·· 11
머리말 ··· 15

1. 하나님은 왜 에덴 동산을 지으셨는가? (창 2:8-17) ················ 21

2. 다시 에덴 동산으로 가는 길 (창 3:15-21) ······························· 43

3. 선악과나무의 의미와 교훈 1 (창 2:16-17) ······························· 67

4. 선악과나무의 의미와 교훈 2 (창 2:16-17) ······························· 89

5. 생명나무의 의미와 교훈 1 (창 2:16-17) ································· 109

6. 생명나무의 의미와 교훈 2 (창 2:16-17) ································· 131

7. 선악과를 선택한 결과 1 (창 3:6-14) ······································ 157

8. 선악과를 선택한 결과 2 (창 3:6-14) ······································ 177

9. 생명나무를 선택한 결과 1 (창 3:22-24) ································ 197

10. 생명나무를 선택한 결과 2 (창 3:22-24) ······················ 217

11. 생명나무를 선택한 결과 3 (창 3:22-24) ······················ 239

12. 선악과를 선택한 사람들 1 - 함 (창 9:20-27) ················ 275

13. 선악과를 선택한 사람들 2 - 고라, 다단, 아비람, 온 (민 16:1-11) 295

14. 선악과를 선택한 사람들 3 - 사울 (삼상 13:8-14) ············ 317

15. 생명나무를 선택한 사람들 1 - 다윗 (삼상 30:1-10) ·········· 337

16. 생명나무를 선택한 사람들 2 - 마리아 (눅 10:38-42) ········· 359

17. 음녀의 금잔을 조심하라 (계 17:1-5) ························ 379

18. 어떻게 생명나무를 선택할 것인가 1 (갈 2:20) ··············· 401

19. 어떻게 생명나무를 선택할 것인가 2 (갈 2:20) ··············· 423

20. 교회 갈등, 생명나무로 해결하라 (고전 1:10-17) ············· 443

21. 생명나무로 교회의 영광을 회복하라 (엡 1:21-23) ············ 463

22. 성도여, 영원히 생명나무를! (계 22:1-5) ···················· 483

1. 하나님은 왜 에덴 동산을 지으셨는가?

"여호와 하나님이 동방의 에덴에 동산을 창설하시고 그 지으신 사람을 거기 두시니라 여호와 하나님이 그 땅에서 보기에 아름답고 먹기에 좋은 나무가 나게 하시니 동산 가운데에는 생명나무와 선악을 알게 하는 나무도 있더라 강이 에덴에서 흘러나와 동산을 적시고 거기서부터 갈라져 네 근원이 되었으니 첫째의 이름은 비손이라 금이 있는 하윌라 온 땅을 둘렀으며 그 땅의 금은 순금이요 그곳에는 베델리엄과 호마노도 있으며 둘째 강의 이름은 기혼이라 구스 온 땅을 둘렀고 셋째 강의 이름은 힛데겔이라 앗수르 동쪽으로 흘렀으며 넷째 강은 유브라데더라 여호와 하나님이 그 사람을 이끌어 에덴 동산에 두어 그것을 경작하며 지키게 하시고 여호와 하나님이 그 사람에게 명하여 이르시되 동산 각종 나무의 열매는 네가 임의로 먹되 선악을 알게 하는 나무의 열매는 먹지 말라 네가 먹는 날에는 반드시 죽으리라 하시니라"(창 2:8-17)

생명나무는 제 목회 철학의 심장과 같습니다. 그야말로 저의 인생은 생명나무 인생이요, 목회 또한 생명나무 목회라고 할 수 있습니다. 생명나무를 사모하며 눈을 떴고, 생명나무를 묵상하며 잠들었습니다. 생명나무 숲을 거닐며 여기까지 달려왔습니다. 그리고 생명나무에 대한 깊은 통찰력과 깨달음을 얻은 후에 성도들에게 목숨을 걸고 생명나무를 외쳤고, 생명나무 신앙을 훈련시켰습니다. 그래서 제 목회는 더욱 든든하게 생명이 꽃피고 왕성하게 되었습니다.

뿐만 아니라 생명나무 컨퍼런스를 통해 1만 명 이상에 달하는 목회자들에게 생명나무 목회를 전하며, 어떻게든지 한국 교회의 영광성과 거룩성을 회복시키고자 몸부림 쳤습니다.

그런데 시간이 갈수록 생명나무 신학에 대한 더 깊은 통찰력과 넓은 안목이 생기기 시작했습니다. 구원사적이고 언약 신학적인 관점에서, 그리고 하나님의 도성과 하나님의 나라 관점에서 생명나무 신학이 더 폭넓고 더 깊이 체계화되기 시작한 것입니다. 뿐만 아니라, 구원의 서정적인 측면과 교회론적 적용에 있어서도 더 성숙하게 설명할 수 있게 되었습니다. 그래서 이제 좀더 업그레이드된 신학적 기초와 현대 사상, 신앙의 실제적인 적용을 종합하여 집대성한 생명나무 역작을 기술하게 되었습니다.

천지 창조, 왕적 통치의 서곡

태초에 하나님이 천지를 창조하셨습니다. 당신의 지혜와 권능으로, 당신의 계획과 경륜대로 천지를 창조하셨습니다. 왜 하나님께서 천지를 창조하셨을까요? 그것은 당신의 왕권을 온 우주에 행사하시고, 피조 세계로부터 영광을 받으시기 위해서였습니다.[1] 그래서 성경에는 하나님의 왕적 통치를 설명하는 곳이 많이 있습니다.

> "여호와께서 다스리시니 스스로 권위를 입으셨도다 여호와께서 능력의 옷을 입으시며 띠를 띠셨으므로 세계도 견고히 서서 흔들리지 아니하는도다"(시 93:1).

> "여호와께서 다스리시나니 땅은 즐거워하며 허다한 섬은 기뻐할지어다 구름과 흑암이 그를 둘렀고 의와 공평이 그의 보좌의 기초로다"(시 97:1-2).

> "보좌에 앉으신 이가 이르시되 보라 내가 만물을 새롭게 하노라 하시고 또 이르시되 이 말은 신실하고 참되니 기록하라 하시고"(계 21:5).

바로 이 일을 위하여 하나님께서는 인간을 하나님의 형상대로 창조하셨습니다. 인간을 창조하여, 먼저는 하나님을 섬기고 찬양하게 하셨습니다. 그리고 인간을 하나님의 대리적 통치자로 세우셔서 창조 세계를 관리하고 다스리도록 하셨습니다.[2]

---

1) Willem VanGemeren, *The Progressive of Redemption* (Grand Rapids: Baker Books, 2000), 56-58. 벤게메렌 교수는, 하나님의 창조는 오직 하나님 한 분만이 창조의 왕이심을 전제로 한다고 말한다. 존 H. 스택,《구약 신학: 본문과 해석》, 류호준 편역(서울: 솔로몬, 2000), 243-44. 시편에 나타난 하나님의 왕권에 대해서는 다음을 참조하라. David M. Howard, Jr., "Psalm 94 among the Kingship-of-Yhwh Psalms," *CBQ* 61 (1999): 667-85.

2) 고대 근동의 자료에 의하면, 형상과 모양이란 용어가 다스림의 뉘앙스를 가지고 있다는 것을 발견하게 된다. 아람의 텔 페케리에 비문(Tell Fekheriye Inscription)에는 창세기 1장 26-27절에서 사용된 "형상"(צלם)과 "모양"(דמות)이라는 동일한 용어가 나타난다. 비문에서 이 두 용어들은 특정한 지역에 대한 왕의 권위를 나타내기 위해 세운 왕의 형상(statue)을 언급하는 데 사용되었다. John Walton, *Ancient Near Eastern Thought and the Old Testament: Introducing the Conceptual World of the Hebrew Bible* (Grand Rapids: Baker Academic, 2006), 212.

1. 하나님은 왜 에덴 동산을 지으셨는가?

"하나님이 이르시되 우리의 형상을 따라 우리의 모양대로 우리가 사람을 만들고 그들로 바다의 물고기와 하늘의 새와 가축과 온 땅과 땅에 기는 모든 것을 다스리게 하자 하시고"(창 1:26).

이처럼 하나님께서 인간을 당신의 형상과 모양대로 만드셔서 창조 역사의 한 중심에 세우셨습니다. 그리고 인간에게 창조 세계를 다스리고 정복하는 임무를 맡기신 것입니다. 다시 말하면, 인간은 하나님을 섬기고 찬양할 뿐만 아니라 하나님을 대신해서 창조 세계를 다스리고 보존하는 하나님의 대리 통치자로 세움을 받았던 것입니다.

하나님의 창조 세계가 하나님의 영광을 드러내고 찬양하는 기능을 갖고 있다면, 하나님의 섬김의 자리라는 큰 의의를 갖습니다. 더구나 하나님의 왕적인 통치가 나타나고 실현되는 곳이라면 더 큰 의의를 가졌을 것입니다.

거기다가 바로 여기에 아담이 하나님을 찬양하고 창조를 성별해 드리는 제사장으로 세워졌습니다. 그러니까 온 우주 가운데 특히 인간이 사는 지구는 하나님의 성전으로서의 기능을 갖게 되었다는 말입니다. 다시 말하면, 이 지구라고 하는 곳은 하나님을 섬기는 성소이자 신인 교제의 장소였습니다. 그리고 하나님이 온 우주를 다스리시는 왕적 통치의 중심이 되었던 것입니다.

신인 교제의 성전, 에덴 동산

그런데 이 지구 중에서도 첫 인류가 거처로 배정받은 곳이 바로 에덴 동산입니다. 그러므로 에덴 동산은 하나님의 성전 중의 성전이라고 할 수 있습니다. 왜냐하면 거기에는 하나님의 성전의 특성이 모두 집중되어 있었기 때문입니다.[3)]

그래서 하나님은 에덴 동산을 특별하게 지으시고, 성별되게 관리하셨습니다. 그리고 하나님은 아담을 창조하셔서 아담으로 하여금 에덴에 살게 하셨습니다. 그곳은 아담이 살기에 모든 것이 풍성하였습니다. 아담이 사는 데 아무 부족함이 없도록 해 두셨습니다.

거기에는 전혀 오염되지 않는 물이 흐르고 있었습니다. 아니, 강이 네 근원이나 생길 정도로 생수가 풍성한 곳이었습니다. 게다가 각종 과일이 넘쳐났고 주위 환경은 무척 아름다웠습니다. 뿐만 아니라 각종 금은보석들이 많았고, 아담과 함께 찬양하고 섬기는 들짐승도 많았습니다.

"강이 에덴에서 흘러나와 동산을 적시고 거기서부터 갈라져 네 근원이 되었으니"(창 2:10).

"그 땅의 금은 순금이요 그곳에는 베델리엄과 호마노도 있으며"(창 2:12).

---

3) 이것은 세계적인 신학자요 필자의 신학교 은사이신 서철원 박사님의 가르침이기도 하다. 서철원, "낙원, 성전, 성육신," 〈신학지남〉 73 (2006): 10. 서철원,《창세기 1》(서울: 그리심, 2001), 109-110. 또한 다음의 글을 참조하라. William J. Dumbrell, "Genesis 2:1-17: A Foreshadowing of the New Creation," in *Biblical Theology: Retrospect & Prospect* (Downers Grove: IVP Academic: 2002), 53-65; Margaret Barker, *Temple Theology: An Introduction* (London: SPCK, 2004), 16-24. 에덴에서 인간은 하나님을 만나고 함께 걷고 교제를 나누었다. 성전으로서 에덴 동산은 하늘과 땅 사이의 축이었다. 또한 종말론적인 새 예루살렘 성전은 에덴 동산의 이미지로 설명되고 있다.

"여호와 하나님이 흙으로 각종 들짐승과 공중의 각종 새를 지으시고 아담이 무엇이라고 부르나 보시려고 그것들을 그에게로 이끌어 가시니 아담이 각 생물을 부르는 것이 곧 그 이름이 되었더라"(창 2:19).

그러나 거기서 아담이 풍족하게 살도록 하는 것이 에덴 동산을 창조하신 하나님의 온전한 목적은 아니었습니다. 에덴 동산은 우선적으로 하나님이 왕이 되셔서 주권적 통치를 하시는 곳입니다. 그리고 아담에게는 그곳에서 하나님을 섬기는 제사장이자 대리 통치자로 사는 영광과 책임이 있었습니다. 또한 아담에게는 하나님의 무한하신 창조를 선포하고 해석하고 설명하는 선지자로서의 사명과 책무가 있었습니다.[4]

그러니 에덴 동산은 인류 최초의 낙원이요, 성전이라 할 수밖에 없는 것입니다. 에덴 동산은 하나님이 충만히 임재하신 곳이었기 때문에 아담은 눈만 감으면 하나님의 임재를 느낄 수 있었습니다. 아니, 눈을 뜨고도 그는 하나님의 임재하심을 바라볼 수 있었습니다.

동산 안에 있는 나무와 새소리, 그리고 온갖 짐승들의 모습만 보더라도 하나님의 창조의 영광을 찬양하지 않을 수 없었습니다. 시내에서 흐르는 물소리만 들어도 그 속에서 하나님의 음성을 들을 수 있었을 것입니다. 그리고 푸른 하늘을 바라보고 신선한 공기를 가슴 깊이 마실 때마다 하나님의 영광스러운 임재와 손길을 느끼고도 남았을 것입니다.

---

4) 서철원, "낙원, 성전, 성육신," 〈신학지남〉 73 (2006): 10.

그러니 아담은 입만 벌렸다 하면 모든 창조 만물을 향하여 하나님의 창조의 영광을 선포하고 설명하였을 것입니다. 그리고 두 팔을 들고 벅찬 가슴과 감동에 젖은 목젖으로, 그리고 촉촉한 눈동자로 이렇게 하나님을 찬양하였을 것입니다.

> ♪ 주 하나님 지으신 모든 세계 내 마음속에 그리어 볼 때
> 하늘의 별 울려 퍼지는 뇌성 주님의 권능 우주에 찼네
> 주님의 높고 위대하심을 내 영혼이 찬양하네
> 주님의 높고 위대하심을 내 영혼이 찬양하네

그러므로 에덴 동산은 하나님의 최초의 성전일 뿐만 아니라 하나님 나라의 시작이고 모판이며, 시범 장소라고 할 수 있습니다. 하나님은 에덴 동산에서 하나님의 성전과 하나님의 나라를 모판처럼 시작하셨다는 말입니다.

하나님 나라의 모판

지금도 시골에서는 모내기를 합니다. 이때 못자리에다 먼저 볍씨를 뿌려 모판을 만들지 않습니까? 그리고 모판에 있는 모가 어느 정도 자라면 그 모판의 모를 뽑아서 모든 논에 모내기를 하지 않습니까? 다시 말하면, 모판에 있는 모를 모든 논으로 확장을 시켜 심는다는 말입니다.

또 나라에서 무슨 일을 할 때는 그냥 마구잡이로 하지 않습니다.

1. 하나님은 왜 에덴 동산을 지으셨는가?

어떤 일을 계획하면 어떤 장소에 시범 케이스로 해보는 것입니다. 그렇게 해서 성공하면 시범 케이스를 국가 전역으로 확대하고 확장하는 것을 보지 않습니까?

바로 에덴 동산이 그런 곳이었습니다. 하나님께서 에덴 동산에서 당신의 거룩한 성전과 하나님 나라를 모판으로 시작하셨습니다.5) 그리고 거기서 당신의 성전과 하나님 나라를 시범 케이스로 운영해 보신 것입니다. 당신이 왕이 되시고, 인간은 하나님을 섬기는 제사장이요 창조를 보존하고 지키는 대리 통치자가 되는, 그런 하나님의 성전으로서의 기능을 모판처럼 운영해 보셨다는 것입니다.

"여호와 하나님이 그 사람을 이끌어 에덴 동산에 두어 그것을 경작하며 지키게 하시고"(창 2:15).

그래서 이것이 잘 시행되고 성공하면 하나님의 성전과 하나님 나라를 창조 전역으로 확대하고 확장시켜 보려고 하셨던 것입니다. 바로 이런 이유 때문에 하나님은 에덴 동산을 창조하셨습니다. 바로 이것은 유명한 보수적인 성경 신학자인 게할더스 보스의 신학적 추론을 제 말로 쉽게 설명한 것입니다.6)

바로 이 일을 위해 하나님은 아담과 언약을 맺으셨습니다. 그 언약은 성경에 나오는 첫 언약입니다.

---

5) 서철원, "낙원, 성전, 성육신", 10.
6) 게할더스 보스, 《성경 신학》, 이승구 역 (서울: 기독교문서선교회, 1985), 43-44.

"여호와 하나님이 그 사람에게 명하여 이르시되 동산 각종 나무의 열매는 네가 임의로 먹되 선악을 알게 하는 나무의 열매는 먹지 말라 네가 먹는 날에는 반드시 죽으리라 하시니라"(창 2:16-17).

이 언약은 아담과 하와와 그의 후손들이 하나님의 백성이 되어 창조주만을 하나님으로 섬기기로 한 약정입니다. 그 첫 언약을 위해 에덴 동산 한가운데 생명나무와 선악을 알게 하는 나무를 창조하셨습니다. 그리고 그 두 나무를 통하여 하나님께서 아담과 언약을 체결하신 것입니다.

첫 언약, 생명의 갈림길에 서다

그러면 그 첫 언약의 내용이 무엇입니까? 생명나무를 선택하면 영원히 살지만, 선악과를 선택하면 영원히 죽는다는 것입니다. 물론 성경은 이 언약에서 선악과를 따 먹으면 영원히 죽지만, 생명나무를 따 먹으면 영원히 산다는 말을 직접적으로 하지는 않습니다. 그러나 창세기 3장 22절을 보면 생명나무를 따 먹으면 영생한다고 말하고 있습니다.

"여호와 하나님이 이르시되 보라 이 사람이 선악을 아는 일에 우리 중 하나같이 되었으니 그가 그의 손을 들어 생명나무 열매도 따 먹고 영생할까 하노라 하시고"(창 3:22).

아담과 하와는 선악과를 제외한 동산의 각종 나무 열매를 먹도록 허락이 되었습니다(창 2:16-17). 물론 우리가 여기서 분명히 알아

1. 하나님은 왜 에덴 동산을 지으셨는가?

야 할 사실이 있습니다. 그것은 나무나 그 열매 자체에 마력적이고 기계적인 능력이 있는 것은 아니라는 것입니다. 선악과나무에 어떤 살인적인 독극물이 있고, 생명나무에 무슨 신비적인 영생의 능력이 있는 것이 아니라는 것입니다.

그렇게 죽고 살게 하는 것은 하나님의 언약 자체에 효력이 있고 능력이 있기 때문이라는 사실을 알아야 합니다. 생명나무는 하나님의 말씀에 순종함으로 얻게 되는 "더 높고 변하지 않는 영원한 생명"과 연관됩니다.[7] 선악과를 먹지 않는 것은 하나님의 계명에 순종하는 것입니다.

하나님의 계명이 생명과 사망을 결정하는 것입니다. 아담과 하와가 하나님과 언약 관계를 유지하는 길은 하나님의 계명에 순종하는 것입니다. 하나님의 말씀에 대한 순종이 생명의 길입니다.

그리고 지금 아담과 하와의 상태는 완전하게 존재하는 상태도 아니고 영원한 영생을 소유한 상태가 아닙니다. 그 역시 하나님 앞에 완전한 영생을 얻어야 할 상태입니다.[8] 이렇게 말하면 어떤 사람은 이렇게 물어볼지도 모릅니다. "아니, 에덴 동산에서 아담과 하와가 완전한 존재로 지음을 받았는데 다시 무슨 영생을 얻어야 하

---

[7] 보스, 《성경 신학》, 44.
[8] 인간이 처음 창조되었을 때의 상태를 어거스틴이 잘 설명해 준다. 인간은 라틴어로 '포세 논 페카레'(posse non pecare, able not to sin)이다. 즉 죄를 짓지 않을 수 있는 존재였다. 그러나 이 진술 자체가 죄를 범할 가능성이 아담과 하와 안에 처음부터 잠재해 있었다는 것을 암시한다. 다음 책을 참조하라. 안토니 A. 후크마, 《개혁주의 인간론》, 류호준 역(서울: 기독교문서선교회, 1990), 222-25.

느냐?"고 말입니다.

　물론 아담과 하와는 하나님이 만들고자 하셨던 수준에서는 완전한 사람으로 지음 받은 것이 사실입니다. 그러나 지금은 아담이 영생을 받은 상태가 아니라는 사실을 알아야 합니다. 하나님은 순종하는 하나님의 백성에게 영생을 상급으로 주기로 하셨습니다. 아담과 하와 역시 완숙을 향하여 나아가야 하고, 완전한 영생을 얻어야 할 존재였습니다. 그러나 지금 아담과 하와는 사탄에게 유혹도 받을 수 있는 가변적인 존재였습니다.

　바로 그런 아담에게 하나님은 언약을 체결하신 것입니다. 생명나무를 선택하면 영원히 살고, 하나님께서 금하신 선악과를 선택하면 영원히 죽는다는 것입니다. 바로 이것이 웨스트민스터 신앙고백의 교리요 개혁 신학의 전통과 가르침입니다.[9]

생명나무, 하나님을 왕으로 모시는 길

　물론 여기서 약간 견해를 달리하는 학자들도 있습니다. 저의 은사 서철원 박사님은 처음 창조와 아담의 상태가 미숙한 존재이거나 영생을 얻어야 할 존재가 아니라고 주장합니다. 왜냐하면 아담이

---

[9] 이 언약 사상은, 1647년에 채택된 웨스트민스터 신경(Confessio Fidei Westmonasteriensis) 제6장 I항과 II항에서 선악과와 관련하여 다음과 같이 기록하고 있다. "우리의 첫 조상들이 사탄의 간계와 시험에 유혹을 당하여 금단의 열매를 먹는 죄를 범했다." "이 죄로 인하여 그들은 원래의 의로움과 하나님과의 교통으로부터 타락하였고 죄악 안에서 죽게 되었고 영혼과 육체의 모든 부분과 기능들이 전적으로 더럽혀졌다." 웨스트민스터 신경 제7장 2항은 아담의 완벽하고 개인적인 순종의 조건에 따라 그와 그의 후손들에게 생명이 주어지는 처음 언약을 행위 언약(foedus operum)이라고 언급한다.

처음부터 하나님과 교제하였고, 이미 하나님의 왕성한 생명을 부여 받았기 때문이라는 것입니다.

아담이 선악과를 택할 수 있는 자유의지가 있었고 사탄으로부터 유혹을 받을 수 있는 상태였지만, 타락하기 전에는 하나님의 영생을 가지고 있었다는 것입니다. 그러므로 선악과를 통한 언약은 구원(영생)을 위해 시험(행위 언약)으로 주신 것이 아니라, 아담과 그의 후손으로 하나님의 백성이 되게 하는 약정(첫 언약)이었다는 것입니다.[10]

그러나 아담과 맺은 언약이 아담의 영생(구원)을 획득하도록 하기 위해 주어졌든지, 아니면 하나님의 백성이 되게 하는 약정으로 주어졌든지 간에, 아담은 이 언약에 반드시 순종해야 했습니다. 하나님은 선악과 첫 언약을 통해 아담에게 순종의 법을 가르쳐 주셨기 때문입니다.[11]

어쨌거나 아담과 하와는 하나님과 맺은 첫 언약을 잘 통과해야 했습니다. 아무리 에덴 동산에 죄가 없었고 그들이 아직은 범죄하

---

10) 서철원, 《인간, 하나님의 형상》(서울: 총신대학교출판부, 2010), 177-78. 본서에서는 필자의 은사이신 서철원 박사의 용어를 선택하여 '첫 언약'이란 용어를 사용할 것이다. 서철원 박사는 행위 언약을 전개한 대표적 신학자인 요한네스 코케유스(Johannes Coccejus)와는 달리 다음과 같이 주장한다. "행위 언약은 의와 하나님과의 교제를 위해서 체결했다고 코케유스는 주장한다. 그러면서 의를 행위 언약으로 얻지 못한다고 주장한다." (p. 211) 하지만 서철원 박사는 첫 언약을 강조하며 다음과 같이 주장한다. "아담은 율법을 행하기 전에 이미 하나님과 교제하고 있었다. 그는 율법을 행해서 의를 획득하기 전에 이미 하나님과 기쁜 교제를 하고 있었다. 율법을 지켜 의를 얻기 전에 가졌던 하나님과의 교제는 이 행위 언약의 가르침대로는 설명할 길이 없다." (p. 207)

11) John Calvin, *Genesis I* (Grand Rapids: Eerdmans, 1948), 126.

지 않았다 할지라도, 첫 언약만큼은 반드시 지켜야 했습니다. 다시 말하면, 어떤 경우에도 아담은 하나님의 계명에 순종하여 선악과를 선택하지 말아야 했습니다. 그것만이 하나님을 왕으로 모시는 길이고 진정으로 하나님을 섬기는 것이었기 때문입니다. 그것이 에덴에서 제사장으로 존재하는 유일한 길이고, 하나님을 대신한 대리적 통치자로 존재할 수 있는 길이었습니다.

그럴 때 아담과 하와는 영원한 영생을 얻을 뿐만 아니라 에덴 동산에 있는 하나님의 성전과 하나님의 나라가 온 지구로 확대되어 나갔을 것이며, 온 창조 세계로 확장되어 나갔을 것입니다. 아담과 하와에게 죄가 없는 상태에서 하나님의 성전과 그 나라가 존속될 뿐만 아니라, 온 창조 세계로 확대되고 확장되어 나갔을 것이라는 말입니다.

그러므로 아담과 하와는 선악과나무와 생명나무를 바라볼 때마다 하나님과 맺은 언약을 생각해야 했습니다. '나는 무슨 일이 있더라도 하나님의 말씀에 순종하여 선악과를 따 먹지 않고 생명나무를 선택해야 한다'고 다짐해야 했습니다. 어떻게 해서든지 자기가 하나님 앞에서 에덴에서 제사장 노릇을 잘하고 하나님의 선지자 노릇을 잘해야 한다고 생각해야 했습니다.

그리고 하나님의 대리적 통치자 역할을 잘함으로써 하나님의 성전을 잘 존속시키고, 하나님의 나라를 온 창조 세계로 확장하고 확대해야 할 사명을 느끼고 또 느껴야 했습니다. '아, 그러기 위해서 나는 하나님만 잘 섬겨야 한다. 나는 하나님의 언약을 붙잡고 언약

1. 하나님은 왜 에덴 동산을 지으셨는가?

을 따라 살아야 한다. 나는 어떤 경우에도 언약을 깨뜨리지 않고 하나님을 사랑해야 한다.' 아담은 이런 생각을 하고 또 하고 또 했을 것입니다.

주님의 왕권을 드러내는 삶

오늘날 우리도 마찬가지입니다. 우리도 우리 몸이 하나님의 성전이 되었고, 하나님의 나라와 하나님의 교회를 세워 나가야 할 사명과 책임이 있습니다. 그러므로 에덴 동산에 있었던 아담과 하와처럼 우리도 하나님의 언약을 붙잡고 살아야 합니다. 하나님의 말씀에 순종하는 삶을 살아야 합니다. 오직 하나님만을 왕으로 섬기며 살아야 합니다. 우리도 하나님 앞에 부름 받은 만인 제사장이요, 왕 같은 제사장으로서 하나님만을 사랑하고 하나님만을 섬겨야 합니다.

♪ 흙으로 사람을 지으사 그 코에 생기를 불어넣으신 주 하나님
우리 위해 아들을 세상에 보내신 사랑의 주 하나님을 사랑해
나는 하나님 형상 따라 지음 받은 몸이니 이 몸을 주께 바치리
항상 내 생활 중에 주를 부인하지 않으며 내 주를 섬기렵니다

특별히 우리는 나 개인이 하나님을 잘 섬기는 삶을 살 뿐만 아니라 우리의 삶의 현장에서 하나님의 주권을 세우는 삶을 살아야 합니다. 우리의 삶의 영역이 정치, 경제, 사회, 문화, 체육, 연예계 등 어떤 영역에 있든지, 우리의 삶의 현장에서 하나님의 왕 되심과 하나님의 주권을 세우고 선포해야 한단 말입니다.

우리가 하나님 앞에 개인 기도를 많이 하는 것도 중요합니다. 자신의 은혜 생활과 경건 생활을 지키기 위해서 하루에 기도를 몇 시간씩 하는 것도 매우 중요합니다. 그러나 그와 함께 기독교적 가치관과 세계관을 소유해야 합니다. 그 신앙으로 우리의 삶의 현장에서 주님의 주권과 왕권을 세우고 선포하는 것이 얼마나 중요한지 모릅니다.[12)]

그런데 대부분의 사람들이 교회에 와서는 예배도 잘 드리고, 신앙생활도 잘합니다. 그러나 막상 직장이나 사업장에 가서는 자기가 크리스천이 아닌 척하는 사람이 많습니다. 왜냐하면 드러나면 부담스럽기 때문입니다. 또 정치인이나 연예인 같은 경우는 더 그렇습니다. 아예 신앙과 정치, 그리고 연예활동은 별개라고 생각합니다.

그래서 그렇게 교회에서는 믿음이 좋던 사람도 삶의 현장에 나가면 전혀 크리스천으로 살지 않습니다. 특별히 요즘은 종교 편향이라는 말이 나돌면서 더 그렇습니다. 그러나 아닙니다. 우리는 교회에서만 신앙생활을 하는 것이 아니라 세상에 나가서도 나의 신앙, 나의 섬김, 나의 활동을 통해 최대한으로 신앙의 영향력을 끼칠 수 있어야 합니다. 하나님을 왕으로 모시고 하나님의 주권을 인정하는 로드십 신앙으로 살아야 합니다.

---

12) 서철원, 《하나님의 나라》 (서울: 총신대학교출판부, 1993), 47-53. 예수 그리스도는 교회만을 다스리시는 분이 아니다. 우리의 모든 삶의 영역이 그리스도의 주권적인 영역이다. 성도들은 직장, 예술, 학문, 경제, 언론, 군사, 외교, 교육, 가정 등 모든 영역에서 그리스도의 주권을 세워 가야 한다. "하나님 나라의 백성인 그리스도인들은 예수 그리스도께서 자기의 것이라고 주장하는 모든 영역을 예수 그리스도의 것이 되도록 거룩하게 구별하여 드리는 책임을 지고 있다."

1. 하나님은 왜 에덴 동산을 지으셨는가?

그런 의미에서 크리스쳔 연예인들이 대상을 받을 때 하나님께 영광 돌린다는 말이나, 체육인들이 골을 넣고 나서 기도하는 모습, 또 승리하고 나서 하나님께 영광 돌린다는 말을 하는 것은 참으로 아름다운 모습입니다. 그런데 이런 것을 종교 편향이라고 하는 것은 오히려 그것이 종교 편향이요, 종교 갈등을 조장하는 것입니다. 이것은 우리 크리스쳔 정치인들이나 경제인들도 꼭 알았으면 좋겠습니다.

하나님의 언약 테스트

바로 에덴 동산에서도 아담이 하나님의 왕권을 인정하고 선포하는 의무와 사명을 받은 것입니다. 그리고 이 의무와 사명을 잘 감당해서 에덴의 성전이 잘 존속되고 하나님의 나라가 온 창조 세계에 확장되도록 해야 했던 것입니다. 그러기 위해서 하나님은 이 두 나무를 통해서 언약을 맺으신 것입니다.

그런 의미에서 하나님께서는 이 두 나무를 축복의 언약과 영생의 기회로도 주신 것이지만, 동시에 시험으로 주신 것이기도 합니다. 물론 이 시험은 마귀 편에서 볼 때는 유혹이지만, 하나님 편에서 볼 때는 기회요 더 큰 축복과 구원과 영생을 위한 하나의 테스트라고 할 수 있습니다.

여러분, 오늘날도 아무나 서울대를 가면 되겠습니까? 누구나 하버드 대학에 들어가면 되겠습니까? 열심히 공부한 사람들 중에 시험을 봐서 합격한 자가 들어가야 공평한 것입니다. 아무나 판사가 되고 검사가 되겠습니까? 사법 시험에 합격을 하거나 로스쿨을 나와야 되는 것이 아니겠습니까?

마찬가지로, 하나님께서 아담과 하와에게 그런 시험의 기회로서 선악과를 주셨습니다. 물론 이것은 웨스트민스터 신앙고백(제7장 II항)과 개혁 신학의 전통에 기인한 표현입니다. 그렇다면 선악과 계명 이전부터 하나님과 교제를 하고 첫 언약을 하나님의 백성을 삼기로 한 약정으로 본다고 하더라도, 아담과 하와에게 선악과는 여전히 기회요 순종을 테스트하는 시험이었다고 표현할 수 있습니다. 왜냐하면 선악과나무는 하나님과의 언약에 있어서 순종의 계명(율법)으로 주어졌기 때문입니다.

아담, 대리적 통치자의 길을 망각하다

그런데 아담은 생명나무를 선택하지 아니하고 하나님의 계명에 불순종하여 선악과를 먹는 것을 선택해 버리고 말았습니다. 이는 하나님을 왕으로 모신 것이 아니라 자기가 왕이 되고 주인이 되려 한 행동이었습니다. 하나님을 섬기는 제사장이요 하나님을 대신해서 세상을 통치하는 대리적 통치자가 아니라, 자기 스스로 왕이 되고 주인이 되려고 하는 욕심에서 그만 선악과를 따 먹어 버리고 말았습니다. 그래서 하나님의 백성 됨의 약정인 첫 언약을 파괴해 버렸습니다.

그 결과 아담과 하와는 하나님과의 교제를 상실해 버리고 말았습니다. 그리고 온갖 죄와 저주와 사망의 노예가 되어 그 아름다운 에덴 동산에서 쫓겨나고 말았습니다. 그뿐입니까? 에덴 동산은 하나님의 성전으로서의 기능을 잃어버렸고, 하나님의 나라는 중단되어 버리고 말았습니다.

뿐만 아니라 아담과 하와는 에덴 동산에서 쫓겨나 저 에덴의 동쪽으로 가서 어두운 저주 아래서 끝없는 탄식과 원망과 저주의 노래를 불러야만 했습니다. 그는 그제야 선악과를 따 먹었던 것을 후회하고 탄식했습니다. 서로가 서로를 원망하며 선악과 따 먹은 것을 그렇게 후회하며, 그 저주를 되뇌고 되뇌며 되씹고 살아야 했습니다.

에덴의 동쪽은 온갖 엉겅퀴와 가시만 무성한 곳입니다. 각종 씨 맺는 나무나 채소는 잘 자라지 않고 온갖 엉겅퀴와 찔레와 가시나무만 무성하게 자란 곳이 되었습니다(창 3:17-18). 게다가 온갖 미움과 증오와 살육과 분노가 가득한 곳이 되었습니다. 오죽하면 그곳에서 가인이 자기 아우 아벨을 돌로 쳐서 죽이는 끔찍한 살인 사건이 발생했겠습니까?

아담과 하와는 땀 흘려 노동하는 것이 힘들고 잉태하는 고통과 해산의 고통이 심할 뿐만 아니라 온갖 죄의 대가를 다 지불하고 살아야 했습니다(창 3:16). 거기에다가 큰아들 녀석이 동생을 돌로 쳐 죽이는 끔찍한 모습을 보아야 했으니 얼마나 고통스러웠겠습니까?

그래서 아담과 하와는 선악과를 따 먹은 뒤 탄식하고 또 탄식하며 살 수밖에 없었습니다. "아, 내가 골이 비었다고 그때 선악과를 따 먹었단 말인가. 얼마나 미쳤으면 내가 선악과를 따 먹었단 말인가. 내가 미쳤지, 내가 돌아이지, 내가 골빈 놈이지."

그리고 그때 아담과 하와가 눈물로 부르던 노래가 있었을 것입니다. 진짜 저주의 쓴잔을 울컥 삼키며 이를 악물고 주먹을 불끈 쥐고 젖은 눈으로 부르던 노래가 있었을 것입니다. 어떤 노래를 불렀을까, 제가 상상을 해보았습니다. 어쩌면 이런 노래를 불렀을지도 모릅니다.

> ♪ 이렇게도 죄악이 괴로울 줄 알았다면
> 차라리 선악과만은 따 먹지나 말 것을
> 이제 와서 후회해도 소용없는 일이지만
> 그 시절 그 유혹이 또다시 온다 해도
> 선악과는 안 먹겠어요

생명나무 연가와 화염검

그러면서 아담과 하와는 에덴 동산을 계속 사모합니다. 생명나무를 그렇게 목말라하며 갈망합니다. "아, 내가 지금이라도 생명나무를 따 먹을 수 있으면 얼마나 좋을까? 내가 에덴 동산에 다시 들어간다면 이제는 선악과나무는 쳐다보지도 않고 생명나무를 따 먹어야지" 하는 사모하는 마음과 갈망하는 마음으로 에덴 동산 앞으로 가 보았을 것입니다.

1. 하나님은 왜 에덴 동산을 지으셨는가?

그랬더니 하나님께서 천군 천사들로 하여금 에덴 동산으로 가는 길을 화염검으로 지키게 하셨습니다(창 3:24). 화염검이라는 것은 칼에서 불이 나오는 것을 말합니다. 그리고 심판의 칼을 의미합니다. 바로 하나님의 심판의 칼이요 진노의 칼로 아무도 에덴 동산으로 못 들어오도록 지키고 있었습니다.

물론 옛날 개역성경에는 '화염검'이라고 되어 있는데, 요즘 개역개정판은 '불칼'이라고 합니다.13) 성경의 신비감을 너무 반감시켜 버렸습니다. 불칼 하면 식칼, 장도칼, 회칼 같은 것이 연상되지 않습니까? 같은 칼이라도 화염검, 왕검, 무영검이라고 하면 신비감이 있고 무게감이 있지 않습니까? 그래서 좀 아쉽습니다.

아무튼 천군 천사가 불칼을 들고 에덴 동산 앞을 가로막고 있으니 들어갈 수가 없었습니다. 그러면 왜 천군 천사가 그곳을 지켰습니까? 한 번 실수를 했더라도 다시 기회를 주어서 생명나무를 따 먹게 하면 얼마나 좋겠습니까? 그러나 그것이 아닙니다. 하나님은 생명나무와 선악과나무를 통해서 언약을 체결했지 않습니까?

그러므로 하나님의 언약을 스스로 파기했으니까 어쩔 수 없이 그들은 언약의 결과대로 살아야 했습니다. 그리고 이제는 더 이상 생명나무를 따 먹을 기회를 잃어버리고 말았습니다. 생명나무를 향해서 나아갈 권리와 특권을 빼앗겨 버리고 말았습니다. 이제는 하나님이 주시는 언약 회복의 약속을 붙잡고 다시 하나님께 나아가는

---

13) 히브리 원어는 לַהַט הַחֶרֶב (라하트 하헤레브, the flaming sword)이다. 아마도 하나님의 심판을 상징하는 칼일 것이다(신 32:41-42; 시 83:14).

길밖에 없었습니다.

그래서 그들은 에덴 동산을 생각할 때마다 절망하며 탄식했습니다. 그리고 낮이나 밤이나 생명나무를 향한 그리움과 갈망으로 몸부림을 쳤습니다. 언제나 눈물 머금고 생명나무를 고대하며 갈망했습니다. 앉으나 서나 에덴 동산 생각이 나고, 앉으나 서나 생명나무 생각으로 가득했다는 말입니다.

> ♪ 앉으나 서나 에덴 동산, 앉으나 서나 생명나무
> 에덴 동산 생각하면 생명나무 그립습니다

이렇게 그들은 앉으나 서나 생각하는 게 에덴 동산이고 생명나무입니다. 그리고 그런 그리움과 갈망은 아담과 하와뿐만 아니라 후손들에게 계속 이어지고 이어졌습니다. 그래서 하나님은 그런 그들을 절대로 그대로 내버려두시지 않았습니다. 하나님께서 다시 언약 회복을 약속해 주셨습니다.

예수 그리스도가 제2의 아담으로 오셔서 첫 아담이 범한 모든 죄를 다 속하여 줄 것이라고 말입니다. 그리고 성전의 기능을 소실해 버린 에덴을 다시 회복시켜 주시고, 하나님의 나라를 다시 확장시켜 주실 것이라고 말입니다. 뿐만 아니라 그 회복된 에덴으로 가는 길과 제도를 열어 주셨습니다. 다시 말하면, 복락원의 축복과 그곳으로 가는 길을 열어 주셨다는 말입니다.

그래서 그 에덴으로 다시 들어가 아담과 하와가 선택하지 못했

1. 하나님은 왜 에덴 동산을 지으셨는가?

던 생명나무를 따 먹고 영원히 다시 살게 될 것입니다. 그리고 하나님 나라의 거룩한 왕적 제사장들이 되어서 영원히 영원히 하나님을 섬기는 축복을 받게 된다는 말입니다.

그러면 그 길은 어떤 길입니까? 그 제도는 과연 어떤 것을 말합니까? 그리고 그 길과 제도는 생명나무와 선악과와 어떤 관계가 있는 것일까요? 그것은 다음 장에서 계속하겠습니다.

2.

다시 에덴 동산으로 가는 길

"내가 너로 여자와 원수가 되게 하고 네 후손도 여자의 후손과 원수가 되게 하리니 여자의 후손은 네 머리를 상하게 할 것이요 너는 그의 발꿈치를 상하게 할 것이니라 하시고 또 여자에게 이르시되 내가 네게 임신하는 고통을 크게 더하리니 네가 수고하고 자식을 낳을 것이며 너는 남편을 원하고 남편은 너를 다스릴 것이니라 하시고 아담에게 이르시되 네가 네 아내의 말을 듣고 내가 네게 먹지 말라 한 나무의 열매를 먹었은즉 땅은 너로 말미암아 저주를 받고 너는 네 평생에 수고하여야 그 소산을 먹으리라 땅이 네게 가시덤불과 엉겅퀴를 낼 것이라 네가 먹을 것은 밭의 채소인즉 네가 흙으로 돌아갈 때까지 얼굴에 땀을 흘려야 먹을 것을 먹으리니 네가 그것에서 취함을 입었음이라 너는 흙이니 흙으로 돌아갈 것이니라 하시니라 아담이 그의 아내의 이름을 하와라 불렀으니 그는 모든 산 자의 어머니가 됨이더라 여호와 하나님이 아담과 그의 아내를 위하여 가죽옷을 지어 입히시니라"
(창 3:15-21)

에덴 동산은 인류 최초의 성전이요 낙원이었습니다. 하나님은 에덴 동산을 통하여 성전의 모판이요 하나님 나라의 장소로 시작하셨습니다. 그래서 아담은 거기서 하나님을 섬기고 찬양하는 제사장이요, 하나님의 창조를 선포하고 연구하고 설명하는 선지자 역할을 했습니다. 뿐만 아니라 하나님을 대신해서 만물을 다스리고 에덴을 경작하고, 또 창조 세계를 다스리고 경작하는 하나님의 대리 통치자 역할을 해야 했습니다.

그런데 이런 상태에서 하나님의 성전과 하나님의 나라가 모든 창조 세계로 확대되기 위해서는 아담이 거쳐야 할 시험이 있었습니다. 그것은 하나님 편에서는 자신의 백성을 삼은 첫 언약이었고, 아담 편에서는 시험이었습니다.[14]

그 시험의 내용은 하나님의 백성이 되기 위한 약정으로서, 동산 중앙에 있는 생명나무를 선택하면 영원히 살지만 선악과를 선택하면 영원히 죽는다는 것이었습니다.

그런데 아담과 하와는 생명나무를 선택하지 아니하고 선악과를

---

[14] 개혁주의 신학에서는 이 언약을 행위 언약이라고 한다. 헤르만 바빙크는 행위 언약에 대해 다음과 같이 설명한다. "행위 언약의 약속은 온전한 의미의 영생—만약 아담이 죄를 짓지 않았다면 아담과 그의 후손들이 죄지을 가능성 너머로 올려져 갔었을 그 영생—이었다. 행위 언약의 조건은 아담과 하와가 천성으로 이미 알았던 도덕률에 대해서뿐만 아니라, 특별히 소위 잠정적 혹 시험적 명령, 즉 선악을 알게 하는 나무의 실과를 먹지 말라는 명령에 대한 완전한 순종이었다." 행위 언약의 교리를 지지하는 학자들은 찰스 하지(Charles Hodge), 로버트 대브니(Robert L. Dabney), 윌리엄 쉐드(William G. T. Shedd), 게할더스 보스(Geerhardus Vos), 루이스 벌코프(Louis Berkhof), 메리디스 클라인(Meredith Kline), 팔머 로버트슨(O. Palmer Robertson) 등이 있다. 행위 언약이라는 용어와 개념에 이견을 제시하는 학자들로는 벌카워(C. Berkouwer), 헤르만 훅스마(Herman Hoeksema), 안토니 A. 후크마(Anthony A. Hoekema) 등이다.

선택하였습니다. 다시 말하면, 하나님의 말씀에 불순종하여 하나님의 언약을 전적으로 파기해 버리고 말았습니다. 그래서 그는 죄와 저주와 사망의 노예가 되었을 뿐만 아니라, 저 살육과 분노와 죽음의 그늘이 가득 드리워진 에덴의 동쪽으로 쫓겨나 버렸습니다.

언약 회복의 마스터플랜

그러나 하나님은 아담과 하와를 그냥 쫓아내시지 않고, 그 언약의 회복을 약속하셨습니다. 영원히 저주와 탄식과 절망 속에 살아야 할 아담과 하와에게 위대한 소망의 언약을 주셨습니다. 그 은혜와 소망의 언약이 무엇입니까? 그것은 메시아를 아담과 그의 후손들에게 보내어, 그 메시아를 통하여 사탄을 벌하시고 모든 죄를 용서하며 다시 구원을 얻게 해주신다는 내용입니다.

> "내가 너로 여자와 원수가 되게 하고 네 후손도 여자의 후손과 원수가 되게 하리니 여자의 후손은 네 머리를 상하게 할 것이요 너는 그의 발꿈치를 상하게 할 것이니라 하시고"(창 3:15).

여기서 여자의 후손이 뱀의 머리를 상하게 한다는 말은 아담과 하와를 유혹했던 사탄의 머리를 메시아가 박살내 버린다는 말입니다. 사람이든 짐승이든 사탄이든 간에 머리통이 깨지면 죽는 것이 아닙니까? 그러니까 하나님께서 사탄의 모든 생명과 권세를 박살내 버리신다는 말입니다. 그리고 아담과 하와를 용서해 주시고 구원해 주신다는 말씀입니다.

2. 다시 에덴동산으로 가는 길

그러자 아담이 그의 아내의 이름을 무엇이라고 불렀습니까? '하와'라고 불렀습니다. 여기서 아담은 하나님의 언약을 붙잡고 새로운 산 소망을 가지고 그 믿음을 고백합니다. 바로 하와야말로 모든 산 자의 어머니라고 말입니다.

"아담이 그의 아내의 이름을 하와라 불렀으니 그는 모든 산 자의 어머니가 됨이더라"(창 3:20).

그때 다시 한 번 하나님께서 아담과 하와에게 상징적인 언약의 메시지를 주십니다. 그것은 바로 죄짓고 벌거벗은 모습을 부끄러워하는 아담과 하와에게 가죽옷을 지어 입히신 사건입니다.

"여호와 하나님이 아담과 그의 아내를 위하여 가죽옷을 지어 입히시니라"(창 3:21).

바로 이 가죽옷은 하나님의 은혜와 자비가 담겨 있는 옷이었습니다. 이 가죽옷을 지어 입히기 위해서는 어떤 짐승이 죽고 희생되어야 했을 것이 아닙니까? 이것은 곧 장차 그의 후손들이 예수 그리스도의 죽음으로 말미암아 입게 될 의의 옷을 예시적으로 가르쳐 주는 말씀입니다.

이것을 당시에 아담과 하와의 입장에서 이야기한다면, 하나님께서 메시아를 통해 다시 에덴의 영광과 축복을 회복시켜 주시고, 다시 에덴 동산으로 들어갈 수 있는 길을 열어 주시겠다는 말이기도 합니다. 언젠가 메시아를 통해 다시 에덴 동산으로 들어가서 생명나무를 따 먹게 될 길을 열어 주시겠다는 것입니다.

아담과 하와는 에덴 동산을 갈망했습니다. 언제나 생명나무가 그립고 에덴이 그리워지는 것입니다. "아, 이제 내가 에덴 동산에 들어가면 선악과라고 하는 열매는 쳐다보지도 않고 생명나무를 따 먹으리라. 아침에도 생명나무, 점심에도 생명나무, 저녁에도 생명나무만 따 먹으리라."

이런 결심을 하면서 에덴 동산과 생명나무를 갈망하고 갈망하고 갈망하고 또 갈망했습니다. 아마 그때 아담과 하와는 저 에덴의 생명나무로 가는 에덴의 동문을 바라보면서 이런 노래를 부르고도 남았을 것입니다.

♪ 낮에나 밤에나 눈물 머금고 에덴의 생명나무 사모합니다
꿈에도 그리운 에덴 동산에 생명나무 애타게 갈망합니다

성전, 에덴 동산의 구조와 시스템

그런데 아담과 하와는 그 에덴 동산에 들어가지를 못하고 하나님의 약속을 바라보다가 죽었습니다. 그리고 그 에덴 동산과 생명나무를 향한 갈망은 아담과 하와의 후손으로 이어지고 또 이어졌습니다. 바로 그런 그들에게 하나님은 마침내 에덴 동산으로 가는 길을 열어 주셨습니다. 에덴 동산으로 다시 들어가서 생명나무를 따 먹는 길을 열어 주신 것입니다.

바로 그 길이 무엇인지 아십니까? 그것은 하나님의 성막과 성전이었습니다. 물론 하나님의 성막과 성전 이전에는 제단이었습니다. 하나님은 바로 구약의 성전 속에 보이지는 않지만 영적으로 에덴동산의 구조와 시스템을 담아 놓으셨습니다.15)

그 성막과 성전을 통해서 에덴 동산으로 가도록 해주신 것입니다. 아니, 구약의 성전 속에 눈에 보이지는 않지만 에덴 동산의 영적인 구조와 시스템을 다 담아 놓으셨다는 말입니다. 예컨대 에덴 동산의 정문이 동쪽에 있었던 것처럼, 하나님께서 성막과 모든 성전의 정문도 동쪽에 있게 하셨습니다.16)

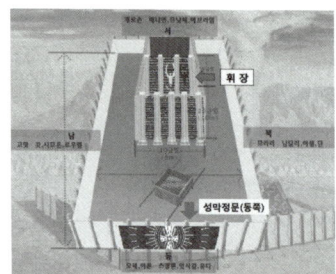
성막

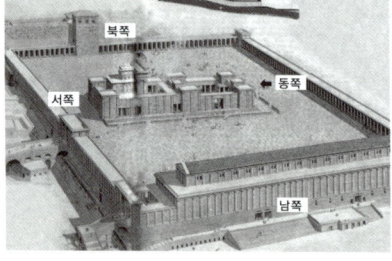
예수님 시대의 성전 구조

모세의 성막도 정문이 동문이었고, 솔로몬 성전도 정문이 동문이었습니다. 에스겔이 환상으로 본 성전의 정문도 동문이었습니다. 그래서 구약 백성들이 성전에 출입할 때는 언제나 동문을 통해서

---

15) T. Desmond Alexander, *From Eden to the New Jerusalem: An Introduction to Biblical Theology* (Grand Rapids: Kregel, 2008), 20-30. 참조, G. J. Wenham, "Sanctuary Symbolism in the Garden of Eden Story," *Proceedings of the World Congress of Jewish Studies* 9(1986): 19-25.
16) Alexander, From Eden to the New Jerusalem, 21; M. Baker, *The Gate of Heaven: The History and Symbolism of the Temple in Jerusalem* (London: SPCK, 1991), 57.

출입했습니다.

그리고 동문을 통해 마침내 성전 안으로 들어가면 눈에 보이지는 않지만 영적으로 생명나무의 은혜를 입고 누린다고 생각했습니다. 특별히 성소를 지나 지성소에 들어가면 그곳에서 영적으로 영광스럽고 황홀한 생명나무 열매를 따 먹는다고 생각했습니다.

그러니까 그 생명나무가 있는 지성소에는 아무나 들어갈 수 없다고 해서 성소와 지성소를 가로막고 있는 휘장에 그룹 천사가 수놓아져 있지 않습니까?

성소와 지성소를 가로막고 있는 휘장

이 그룹 천사는 아담과 하와가 다시 에덴 동산에 들어가서 생명나무를 따 먹으려고 할 때 못 들어오도록 화염검을 들고 지키게 했던 천군 천사들을 연상케 합니다. "이 지성소는 생명나무의 은혜가 있는 곳이다. 가장 영광스럽고 거룩한 생명나무의 열매가 있는 곳이다. 그러므로 아무나 들어올 수 없다. 하나님이 허락하신 자만 들어올 수 있단 말이다."

2. 다시 에덴동산으로 가는 길

그러면 이곳에는 누구만 들어갔습니까? 바로 대제사장만 들어갔습니다. 1년에 한 번씩 대속죄일이 돌아오면 속죄소에 들어가서 수송아지와 염소의 피를 부었습니다.

"그는 여호와 앞 제단으로 나와서 그것을 위하여 속죄할지니 곧 그 수송아지의 피와 염소의 피를 가져다가 제단 귀퉁이 뿔들에 바르고 또 손가락으로 그 피를 그 위에 일곱 번 뿌려 이스라엘 자손의 부정에서 제단을 성결하게 할 것이요"(레 16:18-19).

그때 속죄소에 뿌린 피는 무엇을 말합니까? 곧 신약에 오실 예수 그리스도의 피를 예표합니다(히 9:13-14). 바로 예수 그리스도의 피로 모든 이스라엘 백성들의 죄가 용서를 받는다는 것입니다. 그렇게 속죄소에 피를 부으면 대제사장이 지성소에서 하나님의 영광의 임재를 경험하고, 마침내 영적으로 그룹으로 지켜진 에덴의 생명나무로 나아갔다고 생각했습니다. 그리고 나서 성전 앞마당에 와서 대제사장은 두 손을 들고 이스라엘을 축복하는 것입니다. 그 축복문이 무엇입니까?

"여호와는 네게 복을 주시고 너를 지키시기를 원하며 여호와는 그의 얼굴을 네게 비추사 은혜 베푸시기를 원하며 여호와는 그 얼굴을 네게로 향하여 드사 평강 주시기를 원하노라 할지니라 하라"(민 6:24-26).

그러므로 이스라엘 백성들에게 있어서 최고의 영광과 축복은 무엇입니까? 바로 하나님의 성전에 들어가는 것입니다. 성전의 동문을 통하여 하나님의 성전에 들어가는 것이 최고의 영광과 축복이었습니다. 왜냐하면 그것이 바로 에덴으로 가는 길이라고 생각했기 때문입니다.17) 아니, 에덴 동산에 가서 생명나무의 은혜를 입고 생명나무의 열매를 따 먹는 길이라고 생각했습니다. 그렇게 해서 하나님과 온전한 관계를 이루고, 하나님 나라의 은혜와 축복을 누린다고 생각했습니다.

하나님 나라의 선포와 치유

그래서 예수님께서도 이 땅에 오셔서 크게 두 가지 일을 하셨습니다.

1) 하나님 나라의 복음을 선포하셨습니다.

"이르시되 때가 찼고 하나님의 나라가 가까이 왔으니 회개하고 복음을 믿으라 하시더라"(막 1:15).

"이때부터 예수께서 비로소 전파하여 이르시되 회개하라 천국이 가까이 왔느니라 하시더라"(마 4:17).

예수님이 오셔서 하나님 나라의 복음을 선포하시지 않습니까? 그것은 아담과 하와 때문에 실패하고 중단되었던 하나님 나라가 예수님을 통해서 다시 정식으로 시작된다는 것을 의미합니다.

---

17) 각주 15번 참조.

2) 예수님은 병자들을 치유하셨습니다.

예수님이 왜 병자들을 치유하셨습니까? 예수님은 이 땅에 오셔서 정말 병을 많이 치유하셨습니다. 왜 치유하신 줄 아십니까? 물론 병 고침을 통해서 하나님의 능력을 보여주고 자신이 메시아라는 사실을 입증하기 위한 표적으로서 병을 고쳐 주시는 면도 없지 않아 있었습니다. 그러나 보다 더 중요한 것은 그들로 하여금 하나님 나라 안에 들어가서 하나님과의 올바른 관계를 경험하고 하나님의 풍성한 생명을 누리도록 하기 위함이었습니다.

구약 시대에는 성전에 들어갈 자와 못 들어갈 자를 엄격하게 구분해 놓았습니다. 대단히 죄송한 이야기지만, 당시 귀머거리나 벙어리, 맹인, 지체 장애인 같은 경우는 절대로 성전에 들어갈 수 없었습니다. 불결한 자는 성전에 못 들어갔습니다. 예컨대 피부병 환자, 나병 환자, 시체를 보거나 만진 자, 심지어는 생리 중에 있거나 계속해서 하혈을 하고 있는 여자는 성전에 들어갈 수가 없었습니다.[18]

왜냐하면 성전이라고 하는 곳은 완전하신 하나님이 계신 곳이었기 때문입니다. 그러니 이 완전하신 하나님이 계신 성전에 어떻게 불결한 사람들이 들어갈 수 있겠느냐는 말입니다. 하지만 우리 예수님은 이 땅에 참된 메시아로 오셨습니다. 아니, 하나님 나라의 왕으로 오셨습니다. 그래서 그분은 먼저 하나님 나라의 복음을 선포하셨고, 그러고 나서 치유 사역을 하셨던 것입니다.

---

18) 짐승의 죽은 사체를 만지는 자의 부정함-레위기 11장; 갓 출산한 여인-레위기 12장; 나병 환자의 부정함-레위기 13-14장; 신체의 유출병의 부정함-레위기 15장.

맹인의 눈을 뜨게 하시고, 앉은뱅이는 걸어가게 하시고, 귀머거리는 듣게 하시고, 온갖 병든 자를 고쳐 주셨습니다. 그런데 예수님이 나병을 고침 받은 사람들에게 뭐라고 말씀하신 줄 아십니까? 바로 하나님의 성전에 가서 제사장에게 네 몸을 보이라고 하셨습니다.[19]

"예수께서 그를 경고하시되 아무에게도 이르지 말고 가서 제사장에게 네 몸을 보이고 또 네가 깨끗하게 됨으로 인하여 모세가 명한 대로 예물을 드려 그들에게 입증하라 하셨더니"(눅 5:14).

"소리를 높여 이르되 예수 선생님이여 우리를 불쌍히 여기소서 하거늘 보시고 이르시되 가서 제사장들에게 너희 몸을 보이라 하셨더니 그들이 가다가 깨끗함을 받은지라"(눅 17:13-14).

그러면 왜 먼저 성전에 가서 제사장에게 몸을 보이라고 하셨습니까? 그들도 몸이 완전하고 정결하게 되었으니, 하나님의 성전에 들어가서 하나님과 올바른 관계를 맺고 하나님 나라의 축복과 생명에 참여하며 그 축복을 누리라고 그러신 것입니다. 예수님도 십자가에 죽기 전까지는 구약의 성전을 인정하셨기 때문입니다.

특별히 예수님이 오시기 전까지는 불구의 몸을 가졌거나 불완전하고 부정한 몸을 가진 사람은 다 변방에 있었습니다. 요즘 말로 하면 아웃사이더에 속한 사람이고 마이너리그에도 속하지 못한 사람

---

[19] 구약에서 나병 환자가 치료를 받았을 때에는 제사장이 반드시 다시 검사하고 "깨끗하다"고 선언해야 했다. 그 후에 제사장은 그를 위해 제사를 드릴 수 있었다(레 14:1-32).

2. 다시 에덴동산으로 가는 길

이었습니다. 왜냐하면 그들은 무슨 일이 있어도 하나님의 성전에 들어갈 수 없었기 때문입니다.

그런데 예수님은 그들을 고쳐 주시고 치유해 주셔서 마침내 하나님의 성전에 들어가게 해주셨습니다. 그들도 하나님의 나라 안에 들어가고 하나님 나라의 생명과 축복과 영광을 누릴 수 있도록 하셨습니다. 이는 다른 말로 표현하면, 그들이 영적으로 에덴 동산에 들어가서 생명나무 열매를 따 먹도록 길을 열어 주셨다는 말입니다.

생명나무 되신 예수와 구약 성전 시대의 종언

그런데 바로 그 예수님께서 어느 날 당시 사회에 엄청난 파문을 일으킬 만한 선언을 하셨습니다. 그것은 바로 구약에 오랫동안 제도적으로 존재해 왔던 성전을 헐어 버리라는 것입니다. 돌과 나무로 지은 성전을 헐어 버리고 새로운 성전을 3일 만에 세우시겠다는 것입니다.

당시 그 성전은 헤롯이 46년 동안이나 지었습니다. 그런데 그것을 허물라는 것입니다. 그리고 예수님께서 친히 3일 만에 짓겠다고 말씀하십니다. 이것은 당시 엄청난 파문을 일으킬 선언이었습니다. 게다가 그 성전은 자신의 육신을 가리켜 말한다고 했으니, 당시 얼마나 큰 충격과 파장에 파장을 일으킬 만한 선언이었겠습니까?

"예수께서 대답하여 이르시되 너희가 이 성전을 헐라 내가 사흘 동안에 일으키리라 유대인들이 이르되 이 성전은 사십육 년 동안에 지었거늘 네가 삼 일 동안에 일으키겠느냐 하더라 그러나 예수는 성전 된 자기 육체를 가리켜 말씀하신 것이라"(요 2:19-21).

이처럼 예수님은 구약의 성전 시대를 종식시키고 자신의 몸을 통한 새로운 성전 시대를 선언하셨습니다. 다시 말하면, 이제는 구약의 성전을 통해서가 아니라 예수님 자신을 통해서 에덴 동산으로 가고 생명나무 열매를 따 먹게 된다는 사실을 말씀하고 있습니다.

아니, 예수님 자신이 성전일 뿐만 아니라 예수님 자신 안에 에덴 동산의 영적인 구조와 시스템이 다 들어 있다는 것입니다. 다시 말하면, 예수님이 에덴으로 가는 길일 뿐만 아니라 예수님 자신이 에덴 동산이고 생명나무 자체가 된다는 사실을 말씀하고 있습니다. 그래서 성경은 이렇게 말하고 있지 않습니까?

"예수께서 이르시되 내가 곧 길이요 진리요 생명이니 나로 말미암지 않고는 아버지께로 올 자가 없느니라"(요 14:6).

예수님만이 길, 진리, 생명이십니다. 그가 에덴으로 가는 길이고 생명나무 자체가 되십니다. 그런 의미에서 유명한 교부였던 어거스틴은 에덴 동산에 있었던 생명나무를 예수 그리스도라고 해석했습니다.[20] 생명나무야말로 앞으로 오실 예수 그리스도의 모양이요 표상이라고 말합니다.

---

20) Augustine, *The City of God against the Pagans*, Books XII-XV. trans. Philip Levine (Cambridge: Harvard University Press, 2002), 219. 어거스틴은 다음과 같이 말한다. "지성소로서 생명나무는 분명히 그리스도 자신이다"(lignum vitae sanctum sanctorum utique Christum).

뿐만 아니라 개혁 신학의 아버지라고 불리는 존 칼빈도 바로 에덴 동산의 생명나무를 하나님이 아담과 하와에게 주신 성만찬으로 해석했습니다.[21] 바로 그 성만찬이 무엇입니까? 표현을 달리할 뿐이지 예수 그리스도가 아닙니까?

그렇다면, 예수님은 어떤 분으로 오셨습니까? 성경은 여러 가지 표현을 합니다. 그분은 어린양으로 오셨습니다.

"예수님께서 거니심을 보고 말하되 보라 하나님의 어린 양이로다"(요 1:36).

또한 둘째 아담으로 오셨고, 하나님 나라의 왕으로 오셨다고 했습니다.

"기록된 바 첫 사람 아담은 생령이 되었다 함과 같이 마지막 아담은 살려 주는 영이 되었나니"(고전 15:45).

우리가 이런 신학적 논리로 볼 때 예수님은 생명나무 자체로 오셨다고 표현할 수 있습니다. 요한계시록을 보면, 이기는 자에게 낙원에서 허락된 것이 있으니 바로 생명나무의 열매를 먹는 것으로

---

21) 칼빈도 그의 창세기 주석에서, 생명나무가 그리스도의 모형이고 성만찬의 상징임을 주장한다. "생명나무는 하나님의 영원한 말씀인 그리스도의 모형이었다. 그 나무는 다름이 아니라 그를 모형으로 묘사하는 생명의 상징이었다." John Calvin, *Genesis I* (Grand Rapids: Eerdmans, 1948), 117. 어거스틴은 그의 책 《하나님의 도성》에서 생명나무를 일종의 성례전이라고 언급한다. Augustine, *The City of God*, 215. "모든 다른 음식은 영양분을 위한 것이었고, 생명나무는 일종의 성례전이었다고 말할 수도 있을 것이다" (tamquam cetera essent alimento, illud sacramento).

표현하고 있습니다. 요한계시록에 나오는 이 생명나무는 예수님이 성취하신 성도들의 종말론적 영생, 혹은 영원한 양식에 대한 은유적 표현입니다.

요한계시록을 보면, 예수님이 어린 양으로 표현되기도 하고, 이긴 자로도 표현되고, 다윗의 자손으로도 표현됩니다. 또한 예수님이 주시는 풍성한 종말론적인 영생이 생명나무로도 표현되고 있습니다. 그래서 최종적으로 승리한 성도들에게 생명나무를 허락해 주신다고 말씀하셨습니다.

"이기는 그에게는 내가 하나님의 낙원에 있는 생명나무의 열매를 주어 먹게 하리라"(계 2:7 하).

"자기 두루마기를 빠는 자들은 복이 있으니 이는 그들이 생명나무에 나아가며 문들을 통하여 성에 들어갈 권세를 받으려 함이로다"(계 22:14).

여기서 말씀하는 생명나무는 예수님의 종말론적 영생을 은유적으로 표현합니다. 따라서 에덴 동산에 있었던 생명나무 역시 예수님의 예표적인 모습이었고, 어거스틴과 칼빈의 해석대로 생명나무는 메시아로 오신 예수님이라는 신학적 논리가 성립됩니다.

그래서 예수님이 우리의 생명의 양식이요, 생명의 원리가 되신 것이 아닙니까? 아담과 하와는 선악과를 따 먹고 죽었지만, 우리는 생명나무 되신 예수님을 믿고 구원받도록 하기 위하여 주께서 생명나무로 오셨고, 생명의 양식으로 오셨습니다. 그래서 이 진리를 알

2. 다시 에덴동산으로 가는 길

았던 근세 그리스도인들은 성탄절이 되면 예수님을 생명나무라고 크리스마스 캐럴을 불렀다고 합니다.[22]

생명나무
내 영혼이 보았던 생명나무
열매가 가득하고 언제나 푸르네
자연의 나무가 열매를 많이 맺어도
생명나무이신 예수 그리스도와 비할 수 없네

모든 것보다 뛰어난 그의 아름다움
내가 믿음으로 알고
내 눈에 보이는 그 영광
생명나무이신 예수 그리스도

오랜 시간 찾았던 행복
간절히 원하던 즐거움을
마침내 찾은 곳은
생명나무이신 예수 그리스도

힘든 일로 지친 나
앉아서 편히 쉬네
내게 안식을 주는 그들은

---

[22] *Divine Hymns, Spiritual Songs*, 8th ed., 1797, hymn II, reprinted in N.H. Allen, "Old Time Music and Musicians," Connecticut Quarterly 3 (1897), 68. 레너드 스위트, 프랭크 바이올라,《예수 선언》, 장택수 역 (서울: 넥서스 Cross, 2010), 22-24에서 재인용.

> 생명나무이신 예수 그리스도
> 진리이신 그분을 먹네
> 마음은 포도주를 마신 듯 상쾌하고
> 달콤한 그 열매
> 생명나무이신 예수 그리스도
>
> 내 영혼을 소생시키며
> 죽어가는 믿음을 살리며
> 성급한 영혼을 채우는 그 열매
> 생명나무이신 예수 그리스도
>
> —18세기 성탄절 캐럴

그런데 그 생명나무 되시는 예수님이 자신을 참된 성전이라고 말씀하십니다. 왜냐하면 그분의 몸에 하나님 자신이 친히 계시고, 하나님의 영이 충만하게 거하실 뿐만 아니라 그 안에 에덴의 영적인 구조와 시스템이 다 들어 있기 때문입니다. 예수님은 걸어 다니는 성전이고 움직이는 성전이었습니다.[23] 그래서 성경은 하나님의 신성의 모든 충만이 예수님의 몸 안에 거하셨다고 하지 않습니까?

"그 안에는 신성의 모든 충만이 육체로 거하시고"(골 2:9).

이처럼 예수님의 몸은 구약의 성전과는 달리 하나님의 신성이 더 충만함으로 함께했습니다. 구약의 성전에 임한 하나님의 임재는

---

23) G. K. Beale, *The Temple and the Church's Mission* (Grand Rapids: InterVarsity, 2004), 365-392.

임시적이고 부분적이었습니다. 그런데 바울의 표현대로 성전이신 예수님 안에는 하나님이 완전하게 그리고 충만하게 임하셨습니다. 그래서 예수님은 자신의 몸 안에 성령을 충만히 소유한 성령의 담지자가 되셨습니다.

성령의 거소로서의 삶

그런데 이 예수님 안에 있는 성령을 예수님에게 속한 모든 백성들에게 다 나누어 주기를 원하셨습니다. 그가 십자가에 죽으심으로써 그 안에 있는 성령을 예수님에게 속한 모든 백성들에게 다 부어 주시고 이월되게 하셨습니다. 그렇게 해서 그를 믿는 모든 하나님의 백성도 하나님의 성전을 이루게 하셨습니다.

"너희는 너희가 하나님의 성전인 것과 하나님의 성령이 너희 안에 계시는 것을 알지 못하느냐"(고전 3:16).

"너희 몸은 너희가 하나님께로부터 받은 바 너희 가운데 계신 성령의 전인 줄을 알지 못하느냐 너희는 너희 자신의 것이 아니라 값으로 산 것이 되었으니 그런즉 너희 몸으로 하나님께 영광을 돌리라"(고전 6:19-20).

우리가 하나님의 성전이 되었다고 이야기하지 않습니까? 다시 말하면, 예수님이 십자가에 죽으심으로써 십자가의 피로 우리의 모든 죄를 씻어 주시고, 우리 안에 성령이 거하시도록 길을 열어 주셨습니다. 그래서 마침내 성령님이 우리 안에 거하게 하심으로써 우리를 하나님 자신의 거소로 삼으셨습니다. 얼마나 감사하고, 영광스런 일입니까?

그러므로 우리는 하나님의 성전답게 살아야 합니다. 거룩하게 살아야 합니다. 성결하게 살아야 합니다.

어떤 예수 믿지 않는 50대 여자가 동창회를 다녀와서 막 남편에게 바가지를 긁었습니다. 그러니까 남편이 "내가 차를 안 사 줬어, 집이 없어? 뼈빠지게 일해서 돈 갖다 주었더니 왜 그렇게 불만이 많냐?"고 하였습니다. 그러자 그 여자가 뭐라고 한 줄 아십니까? "동창회 갔더니 나만 남편 있잖아." 우리는 그리스도인답게 살아야 합니다.

그뿐입니까? 이제 하나님의 성전이 된 우리 개개인을 하나로 결합시켜서 당신의 거룩한 교회를 세우셨습니다. 다시 말하면, 우리 개개인은 교회의 지체가 되고, 이 지체가 모여서 그리스도의 몸 된 교회를 이룹니다. 교회의 머리는 주님이 되고 우리는 일원이 됩니다. 이것이 하나님의 영적인 거소요 하나님의 성전인데, 성경은 이것을 주님의 몸 된 교회라고 부릅니다.

그러므로 교회와 그리스도는 하나요, 일치된 생명이라는 사실을 가르쳐 줍니다. 그리고 에덴을 회복하고 에덴으로 다시 가는 길이 예수 그리스도이며, 아니 예수 그리스도와 그의 몸 된 교회가 에덴 자체라는 사실을 가르쳐 줍니다. 교회야말로 에덴의 성전 모형이 성취된 모범 장소요, 모판이요, 생명나무 우거진 은혜와 축복의 장소입니다. 그러므로 우리가 교회의 일원이 된 것이 얼마나 큰 은혜

2. 다시 에덴동산으로 가는 길

인지 알 수 없습니다.

에덴의 구조와 시스템을 담은 교회

그런데 성경은 이 교회를 그리스도의 몸 된 교회일 뿐만 아니라 만물 안에서 만물을 충만케 하는 자의 충만이라고 했습니다.

"교회는 그의 몸이니 만물 안에서 만물을 충만하게 하시는 이의 충만함이니라"(엡 1:23).

이 말은 무슨 뜻입니까? 한마디로 교회가 하나님의 성전이요 거소인데, 하나님께서는 교회의 부흥과 발전을 통해서 당신의 거소를 확장시켜 가신다는 말입니다. 이렇게 주님의 몸 안에 모든 에덴의 영적인 구조와 시스템이 들어 있다면, 주님의 교회 안에도 에덴의 영적인 구조와 시스템이 들어 있습니다. 왜냐하면 주님의 몸과 교회는 하나이기 때문입니다.

우리는 이 영광스러운 그리스도의 몸 된 교회를 동문을 통하여 들어왔습니다.[24] 다시 말하면 예수 그리스도를 믿음으로 우리는 주님의 지체가 되고 교회의 한 구성원이 되었습니다. 이 얼마나 영광스러운 일입니까? 예수만 믿으면 무조건 주님의 자녀가 되고, 몸 된

---

[24] 생명나무에 이르는 길은 에덴의 동쪽에 있었고(창 3:24), 구약의 성막 입구도 동쪽을 향해 있었다(출 27:9-19). 에스겔이 본 성전 환상에서 성전 문은 동쪽을 향해 있었다(겔 43:1-4). 이처럼 구약에서 성전으로 들어가는 문이 동쪽에 있었듯이, 신약에서 그리스도의 몸 된 교회의 일원이 되기 위해서는 예수 그리스도를 믿어야 한다.

교회의 지체가 되어 교회 안에 들어오게 되니 말입니다. 얼마나 감사하고 감격스러운 복음입니까?

그런데 왜 교회의 영광성과 거룩성을 헐어 내리고 공격하고 헐뜯습니까? 결코 그런 사람이 되어서는 안 됩니다. 그러므로 교회를 존중해야 합니다. 주님의 생명을 최고의 재산으로 여겨야 합니다. 교회는 우리 삶의 최고의 가치요 축복이요 영광 중의 영광입니다.

그러므로 우리가 이런 하나님의 교회의 일원이 되었고 새로운 에덴에 들어온 성도가 되었다면, 완전한 복락원은 천상 성전에서 이루어지지만 여전히 주님의 생명을 따라야 합니다. 생명나무를 선택해야 합니다. 절대로 선악과를 선택해서는 안 됩니다. 이제는 무조건 생명나무를 선택해야 합니다. 우리가 생명나무 되시는 예수 그리스도를 믿음으로 구원받고, 하나님의 자녀가 되고, 주님의 몸 된 교회에 들어온 것이 아닙니까?

그러므로 아담과 하와의 정욕을 따라가면 안 됩니다. 옛사람의 정욕을 따라서 살면 안 됩니다. 주님의 사상과 생명의 원리를 따라 살아야지, 왜 여전히 사탄의 유혹을 따라 선악의 원리를 따라 살아갑니까? 왜 생명의 성령의 법을 따르지 않고 죄와 사망의 법을 따라 삽니까?

그럼에도 불구하고 생명나무 되시는 예수 그리스도를 믿고 구원받은 하나님의 자녀들이 실제로 삶 속에서 선악과를 따 먹고 선악의 유혹을 따라 살아가는 경우가 많습니다. 사도 바울의 표현에 의

하면, 생명의 성령의 법을 따라 살아야 하는데 죄와 사망의 법에 따라 살아갑니다. 그러니까 오늘날 한국 교회가 혼돈과 공허 속에 빠져 있습니다. 우리의 삶 속에서 선악과를 선택하니까 무질서와 허공 속에서 혼돈의 메아리만 울리고 있습니다.

생명나무, 천상 성전으로 향하는 징검다리

지금 우리는 절대로 선악과를 선택하면 안 됩니다. 생명나무를 선택해야 합니다. 이것을 더 잘 이해하기 위해 도표를 봅시다.

에덴 동산 → 성전 → 예수 그리스도 성전 → { 성도 성전 (개인 성전) / 교회 성전 (전체 성전) } → 생명나무 선택 → 천상 성전

에덴 동산에서 언약에 실패한 아담과 하와가 에덴의 동쪽으로 쫓겨났지만, 하나님 앞에 다시 에덴으로 가는 길을 약속받았지 않습니까? 그 길이 바로 성막과 성전이라고 했지 않습니까? 그런데 예수님은 당신이 진정한 성전이 되어 주시고 당신 안에 있던 성전을 우리에게 옮겨 주셨습니다. 그리고 우리 개인 성전들이 모여 주님의 몸을 이루었습니다. 이것이 바로 교회라는 성전이고, 우리는 지금 교회 시대 속에 살고 있습니다.

그러므로 지금 우리는 주님의 몸 된 교회 안에 들어온 거룩한 지체들이라면 교회 안에서 생명나무를 선택하는 삶을 살아야 합니다. 천상 성전에 가기 전까지는 생명나무를 선택하는 연습과 훈련을 계속해야 합니다. 그렇게 생명나무를 선택하는 훈련을 잘해서 주님의 생명으로 무장하고 승리하는 사람이 천상 성전에 가서 생명나무를 온전히 차지하고 먹게 됩니다.

그러니 우리는 그저 사나 죽으나 교회 안에서 신앙생활을 하면서 생명나무를 선택해야 합니다. 절대로 선악과를 선택해서는 안 됩니다. 그래야 풍성한 신앙생활을 할 수 있습니다. 그러므로 무슨 일이 있어도 예수님은 잊어서는 안 됩니다. 생명나무 되신 예수 그리스도를 빼앗겨선 안 됩니다.

그렇다면 도대체 무엇이 생명나무를 선택하고, 무엇이 선악과를 선택하는 것입니까? 더구나 지금 이 세상에는 생명나무나 선악과가 없습니다. 아무리 지리산, 설악산, 한라산을 가도 없습니다. 터키나 이라크 쪽을 가도 생명나무나 선악과는 없습니다. 매일매일 삶 가운데 우리 앞에 생명의 길과 사망의 길이 있을 뿐입니다.

구원의 서정적 삶을 사는 사람에게 선악과와 생명나무의 교훈이 얼마나 중요한지 모릅니다. 생명나무 되시는 예수 그리스도보다 더 위대한 것이 없습니다. 우리에게 가장 가치 있는 것이 예수님의 생명입니다. 그러므로 이미 예수 그리스도를 믿고 하나님의 자녀가 된 우리에게 도대체 무엇이 생명나무이며 선악과인지를 깨달아야 합니다. 그것을 다음 장에서 계속하겠습니다.

2. 다시 에덴동산으로 가는 길

3.

선악과나무의 의미와 교훈 1

"여호와 하나님이 그 사람에게 명하여 이르시되 동산 각종 나무의 열매는 네가 임의로 먹되 선악을 알게 하는 나무의 열매는 먹지 말라 네가 먹는 날에는 반드시 죽으리라 하시니라"(창 2:16-17)

하나님은 선악과를 따 먹고 범죄한 아담과 하와에게 다시 에덴으로 가는 길을 열어 주셨다고 했습니다. 그것은 바로 하나님의 성전이었습니다. 그래서 구약 백성들은 하나님의 성전을 통해서 에덴으로 가고, 에덴을 회복하며, 에덴의 생명나무 은혜를 받고 누린다고 생각했습니다.

왜냐하면 그 성전 안에 하나님께서 에덴의 영적인 구조와 시스템을 담아 놓으셨기 때문입니다. 그런데 하나님은 돌과 나무로 지은 임시 성전을 헐어 버리시고 이 땅에 참된 성전이 오게 하셨습니다. 바로 그 첫 번째 성전이 예수님이셨습니다.
그리고 예수님은 우리 성도들도 성전 삼아 주시고, 그 지체 된 성전이 모여서 하나님의 거소를 이루게 하셨으니, 바로 그것이 주님의 몸 된 교회입니다.

그러므로 오늘날 주님의 몸 된 교회 안에 에덴의 구조와 시스템이 다 들어 있습니다. 이 안에 예수님의 생명, 곧 영적으로 생명나무가 존재하고 우리는 그 생명을 맛보고 경험할 수 있게 되었습니다. 이러한 삶을 반복적으로 하다가 저 영원한 천국에 가서 완전하고도 영원히 생명나무 되시는 예수 그리스도를 소유하고 차지하는 기쁨을 받게 됩니다.

"귀 있는 자는 성령이 교회들에게 하시는 말씀을 들을지어다 이기는 그에게는 내가 하나님의 낙원에 있는 생명나무의 열매를 주어 먹게 하리라" (계 2:7).

"자기 두루마기를 빠는 자들은 복이 있으니 이는 그들이 생명나무에 나아가며 문들을 통하여 성에 들어갈 권세를 받으려 함이로다"(계 22:14).

다시 말하면 교회 생활을 열심히 하면서 생명나무를 선택하는 훈련과 연습을 잘하는 자들이 천상의 교회인 새 예루살렘에 가서 생명나무를 온전히 차지하고 먹게 된다는 말입니다. 그러므로 우리는 오늘날 교회 생활을 하면서도 무조건 생명나무를 선택해야 합니다. 절대로 선악과를 선택해서는 안 됩니다. 사나 죽으나 생명나무를 선택해야 우리에게 풍성한 생명이 넘치고 행복한 신앙생활을 할 수 있습니다.

선악과를 만드신 이유

그렇다면 도대체 생명나무를 선택한다는 말의 뜻은 무엇입니까? 또한 선악과나무를 선택한다는 말은 무슨 의미입니까? 우리가 거기에 대한 답을 알기 전에 먼저 알아야 할 것이 있습니다. 그것은 하나님이 도대체 왜 선악과나무를 만들어 놓으셨느냐는 것입니다. 또 선악과나무를 만들어 놓았다 하더라도 그것을 그냥 따 먹도록 놔두시지, 왜 하필 그 나무만 못 따 먹게 만들어 놓으셨느냐는 문제입니다.

사실 하나님께서 선악과나무를 만들지 않으셨다면 인간이 죄를 짓지도 않았을 것이고, 지금 우리가 고통스러운 세상에서 살지도 않았을 텐데 말입니다. 그 이유는 크게 두 가지로 대답할 수 있습니다.

1) 하나님의 왕 되심과 인간의 본분을 깨닫도록 하기 위해서였습니다.[25]

에덴 동산은 인류 최초의 성전이요 낙원이었습니다. 그리고 동시에 하나님 나라의 모판이요 시범 장소였습니다. 그렇기 때문에 당연히 하나님이 그 에덴의 주인이실 뿐 아니라 왕이셨습니다. 그래서 에덴 동산에서 하나님의 왕적 통치를 하셨습니다.

그러면 인간은 무엇입니까? 인간은 하나님의 대리 통치자이기도 하지만 하나님을 섬겨야 할 제사장이었습니다.[26] 언제나 하나님을 왕으로 모시고 주인으로 섬기며 오직 하나님을 경배하고 찬양해야 할 제사장적 의무를 가지고 있었습니다. 그러니까 아담은 항상 이러한 사실을 깨닫고 살아야 했습니다.

"아, 하나님만이 왕이시고 나는 하나님의 종일 뿐이다. 하나님은 이 에덴에서 왕적 통치를 하시며, 나는 그 통치와 다스림과 제한 속에서 하나님만을 섬겨야 그것이 나에게 축복이고 행복이라는 사실을 잊지 말아야 한다."

---

25) Bruce Waltke, *An Old Testament Theology: An Exegetical, Canonical, and Theological Approach* (Grand Rapids: Zondervan, 2007), 259. 주권적 통치자이며 왕이신 하나님께서는 인간들이 하나님의 권위 아래서 다스리며 하나님과 바른 관계를 맺기 원하셨다.
26) 서철원, "낙원, 성전, 성육신," 10; Waltke, *An Old Testament Theology*, 259. 창세기 2장 15절은 동산에서 아담의 임무를 언급한다. "에덴 동산에 두어 그것을 경작하며 지키게 하시고." '경작하며'는 히브리어 עבד(아바드; 섬기다)이다. 이 용어는 제사장이 성막에서 '봉사하다'라는 의미로 자주 사용되었고(출 39:32, 42), '지키게 하시고'는 히브리어 שמר(샤마르; 지키다)이며, 제사장이 하나님께서 지시하신 규례를 수행한다는 의미로 사용되었다(민 1:53, 3:7-8, 18:5, 7).

하나님은 아담에게 이 사실을 잊지 않고 항상 명심하도록 하기 위하여 어떤 제한적인 계명을 두어야 할 필요가 있었습니다.[27] 하나님은 바로 그 제한적인 계명을 선악과나무로 주신 것입니다. 그래서 동산에 있는 모든 나무의 열매는 맘대로 따 먹되 동산 중앙에 있는 선악과나무는 따 먹지 말라고 하셨습니다.

"여호와 하나님이 그 사람에게 명하여 이르시되 동산 각종 나무의 열매는 네가 임의로 먹되 선악을 알게 하는 나무의 열매는 먹지 말라"(창 2:16-17상).

에덴 동산이 얼마나 살기 좋은 아름다운 세계였습니까? 에덴 동산을 중심으로 맑은 네 개의 강이 흘렀지요, 각종 금은보화가 있지 않았습니까. 거기다가 맑은 공기, 그리고 저 아름다운 들판의 꽃과 셀 수 없이 많이 열린 탐스러운 실과들, 또한 그 실과나무 위에서 노래하는 새소리를 생각해 보십시오. 아담과 하와는 그 에덴 동산에서 입만 벌려도 하나님을 찬양하는 노래가 흘러나오고도 남았을지 모릅니다.

♪ 참 아름다워라 주님의 세계는 저 푸르른 하늘과 들녘의 실과들
주 찬송하는 듯 저 맑은 새소리 내 아버지의 지으신 그 솜씨 깊도다

그런데 하나님은 동산 한 중앙에 주의 게시판을 세워 놓으셨습

---

[27] Calvin, *Genesis I*, 126. 칼빈은 다음과 같이 언급한다. "하나님께서 인간에게 선악과를 먹지 말라는 명령을 하신 것은 인간에게 순종을 요구하신 첫 명령이었다. 인간은 이를 통해서 하나님께서 자신의 삶의 주관자이며 주인이란 사실을 알고 순종해야 했다."

3. 선악과나무의 의미와 교훈 1

니다. 그것이 바로 모든 과실은 맘대로 다 따 먹어도 선악과나무는 따 먹지 말라는 것이었습니다. 이렇게 선악과나무를 통해서 아담에게 제한을 시키셨습니다. 그리고 이 제한 계명을 통해서 아담은 항상 하나님을 왕으로 모시고 주인으로 모시며, 눈을 뜨든 눈을 감든 언제나 하나님만을 경배하며 찬양해야 했습니다. 그러면서 아담과 하와는 선악과를 볼 때마다 이런 생각을 해야 했습니다.

"아, 나는 하나님만 사랑하며 살리라. 그리고 하나님을 왕으로 모시고 살리라. 나는 언제나 하나님의 왕적인 통치 아래서, 또한 선악과의 제한된 통치 안에서 제한받으며 살리라. 아, 나는 착각하지 않으리라. 하나님만이 왕이며, 나는 그의 종이고, 대리 통치자에 불과하다. 그러므로 나는 절대로 변함없이 하나님만을 섬기며 살리라."

바로 이런 제한적인 계명 안에서 스스로 제한을 받고 하나님만을 섬기고 찬양하는 것이 아담에게 최고의 행복이고 축복이었다는 말입니다. 그러므로 아담과 하와는 에덴 동산에서 얼마든지 자유롭게 지내고 에덴의 축복을 누릴 수 있었지만, 하나님께서 정하신 선악과만큼은 제한을 받고 살아야 했습니다. 그 제한 속에서 하나님의 다스림과 통치를 받고 하나님만을 섬겨야 했습니다.

그래야만 진정으로 행복한 존재가 될 수 있었습니다. 만일 아담과 하와에게 선악과가 없었다면 스스로 착각할 수도 있지 않겠습니까? 하나님과 자기 사이가 잘 구분이 안 된다고 착각하여 스스로 하나님과 똑같이 되려고도 했을 것입니다. 사탄이 왜 망했습니까? 하나님처럼 되려다 망한 것이 아닙니까? 그래서 하나님은 선악과로 아담과 하와를 제한해 놓으신 것입니다.

하나님이 선악과를 에덴 동산에 만들어 놓으신 이유는 아담과 하와를 사랑하셨기 때문입니다. 정말 아담과 하와가 행복한 존재로 살아가도록 하기 위해서였습니다. 하나님이 아담을 사랑하고 하와를 사랑해서 선악과를 지어 주셨습니다. 하나님이 괜히 아담과 하와를 고통스럽게 하고 괴롭히기 위해서 선악과를 지으신 것이 아니라, 정말 행복하게 살고 복 받고 살도록 주신 것입니다.

다시 말하면, 하나님과 아담 사이에 좋은 관계가 유지되고, 아담과 하와가 행복하게 살도록 하기 위해서 선악과를 지으셨습니다. 그러니 선악과를 지어 주신 하나님이 얼마나 좋으신 분입니까? 얼마나 선하신 하나님입니까? 얼마나 사랑이 많으신 하나님입니까?

요셉이 소유할 수 없었던 단 하나

그래서 이 선악과에 대한 이야기를 할 때마다 제가 한 가지 좋은 예를 들지 않습니까? 우리가 잘 알고 있듯이, 보디발은 요셉에게 모든 것을 다 맡겼습니다. 보디발은 요셉을 그만큼 신뢰하였습니다. "우리 집에 있는 것은 다 자네 마음대로 해. 내 재산을 주식에 투자하든지, 부동산에 투자하든지, 자네 마음대로 해. 나는 자네를 믿고 그것을 다 맡겼어······."

"요셉이 그의 주인에게 은혜를 입어 섬기매 그가 요셉을 가정 총무로 삼고 자기의 소유를 다 그의 손에 위탁하니"(창 39:4).

그러나 보디발이 요셉에게 하나 맡기지 않은 것이 있었습니다. 이것만큼은 절대로 내 영역이니 손대지 말라고 한 것이 있었습니다. 그것이 무엇인지 아십니까? 바로 자기 아내였습니다. "요셉, 다른 것은 다 자네 마음대로 해도 좋지만, 내 아내만큼은 손대지 말게. 혹시라도 내 아내가 자네를 유혹해도 자네는 내 아내와 상관해선 안 돼……."

보디발은 요셉에게 자신의 아내를 선악과로 제한하여 놓았습니다. 보디발이 자기의 아내까지 가지라고 했으면 얼마나 좋았을까요? 외로운 요셉, 타향살이하면서 쓸쓸하고 고적한 요셉에게 기왕에 맡긴 김에 마누라까지 맡겼으면 좋았지 않겠습니까? 그러나 그렇게 되면 요셉이 보디발 집의 주인이 되는 것이 아니겠습니까?

그러므로 보디발은 자기 아내를 요셉에게 제한적인 선악과로 세워 줌으로써, 자기가 여전히 자기 집의 주인이 되었고, 요셉은 그 집의 총무가 되었습니다. 그리고 요셉은 이 선악과를 따 먹지 않아서 끝까지 행복한 사람이 될 수 있었습니다.

창세기를 보니, 보디발의 아내가 요셉을 얼마나 유혹했는지 모릅니다. 낮에도 유혹하고, 젊은 20대 남자에게 예쁜 여자가 윙크만 살짝 해도 얼마나 가슴 떨리겠습니까? 젊었을 때 저도 마찬가지였습니다. 보디발의 아내가 노출된 옷을 입고 동침하자고 했을 때 요셉이 얼마나 괴로웠겠습니까? 저녁에 남편이 당직이라고, 집에 들어오지 않는다고 유혹했을 것입니다.

요셉이 하나님을 붙잡고 제한된 계명을 넘어가지 않았을 때, 비록 누명을 쓰고 감옥에 갇히긴 했지만 결과적으로는 육신의 주인인 보디발과도 깨끗한 관계를 유지할 수 있었고, 하나님과의 관계도 정말 아름답게 유지할 수 있었습니다.

선악과, 하나님이 주신 제한 계명

에덴 동산이 이와 같습니다. 에덴 동산에 선악과가 반드시 있어야 하나님이 하나님 되시고, 아담은 하나님을 섬기는 인간으로 살아갈 수 있었습니다. 하나님께서 선악과를 통하여 아담과 하와를 반드시 제한시켜 놓아야 그 제한된 계명 속에서 하나님과의 아름다운 관계를 유지하며 아담은 행복한 존재로 살아갈 수 있었습니다.

오늘날도 마찬가지입니다. 우리가 신앙생활하면서 가장 중요한 것이 하나님과의 아름다운 관계성이 아니겠습니까? 그래서 하나님은 오늘날 우리에게도 제한적인 계명을 주셨습니다. 그것이 바로 오늘날 우리에게 선악과의 교훈을 준다고 할 수 있습니다.

가령, 십일조가 그렇지 않습니까? 하나님은 우리에게 물질의 복을 주셔서 그 물질을 마음대로 쓸 수 있는 자유를 주셨습니다. 물질의 복을 많이 받았든 적게 받았든 간에, 내가 번 물질은 내 마음대로 쓸 수 있습니다. 그러나 십일조를 통하여 십분의 일이라는 제한을 주셨다는 것도 알아야 합니다. 십일조만큼은 의무적으로 하나님께 제한을 받고 하나님의 것으로 드려야 합니다.

물론 그것은 의무를 넘어서 기쁨과 감동으로 드려야 합니다. 그럴 때 그 제한과 의무는 하나님과 아름다운 관계를 맺고, 축복의 관계를 맺으며, 더 나아가 생명의 관계를 맺습니다. 왜냐하면 하나님이 그것을 받으시고 우리에게 축복을 내려주시며, 또 그 안에서 우리가 참된 자유와 행복과 풍성한 은혜를 누리며 생명의 관계까지 맺기 때문입니다.

창세기 14장을 보면, 아브라함이 멜기세덱에게 십분의 일을 드린 것은 하나님이 자신의 생명을 보호해 주셨기 때문이라고 하지 않습니까? 또 창세기 28장을 보면 야곱도 하나님께 생명의 보호와 이 땅의 축복을 담보로 십일조를 서원하는 것을 볼 수 있지 않습니까?

그러므로 오늘날도 십일조는 제한이지만 그 제한 속에서 하나님과 아름다운 관계를 맺으며 그 관계 속에서 풍성한 물질의 축복과 건강의 축복을 경험하게 됩니다. 그러나 그 십일조를 범하면 십일조 선악과를 따 먹게 되는 것과 마찬가지입니다. 그럴 때 우리는 하나님과의 관계가 깨지며, 그 결과 은혜를 잃어버리게 되고, 풍성한 생명과 행복과 물질의 축복까지 잃어버리게 됩니다. 이것이 바로 십일조를 통해 주는 선악과의 교훈이라고 할 수 있습니다.

주일 성수도 마찬가지입니다. 우리가 6일 동안은 세상에서 자유롭게 살아갑니다. 그것이 죄만 아니라면 6일 동안 우리가 여행을 다닐 수도 있고 골프도 칠 수 있고 아니면 낚시나 등산도 다녀올 수 있습니다. 한번은 우리 교회에서 거제도로 교역자 수련회를 갔는데, 하루 종일 내내 세미나를 했지만 한나절은 시간을 내어 바다낚시를 갔습니다.

그런데 얼마나 낚시가 잘됐던지, 낚시한 고기로 전 교역자가 회를 배터지게 먹었다는 것 아닙니까? 저만 못 잡아서 그렇지, 바다낚시도 재미있었습니다. 세상에, 멍청한 놈들이 왜 비서실 권일훈 목사님한테만 가서 무는지 모르겠습니다. 목회연구소 선광현 목사님한테는 예쁜 여자 같은 물고기만 물었다는 것 아닙니까?

그런데 이것을 아셔야 합니다. 물고기는 놓치는 것일수록 예쁘고 아름답다는 사실을 말입니다. 그래서 예쁘게 생긴 물고기는 다 저한테 왔지만, 제가 놓아주었습니다. 이렇게 죄만 아니라면 우리가 자유롭게 살 수 있습니다.

그러나 일주일 중에 하루는 반드시 제한을 받아야 합니다. 그리고 그날은 아무 날이 아니라 구약으로 말하면 제7일이고, 신약으로 말하면 주님이 부활하신 날입니다. 그날을 지키고 제한을 받아야 하는 것입니다.

바로 이것이 주일 성수입니다. 그래서 우리가 주일날이면 교회에 와서 예배를 드리지 않습니까? 그 주일을 제한받고 예배를 드림으로써 우리는 하나님과 아름다운 관계를 이루게 됩니다. 그리고 그 아름다운 관계 속에서 우리는 풍성한 생명과 참된 행복과 안식과 기쁨을 누리며 살아가야 합니다. 그뿐만 아니라 건강과 물질의

3. 선악과나무의 의미와 교훈 1

축복까지 누리며 살아가게 되는 것입니다.

그래서 많은 사람들이 주일 낮 예배만 드리지만, 또 그에 못지않은 많은 사람들이 저녁 예배까지 드리며 주일을 온전히 바치며 삽니다. 그럴 때 주님과 더 깊은 관계를 맺게 되고, 더 풍성한 생명과 행복과 기쁨과 감격과 온갖 축복을 다 누리며 살아갑니다. 그런데 우리가 어렵고 힘들다고 주일 예배를 빼먹고 자기 멋대로 살아가면 그것은 바로 주일 선악과를 따 먹는 것입니다.

"여보, 우리 의사 말을 들읍시다"

부부 사이에도 마찬가지입니다. 남편은 아내에게 제한받고 아내는 남편에게 제한받도록 하나님께서 부부 선악과를 심어 놓으셨습니다. 그 제한 속에서 절대로 바람 피우지 않고 살아갈 때 하나님과의 관계도 아름답게 되고 부부관계도 아름답게 됩니다.

부부 선악과 때문에 불만이 많은 어떤 여자가 동창회에 갔다 와서 불평을 했다고 합니다. 왜 그러는가 하면, 동창회 가서 보니까 자기만 남편이 있었던 것입니다. 남들은 다 자유롭게 사는데 말입니다. 그런데 그 남편이 어느 날 죽어 버렸습니다. 그래서 병원 영안실로 아들과 함께 남편을 침상에 눕혀서 끌고 가는데, 아들이 보니까 아버지 발가락이 까닥까닥하는 것입니다. 그리고 손가락도 조금씩 움직이는 것이 보였습니다.

이때 아들이 엄마에게 말합니다. "엄마, 아빠 손과 발가락이 움직여. 아직 완전히 돌아가시진 않았나봐." 그랬더니 엄마가 아들한테 그랬다는 거 아닙니까? "의사 선생님이 죽었다고 했잖아. 빨리 밀고 가."

그런데도 남편이 막 손가락과 발가락을 움직이며 뭐라고 말을 하는 것같이 보였습니다. "여보! 아직은 나 죽지 않았어. 제발 냉동실에 넣지 말아 줘. 조금만 기다리면 내가 살아날 거야." 이런 말을 하고 싶은데 말은 못하고 안간힘을 쓰는 것 같았습니다. 그러자 아내가 남편의 귀에 대고 이렇게 말했다는 거 아닙니까? "여보, 우리 의사 말을 들읍시다."

얼마나 웃기는 이야기입니까? 이런 사람에게는 부부 사이에 심겨져 있는 선악과나무가 그냥 쑥쑥 자라고 울창할 수밖에 없습니다. 결코 이런 부부가 되어서는 안 됩니다.

뿐만 아니라 선악과는 목사와 성도 사이에도 있다고 봅니다. 그래서 서로가 제한을 받고 존중하며 살아야 합니다. 그러므로 목사에게 성도는 영적인 관계에서는 양이지만 목사가 육적으로까지 사생활 영역을 침범하고 윤리적 경계선을 넘어가면 안 됩니다.

또 성도도 목사의 영역과 경계선을 넘어서는 안 됩니다. 목사를 이성으로 보고 대하는 것도 안 되고, 그 목사의 영적인 권위와 지도력을 짓밟아서도 안 됩니다. 목사를 끌어내리며 목사 위에 군림하려고 하는 것은 더더욱 안 됩니다. 그것 역시 서로가 선악과를 따는 것입니다.

3. 선악과나무의 의미와 교훈 1

하나님의 왕 되심의 표지

에덴 동산에서나 지금 우리 교회 생활에서나 이 선악과는 항상 '하나님은 우리의 왕이 되시고 우리는 그를 섬겨야 할 종' 이라는 사실을 깨닫도록 하기 위하여 존재합니다. 다시 말하면, 하나님께서 하나님의 왕 되심에 대한 깨달음의 표지요, 제한적 계명으로 주셨습니다. 그래서 하나님과의 아름다운 관계성을 통해 우리가 행복한 존재로 살아가도록 선악과나무를 주신 것입니다.

그러므로 오늘 우리도 하나님이 주신 주일 성수 선악과가 되었든지, 십일조 선악과가 되었든지, 오늘날 선악과의 교훈을 생각할 때마다 항상 결심하고 결단을 해야 합니다.

"아, 나는 하나님만을 왕으로 섬기리라. 정말 하나님을 사랑하며 하나님의 제한된 선악과적인 계명 안에서 스스로 하나님을 섬기며 살리라. 절대로 교만하지 않으리라. 어떤 경우도 선악과의 경계선을 넘어가지 않으리라. 목사는 목사대로, 장로는 장로대로, 성도는 성도대로 하나님이 주신 제한만큼 제한을 받으면서 하나님만을 왕으로, 주인으로 모시며 섬기며 살리라."

♪ 이제 내가 예수만을 사모하리라 진정 왕으로 섬기리
오 주님께서 선악과를 내게 주셨네 주의 귀하신 계명일세

오 주님께서 나를 축복하셨네 선악과의 계명으로 나를 깨워 주셨네
오 주님께서 나를 축복하셨네 선악과의 계명으로 나를 깨워 주셨네

이제 내가 예수만을 왕으로 섬기리 진정 변치 않으리
오 주님께서 선악과를 내게 주셨네 주의 사랑의 계명일세

2) 하나님이 선악과나무를 주신 것은 아담에게 더 큰 은혜를 주시기 위해서였습니다.

에덴 동산은 하나님 나라의 시작이요 모판이었습니다. 그리고 아담과 하와는 아직도 완전한 생명과 영원한 구원을 소유해야 할 존재였습니다. 여전히 사탄에게 유혹받을 수 있는 존재요 가변적인 존재였습니다. 아담은 완전하게 창조되었지만 선과 악을 선택할 자유를 가졌습니다. 그는 하나님의 말씀에 순종할 수 있었고, 또한 하나님의 말씀을 어기고 악을 선택할 가능성이 있는 존재였습니다.[28]

이것은 웨스트민스터 신앙고백과 전통적 개혁 신학에 근거한 독해입니다. 그러나 이 해설을 반대하는 학자들에게는 이렇게 설명할 수도 있습니다. 아담이 미숙한 존재가 아니고 선악과가 아담에게 시험이 아니라 하나님의 백성이 되기 위한 약정으로 주어졌다 하더라도, 선악과는 여전히 아담에게 시험의 성격이 내포되어 있다고 말입니다.

왜냐하면 첫 언약이 시험이 아닌 하나님의 백성으로 삼기 위한 약정이라 하더라도, 선악과는 여전히 순종이라는 계명으로 주어졌

---

[28] 서철원, 《인간, 하나님의 형상》, 102. 서철원 교수는 "아담은 그 순정성의 상태에서는 불변성의 은사가 아직 주어지지 못하였다"고 말한다.

기 때문입니다.29) 하나님의 계명에 순종해야 아담과 하와는 계속해서 하나님의 백성이 되고 하나님의 완전하고 영원한 생명을 누릴 것이 아닙니까? 그러므로 이렇게 봐도 아담에게는 선악과가 기회요, 시험의 성격이 있다는 말입니다.

아무튼 하나님은 아담과 하와에게 하나님이 주신 선악과를 통과하게 함으로써 더 영원하고 완전한 구원을 주고자 하셨습니다. 다시 말하면, 하나님께서는 아담에게 선악과를 따 먹지 않고 그 제한적인 계명을 지키며 하나님을 잘 섬기면 영원한 생명을 주겠다고 말씀하셨습니다. 그리고 그런 영원한 생명을 얻을 뿐만 아니라, 그런 상태에서 하나님 나라가 확장되고 번창하게 되었을 것입니다.

유혹이 아닌 기회로서의 시험

그러므로 선악과는 하나의 시험이면서 하나님의 거룩한 축복의 언약이기도 했습니다. 다시 말하면, 이 선악과는 하나님이 우리를 망하게 하려거나 골탕을 먹이려고 주신 것이 아닙니다. 이 시험을 통해서 더 나은 축복과 더 성숙하고 영원하고 완전한 생명의 축복을 주려고 하셨습니다.

다시 말하면, 선악과나무는 유혹(temptation)으로서의 시험이 아니라 기회로서의 시험이었습니다. 그리고 영원한 삶, 곧 영원한 하나님의 백성으로 살도록 하기 위한 축복의 테스트였다는 말입니다.

---

29) 순종에 초점이 맞추어진 언약의 중요성에 대해 1장의 논의를 참조하라.

그러므로 아담과 하와는 선악과나무를 바라볼 때마다 언제나 하나님만을 사랑하고 그 말씀에 순종해야 한다는 사실을 각오하고 결심해야 했습니다. 그래서 선악과를 볼 때마다 이런 것을 생각했어야 합니다.

"아, 나는 하나님을 사랑하는 마음으로 절대로 선악과를 따 먹으면 안 된다. 아무리 사탄이 와서 유혹하고 뱀이 와서 나를 꾄다 할지라도, 나는 절대로 선악과나무를 따 먹어서는 안 된다. 그것이 아무리 보암직도 하고 먹음직도 하고 지혜롭게 할 만큼 탐스럽게 보인다 할지라도, 절대로 선악과를 눈독도 들이지 않고 눈길도 주지 않고 냄새도 맡지 않으리라."

그래서 아담과 하와가 선악과나무를 따 먹지 않고 생명나무를 선택했다면 언제나 하나님께 눈물겹게 감사와 찬양을 올려드렸을 것입니다. "아, 내가 하나님의 은혜로 선악과를 선택하지 않고 생명나무를 선택했다니 이 얼마나 감사한 일인가. 만약 선악과나무를 따 먹었다면 나와 내 후손은 영원한 저주와 징벌 속에 살아야 했을 텐데. 이렇게 영원한 생명과 하나님 앞에서 영광스러운 낙원의 축복을 누리며 구원을 누리게 되었으니 얼마나 감사한 일인가."

그런 마음으로 아담과 하와는 하나님께 진짜 사무치는 찬양과 경배의 노래를 드렸을 것입니다.[30] 하나님의 은혜를 저버리고 선악과를 선택하지 않았던 것을 감사하고 찬양했을 것입니다.

---

30) 게할더스 보스, 《성경 신학》, 43-48. 또한 다음을 참조하라. 체스터 레만, 《성경 신학: 구약》, 김인환 역 (서울: 크리스챤다이제스트, 1993), 79-81.

3. 선악과나무의 의미와 교훈 1

한눈으로 보는 생명나무, 선악과 도표

그러나 불행하게도 그들은 선악과나무를 따 먹어 버리고 말았습니다. 결국 불순종해 버렸습니다. 그래서 하나님의 언약의 저주 아래 놓여서 자기 자신도 죽음을 면치 못하게 되었고, 후손과 자기에게 위임된 모든 세상도 하나님의 저주 아래 놓이게 되고 말았습니다. 이것을 도표로 설명하면 다음과 같습니다.

이 도표를 보십시오. 하나님이 천지를 창조하셨습니다. 그리고 에덴 동산에서 아담과 하와와 더불어 언약을 맺고 그들에게 순종의 계명을 주셨습니다. 그런데 언약의 내용은 바로 선악과나무를 선택하면 영원히 죽고, 생명나무를 선택하면 영원이 산다는 것이었습니다. 만약 아담과 하와가 생명나무를 선택하면 도표대로 영원하고 완전한 영생을 상급으로 누리게 되었을 것입니다.[31] 그런 상태에서 아담과 하와는 하나님 나라를 확장하며, 하나님께 완전한 경배와 찬양을 드렸을 것입니다.

---

[31] 다음의 책을 참조하라. 팔머 로버트슨, 《계약 신학과 그리스도》, 김의원 역 (서울: 기독교문서선교회, 1995), 92. 팔머 로버트슨도 다음과 같이 말한다. "분명히 생명나무는 언약적 축복과 영생의 상태가 유지되는 가능성을 상징했다. 만일 인간이 금단의 시험을 통과하게 된다면 그는 영원히 살게 되는 것이다."

그러나 불행하게도 그들은 선악과를 선택함으로써 타락하게 되고 언약을 파기하게 되었습니다. 그래서 에덴의 동쪽으로 쫓겨나서 온갖 저주와 죽음 아래서 살게 되었고, 온 세상을 저주와 죽음의 세상으로 만들어 버리고 말았습니다. 그럼에도 불구하고 하나님은 그런 아담과 하와를 영영 버리지 않으셨습니다.

하나님은 그들에게 새로운 언약의 회복을 약속하셨습니다. 그것은 바로 예수 그리스도를 새로운 생명나무로 보내 주시고 참된 성전으로 보내 주시겠다는 것이었습니다. 그래서 아담과 하와는 하나님의 은혜 언약을 믿고 새로운 소망을 품었고, 아담과 그의 후손들은 그 은혜를 미리 찬양하고 찬미했습니다.

그러다가 마침내 예수님이 우리에게 생명나무로 오셔서 우리의 생명이 되어 주시고, 뿐만 아니라 십자가에 죽으심으로써 우리에게 다시 저 에덴으로 가는 길을 열어 주셨고 에덴의 축복을 회복해 주셨습니다. 바로 이것이 오늘날 우리의 구원이고 복락원의 축복입니다.

무조건 감사의 생명나무

그러니까 우리는 생명나무 되시는 예수님을 믿었기 때문에 여전히 삶 속에서 생명나무를 선택하고 하나님을 찬양하며 살아갑니다. 그러다가 언젠가 우리가 주님 나라에 들어가게 되면 완전한 영생과 영원한 구원을 누리게 됩니다. 그러므로 우리는 이래도 감사, 저래도 감사해야 합니다.

아담과 하와가 선악과를 따 먹지 않았으면 안 따 먹은 대로 감사해야 합니다. 왜냐하면 우리가 이런 고통의 세상을 누리지 않고 영원한 영생을 곧바로 누리게 되는 것이니 얼마나 감사한 일입니까? 그러나 아담과 하와가 비록 선악과를 따 먹었다 하더라도 하나님은 다시 생명나무 되시는 예수 그리스도를 보내 주셨습니다.

그리고 우리가 그분을 믿고 이렇게 구원을 받게 되었으니 얼마나 감사합니까? 이렇게 우리가 하나님의 자녀가 되고 이 생명나무의 진리를 알게 되었으니 얼마나 감사한 일입니까? 게다가 그냥 평범한 생명이 아니라 풍성한 생명, 충만한 은혜를 누리게 되었으니 얼마나 감사하고 감사합니까?

"도둑이 오는 것은 도둑질하고 죽이고 멸망시키려는 것뿐이요 내가 온 것은 양으로 생명을 얻게 하고 더 풍성히 얻게 하려는 것이라"(요 10:10).

우리는 이래도 감사, 저래도 감사해야 합니다. 우리는 구원받은 것도 감사하고 하나님의 자녀 된 것도 감사하지만, 지금까지 살아온 동안 하나님이 은혜를 베풀어 주시고 보호해 주신 것이니, 이 얼마나 감사합니까? 그래서 우리는 하나님 앞에 무조건 감사해야 합니다.

바로 이렇게 감사하고 무조건 찬양하는 것, 이것도 오늘날 일종의 생명나무를 선택하는 것이라고 할 수 있습니다. 예컨대, 감사 절기를 맞아서 감사 헌금을 드리고 감사 예물을 드리는 것도 일종의 생명나무를 선택하는 것이라는 말입니다. 하나님은 이런 사람에게 더 큰 은혜를 주십니다. 더욱 감사의 조건과 축복과 기적을 내려주십니다. 그러므로 항상 감사의 생명나무를 선택해야 합니다.

그러나 반대로, 매일 짜증내고 원망하고 불평하며 사는 것 역시 일종의 선악과를 따는 것이라고 할 수 있습니다. 감사주일인데도 감사 헌금은커녕 불평과 원망과 절망만 가득한 것은 일종의 선악과를 선택하는 것입니다.

도대체 오늘날 우리에게 있어서 선악과가 무엇이고 생명나무가 무엇입니까? 과연 오늘날 이미 십자가의 은혜로 구원받은 우리에게 무엇이 선악과를 선택하는 것이고, 무엇이 생명나무를 선택하는 것입니까? 이것은 다음 장에서 계속하겠습니다.

4. 선악과나무의 의미와 교훈 2

"여호와 하나님이 그 사람에게 명하여 이르시되 동산 각종 나무의 열매는 네가 임의로 먹되 선악을 알게 하는 나무의 열매는 먹지 말라 네가 먹는 날에는 반드시 죽으리라 하시니라"(창 2:16-17)

이번 장에서 살펴볼 주제는, 과연 오늘날 무엇이 선악과와 생명나무를 선택하는 것이냐 하는 문제입니다. 이미 우리는 예수 그리스도의 십자가의 은혜와 복음으로 구원을 받은 사람입니다. 더구나 에덴 동산에 있었던 선악과와 생명나무 사건은 단회적인 사건으로 끝나 버렸습니다.

뿐만 아니라 그 선악과나무와 생명나무는 오늘날 전혀 존재하지 않습니다. 더구나 에덴 동산의 선악과나무와 생명나무는 우리 구원과 직접적인 관련이 하나도 없습니다. 그렇다면 이미 구원받고 하나님의 자녀가 된 우리에게 선악과나무를 선택하고 생명나무를 선택한다는 것의 의미가 무엇이겠습니까?

이것은 신앙생활의 본질을 붙잡고, 중심을 세우는 데 있어서 얼마나 중요한 교훈을 주는지 모릅니다. 선악과나무와 생명나무는 우리의 신앙의 도정과 교회 생활 속에서 정말 너무너무 귀한 영적 교훈과 본질적인 가르침을 가져다주기 때문입니다.[32]

선악과를 선택한다는 의미

먼저 우리에게 있어서 무엇이 선악과를 선택하는 것인가에 대해

---

[32] 어거스틴은 낙원 이야기와 생명나무와 선악과에 대한 해석을 성도들의 교회 생활과 관련시켜 적용하기를 원했다. Augustine, *The City of God against the Pagans, Books XII-XV*, 219. 에덴에서 선악과를 따 먹은 인간은 최종 구속을 갈망하고 있다. 성도는 하나님께서 약속하신 새 예루살렘 성을 향한 순례의 여정 가운데 있으며, 교회를 통하여 이 땅에 있는 도성을 변화시켜야 한다. O. Benjamin Sparks III, "From Eden to Jerusalem," *Interpretation* 54 (2000): 45.

서 말씀을 드리겠습니다. 선악과나무라고 하는 단어의 의미는 히브리말로 '에츠 하다트 토브 와라'(עֵץ הַדַּעַת טוֹב וָרָע)입니다. 영어로는 'Tree of knowledge of good and evil'입니다. 선과 악의 지식의 나무라는 말입니다.

이것을 조금 더 의역한다면, 선과 악에 대해서 지식을 얻게 하는 나무라는 말입니다. 다시 말하면 이 나무 열매를 따 먹으면 선과 악에 대해서 지식을 얻게 된다는 말입니다. 그래서 아담과 하와도 그것을 먹는 순간 당장 선악에 대해서 눈을 떠 버리지 않았습니까? 스스로 선과 악을 판단하고 분간할 수 있는 능력이 생겼습니다.

그래서 얼마나 선악의 지식으로 똑똑하고 능력 있는 사람이 되었는지 모릅니다. 그런 의미에서 유명한 교부 어거스틴은 이 나무를 '선과 악의 지식의 나무'라고 했으며, 이는 '자신의 의지에 대한 통제력'이라고 설명하였습니다.[33]

그러면 하나님은 왜 이 선과 악에 대한 지식을 아담과 하와에게 금지하셨단 말입니까? 아담과 하와가 선과 악에 대한 지식을 얻는 것이 무엇이 나쁘기에 이 선악의 지식을 갖지 않도록 금지하셨단 말입니까? 그것은 바로 선악에 대한 지식은 하나님만 가지고 있는 고유 권한이었기 때문입니다.[34]

---

[33] Augustine, *The City of God against the Pagans*, Books XII-XV, 219. "lignum scientiae boni et mali proprium voluntatis arbitrium." 영문 번역 "the tree of knowledge of good and evil is personal control of one's own will."
[34] John H. Walton, *Genesis, The NIV Application Commentary* (Grand Rapids: Zondervan, 2001), 171.

다시 말하면 선악의 판단과 선악의 지식 영역은 오직 하나님께 만 있는 고유 영역이었단 말입니다. 그래서 하나님은 이 하나님만이 가지고 계시는 고유 권한을 인간에게 금지하셨습니다. 그런데 하나님의 그 고유 영역을 인간이 침범하고 도전하였습니다. 바로 사탄의 간교한 유혹으로 말미암아서 말입니다.

선악의 지식, 의존자에서 자주자로

그러면 성경이 말하는 선과 악의 지식이란 무엇을 의미하는 것입니까? 어떤 학자들은 선악의 지식을 도덕적인 분별로 해석하기도 합니다.[35] 또 어떤 학자들은 성적인 지식이라고 설명하기도 하고, 전지성이라고 이야기하기도 합니다.[36] 그러나 다 틀린 이야기입니다.

왜 우리 하나님께서 인간에게 도덕적 분별을 금지하도록 하셨겠습니까? 또 왜 하나님이 남자와 여자를 만들어 놓고 성적인 지식을 갖지 못하게 하셨겠습니까? 당연히 가져야 합니다. 뿐만 아니라 전지성도 틀린 이야기입니다. 아담과 하와가 선악과나무를 따 먹었지만 전지성을 가진 사람이 된 것이 아니지 않습니까? 그러므로 성경이 말하는 선악의 지식이란, 인간이 스스로 선과 악에 대해서 자율적인 판단을 하는 것을 의미합니다.[37]

---

35) H. Blocher, *In the Beginning* (Downers Grove: InterVarsity Press, 1984), 121-34.
36) M. D. Gow, "Fall," in *Dictionary of the Old Testament Pentateuch*, ed. T.D. Desmond Alexander & David W. Baker (Downers Grove: InterVarsity Press, 2003), 285-91.
37) Waltke, *An Old Testament Theology*, 258.

원래 하나님은 선악 판단의 주체를 하나님 자신이 되게 하셨고 선악 판단의 진정한 기준을 오직 하나님의 말씀에 두었습니다.[38] 그래서 하나님은 인간을 하나님 의존적인 존재로 창조하셨습니다. 그러므로 아담과 하와는 오직 하나님을 의존하는 삶을 살아야 하며, 선악 판단의 주체도 하나님이 되시며 선악 판단의 기준을 하나님 말씀에 두며 살아야 했습니다.

그런데 선악과를 따 먹고 선악의 지식을 추구하는 순간부터 아담과 하와는 하나님을 떠나 자기 스스로 독립적인 삶을 살아가고 말았습니다. 그리고 하나님 없이 자율적 판단을 하게 되었습니다. 자기가 선악 판단의 주인이 되어 하나님 말씀을 버리고, 자기 생각과 자기 지식과 지혜와 자기 경험에 바탕을 둔 판단을 하며 살게 된 것입니다.

아담과 하와는 분명히 하나님 의존적인 삶을 살며 하나님이 왕이 되시고 주권자가 되시는 판단을 해야 했습니다. 그런데 선악과를 통해 스스로 살고 스스로 독립해서 자기 생각과 자기 지식으로 판단하려는 독립적 삶을 시도했습니다. 아담이 하나님처럼 자주자가 되어 자기 판단을 선악의 기준으로 삼았습니다. 그래서 멸망하게 된 것입니다. 이처럼 선악의 지식이라는 말은 선과 악에 대해서 자율적인 판단을 하는 것을 의미합니다.

---

[38] 아담과 하와는 선악과를 먹지 말라는 하나님의 말씀에 순종해야 했다. 하나님의 말씀에 순종하는 삶을 사는 것이 하나님 앞에 참된 선이며 생명의 길이다. 인간은 하나님의 말씀에 대한 순종을 통하여 하나님을 왕과 주인으로 모시는 삶을 살아가게 된다.

죄의 본질은 무엇인가?

죄의 본질이 무엇입니까? 우리는 주로 죄의 본질을 하나님의 계명을 어기고 불순종하는 것이라고 생각합니다. 물론 틀린 말은 아닙니다. 그러나 그것은 죄에 대한 표면적인 의미요 결과적인 의미라고 할 수 있습니다. 우리는 죄의 본질적인 의미가 무엇인지 알아야 합니다.

1) 하나님 없이 스스로 살려고 하는 것입니다.[39]

그러니까 우리가 하나님의 계명을 어기고 불순종하는 것이 아니겠습니까? 원래 우리 인간은 하나님 의존적 존재로 지어졌습니다. 그런데 하나님 의존적인 삶을 떠나서 자기 스스로의 독립적인 삶을 시도하는 것, 이것이 바로 죄의 시작이고 죄의 본질입니다. 이 죄의 본질이 꿈틀거리고 작동할 때, 우리가 스스로 하나님 없이 살 수 있다고 착각하게 되고 교만하게 되고 불순종하며 말씀을 어기게 됩니다.

그러므로 우리는 하나님 앞에서 온전히 하나님을 의존하는 삶을 살아야 합니다. 정말 하나님 의존적인 삶을 살며 오직 하나님을 왕으로 모셔야 합니다. 그것이 우리의 행복이고 우리의 진정한 축복이라는 사실을 알아야 합니다. 그것이 흙으로 우리 인간을 지으시고 그 코에 생기를 넣어 주신 하나님의 의도였기 때문입니다.

---

39) Waltke, *An Old Testament Theology*, 258.

2) 하나님의 은혜와 생명으로 살지 않고, 육신의 힘으로 살며 자기의 선악 판단으로 살려고 하는 것입니다.[40]

하나님께서 아담과 하와를 어떻게 살도록 하셨습니까? 하나님의 은혜와 말씀으로 살고, 하나님이 주신 영적 생명으로 살도록 지어 주신 것이 아닙니까? 그러니까 아담은 언제나 하나님의 생명으로 살기 위해서 말씀에 순종하여 생명나무를 선택했어야 합니다.

그런데 육신으로 살고 자기 선악 판단으로 살기 위하여 아담은 마침내 선악과를 선택해 버리고 만 것이 아닙니까? 그래서 바로 아담과 하와가 선악과를 따 먹은 것이 표면적으로 하나님께 불순종하고 계명을 어기며 언약을 파기한 것으로 나타납니다. 언약을 파기하여 창조주 하나님만을 섬기기를 거부합니다. 그것은 바로 하나님에 대한 반역이었습니다.

육신의 선악 판단으로 사는 삶

오늘날 우리도 마찬가지입니다. 하나님 없이 스스로 살려고 하는 것, 그것이 가장 근본적인 죄악의 본질입니다. 하나님의 생명과 은혜로 살지 않고 육신으로 살며, 자기의 선악 판단으로 살려고 하는 것, 이것이 죄악의 본질입니다.

어느 날 아버지와 어린 아들이 교회에 와서 기도를 했습니다. 아

---

40) 인간은 자신의 자율적인 지식과 육신의 능력으로 살지 않고 하나님의 말씀에 대한 순종과 하나님의 은혜로 살아야 한다.

버지가 하나님께 "하나님 아버지……" 하고 기도하니까, 아들 녀석이 "하나님 할아버지……" 하고 기도하였습니다. 그때 아버지가 "아들아, 하나님은 할아버지가 아니라 우리의 아버지야!" 했습니다. 그러자 기도를 하고 나서 아들이 아버지에게 뭐라고 한 줄 아십니까? "형, 집에 가자!" 어린아이도 하나님과 아버지를 선악 지식으로 알려고 하다 보니까 이런 실수를 저지릅니다.

그런데 바로 이 두 가지 죄의 본질이 선악과 속에 내포되어 있습니다. 그래서 하나님께서 선악과나무를 따 먹지 못하도록 금지하신 것입니다. 그러므로 아담은 어떤 경우에도 선악과나무를 선택하지 않고 생명나무를 선택했어야 합니다. 그러나 사탄이 간교하고 그럴듯하게 유혹해서 아담과 하와는 결국 선악과나무를 따 먹어 버리고 말았습니다.

그 결과 아담과 하와는 선과 악을 판단할 수 있는 지혜와 능력은 얻었지만 결국 죽고 말았습니다. 하나님 없이도 독립적으로 살 수 있는 존재가 되었고 스스로 선과 악을 판단할 수 있는 선악의 주체가 된 것은 사실이지만, 그는 영원히 망하게 되었고 사망과 저주의 노예가 되어 버리고 말았습니다.

하나님께서 말씀하시지 않았습니까? 그것을 따 먹는 날에는 반드시 죽으리라고 말입니다. 과연 하나님의 말씀대로 되어 버렸습니다. 사탄은 선악과를 따 먹으면 죽는 것이 아니라 눈이 밝아진다는 것을 강조했습니다. 다시 말하면, 죽는 것은 거짓말이라고 하고, 하나님처럼 선악 판단의 주체가 된다는 것을 강조했습니다.

그러나 하나님은 아담과 하와에게 반드시 죽는다는 것을 강조하셨습니다. 하나님을 떠나는 것도 죽는 것이고, 하나님 섬김을 거부하는 것도 죽는 것이고, 선악 판단의 주체가 되는 것도 죽는 것이었습니다. 그래서 결과는 하나님 말씀대로 아담과 하와가 죽고 망하고 저주의 존재가 되어 버리고 말았습니다. 바로 이런 이유 때문에 하나님은 아담과 하와에게 선악과를 따 먹지 못하도록 명령하신 것입니다.

오늘날 선악과 선택의 의미

그런데 우리에게 더 중요한 문제가 있습니다. 그것은 오늘날 신약 시대를 살고 구원받은 우리에게 있어서 무엇이 선악과를 선택하는 것이냐 하는 것입니다. 오늘날 에덴 동산도 없고 우리 앞에 선악과나무도 없는데, 과연 무엇이 오늘날 선악과 열매를 따 먹는 것이란 말입니까?

과연 오늘날도 선악과 열매를 따 먹는 것에 대한 영적인 교훈과 정신의 본질이 있단 말입니까? 그렇다면 그것이 무엇입니까? 한마디로 말하자면, 그것은 우리가 사탄의 시험과 유혹을 따라 먼저 선악의 지식을 따르는 삶을 말합니다. 에덴 동산에서 아담과 하와에게 선악과 열매를 따 먹도록 유혹했던 사탄의 그 시험과 유혹, 혹은 사탄의 정신과 사상을 선악의 원리로 삼아 사는 것입니다.[41]

---

41) 사탄의 시험과 유혹의 본질은 하나님의 말씀을 불순종하게 하는 것이다. 하나님의 말씀의 원리에 따라 살지 못하게 하고 사탄의 생각과 세상의 가치관을 따라 살도록 유혹하는 것이다. 마귀가 예수님을 처음 시험했을 때에도 하나님의 말씀으로 시험했으며, 둘째 아담으로 오신 예수님께서는 말씀으로 사탄의 시험을 물리치셨다.

물론 이 삶의 중심에는 옛사람이 주인으로 자리 잡고 있습니다. 그리고 아담과 하와를 유혹하여 선악과를 따 먹게 했던 사탄은 지금도 우리 안에 있는 옛사람의 욕구를 유혹하고 자극하고 발동시켜서, 하나님의 말씀을 떠나서 독자적으로 선악의 지식을 추구하도록 합니다.

그래서 사탄은 우리로 하여금 언제나 하나님을 떠나 스스로 독립적 삶을 살도록 흔들어 놓습니다. 하나님의 은혜와 생명을 따라 살지 않고 언제나 자신의 선악의 지식을 따라 살도록 유혹한다는 말입니다. 하나님 의존적인 삶을 살지 않고 하나님의 생명으로 살지 않으며, 스스로 독립된 선악 판단의 주체가 되고 선악의 지식의 주인으로 살도록 유혹하는 것입니다. 바로 이것이 오늘날 선악과를 따 먹는 것이라는 말입니다.

옛사람을 폐기 처분하라

그러므로 오늘날 우리가 아무리 그리스도의 복음으로 구원받고 하나님의 자녀가 되었다 할지라도, 정말 조심하고 폐기 처분해야 할 것이 있습니다. 그것은 바로 옛사람입니다. 옛사람이 무엇입니까? 일반적으로 말하자면, 예수 믿기 전의 자연인 상태를 말합니다. 곧 죄짓는 것을 삶의 법으로 삼고 사는 방식을 말합니다.

그러나 좀더 구체적이고 본질적으로 말하자면 옛사람이란, 선악과를 따 먹은 아담과 하와의 본성을 그대로 소유한 사람을 말합니다. 그리고 마귀의 유혹에 의해서 육신의 욕망을 따라 사는 사람입니다. 이 사람은 주님을 믿는다고 하지만 주님을 주인으로 모시지 않고, 구원받은 새사람의 원리와 법을 따라 살지 않습니다. 주님의 은혜로 살지 않고 주님의 생명으로 살지 않습니다. 또한 주님을 주인으로 모시지 않고 주님 의존적인 삶을 살지 않습니다.

그런 사람이 어떻게 자기 삶의 주체를 하나님으로 모시고, 오직 주님을 왕으로 모시는 삶을 살 수 있겠습니까? 언제나 이런 사람은 자기 자신이 삶의 주체가 되고, 스스로 독립적인 삶을 살며, 자기 지식과 자기 지혜로만 판단하며 살아갑니다. 그렇기 때문에 이런 사람은 언제나 선악의 지식만을 추구하며 하나님과 상관없이 자기가 주인이 되어 선악 판단을 하며 살아갑니다.

아무리 지성인이라 하더라도 옛사람의 삶의 기준과 목표는 다 여기에 있습니다. 그래서 고대 그리스의 철학자인 프로타고라스는 "인간은 만물의 척도"라고 말합니다. 대표적인 합리론 철학자인 데카르트도 "나는 생각한다. 고로 존재한다"(Cogito, ergo sum)라고 했습니다.

이것은 무엇을 말하는 것입니까? 이 사람들이 말하는 것은 인간 스스로가 삶의 모든 주체가 되는 것입니다. 생각의 주체도 인간이고, 선악 판단의 주체도 인간이라는 말입니다. 이것을 모토로 해서 르네상스가 일어납니다. 그러나 아닙니다. 이것이 결국 인간의 비극이고, 선악과를 따 먹은 옛사람의 결과라는 말입니다. 그러므로 결국 이런 사람은 항상 유혹의 욕심을 따라 살아가게 됩니다.

4. 선악과나무의 의미와 교훈2

"너희는 유혹의 욕심을 따라 썩어져 가는 구습을 따르는 옛사람을 벗어 버리고"(엡 4:22).

그러면 유혹의 욕심을 발동시키는 존재가 무엇입니까? 바로 사탄입니다. 이 사탄이 옛사람의 욕망을 발동시켜서 항상 유혹의 욕심을 따라 살게 만듭니다. 그래서 결국은 아무리 지식인이라도, 아무리 도덕적인 사람이라도 옛사람의 욕망과 유혹의 욕심을 따라 살아갑니다.

선악과 패러다임의 병폐

결국 인간의 역사는 무엇입니까? 타락의 역사가 아닙니까? 죄짓고 멸망하는 역사가 아닙니까? 그러므로 우리가 예수를 믿은 지 아무리 20-30년이 되고 중직자가 되어도, 옛사람을 폐기 처분하지 않고 신앙생활하면 우리 신앙의 중심이 하나님의 생명이 되기보다는 자기의 선악 판단에 기초를 두게 되어 있습니다.

이런 사람은 하나님의 은혜와 생명을 추구할 수 없습니다. 또한 항상 선악의 지식과 선악 판단을 추구하며 살아갑니다. 이런 사람은 하나님의 은혜를 목마르게 갈망하지 않습니다. 기껏 추구해 봤자 선악에 기초한 도덕과 윤리만을 추구하며 살아갑니다. 선악의 지식밖에 모르기 때문입니다.

교회가 이런 사람으로 가득 차고 이런 중직자로 가득 차면 영적인 교회가 될 수 없습니다. 비록 그가 구원받고 하나님의 자녀가 되었다 할지라도, 영에 속한 사람이 될 수 없습니다. 항상 자기가 중심이 되고 자기가 주체가 되고 자기가 기준이 되는 것입니다. 그리고 여기에 대한 모든 근본이 선악의 지식이 되는 것입니다. 그래서 항상 자신의 선악의 지식과 선악의 마인드를 가지고 살아갑니다. 신앙생활이 선악을 판단하는 데 초점을 두고 선악 판단을 추구합니다.

예컨대 십일조 같은 경우도 마찬가지입니다. 처음에는 십일조를 잘하는 것이 하나님의 뜻이고 순종하는 것인 줄 알았습니다. 그런데 그렇게 순수하게 신앙생활을 하다가 갑자기 선악의 지식이 들어와 자기가 판단의 주체가 되다 보면, 십일조를 자기 멋대로 하게 됩니다. 십일조를 해도 되고 안 해도 되느니, 또 하나님은 마음을 원하시지 물질을 원하시는 하나님이 아니라느니, 자기 멋대로 판단을 해 버립니다. 그래서 십일조의 선악과를 따 먹어 버립니다.

또 주일에 대한 부분도 마찬가지입니다. 처음에는 주일 성수를 잘하고 주일날 예배드리는 것을 낙으로 생각합니다. 그런데 어느 날 선악의 바람이 들어옵니다. 어떤 사람한테 헛소리를 듣게 되었다는 말입니다. "꼭 주일만 주일이냐? 모든 일주일이 주의 날인데. 그러니까 금요일이나 토요일에 예배드리고 주일날 놀러 다닐 수 있는 거지……."

"모든 날이 주의 날이니까 모든 날을 믿음으로 살면 되는 거지, 주일날 하루만을 성수한다고 되는 거냐? 모든 날을 주일 성수하듯이 믿음으로 살아가면 되는 것이 아니냐?" 그러면서 주일날 낚시도

4. 선악과나무의 의미와 교훈2

가고 골프장도 갑니다. 또 "교회에서만 예배를 드려야 하느냐? 바닷가에서 골프장에서, 예배드리고 즐기면 되는 것이 아니냐?" 그렇게 자기 멋대로 판단해 버립니다. 그렇게 해서 선악과를 따 먹고 맙니다.

또 어떤 사람은 항상 하나님께 감사하고 찬양하기를 잘했던 사람이었습니다. 그런데 어느 날 선악의 지식의 바람이 들어오면 원망과 불평의 노예가 될 수 있습니다. 왜냐하면 판단의 주체가 자기가 되고 항상 선악의 지식을 추구하다 보니까, 언제나 자기의 선악 판단이 신앙생활의 주제가 되고 목표가 되기 때문입니다.

그래서 교회 안에서 이것은 이래서 잘못됐고, 저것은 저래서 잘못되었다고 계속 판단만 일삼습니다. 항상 마인드나 패러다임 자체가 부정적이고 비판적이고 공격적입니다. 그러다 보니까 교회 안에서 항상 부정적이고 불평하고 원망하는 삶을 살아갑니다. 또한 가정, 직장, 사업장 속에서도 늘 하는 것이 원망이고, 불평입니다.

선악 판단의 바벨탑

그뿐입니까? 그 선악 판단의 대상은 하나님에게까지도 옮겨 갑니다. 괜히 자기가 결정하고 판단해 놓고 나중에 손해가 나고 불이익을 당하는 사건을 만나면, 하나님께 원망을 하고 불평을 하며 선악 판단의 바벨탑을 쌓습니다.

"하나님, 이럴 수가 있습니까? 하나님이 선하시다면 왜 이런 일이 일어난단 말입니까? 정말 하나님이 나를 사랑하신다면 왜 나에게 이런 일이 일어납니까? 어찌 하나님이 나를 사랑한다 할 수 있습니까?" 원망과 불평을 일삼고 짜증을 냅니다. 그래서 우리의 신앙이 하나님에게까지도 부정적이고 공격적이고 비판적으로 되어 버립니다.

왜 우리가 이렇게 불순종하고 하나님 앞에 원망하고 불평하는지 아십니까? 그 이유는 내 생각이 하나님의 생각보다 더 옳다고 생각하기 때문입니다. 내가 선악의 지식을 먼저 추구하고 선악 판단의 주체가 되기 때문입니다. 먼저 하나님의 생명으로 살고 은혜로 살아야 하는데, 선악의 지식으로 살고 스스로 선악 판단의 주체가 되다 보니까 불평하고 원망을 합니다. 원망뿐입니까? 스스로 불순종하고 교만하게 됩니다.

그러므로 오늘날 우리가 불평하고 원망하고 교만하고 의심하며 성령의 감동이 오는데도 불구하고 끝까지 불순종하고 헌신하지 못하는 모든 것은, 다 내가 선악 판단의 주체가 되기 때문입니다. 나 자신이 선악의 지식을 추구하고 선악 판단의 주인이 되기 때문입니다. 바로 이것이 오늘날 선악과를 따 먹는 것입니다.

선악과 욕망의 비참한 파국

부부 생활은 어떻습니까? 평생 남자라고 하면 자기 남편밖에 모르고 여자라고는 부인밖에 몰랐는데, 어느 날 선악의 지식이 들어오는 순간 자의적, 독립적인 판단을 하고 행동합니다. 그래서 마침내 바람을 피우게 됩니다. 그때부터 여자에 대한 선악의 지식이 생기고, 남자에 대한 선악의 지식이 생겨납니다. 그러나 이런 지식은 망하는 지식이요, 저주의 지식입니다. 그러다가 더 큰 욕망을 쫓아 방황하다가 결국 비참한 말로와 파국을 맞지 않습니까?

교회 회의의 경우는 더욱 그렇습니다. 원래 교회 회의는 일반 세상 회의와 다릅니다. 왜냐하면 교회의 주인이 주님이시기 때문입니다. 그러므로 교회 회의도 항상 자기의 선악 판단에 따라 결정하는 것에 집중해서는 안 됩니다. 먼저 하나님의 뜻을 발견하고 그 뜻을 결정하며, 그 뜻을 순종하는 방향으로 회의가 진행되어야 합니다. 결코 하나님의 뜻보다는 내 생각과 내 주장과 내 뜻을 관철시키는 회의를 해서는 안 됩니다. 아무리 내 생각이 옳다고 해도, 그것이 하나님의 뜻과 맞지 않는다면 철회할 수 있어야 합니다.

그러나 선악의 지식을 추구하고 자기 스스로 선악 판단의 주체가 되기 시작하면 교회 회의도 내 마음대로 해야 합니다. 내 뜻과 주장만을 관철시키려 합니다. 그래서 내 뜻과 내 고집을 관철시키기 위해서 법이라는 말을 많이 쓰게 됩니다. "법이요! 규칙이요!"

물론 법이요 규칙이라는 말이 다 잘못된 것은 아닙니다. 정말 공동체의 질서 유지와 교회의 생명을 지키기 위해서 "법이요!" 할 수 있고, "규칙이요!" 할 수 있습니다. 그러나 자기 욕망을 이루고 자기주장을 관철시키기 위한 수단으로 "법이요! 규칙이요!"라고 말해서는 안 됩니다. 바로 이런 것들이 다 무엇입니까? 선악의 지식을 추구하고 선악을 판단하는 것입니다. 선악의 지식이 이렇게 우리의 신앙생활에 악영향을 끼칩니다.

"돼지고기 삼형제 주세요?"

돼지고기를 무척 좋아하는 어떤 아줌마가 하루는 서점에 책을 사러 갔습니다. 그런데 찾는 책이 없었습니다. 그래서 점원이 무엇을 찾느냐고 물어보니까, '아기 돼지 삼형제' 라고 말해야 하는데, '돼지고기 삼형제' 라고 말했다는 거 아닙니까? 이처럼 사람의 지식과 판단은 혼동되고 틀릴 수 있습니다.

이렇게 선악과를 선택한다는 말은 우리의 삶의 방향이 선악의 지식을 추구하고 내가 선악 판단의 주체가 되어 항상 선악 판단을 일삼는 것을 의미합니다. 그러나 우리는 이걸 알아야 합니다. 아무리 선악의 지식으로 선악을 잘 판단하고 옳고 그름을 잘 구분해도, 거기에 하나님의 생명이 없고 말씀이 없으면 죄를 범할 수 있다는 사실을 말입니다. 그래서 성경은 이렇게 말하고 있습니다.

> "또 내가 해 아래에서 보건대 재판하는 곳 거기에도 악이 있고 정의를 행하는 곳 거기에도 악이 있도다"(전 3:16).

성경은 재판하는 곳에도 악이 있고, 정의를 행하는 곳에도 악이 있다고 말씀하지 않습니까? 하나님의 은혜와 생명과 말씀이 기초되지 않는 곳에는 아무리 재판을 하고 정의를 행사하더라도 악이 있다고 말씀하고 있습니다. 그것이 바로 선악과의 본질이기 때문입니다.

그러므로 오늘날 선악과를 선택하는 것이 어떠한 의미인가를 알았다면 우리는 더 이상 선악과를 선택해서는 안 됩니다. 언제나 선악의 지식을 추구하고 내가 선악 판단을 일삼아서는 안 됩니다. 우리는 불평할 수 있는 권리를 하나님께 반납하고, 늘 생명을 추구하고 하나님의 은혜를 추구해야 합니다.

주님을 왕으로 모시는 삶

진정한 신앙생활이 무엇입니까? 그것은 갈라디아서 2장 20절에 잘 표현되어 있습니다.

> "내가 그리스도와 함께 십자가에 못 박혔나니 그런즉 이제는 내가 사는 것이 아니요 오직 내 안에 그리스도께서 사시는 것이라……"(갈 2:20).

이 말씀이 무슨 의미입니까? 우리가 예수를 믿을 때에는 그리스도를 구주로 영접하는 것으로만 끝나는 것이 아니라, 우리의 옛사람도 십자가에 못 박혀 죽는 것을 의미합니다. "내가 그리스도와 함께 십자가에 못 박혔나니……." 그렇게 해서 내 안에 있는 옛사람은 완전히 죽고 폐기 처분되어야 합니다. 그리고 내 안에서 거듭난 새사람이 주님을 왕으로 모시고 살아야 합니다.

그러므로 이제는 내가 사는 것이 아닙니다. 내 안에 그리스도가 사시는 것입니다. 우리가 사는 것도 그리스도요, 죽는 것도 그리스도요, 오직 삶의 목표가 그리스도가 되는 것입니다. 다시 말하면, 주님을 왕으로 모시고, 진정한 주인으로 모시고 산다는 말입니다. 이 얼마나 아름다운 말씀이요 복된 삶입니까? 이것이 바로 신앙생활의 본질이요, 기본인 것입니다.

♪ 내가 그리스도와 함께 십자가에 못 박혔나니
그런즉 이제 내가 산 것이 아니요
오직 내 안에 예수께서 사신 것이라
이제 내가 육체 가운데 사는 것은
나를 사랑하사 자기 몸 버리신 예수 위해 사는 것이라

그러나 예수를 믿은 지 20년이 되고 30년이 되었음에도 불구하고, 여전히 옛사람이 삶의 주체가 되고 선악 판단을 일삼으며 살아가는 사람은 얼마나 안타깝고 불쌍한 사람입니까? 항상 주의 생명으로 살지 않고 육신으로 살며, 하나님의 생명을 추구하지 않고 선악의 지식만 추구하며 살아가다가, 입에서 원망과 불평이 떠나지 않는 삶을 산다면 얼마나 비극이고 불행이겠습니까?

정말 확실히 구원받은 크리스천이요 수십 년 믿어 온 교회 중직자가 되었음에도 불구하고, 여전히 지금도 선악의 지식을 추구하고 선악 판단을 목적으로 하며 살아가는 사람은 얼마나 비참한 사람입니까? 이런 사람은 죽었다 깨어나도 이 땅에서 구원의 풍성함과 하나님의 자녀의 권세를 누리지 못하며 사는 사람입니다. 아무리 오래 믿고 구원받고 하나님의 자녀가 되었다고 해도, 이 땅에서 구원의 풍성함과 하나님 자녀의 권세를 누리지 못하는 사람입니다.

그럼에도 불구하고 이런 사람은 똑똑하기는 또 얼마나 똑똑한지 모릅니다. 얼마나 교회법도 많이 알고 회의도 잘하고 성경 말씀도 많이 아는지 모릅니다. 그런데 그런 것들을 다 선악의 지식으로만 알고 있다는 말입니다. 생명이요, 은혜요, 사랑의 지식으로 알고 있는 것이 아니라, 선악의 지식으로만 알고 있는 것입니다.

그러므로 우리는 선악과나무를 선택하지 말고 생명나무를 선택해야 합니다. 어떤 경우에도 선악과나무를 선택하면 안 됩니다. 언제나 생명나무를 선택해야 합니다.

그렇다면 선악과를 선택하는 것이 이런 의미라면 우리는 삶 속에서 전혀 선악을 판단할 수 없다는 말입니까? 그리고 오늘날 우리에게 있어 생명나무를 선택한다는 말이 무슨 말입니까? 그것은 다음 장에서 계속하겠습니다.

5.
생명나무의 의미와 교훈 1

"여호와 하나님이 그 사람에게 명하여 이르시되 동산 각종 나무의 열매는 네가 임의로 먹되 선악을 알게 하는 나무의 열매는 먹지 말라 네가 먹는 날에는 반드시 죽으리라 하시니라"(창 2:16-17)

하나님은 왜 아담에게 선악의 지식을 추구하지 말라고 하셨습니까? 왜냐하면 그것은 하나님의 고유 권한이기 때문입니다. 모든 선악 간의 판단의 주인은 바로 하나님이셨습니다. 그러므로 아담과 하와는 오로지 하나님만 의지하고 하나님만 섬겨야 했습니다.

그리고 그가 판단할 일이 있더라도 하나님 의존적으로 판단해야 했고, 하나님의 지혜와 말씀과 생명으로 판단해야 했습니다. 그런데 아담이 그 고유 권한에 도전하고 침범해 버리고 말았습니다. 그렇게 해서 하나님 없이 독립적인 삶을 살려고 하였습니다. 그리고 자기 자신이 선악 판단의 주체가 되어 하나님까지도 판단하려고 하였습니다. 바로 그것이 아담에게는 죽음이었고, 저주가 되어 버리고 말았습니다.

그런데 그 죽음과 저주, 곧 전적 타락과 부패는 아담으로 끝나는 것이 아니라는 말입니다. 그것은 아담의 후손들에게까지 계속 이어졌습니다. 그래서 아담과 하와의 후손들은 어쩔 수 없이 전적 타락과 부패를 소유한 옛사람의 신분으로 살아야 했습니다.

사탄은 이 옛사람을 자극하여 오늘날에도 계속 유혹하고 있습니다. 하나님의 생명이 아닌 선악의 지식으로만 살도록 말입니다. 그래서 사람들이 선악의 지식으로 살려다 보니까 하나님 없이도 얼마든지 살아갑니다. 하나님 없이 얼마나 잘난 체를 하고 똑똑하게 살아가는지 모릅니다. 오늘날 하나님을 모르는 세상 사람들이 다 그렇게 살아가지 않습니까?

선악과 도성과 생명나무 도성

유명한 교부 어거스틴은 《하나님의 도성》이라는 책에서, 선악과나무와 생명나무를 통해서 우리 눈에 보이지는 않지만 이 땅에 두 도성이 있다고 설명했습니다.[42] 그리고 그 기원이 선악과나무와 생명나무라는 것입니다.

하나는 인간이 주인이 되고 주체가 되는 도성입니다. 이 도성은 하나님이 필요없고 하나님 없이 오히려 더 잘사는 세상입니다. 그리고 이 도성은 선악과가 중심이 된 선악과 도성입니다. 그런데 겉으로는 인간이 주체가 되고 주인인 것 같지만, 보이지 않는 배후에서 사탄이 움직이고 그 도성을 조종합니다. 다시 말하면, 사탄이 모든 사람들로 하여금 하나님의 생명을 거부하고 자기의 선악의 지식으로 살며 선악과만을 따 먹고 살도록 유혹하고 조종한다는 것입니다.

또 하나의 도성은 하나님이 없으면 살 수 없는 도성입니다. 그래서 여기에 사는 사람들은 오직 하나님의 생명을 구하고 오직 하나님의 은혜를 구하며 살아갑니다. 오로지 하나님 의존적인 삶을 살며 하나님의 은혜와 생명 중심적인 삶을 삽니다. 이 도성은 생명나

---

42) Augustine, *The City of God*, 411-21. 어거스틴은 《하나님의 도성》이란 책에서, "두 종류의 사랑이 두 가지 도성을 만들었다"고 말한다. 심지어 하나님까지 멸시하는 자기 사랑이 지상의 도성을 만들었고, 자기를 멸시하면서 하나님을 사랑하는 사랑이 천상의 도성을 만들었다고 한다. 따라서 지상의 도성은 선악과를 따 먹고 인간의 자율을 추구하는 사람들이 만들었고, 천상의 도성은 하나님의 생명을 추구하며 오직 주님께 영광을 돌리는 사람들이 건설했다.

무가 중심이 된 생명나무 도성입니다.

그런데 예수 그리스도를 구주로 믿는 사람들은 적어도 눈에 보이지는 않지만 하나님의 도성 안에서 살아가는 사람들입니다. 생명나무 도성에서 하나님 없이는 못 사는 영생의 사람이고 축복의 사람입니다. 떡으로만 사는 것이 아니라, 하나님의 말씀으로 사는 사람들입니다.

그런데 문제는 이 하나님의 도성, 곧 생명나무 도성 안에 사는 크리스천도 이따금씩 선악의 지식을 선택하고 추구한다는 것입니다. 하나님의 은혜와 생명에는 관심이 없고, 자꾸 쓸데없는 선악의 지식에만 관심을 갖습니다. 그리고 자기의 선악의 지식으로 맘대로 판단하며, 하나님보다 잘나고 똑똑한 삶을 살아갑니다. 그러니 항상 하나님께 불평하고 불순종하며 교만한 삶을 살게 됩니다. 바로 그런 사람들이 교회 안에서 문제를 일으키고, 교계를 소란하게 하며, 교회 이미지를 흐리게 합니다. 그러다가 언젠가 하나님께 망신을 당하고 한방 얻어맞게 됩니다.

어떤 사람이 앵무새를 한 마리 사러 앵무새 가게를 갔습니다. 그런데 제일 비싸게 파는 앵무새의 다리에 오른쪽에는 빨간 끈을, 왼쪽에는 노란 끈을 묶어 놨습니다. 손님이 왜 그렇게 해놓았느냐고 물어보니까, 주인이 말하기를 "빨간 끈을 잡아당기면 앵무새가 주기도문을 외우고, 노란 끈을 잡아당기면 사도신경을 외우기 때문입니다"라고 대답했습니다.

그러자 손님이 "그러면 양쪽 끈을 동시에 잡아당기면 어떻게 되느냐?"고 물었습니다. 그러자 앵무새가 인상을 쓰면서 뭐라고 한 줄 아십니까? "자식아, 그러면 내가 밑으로 떨어져 버리지……. 자식이 별걸 다 알려고 하네." 괜히 다른 걸 알려다가 망신만 당해 버렸잖습니까?

또 이런 이야기가 있습니다. 한 남자가 양쪽 눈이 퉁퉁 부어 가지고 의사에게 왔습니다. "싸움을 했나요? 아님 사고가 났나요?" "교회에서 다쳤습니다." "아니, 교회에서 어떻게요?" "일어나 찬송가를 부르는데 앞에 서 있는 여자의 엉덩이 사이에 치마가 끼었더라고요. 그래서 그걸 빼주는데 그녀가 돌아보더니 제 한쪽 눈을 인정사정없이 패더라고요." "그럼 다른 쪽 눈은 왜 다치셨어요?" "제가 잘못했다는 생각이 들어서 다시 살짝 넣어 주다가 또 얻어터졌습니다."

무엇 때문에 쓸데없이 남에게 간섭합니까? 그냥 찬송이나 부르지 말입니다. 바로 선악의 지식을 추구하는 사람이 이런 사람과 같습니다. 그러므로 우리는 생명나무를 선택하고 추구해야 한다고 했습니다. 절대로 선악의 지식을 추구하거나 선악 판단을 일삼는 신앙생활을 해서는 안 됩니다.

그리스도인과 선악 판단

그런데 문제가 하나 있습니다. 그것은 우리 그리스도인은 전혀 선악 판단을 할 수 없느냐 하는 것입니다. 선악 판단을 해서는 안 될 뿐만 아니라 선악 판단은 무조건 죄냐는 것입니다. 아닙니다. 그렇지 않습니다. 성경은 이따금씩 성도들도 선악 판단을 지혜롭게 할 것을 가르쳐 주고 있습니다.

"단단한 음식은 장성한 자의 것이니 그들은 지각을 사용함으로 연단을 받아 선악을 분별하는 자들이니라"(히 5:14).

"신령한 자는 모든 것을 판단하나 자기는 아무에게도 판단을 받지 아니하느니라"(고전 2:15).

"나는 지혜 있는 자들에게 말함과 같이 하노니 너희는 내가 이르는 말을 스스로 판단하라"(고전 10:15).

성경도 우리에게 판단할 수 있는 지혜와 권리와 특권이 있음을 말하고 있지 않습니까? 그런데 여기서 말하는 판단은 부정적인 의미에서의 판단을 말하지 않습니다. 남을 비판하고 공격을 하거나 하나님께 불평하기 위한 판단이 아니라는 말입니다.

성경이 말하고 있는 판단은 단어적으로 보나 문맥상으로 보나 신령한 것과 관계가 되어 있습니다. 그러므로 여기서 말하는 판단은 영적인 분별의 차원이라고 할 수 있습니다.[43] 다시 말하며, 크리

---

43) 그랜트 오즈본, 《적용을 도와주는 고린도전서》, 김일우 역 (서울: 성서유니온선교회, 2007), 78-82. 성도들은 하나님의 말씀과 성령의 도우심으로 진리와 하나님의 뜻을 분별하여 살아가야 한다. 히브리서 5장 14절의 말씀은, 성숙한 그리스도인들은 반드시 하나님의 말씀을 통해 올바른 생각과 행동의 원리들을 이해하고 올바르게 판단할 수 있어야 함을 가르친다.

스천이 신령한 삶을 살기 위해서 더 성숙한 영적 분별을 하라는 말입니다. 혹은 성도들이 죄를 짓지 않기 위해서 죄의 유혹 앞에 말씀의 원리로 선악을 분별하라는 말입니다.

또한 성도들이 마귀의 유혹에 빠지지 않고 이단에 빠지지 않기 위해 진리를 분별할 수 있어야 한다는 말입니다. 뿐만 아니라 우리가 도덕적인 존재이기 때문에 높은 도덕성을 소유하고, 윤리적인 삶을 잘 살기 위해 선악 간의 분별을 할 수 있어야 한다는 뜻입니다. 이렇게 우리는 판단을 할 수 있을 뿐 아니라, 그런 판단은 당연한 우리의 권리이고 특권이자 의무이기도 합니다.

그러나 우리가 꼭 알아야 할 것이 하나 있습니다. 그것은 바로 그 판단마저 우리 자신이 하는 것이 아니라는 사실입니다. 우리 안에 있는 옛사람이 그런 판단을 하고, 하나님과 상관없이 독자적으로 판단을 하고 분별을 하곤 하는데, 우리가 그래서는 안 됩니다. 오로지 우리 안에 있는 성령께서 감동하시고 하나님이 주시는 지혜와 지각을 통해서 판단해야 합니다.

에덴 동산에서부터 모든 선악 판단의 주인이 하나님이시지 않았습니까? 그러니 아담은 거기서 하나님만 의지하고 하나님의 생명으로 살아야 했습니다. 왜냐하면 아담 혼자의 힘으로는 살 수 없었고, 하나님의 생명 없이는 살 수 없었기 때문입니다.

그뿐만 아니라 아담은 하나님의 생명 안에서 하나님이 주신 지혜와 지각으로만 판단하고 살아야 했습니다. 그러기 위해서는 아담

5. 생명나무의 의미와 교훈 1

이 생명나무를 선택해야 했습니다. 그런데 사탄의 유혹을 받고 그만 아담은 선악과를 따 먹어 버리고 말았습니다. 그리고 아담의 전적 타락과 부패를 통해서 선악과를 따 먹은 그 옛사람의 본성을 우리에게 물려주게 되었습니다.

그러므로 오늘날에도 우리가 아담으로부터 물려받은 옛사람의 본성과 정체성으로 선악을 판단해서는 안 됩니다. 옛사람이 판단한 그 판단은 내용이나 결과가 아무리 옳은 것 같을지라도 그 자체가 하나님 앞에서 옳지 않기 때문입니다. 그러므로 우리의 판단은 우리 안에 계신 성령님이 주체가 되어야 합니다.

다시 말하면, 내 안에서 역사하시고 내 삶을 핸들링하시는 하나님이 주인이 되어 판단을 하시게 해야 합니다. 물론 그 기준은 하나님의 말씀입니다. 바로 이런 판단은 겉으로는 내가 판단한 것 같지만, 실상은 하나님이 판단하시는 것입니다. 표면적으로 볼 때는 내가 판단한 것 같지만 근원적으로는 내 안에 계시는 주님이 진정한 판단의 주인이 되셔서 나의 영혼과 신앙의 인격을 통해 판단하게 하신 것입니다.

그러므로 우리는 항상, 매 순간순간마다 먼저 하나님의 생명을 추구해야 합니다. 그렇지 않으면 우리의 선입견과 고집으로만 판단하고 맙니다. 정말 우리는 신앙생활을 하면서 선악 판단을 참으로 조심해야 합니다.

하나님만이 선악 판단의 주인

요즘 인터넷을 보면 교인들이 얼마나 자기 교회와 목사님을 판단하고 비판하고 있습니까? 어떤 사람들은 교회 앞에서 피켓까지 들고서 시위합니다. 저는 두렵고 떨리는 마음으로 생각해 봅니다. "그분들은 이런 판단과 시위를 생명으로 하는가, 선악으로 하는가? 저런 일을 옛사람의 본성으로 하는 것인가, 새사람의 신분으로 하는 것인가? 과연 그분들은 하나님께 기도하며 하나님과 의논하고서 저렇게 하는가?"

사실 싸우는 교회에 가서 들어 보면 다 맞는 이야기만 합니다. 이쪽 이야기를 들으면 이쪽도 맞고, 저쪽 이야기를 들으면 저쪽 이야기도 맞습니다. 그러나 한 가지 특징은, 맞긴 맞는 것 같고 옳긴 옳은 것 같은데 거기엔 생명이 없다는 것입니다. 혈기가 있고 증오가 서린 격한 감정은 있는데, 생명이 없고 감격이 없으며 기쁨의 눈물이 없습니다.

정말 우리가 알아야 할 것이 있습니다. 모든 판단, 심판의 주인은 하나님이시라는 사실입니다. 인간적으로 볼 때 야곱이 야반도주하는 것은 분명히 잘못된 일이었습니다. 그럼에도 불구하고 하나님은 라반에게 야곱을 선악 간에 판단하지 말라고 하시지 않습니까? 이것은 모든 판단의 주인이야말로 하나님이시며, 하나님만이 최종 판단권을 갖고 계신다는 사실을 가르쳐 주는 말씀입니다.

"밤에 하나님이 아람 사람 라반에게 현몽하여 이르시되 너는 삼가 야곱에게 선악 간에 말하지 말라 하셨더라"(창 31:24).

그래서 남을 판단하고 정죄하는 것은 정말 조심해야 합니다. 모든 판단의 주권이 하나님께 있기 때문입니다. 그러므로 사도 바울은 자기 자신을 판단하는 것도 조심한다고 했지 않습니까? 진정한 판단의 주인은 하나님이시기 때문입니다.

> "……나도 나를 판단하지 아니하노니 내가 자책할 아무것도 깨닫지 못하나 이로 말미암아 의롭다 함을 얻지 못하노라 다만 나를 심판하실 이는 주시니라 그러므로 때가 이르기 전 곧 주께서 오시기까지 아무것도 판단하지 말라……"(고전 4:3-5).

자기도 판단을 조심하지만 우리에게 아무것도 판단하지 말라고 하지 않습니까?[44] 왜냐하면 우리 안에 주님의 은혜가 없고 주님의 생명과 말씀의 역동이 없으면 우리는 진정한 판단을 할 수 없기 때문입니다. 그래서 우리가 순간순간마다 주님의 생명을 추구하고 은혜를 사모하는 이유가 여기에 있습니다.

지혜의 생명나무

바로 이런 삶을 사는 것을 성경은 아름다운 지혜라고 했습니다. 그리고 그 지혜는 곧 생명나무라고 말합니다.

---

44) 그랜트 오즈본, 《적용을 도와주는 고린도전서》, 101-106. 고린도 교회 교인들이 영적 지도자들과 그들의 메시지를 놓고 논쟁을 벌였다. 그러나 사도 바울은 그들의 판단을 거부하고 오직 하나님만이 최종 판단자이심을 역설하고 있다.

"지혜는 그 얻은 자에게 생명나무라 지혜를 가진 자는 복되도다"(잠 3:18).

잠언서의 주제는 우리가 잘 아는 대로 지혜가 아닙니까? 그리고 잠언서에서 지혜는 말씀이고, 생명나무라고 표현합니다. 특별히 잠언서는 생명나무를 지혜에 대한 상징으로 표현합니다.[45] 그러므로 매 순간순간 선악의 지식을 추구하지 않고 하나님의 생명을 선택하는 것이 지혜로운 신앙생활입니다. 그래서 잠언서는 지혜를 생명나무라고 할 뿐만 아니라, 여호와를 경외하는 것이 지혜의 근본이라고 말합니다.

"여호와를 경외하는 것이 지혜의 근본이요 거룩하신 자를 아는 것이 명철이니라"(잠 9:10).

무슨 말입니까? 여호와를 진심으로 경외하는 것이 생명나무를 선택하는 것이라는 말입니다. 그렇다면 정말 이런 지혜의 삶을 살고 있습니까? 혹시라도 주님이 없어도 살아갈 수 있고, 하나님의 은혜와 생명이 없어도 얼마든지 똑똑하고 잘난 사람으로 살아갈 수 있습니까? 이런 사람은 아직도 생명나무를 모르는 사람입니다.

---

45) 잠언은 여호와 경외의 삶의 원리로서의 지혜를 말하고 있으며, 지혜에 대한 상징적 표현으로 창세기의 생명나무 이미지를 사용하고 있다. 참고 구절: 잠 3:18, 11:30, 13:12, 15:4. 창세기의 생명나무와 선악과 그리고 사탄의 시험 사건은 일회적이나 원형 (archetype)을 제공한다. 따라서 성도들은 그 사건과 의미를 통해서 모형론적으로 오늘날 우리 자신과 상황을 바라보며 해석할 수 있다. David L. Baker, "Typology and the Christian Use of the Old Testament", in *The right Doctrine from the Wrong Texts: Essays on the Use of the Old Testament in the New*, eds. G.K. Beale (Grand Rapids: Baker Books, 1994), 313-30.

생명나무의 진리를 아는 사람은 주님이 없으면 살아갈 수 없는 사람입니다. 주님의 은혜와 생명이 없으면 나는 존재 의미와 가치가 없는 사람입니다. 주님이 없으면 내가 있어도 나는 없고, 또 내가 없어도 주님이 계시면 나는 있는 사람입니다. 과연 이런 삶을 살아가고 있습니까? 언제나 주님의 생명을 추구해야 합니다. 주님의 은혜를 사모해야 합니다. 언제나 생명나무를 선택해야 합니다.

> ♪ 나는 없어도 주님이 곁에 계시면 나는 언제나 있습니다
> 나는 있어도 주님이 곁에 없으면 나는 언제나 없습니다
> 주님이 계시므로 나도 있고 주님의 노래가 머물므로 나는 부를 수 있어요
> 주여 꽃처럼 향기 나는 나의 생활이 아니어도
> 나는 주님이 좋을 수밖에 없어요 주 예수 나의 사랑이여

생명나무의 의미

그러면 생명나무의 의미는 무엇입니까? 생명나무는 히브리어로 '에츠 하 하임' 이라는 말입니다. 이것을 영어 성경은 'Tree of Life' 라는 말로 직역했습니다. 그 뜻은 글자 그대로 '생명의 나무' 라는 말입니다.

그러니까 이 나무는 선악의 지식을 얻게 하는 나무와는 반대로 그저 단순히 생명만 공급해 주고 생명만 얻게 해주는 나무라는 말입니다. 그러므로 이 열매를 따 먹으면 무엇이 선인지, 무엇이 악인

지 전혀 모릅니다. 오로지 하나님밖에 모르고 하나님의 생명과 은혜밖에 모르게 하는 나무입니다.

다만 지식을 얻게 했다면 오직 하나님을 아는 지식과 하나님의 영광, 그리고 은혜로운 말씀의 지식만 얻게 했을 것입니다. 죄나 죽음이나 저주 같은 것은 모르게 하는 나무입니다. 그러므로 아담과 하와가 만약에 생명나무를 따 먹었다면 선과 악에 대해서 전혀 몰랐을 것입니다. 또한 죄나 저주나 죽음 같은 것도 전혀 몰랐을 것입니다.

오로지 하나님을 아는 지식과 하나님의 생명과 하나님의 은혜와 말씀으로만 충만했을 것입니다. 아주 가슴이 벅차고 생명이 그 안에서 흘러넘치고 폭발할 정도로 아담은 하나님의 영으로 가득하고 자기 안에 하나님의 생명이 철철 넘치도록 풍성한 삶을 살았을 것입니다. 그래서 유대인의 전설에 의하면 생명나무가 석류나무였다고 상상하고 주장합니다. 그러면 왜 그렇게 생명나무를 석류나무로 상상을 했을까요?

제가 어린 시절에 우리 고향 집에 석류나무가 있었습니다. 그런데 가을이 되어 석류 열매가 익으면 쩍 벌어집니다. 그러면 그 알알이 박혀 있는 석류 알이 터져 나올 것 같지 않습니까? 그 석류를 따 가지고 석류 알을 한 주먹 입에 넣고 씹어 봐요. 그러면 나도 모르게 눈이 감겨지면서 새콤달콤한 침이 나옵니다. 저절로 눈이 감겨지고 눈물이 나올 정도입니다.

5. 생명나무의 의미와 교훈 1

아마 그래서 그런 터질 것 같은 석류의 모습을 보고, 유대인들은 석류나무를 생명나무로 추측했던 것 같습니다. 제가 아무리 이런 이야기를 해도 옛날에 석류를 맛보지 않았던 사람들은 절대로 모릅니다. 지금 눈을 감고 상상해 보세요. 쫘악 벌어진 석류를 쪼개서 석류 알을 씹어 봅시다. 지금 입 안에서 신 침이 나온 사람은 너무너무 단순해서 최면에 걸린 사람입니다.

그러나 전혀 신 침도 안 나오고 고개도 끄덕끄덕하지 않는 사람은 어떤 사람인지 아십니까? 저는 그런 사람을 송장의 친구라고 말씀드리고 싶습니다. 항상 좋은 입맛의 주인공이 되어야 합니다. 아니, 육신의 입맛뿐만 아니라 말씀의 입맛도 좋아야 합니다. 주일날 교회 와서 예배드리고 목사의 설교를 듣는 것을 생각만 해도 영적인 군침이 돌고 입에서 침이 질질 흘러내려야 합니다. 그래서 순간순간 생명나무를 선택하는 지혜로운 성도요, 승리하는 성도가 되어야 합니다.

오늘날 생명나무를 선택한다는 것

그렇다면 오늘날 우리에게 있어서 무엇이 생명나무를 선택하는 것입니까? 그것은 당연히 예수 그리스도를 구주로 영접하고 순간순간 그분의 생명을 선택하며 누리는 것입니다. 왜냐하면 예수 그리스도께서 생명나무로 오셨기 때문에 1차적으로 생명나무 되신 예수 그리스도를 믿는 것입니다. 그러므로 생명나무 되신 예수 그리스도를 믿었으면 우리의 신앙 현장에서도 그분의 생명과 말씀을 따라야 하지 않겠습니까?

따라서 우리의 신앙 현장에서 생명나무를 선택한다는 말은 예수 그리스도를 믿는 믿음 안에서 그분의 정신과 사상을 따르는 것을 말합니다. 곧 말씀과 성령을 따르는 것입니다. 절대로 우리의 삶 속에서 선악의 지식을 추구하는 것이 아닙니다. 예수를 믿으면서도 실제적으로는 하나님 없이도 살 수 있고, 하나님 없이도 판단하며 살아가는 것이 절대로 아닙니다. 예수님을 믿어 내 안에 거듭난 생명은 하나님의 생명이 없이는 살 수도 없고 존재할 수조차 없기에, 하나님의 생명을 사모하며 사는 것을 말합니다. 다시 말하면, 하나님의 말씀과 성령을 따르는 삶입니다.

그러니까 이 사람은 절대 옛사람으로 살아갈 수 없습니다. 새사람의 신분과 정체성으로 살아가는 사람입니다. 새사람의 법칙과 새사람이 사는 원리로 살아갑니다. 이런 사람은 절대로 자신의 생각과 똑똑함으로 살아가지 않습니다. 자신의 의지나 경험이나 지식으로 살아가지 않습니다. 언제나 말씀의 생명을 추구하고 자신 안에 있는 성령님의 감동과 인도를 따라 살아갑니다.

그러니 이 사람이 어떻게 선악을 판단하는 삶을 살며, 불평하고 원망하며 비판적이고 회의적인 삶을 살 수 있겠습니까? 그가 선택하는 것은 오직 하나님의 은혜와 생명입니다. 말씀과 성령만을 추구하고 따릅니다. 그것만이 자신의 유일한 선택이요, 추구해야 할 운명이라고 생각합니다. 그것이 내 선입견에 맞느냐 안 맞느냐, 내 코드에 맞느냐 안 맞느냐가 중요하지 않습니다. 또한 그것이 내게 손해냐 유익이냐가 중요한 것이 아닙니다. 다만 그것이 내게 생명이냐 아니냐, 과연 그것이 하나님의 은혜냐 아니냐에만 관심을 둡니다.

5. 생명나무의 의미와 교훈 1

그래서 자신에게 어떠한 손해와 불이익이 닥친다 해도, 과연 그것이 자신에게 생명이 되고 은혜가 되고 주님께 기뻐하신 바가 된다면 과감하게 선택합니다. 그것에 목숨을 걸고 선택합니다. 왜냐하면 신앙생활에 있어서 생명보다 귀한 것이 없기 때문입니다. 주님의 기쁘신 뜻보다 귀한 것이 없기 때문입니다. 그러므로 언제나 생명이냐 아니냐에 기준을 두고 오직 생명에 우선순위를 두며 모든 것을 선택합니다.

영웅심리의 유혹을 넘어서

이런 사람은 교만하고 싶어도 교만할 수가 없습니다. 사람이 태어나서 남 앞에 자랑하고 으스대고 뽐내는 게 얼마나 기분 좋은 일인지 아십니까? 더구나 남자로 태어나서 교만하고 으스대고 우쭐대는 것이 남자다움이요, 영웅적으로 보입니다.

목사도 마찬가지입니다. 조금 목회가 잘되고 남보다 잘나가면 우쭐대고 싶고 으스대고 싶을 때가 있습니다. 그러나 그렇게 하고 나서 하나님 앞에 눈을 감고 기도하면 얼마나 심령이 침침하고 어두운지 모릅니다. 그 순간 하나님께서 이렇게 책망하시는 것입니다. "너 언제부터 그렇게 잘나갔냐? 너 언제부터 그렇게 잘나고 똑똑해졌어? 난 그런 너를 몰라."

그러므로 우리는 교만하고 잘난 것보다는 겸손을 선택해야 합니다. 교만과 자랑 속에는 파멸과 침체밖에 없지만, 겸손을 선택할 때는 그 안에 하나님의 주체할 수 없는 기쁨과 생명의 능력이 오기 때문입니다. 또 우리가 나태하고 싶을 때 나태하고, 육신이 하자는 대로 엔조이를 누리는 삶을 살면 얼마나 재미있습니까? 그러나 그럴수록 우리의 심령은 반드시 침침하고 답답하게 되어 있습니다.

그럴 때 하나님께 더 엎드려 기도하고 찬양하면 우리 안에 생명이 충만하고 기쁨과 평안이 가득해집니다. 그래서 우리가 힘들어도 엎드려 기도하고 말씀을 묵상하는 삶을 살아야 합니다. 그것이 바로 우리에게 생명이 되기 때문입니다. 하나님의 뜻에 불순종하면 우선 당장은 편하고 좋은 것 같습니다. 잠깐은 유익이 되고 이익이 되는 것 같습니다.

그러나 하나님 앞에 설 때 우리의 심령은 참혹하게 침침해지고 영혼이 캄캄해집니다. 하지만 힘들더라도 순종하면 우리 영혼에 큰 기쁨이 있습니다. 마음이 즐겁고 하나님의 은혜로 가득해집니다. 우리는 순종을 선택해야 합니다. 그것이 바로 우리에게 생명이 되기 때문입니다.

또 원망하고 불평하고 싶을 때 실컷 불평하고 나면, 그때는 스트레스가 풀리고 카타르시스가 되는 것 같습니다. 남이 불평할 때 함께 불평해 보세요. 특별히 몇 사람이 모여서는 교회 흉을 보고 또 여기 소 목사 흉을 한번 보세요. 얼마나 재미있는지 아십니까? 마음이 후련하고 속이 풀리는 것 같습니다. 일종의 보상 심리 때문입니다.

그러나 그렇게 하고 교회에 와 보면 우선 기도부터 막히고 설교

5. 생명나무의 의미와 교훈 1

가 잘 안 들립니다. 괜히 마음이 구겨지고 찜찜하고 어두워집니다. 그리고 목사에게 눈을 맞추지 못하고 앞자리에 앉던 사람이 저 뒷자리로 가고 2층, 3층으로 도망가기 시작합니다. 그렇다고 항상 예배당 2층, 3층에 앉는 분들이 그렇다는 말은 절대로 아닙니다. 그래서 목사한테 인사도 안 하고 고개 숙이고 가버립니다.

그러나 그렇게 원망하고 싶고 불평할 일이 생겨도 오히려 하나님께 감사하고 하나님을 더 사랑해야 합니다. 지금의 상황이 도무지 마음에 들지 않고 원망스러운 마음만 생겨나도, 하나님께 더 감사하고 하나님을 더 찬양해야 합니다. 도무지 지금의 환경과 지금의 상황이 너무 궁핍하고 곤란하고 힘들기만 할지라도, 더 하나님을 사랑하고 더 하나님께 감사하고 찬양해야 합니다.

"나의 힘이 되신 여호와여 내가 주님을 사랑합니다. 저는 하나님을 사랑하기 때문에 어려운 상황이 올수록 하나님께 더 감사합니다. 어려운 환경이 닥칠수록 저는 하나님을 더 의지합니다. 그럴수록 하나님을 더 가까이하며 찬양할 것입니다"라고 찬양하면 우리에게 오히려 더 감사의 조건이 나옵니다. 하나님을 찬양하는 마음이 더 생깁니다. 그러면서 우리 속에 기쁨과 평안과 진정한 영혼의 행복이 가득하게 임합니다. 왜냐하면 그것이 우리에게 생명의 능력이 되기 때문입니다.

또한 누가 교회를 흉보고 담임목사를 흉볼 때 그러지 말라고 타일러야 합니다. 그러면 우리 마음속에 뿌듯함이 넘칩니다. 마음에 기쁨과 감사와 행복이 넘칩니다. 왜 그런 줄 아십니까? 그것이 바로 생명이 되기 때문입니다. 그리고 바로 그 생명이 되는 것을 선택하는 것이 오늘날 생명나무를 선택하는 것입니다. 선악의 지식, 곧 불평과 원망과 회의와 갈등이 아니라 생명이 되는 쪽을 선택하는 것이 오늘날 생명나무를 선택하는 것입니다.

선악과적인 성도, 생명나무적인 성도

오늘날 성도들도 두 부류로 나눌 수 있는데, 하나는 선악과적인 성도입니다. 그들은 교회 생활을 하면서도 매번 불평이나 하고 원망이나 하는 사람입니다. 왜냐하면 자기 안에 회의와 갈등이 가득하기 때문입니다. "아, 나는 왜 이렇게 키가 작고 외모가 잘생기지 못했는가? 왜 나는 이런 가문에서 태어났고 이런 부모 밑에서 태어났는가? 수많은 여자 가운데 하필 왜 저런 여자를 만나서, 수많은 남자 가운데 하필 왜 저런 남자를 만나서 내가 이 고생을 하고 있는가?" 등, 마음이 번데기처럼 주름이 잡혀 가지고 늘 주름진 삶을 살아갑니다.

그리고 그런 내면의 열등의식과 불평의 마음이 상대방에게 가게 됩니다. 그런 선악의 지식을 가지고 남의 흉이나 보고 뒤에서 수군수군합니다. 또 교회 불평하고 목사 흉을 봅니다. 그러다가 그 불평과 원망이 하나님에게까지 갑니다.

이런 사람은 절대 교회 생활하면서 기쁨과 행복이 있을 수 없습니다. 똑똑하기는 엄청 똑똑한데, 진정한 기쁨과 평안과 행복이 없는 사람입니다. 은혜는 다 떨어지고 하나님까지도 선악 판단의 대상으로 삼고 불평하며 사는 사람입니다. 신앙의 본질과 정체성을 붙잡지 않고, 늘 피상적이고 표면적인 껍데기만 붙잡고 사는 사람입니다.

반대로 생명나무적 성도가 있습니다. 이 사람은 불평이나 원망이 없습니다. 언제나 하나님 앞에 감사요, 찬양이요, 이웃을 향해서는 언제나 사랑과 섬김입니다. 왜 그렇습니까? 이 사람은 신앙의 본질과 정체성을 붙잡는 사람이기 때문입니다. 그리고 자기 안에 생명이 가득합니다. 하나님의 은혜가 가득합니다.

그래서 이 사람은 하나님을 더 사랑하고 섬기는 데에만 올인합니다. 지금의 고통스러운 상황과 환경이 중요하지 않습니다. 또 지나간 과거의 어두운 운명, 지금 깨져 버리고 박살난 현실이 그렇게 중요하지 않습니다. 정말 중요한 것은 내가 더 주님을 사랑하는 데 있습니다. 주님을 더욱 섬기는 데 목숨을 겁니다. 왜냐하면 그것이 나에게 생명이 되고 은혜가 되고 축복이 되기 때문입니다.

"견인차를 잡아라!"

한번은 우리 노회에 목사님 한 분이 교통사고가 크게 나서 병원에 입원을 했습니다. 그런데 문병을 가보니까 교통사고가 아니라 견인차를 잡으러 가다가 생긴 사고였습니다. 목사님이 명함을 새로 만들려고 인쇄소에 가서 명함 작업을 하고 있었는데, 사이렌 소리가 나서 보니까 견인차가 자기 차를 끌고 가고 있었습니다. '아니, 세상에 저 견인차가 주의 종의 차를 끌고 가다니……' 기가 막히고 어이가 없어서 "견인차를 잡아라, 견인차를 잡아라!" 소리를 치며 달려갔습니다.

그런데 계단으로 내려가면 늦을 것 같아서 1.5미터가 넘는 언덕을 뛰어내렸습니다. 그러다가 왼쪽 무릎이 부러졌는데, 그것도 모르고 절뚝절뚝 걸어가 견인차를 잡았습니다. 그런데 그 차를 잡고 보니 뭔가 이상했습니다. 그래서 승용차 넘버를 보니, 자기 승용차가 아닌 것입니다. 남의 승용차를 잡아 주었던 것입니다. 자기 승용차는 저쪽에 얌전히 주차가 잘되어 있는데 그만 껍데기만 보고 달려가다가 남의 승용차를 잡아 주었던 것입니다. 그러고는 몇 달 동안 설교도 못하고 병원에 누워 있었습니다.

그 목사님이 저에게 이런 말을 했습니다. "목사님도 이런 일을 당하면 절대로 자동차 껍데기를 보지 마시고 자동차 넘버부터 보고 달려가세요." 제가 그 말을 듣고 목사님을 위해 기도하다가 세 번이나 웃었다는 거 아닙니까? 남의 차를 잡기 위해서 무릎이 부러져 가면서 절뚝절뚝 쫓아가는 목사님이 생각나서 말입니다.

그 일로 인해 저는 신앙생활은 먼저 본질을 붙잡아야 한다는 것을 깨달았습니다. 우리의 영적 싸움도 본질 싸움이어야지, 비본질을 위한 싸움이면 안 됩니다. 생명이냐 아니냐, 하나님의 뜻이냐 아니냐, 진리냐 아니냐 하는 본질을 붙잡아야지, 껍데기를 보고 선악 판단을 하면 안 됩니다.

이것이 선악과를 선택하는 삶입니다. 자동차 껍데기만 보고 죽어라 쫓아간 어리석고 못난 행동과 똑같습니다. 그러나 생명나무를 선택하는 것은 신앙의 본질을 붙잡는 것입니다. 그러면 구체적으로 무엇이 신앙의 본질을 선택하는 것입니까? 생명나무를 선택하는 사람은 어떻게 살아갑니까? 그것은 다음 장에서 계속하겠습니다.

6.

생명나무의 의미와 교훈 2

"여호와 하나님이 그 사람에게 명하여 이르시되 동산 각종 나무의 열매는 네가 임의로 먹되 선악을 알게 하는 나무의 열매는 먹지 말라 네가 먹는 날에는 반드시 죽으리라 하시니라"(창 2:16-17)

생명나무는 오직 생명을 얻게 하는 나무입니다. 선악의 지식을 얻게 하는 나무가 결코 아닙니다. 만일 생명나무가 아담에게 지식을 가져다주었다면, 그 지식은 하나님을 아는 지식뿐이었을 것입니다. 하나님의 생명을 알게 하는 지식이요, 영원한 생명으로 충만케 하였을 것입니다.

그래서 어거스틴과 칼빈은 생명나무에 성례전적인 의미가 있다고 말했습니다.[46] 더 나아가, 어거스틴은 생명나무를 예수 그리스도라고 이야기하였습니다. 생명나무의 성례전적인 의미는 먹는 의미가 내포되어 있습니다.[47] 하나님은 인간을 창조하신 후에 아담을 생명나무 앞에 데려다 놓으시고, 아담으로 하여금 생명나무를 그 양식으로 삼도록 하셨습니다.

왜냐하면 그 생명나무를 먹음으로 하나님을 아는 지식으로 충만할 뿐만 아니라 그가 영원히 풍성한 생명을 누리도록 하기 위해서였습니다. 그러나 아담은 생명나무를 따 먹지 않고 선악과나무를 따 먹음으로써 영원히 멸망하였고, 선악의 노예가 되어 버리고 말았습니다. 그러므로 오늘을 살아가는 우리 성도들도 생명나무를 선택해야 합니다.

---

46) Augustine, *The City of God*, 215, 219; Calvin, *Genesis I*, 117. 또한 다음을 참조하라. John Keble, "Old Testament Types of the Cross: The Tree of Life", *Pro Ecclesia 9* (2000): 429-33.
47) Waltke, *An Old Testament Theology*, 259. 왈트키는 다음과 같이 언급한다. "오늘날의 교회는 생명나무를 대체한 주님의 성만찬을 먹음으로 신앙 고백을 상징화한다." 오직 예수 그리스도의 피가 속죄를 이룰 수 있다.

성례전으로 오신 예수

그러면 생명나무를 선택하는 것이 무엇입니까? 그거야 당연히 먼저 우리가 예수를 구주로 영접하고 그의 생명을 누리는 것을 말합니다. 에덴 동산에서 아담과 하와에게 생명나무가 그들의 양식이 되었던 것처럼, 예수님께서도 이 땅에 생명나무 자체로 오셨습니다.

다시 말하면, 에덴 동산에서 아담에게 생명나무가 그들의 성례전적인 양식이 된 것처럼, 예수님도 우리에게 생명의 양식이 되기 위하여 오셨단 말입니다. 즉 예수님이 이 땅에 오신 것은 우리로 하여금 그분을 먹도록 하기 위해서란 말입니다.

그래서 요한복음에서는 이런 관점으로 예수님을 표현하고 있지 않습니까? 예수님이야말로 생명의 빛으로 오셨을 뿐만 아니라 이 땅에 생명의 떡으로 오셨습니다. 그러니까 우리가 예수님을 생명의 양식으로 먹도록 하기 위해서 오셨다는 말입니다. 뿐만 아니라 그분은 우리의 생수로 오셨으며, 우리에게 생명의 호흡인 영적인 생기를 불어넣어 주셨습니다.

"그 안에 생명이 있었으니 이 생명은 사람들의 빛이라"(요 1:4).

"예수께서 이르시되 나는 생명의 떡이니 내게 오는 자는 결코 주리지 아니할 터이요"(요 6:35).

6. 생명나무의 의미와 교훈 2

"내가 주는 물을 마시는 자는 영원히 목마르지 아니하리니 내가 주는 물은 그 속에서 영생하도록 솟아나는 샘물이 되리라"(요 4:14).

"이 말씀을 하시고 그들을 향하사 숨을 내쉬며 이르시되 성령을 받으라" (요 20:22).

그분은 우리의 생명 자체요, 또한 생명의 양식이며, 음료수입니다. 뿐만 아니라 생명의 공기요, 생기이기도 합니다. 그러므로 우리는 우리의 생명과가 되시고, 생명의 양식이 되시며, 생명의 음료와 공기가 되시는 예수님을 먹고 마셔야 합니다. 우리가 예수님을 믿는 것이 오늘날 생명나무를 선택하는 것입니다.

그러므로 오늘 예수 믿는 성도들은 이미 거듭난 하나님의 자녀가 된 사람들입니다. 이미 1차적으로 생명의 양식을 먹고 생명나무를 선택한 사람들입니다. 누가 뭐라고 해도 하나님의 자녀일 뿐만 아니라, 영원한 생명을 얻은 사람들입니다. 절대로 지옥에 떨어질 수가 없으며, 영생 복락을 누릴 사람들입니다. 영원히 하나님의 언약의 품에서 영광스러운 낙원의 삶을 살아갈 사람들입니다.

그러나 지금 당장 천국에 간다면 문제가 없지만, 이 땅에 남아서 하나님을 섬기고 사명을 감당하는 삶을 살기 위해서는 우리에게 또 하나의 숙제가 있고 과제가 있습니다. 그것은 우리가 이 땅에 살면서도 예수 그리스도의 생명을 풍성히 소유하고 풍성한 생명을 누리는 것입니다.

물론 우리가 예수 그리스도를 믿음으로써 거듭났고 생명을 소유한 것은 사실입니다. 그러나 이 생명은 그냥 유지되고 지속되는 것이 아닙니다. 이 생명은 저절로 살아남는 것이 아닙니다. 아무리 예수를 믿고 거듭난 사람이라 하더라도 선악의 지식을 추구하며 살아가면 영혼이 침침하고 생명이 희미해지며 영적 침체를 당할 수 있습니다.

물론 그렇다 하더라도 한 번 거듭나고 하나님의 자녀가 된 사람은 지옥에 갈 수가 없습니다. 그러나 이 땅에서 풍성한 생명을 누리지 못하고 언제나 영적인 침체를 당하고 병든 신앙생활을 할 수밖에 없습니다. 그래서 우리는 계속해서 그분의 생명을 공급받고 먹어야 합니다.

이 땅에서도 생명이 지속되기 위해서는 빛과 물과 양식과 공기가 필요하지 않습니까? 그런 것처럼 우리에게도 예수님의 생명이 절대적으로 필요합니다. 우리는 예수님의 생명 없이는 존재할 수도 없고 예수님의 생명을 먹지 않고는 살아갈 수가 없기 때문입니다.

침침한 생명, 풍성한 생명

그분이 우리의 생명의 떡이니 어떻게 그 생명의 떡을 먹지 않고 살아갈 수 있겠습니까? 또한 그분이 우리의 생명의 빛이요 물이요 생기가 되신다면, 어떻게 예수님을 먹고 마시지 않고 살아갈 수 있단 말입니까? 더구나 우리는 희미한 생명을 소유할 수 없습니다. 예수님의 풍성한 생명을 소유하고 충만한 생명을 소유해야 합니다.

우리가 이런 풍성한 생명을 누리고 충만한 생명을 소유하도록 하기 위해서 예수님이 이 땅에 오셨다고 했지 않습니까? 예수님은 그냥 겨우 거듭난 상태에서 희미하고 침침한 생명을 이어가라고 이 땅에 오신 것이 아닙니다. 우리 안에 예수 생명이 풍성하고 철철 흘러넘치게 하기 위해 이 땅에 오신 것입니다.

"도둑이 오는 것은 도둑질하고 죽이고 멸망시키려는 것뿐이요 내가 온 것은 양으로 생명을 얻게 하고 더 풍성히 얻게 하려는 것이라"(요 10:10).

그러므로 우리가 이런 삶을 살기 위해서는 주님의 생명을 공급받고 먹어야 합니다. 더구나 예수 그리스도를 생명으로 누리면 누릴수록 우리는 더욱더 주님의 생명을 갈망하고 갈급해하지 않습니까? 주님의 은혜와 생명이 없이는 살아갈 수 없어 더 주님을 향한 갈증이 생기지 않습니까?

그러나 이 비밀을 모르는 사람은 예수를 믿어도 항상 선악의 지식만 추구합니다. 신앙생활의 중심이 늘 선악 판단에 있으며, 선악의 지식의 노예로 살아가게 됩니다. 그렇기 때문에 우리는 거듭난 이후에도 계속해서 주님의 생명을 선택해야 합니다. 혹은 그분의 정신과 사상을 선택해야 합니다.

바로 그것이 무엇입니까? 주님의 말씀과 성령을 추구하고 따르는 삶을 말합니다. 따라서 우리가 예수를 믿고 거듭난 이후에 교회생활을 하면서 2차적으로 생명나무를 선택해야 합니다. 이것은 주님의 정신과 사상, 곧 말씀과 성령을 따르는 삶을 말합니다.

그러나 이렇게만 이야기하면 지극히 객관적인 이야기가 될 수 있습니다. 오늘날 교회 안에서 다투고 싸우고 불평하고 분쟁하는 사람들도 다 주님의 뜻을 따르고 주님의 의를 위한다고 합니다. 다 자기들도 말씀을 따르고 성령을 따른다고 합니다. 그러나 사실은 그들이 말은 그렇게 해도 자기도 모르게 사탄에게 속아 사는 경우가 많습니다. 사탄에게 씌어 선악의 노예로 사는 경우가 너무 많습니다.

개인 적용적 차원의 생명나무

그러므로 우리는 객관적으로뿐만 아니라 개인 적용적인 차원에서도 생명나무를 선택하는 삶을 공부할 필요가 있습니다. 예수님은 우리의 객관적인 구속주이실 뿐만 아니라 개인 삶의 적용적 차원에 있어서도 절대적인 생명이십니다. 그렇다면 주님의 말씀과 성령이 우리의 객관적인 삶의 표지일 뿐만 아니라, 우리의 개인적인 삶의 현장에서도 개인 적용적 삶의 표지와 기준이 되어야 하지 않겠습니까?

이것을 잠언서가 잘 교훈해 주고 있습니다. 창세기 2-3장에 나와 있는 생명나무는 문자적이고 예표적인 의미가 강하다고 할 수 있습니다. 그래서 에덴 동산의 생명나무는 어거스틴과 칼빈이 말한 대로, 예수 그리스도를 예표하거나 성만찬으로 존재했습니다. 그리고 마침내 예수 그리스도가 생명나무로 오셨고, 생명나무 되신 그리스도는 요한계시록에서 성도들의 종말론적인 영생이며 영원한 생명의 양식으로 성취되었습니다.

"귀 있는 자는 성령이 교회들에게 하시는 말씀을 들을지어다 이기는 그에게는 내가 하나님의 낙원에 있는 생명나무의 열매를 주어 먹게 하리라"(계 2:7).

"자기 두루마기를 빠는 자들은 복이 있으니 이는 그들이 생명나무에 나아가며 문들을 통하여 성에 들어갈 권세를 받으려 함이로다"(계 22:14).

그러므로 생명나무는 먼저 구원사적이고 기독론적 차원에서 하나님께서 은혜로 주신, 혹은 하나님으로부터 은혜로 주어진 것이라고 말할 수 있습니다. 이것은 우리가 삶 속에서 매일매일, 순간적으로 선택할 차원의 생명나무가 아닙니다. 하나님께서 언약으로 주셨고 은혜로 주어졌습니다.

그런데 잠언서에서 느닷없이 생명나무의 언급이 나오지 않습니까? 그리고 잠언서에 언급된 생명나무는 솔로몬이 은유적이고 상징적인 표현으로 소개하고 있습니다. 다시 말하면, 구약시대에 언약 백성들이 삶 속에서 선택하고 따라야 할 지혜와 축복과 승리의 길을 생명나무로 은유적인 표현을 한 것입니다. 그러므로 잠언서에 계시된 생명나무는 주어진 생명나무라기보다는 우리가 선택해야 할 생명나무로서 받아들여야 합니다.

"지혜는 그 얻은 자에게 생명나무라 지혜를 가진 자는 복되도다"(잠 3:18).

"의인의 열매는 생명나무라 지혜로운 자는 사람을 얻느니라"(잠 11:30).

"소망이 더디 이루어지면 그것이 마음을 상하게 하거니와 소원이 이루어지는 것은 곧 생명나무니라"(잠 13:12).

"온순한 혀는 곧 생명나무이지만 패역한 혀는 마음을 상하게 하느니라"(잠 15:4).

잠언서에 나타난 생명나무는 전부 은유적이고 상징적인 표현이 아닙니까? 그리고 표면적으로는 서술적 표현이지만 모두 언약 백성에 합당한 지혜로운 삶을 살아가는 것을 생명나무로 비유합니다. 생명나무를 선택함으로써 성공적인 언약 백성의 삶을 살 것을 명령하는 말씀입니다.

그렇다면 신약의 백성들도 마찬가지입니다. 우리가 객관적으로 예수 그리스도를 영접했다면, 그 후 신앙생활을 하면서 예수님의 가르침, 곧 성령의 지배를 받아 말씀을 따르는 데 있어서 얼마든지 은유적이고 상징적인 교훈과 적용의 기준이 있다는 사실입니다. 이것을 도표로 설명하면 다음과 같습니다.

생명나무의 두 가지 관점

(1) 구원사적 기독론 관점
언약으로 주어진 생명나무(창 2:16)
- 언약파기에 대한 징벌(창 3:22-24)
- 새로운 약속으로 주어진 생명나무(창 3:15)
- 생명으로 오신 예수 그리스도(요 1:4, 7:37-38)
- 종말론적 영생으로 주어진 생명나무(계 2:10, 22:2, 14, 19)

> **(2) 신앙 도정적, 교회론적 관점**
>
> 계명을 지키기 위해 선택해야 할 생명나무(창 2:16-17)
> - 구약백성들이 삶의 지혜와 기준으로 선택해야 할 생명나무(잠 3:18, 11:30, 13:12, 15:4)
> - 오늘날 성도의 삶 속에서 선택해야 할 생명나무(그리스도의 사상과 정신)
> - 영원히 선택하고 소유하게 될 종말론적 영생의 생명나무(계 2:10, 22:2)

그러므로 우리의 삶 속에서 우리가 어떻게 하는 것이 말씀과 성령 안에서 구체적으로 생명나무를 선택하는 것인가를 알아야 할 필요가 있습니다. 그러면 그 구체적이고 개인 적용적 표지와 기준이 무엇입니까? 바로 그것은 생명입니다. 다시 말하면, 어떤 상황에서든지 그것이 하나님께 영광이 되고 우리에게 생명과 은혜가 되어야 합니다.

아무리 자기가 말씀을 따르고 성령을 따른다고 하고 나름대로 주님의 영광과 주님의 의를 위해서 한다고 하더라도, 그것이 먼저는 내게 생명이 되고 은혜가 되어야 합니다. 정말 그것이 우리에게 감동과 감격으로 나타나든지, 기쁨과 행복으로 나타나든지, 또한 눈물과 환희로 나타나든지, 그것이 우리에게 생명이 되고 은혜가 되어야 합니다.

오늘날 많은 사람들이 옳고 그른 것은 잘 판단하고 구별하는데, 대부분 껍데기를 보고 합니다. 그러나 거기에 기쁨이 있습니까? 정말 자기 딴에는 옳은 것을 행하고 의를 행한다고 하지만 감격이 있습니까? 눈물이 있습니까? 행복이 있습니까? 가슴이 울렁거리는 감동이 있습니까? 늘 정죄와 비판과 원망, 그리고 증오와 공격뿐입니다. 그 이유는 본질이 아닌 것을 붙잡고 싸우기 때문입니다. 그래서 우리는 본질을 붙잡아야 한다고 했지 않습니까? 그 본질은 먼저 예수님의 생명을 선택하는 것이요, 생명을 누리는 것이라고 했습니다.

그런데 우리가 말씀과 성령을 따라 살아야 하는데, 우리의 삶의 현장에서 구체적으로 생명이 되는 것을 선택해야 할 것이 있습니다. 삶의 현장 속에서 말씀과 성령 안에서 구체적이며 개인 적용적 차원에서 생명을 선택해야 할 것이 있단 말입니다.

개인 적용적 생명나무를 선택하는 의미

그렇다면 말씀과 성령 안에서 무엇이 개인 적용적이고 구체적으로 생명나무를 선택하는 것입니까?

1) 매 순간 하나님의 은혜와 의를 갈망합니다.

왜냐하면 우리는 하나님의 은혜가 없으면 살 수도 없고 존재 자체도 불가능하기 때문입니다. 그래서 우리는 하나님의 은혜로 경건하게 살고 거룩하게 살아야 합니다. 우리의 삶에 하나님의 은혜가 없으면 크리스천으로서 거지 같은 삶을 살고 걸레 같은 삶을 살 수밖에 없습니다. 우리에게 하나님의 은혜가 오직 생명이고 거룩이기 때문입니다.

6. 생명나무의 의미와 교훈 2

더구나 하나님의 의가 없는 내 의는 걸레에 불과합니다. 아니, 내 의가 있더라도 그 의는 하나님 앞에서 똥걸레에 불과합니다. 그런 의를 앞세울 때 우리는 바리새인과 서기관과 같은 외식하는 삶을 살 수밖에 없습니다. 진정한 경건의 능력과 생명이 없음에도 불구하고, 경건의 모양과 거룩한 척하는 외식의 삶을 살 수밖에 없습니다.

아니, 외식하는 것뿐만 아니라 신앙생활하면서 자신의 공명심과 자신의 의를 내세우며 살게 됩니다. 이런 사람의 내면에 무슨 생명이 있고 무슨 은혜가 있겠습니까? 무슨 기쁨이 있고 무슨 감격이 있겠습니까? 항상 생명은 침침하고 그 영적 상태는 가물어 메마른 땅에 시든 파초 같습니다. 그런데도 항상 자신의 공명심과 자신의 의를 앞세우며 살아갑니다.

이 얼마나 불쌍하고 가련한 삶입니까? 그렇기 때문에 우리는 매 순간 하나님의 은혜와 의를 갈망합니다. 그것이 우리에게 있어서 생명이요, 삶의 양식이 되기 때문입니다. 그래서 이 비밀을 아는 사람은 먼저 하나님의 은혜부터 사모합니다. 하나님의 의를 갈망합니다.

> "그런즉 너희는 먼저 그의 나라와 그의 의를 구하라 그리하면 이 모든 것을 너희에게 더하시리라"(마 6:33).

> "하나님이여 사슴이 시냇물을 찾기에 갈급함같이 내 영혼이 주를 찾기에 갈급하니이다 내 영혼이 하나님 곧 살아 계시는 하나님을 갈망하나니 내가 어느 때에 나아가서 하나님의 얼굴을 뵈올까"(시 42:1-2).

마치 저 메마른 대지 위에서 두 팔을 벌리며 비를 기다리는 농부처럼 하나님의 은혜를 사모합니다. 저 목마른 사슴이 갈한 목을 축이기 위해 시냇물을 사모하는 것처럼 은혜를 사모합니다. 나는 하나님의 은혜가 없으면 못산다, 아니 하나님의 은혜가 없으면 존재할 수도 없다고 말입니다. 그리고 하나님의 은혜가 우리의 생명이며 존재의 원리이기 때문이라고 말입니다. 뿐만 아니라 하나님의 의가 나를 살리고, 나에게 거룩한 생명의 능력이 되기 때문입니다.

바로 이것이 우리의 삶의 현장 속에서 말씀과 성령의 원리를 따라 개인 적용적으로 생명나무를 선택하는 것입니다. 그러므로 먼저 하나님의 은혜를 갈망해야 합니다. 매 순간순간마다 하나님의 은혜와 하나님의 은혜를 갈망해야 합니다. 그래서 우리의 내면에 항상 생명이 충만하고 생명의 능력이 철철 흘러넘쳐야 합니다. 풍성한 생명을 누리고 그 생명을 남에게도 흘러가게 해야 합니다. 그리고 그 풍성한 생명의 은혜를 남에게도 전달해야 합니다.

2) 이미 결정된 과거의 사건 때문에 비관하지 말고, 하나님께 내가 더 잘할 수 있는 일에 목숨을 겁니다.

많은 사람들이 얼마나 과거에 집착해서 살아가는지 모릅니다. 과거에 결정된 사건은 이미 지나간 것인데 그것 때문에 괴로워하고 회한을 되씹으며 살아갑니다. "왜 나는 이런 가정에서 태어났단 말인가? 나는 왜 수많은 남자들 중에 하필 이 남자를 만나야 했단 말인가? 나는 왜 수많은 여자 중에 이 여자를 만나야 했단 말인가? 왜 내가 그때 원하는 대학을 가지 못했던가? 그리고 그 진저리나는

IMF 때 왜 내가 그런 일을 당해서 지금 이렇게 힘들게 살아가야 한단 말인가?"

그 모든 것들은 다 지나간 과거의 일들에 불과합니다. 그런 일에 집착하고 과거의 운명에 매여 있다고 무슨 유익이 있겠습니까? 더구나 그것은 내게 전혀 생명이 될 수가 없습니다. 은혜가 될 수 없고 능력이 될 수 없습니다. 그것은 끊임없이 과거의 사건을 가지고 선악 판단을 하는 것에 불과합니다. 아니, 그것은 선악의 노예로 살아가는 것입니다.

그러니 거기에는 생명 대신 회한과 탄식, 그리고 끝없는 회의와 갈등만 가득할 뿐입니다. 그러므로 하나님을 섬기는 사람은 지금 내가 하나님 앞에 무엇을 더 잘할 수 있는가에 목숨을 걸어야 합니다. 과거의 회한에 얽매이지 말고 내가 하나님께 더 잘할 수 있는 일에 최선을 다해야 합니다.

그러면 과거에 사로잡히지 않고 선택해야 하는 것은 무엇입니까? 그것은 내가 하나님을 더 의지하며 경외하고 사랑하는 것이 아니겠습니까? 하나님을 의지하니까 하나님께 더 기도하는 것이고, 하나님을 사랑하니까 더 찬양할 뿐이 아니겠습니까? 또 하나님을 존중히 여기니까 기도와 찬양과 더불어서 하나님께 더 순종하고 헌신하고 충성을 다해야 합니다.

우리는 욥 이야기를 너무나 잘 알고 있습니다. 욥은 동방에서 가장 큰 부자였고, 하나님을 잘 섬기는 의인이었습니다. 그러나 그는 하루아침에 자신의 모든 재산을 잃어버렸습니다. 그리고 10남매가 한꺼번에 다 죽어 버렸습니다. 자식이 한둘이 죽은 것도 아니고 열 자식이 한꺼번에 다 죽어 버렸습니다.

게다가 자기 몸에는 고칠 수 없는 악창이라는 불치병이 찾아왔습니다. 그래서 온몸에 구더기가 달라붙어 피를 빨아 먹으니, 그 가려움을 견딜 수 없어 깨진 기왓장으로 잿더미 위에 앉아 자기 몸을 득득 긁어야 했습니다. 욥의 고통은 거기서 끝난 것이 아닙니다. 그의 사랑하는 아내마저 그를 저주하고 도망가 버렸고, 설상가상으로 사랑하는 친구들마저 그에게 와서 그를 비방하며 정죄하였습니다.

그때 욥의 가슴은 찢어지고 미어지고 억장이 무너지는 고통으로 가득했을 것입니다. 이게 남의 이야기가 아니라 내 이야기라고 생각해 보면 얼마나 가슴을 치고 미칠 일입니까? 얼마나 분통이 터지며 간장이 녹아 내리겠습니까? 아마도 이럴 때 사람들은 살고 싶은 욕망을 포기하고 자살을 하는지도 모르겠습니다.

오죽하면 사람이 자살해서 죽겠습니까만, 그러나 자살은 안 됩니다. 자살하기로 말하면 욥은 자살을 열 번이고 백 번이고 하고도 남을 상황이었습니다. 한 번 죽기도 억울해서 열 번, 백 번을 죽고도 남을 처지였을 것입니다. 그럼에도 불구하고 우리는 욥기를 볼 때마다 새로운 감동과 흥분을 충전 받습니다. 새로운 감격과 충격과 뭉클한 눈물을 억제할 수 없습니다.

왜냐하면 이런 환경, 이런 상황 속에서도 욥은 끝까지 하나님을 원망하거나 불평하지 않았습니다. 오히려 하나님을 더 사랑하고, 무조건 감사하고 찬양하였기 때문입니다. 그는 그 말할 수 없는 재난과 실패의 잿더미와 눈물이 강물처럼 흐르는 절망의 강가에서도 끝까지 잃어버리지 않았던 것이 있었습니다. 그것은 하나님을 더 사랑하고 감사하고 찬송하는 것이었습니다.

다른 것은 다 빼앗기고 포기하고 강탈당했다 할지라도, 하나님을 향한 사랑만은 끝까지 빼앗기지 않고 잃어버리지 않았습니다. 아무리 친구들이 와서 자기를 공격하고 비난하며 세상이 다 자기를 버린 것 같아도, 하나님으로부터 위로를 받고 하나님을 더 사랑하였습니다. 그래서 그는 이렇게 고백할 수 있었습니다.

"그러나 내가 가는 길을 그가 아시나니 그가 나를 단련하신 후에는 내가 순금같이 되어 나오리라"(욥 23:10).

여러분, 욥의 이런 모습이 얼마나 아름답습니까? 얼마나 순수하고 순전하며 장하고 영광스러운 모습입니까? 그래서 욥은 자신에게 덮친 그 비극적인 운명과 참혹한 폐허의 잿더미 위에서 하나님을 원망하거나 불평하지 않았습니다. 오히려 어떻게든지 주님을 목숨 걸고 사랑하려고 울부짖고 외치며 감사와 찬양을 하였습니다. 이것이 바로 생명을 추구하고 생명나무를 선택하는 것입니다.

그러면 욥이 대단해서 그랬겠습니까? 욥이 훌륭해서입니까? S. G. 드 그라프는《약속 그리고 구원》이란 책에서, 예수 그리스도의 인격이 그 안에 내재했기 때문에 그렇게 할 수 있었다고 설명하고 있습니다.[48] 욥 안에서 예수 그리스도가 왕 노릇 하고 그의 삶을 역동하였기 때문에 욥은 생명나무를 선택할 수 있었습니다. 마찬가지로, 오늘 우리도 예수 그리스도를 생명의 주인이요 왕으로 모시면 그렇게 할 수 있습니다.

해꿀도 아닌 사꿀 출신이지만

부족하지만 저 자신도 그랬습니다. 저는 예수 믿는다고 무척이나 핍박을 받았던 사람입니다. 학교에서도 주일날 교회에 간다고 엄청 핍박을 받았고, 집에서는 더 심하게 받았습니다. 더구나 은혜받고 제가 신학교까지 간다니 우리 아버지가 보통 매질을 한 것이 아닙니다.

그냥 때리면 좋을 텐데, 메주를 달아놓은 곳에다가 손을 묶어 놓고 두들겨 팼습니다. 그래서 제가 이렇게 메주같이 생긴 것입니다. 그래도 예수를 믿는다고 하니까 "이놈의 자식, 작두에다가 모가지를 썰어 버린다"고 하셨습니다. 얼마나 화가 나셨으면 작두에다 모가지를 썬다고 했겠어요. 실제로 썰려고 그랬겠습니까? 겁 주려고 한 것입니다.

제가 굴복하지 않자 결국 집에서 쫓겨났습니다. 저는 그 길로 신학교에 들어갔습니다. 그것도 저 지방 신학교에 들어갔습니다. 지금은 인가가 난 그 유명한 광신대학교가 되었습니다만, 그때는 인

---

48) S. G. 드 그라프, 《약속 그리고 구원 1》, 박권섭 역 (서울: 크리스챤서적, 2006), 175.

가도 안 난 광주신학교였습니다.

그래도 그런 신학교에 영향력 있는 장로와 목사의 아들이 입학하면 진골, 성골이라고 불렀습니다. 그리고 저 같은 사람은 해골 출신이라고 불렀습니다. 신라 시대로 말하면 육두품에도 못 들어간 사람입니다. 그런데 나중에 누가 당신은 해골 자격도 없다고 말하는 것이 아닙니까? 해골은 후손들이 잘 보관이라도 하지만 당신은 성이 소씨이기 때문에 사골이라고 해야 한다면서 말입니다.

그렇지만 저는 절대로 절망하지 않았습니다. 절대로 환경 탓이나 집안 탓을 하지 않았습니다. "아, 다른 신학생들은 부모님이 기도를 해주고 눈물로 씨를 뿌린 가정에서 자라 저렇게 신학교에 왔는데, 왜 나는 누구 하나 기도해 주는 사람도 없고 도와주는 사람이 없단 말인가? 내가 무슨 개척자요 선구자라고 이렇게 척박한 황무지의 길을 걸어가며, 거친 황야의 길을 홀로 외로이 걸어가야 한단 말인가?"

저는 결코 이렇게 불평하지 않았습니다. 부족하지만 제가 잘할 수 있는 일에 목숨을 걸었습니다. 그래서 누구보다도 더 많이 엎드려 기도했습니다. 먹을 것이 없어서 빈 배를 수돗물로 채우면서 눈물 흘렸습니다. 그 수돗물은 마침내 저의 눈에 눈물이 되어서 신학교 의자와 기도원의 바위를 적셨습니다. 그 눈물로 절규하며 기도했고, 애절한 찬양을 드렸습니다.

하나님이 저에게 은혜를 주시고 복을 주시면 제가 하나님을 더 사랑하겠다고, 제가 더 하나님을 찬양하겠다고……. 그리고 하나님이 저에게 복을 주시고 은혜를 더해 주시면 훗날 하나님께 더 많이 헌신하고 충성하겠다고 고백하면서 말입니다.

그때 무던히도 불렀던 노래가 있습니다. 하늘에 사무치도록 불렀던 노래가 있습니다. "나의 힘이 되신 여호와여, 내가 주님을 사랑합니다. 나의 힘이 되신 여호와여, 내가 주님을 사랑합니다."

♪ 나의 힘이 되신 여호와여 내가 주님을 사랑합니다
주는 나의 반석이시며 나의 요새시라
주는 나를 건지시는 나의 주 나의 하나님
나의 피할 바위시요 나의 방패시라
나의 하나님 나의 하나님 구원의 뿔이시요 나의 산성이라
나의 하나님 나의 하나님 그는 나의 여호와 나의 구세주
나의 하나님 나의 하나님 그는 나의 여호와 나의 구세주

3) 언제나 하나님의 뜻을 추구하고 성령의 소욕을 따릅니다.

"그러므로 형제들아 내가 하나님의 모든 자비하심으로 너희를 권하노니 너희 몸을 하나님이 기뻐하시는 거룩한 산 제물로 드리라 이는 너희가 드릴 영적 예배니라 너희는 이 세대를 본받지 말고 오직 마음을 새롭게 함으로 변화를 받아 하나님의 선하시고 기뻐하시고 온전하신 뜻이 무엇인지 분별하도록 하라"(롬 12:1-2).

절대로 내 의지나 내 뜻을 추구하지 않습니다. 언제나 먼저 하나

님의 뜻을 추구하고 따릅니다. 그러기 위해서 기도로 하나님과 먼저 의논하고 하나님께 당신의 뜻을 물어 봅니다. 그러고 나서 하나님의 뜻에 순종하고 헌신합니다. 그리고 성령의 소욕을 따라서 살아갑니다.

왜냐하면 육체의 정욕은 항상 하나님과 원수가 되기 때문에 언제나 성령의 소욕을 따릅니다. 이것이 바로 내게 생명이 되고 생명의 능력이 되기 때문입니다. 그러기 위해서 우리는 기도를 안 할 수가 없었습니다. 항상 쉬지 않고 기도를 해야 합니다.

4) 어떤 상황에서도 무조건 감사하며 찬양을 합니다.

내 이성과 선악의 지식으로 볼 때는 내 생각이 옳을 수밖에 없습니다. 하나님이 잘못되고 하나님의 인도가 잘못된 것 같습니다. 그러니까 원망과 불평을 할 수밖에 없습니다. 그저 짜증을 내며 회의를 느끼고 갈등할 수밖에 없습니다. 그런 삶에 무슨 생명이 있고 은혜가 있겠습니까? 무슨 감동이 있고 감격이 있겠습니까?

> "나의 힘이신 여호와여 내가 주를 사랑하나이다 여호와는 나의 반석이시요 나의 요새시요 나를 건지시는 이시요 나의 하나님이시요 내가 그 안에 피할 나의 바위시요 나의 방패시요 나의 구원의 뿔이시요 나의 산성이시로다"(시 18:1-2).

진정한 그리스도인은 어떤 상황에서도 무조건 감사부터 합니다. 하나님을 찬양합니다. 감사가 안 나오면 감사를 꿔서라도 하고, 찬양이 안 나오면 억지로라도 찬양을 합니다. 그것이 바로 우리에게 생명이 되고 생명의 힘이 되기 때문입니다. 바로 이런 것들이 말씀과 성령 안에서 구체적이고 주관적으로 선택하는 생명나무라고 할 수 있습니다.

5) 언제나 사명 우선적인 삶을 살아갑니다.

우리의 육신은 언제나 안일하기를 좋아하고 나태하기를 좋아합니다. 더구나 경제가 발전하고 삶이 윤택해질수록 인스턴티즘에 빠지고, 육신 위주로 살아가는 것입니다. 그래서 다 편하게 신앙생활 하려고 합니다. 그러니까 그런 사람에게는 생명이 없고 은혜가 없다는 것입니다.

그래서 우리는 힘들어도 사명대로 살고 사명을 감당하며 살아갑니다. 왜냐하면 그것이 내게 생명이 되고 삶의 힘이 되기 때문입니다. 그것이 오늘날 구체적으로 생명나무를 선택하는 것입니다. 그러므로 진정한 그리스도인은 육신을 쳐서 복종케 할 뿐만 아니라, 언제나 사명 우선적인 삶을 살아갑니다. 왜냐하면 사명이 내게 생명이고 신앙생활에 힘이 되기 때문입니다.

"내가 달려갈 길과 주 예수께 받은 사명 곧 하나님의 은혜의 복음을 증언하는 일을 마치려 함에는 나의 생명조차 조금도 귀한 것으로 여기지 아니하노라"(행 20:24).

6) 어떠한 상황에서도 사람을 섬기고 포용하며 교회의 덕을 세웁니다.

육신의 소욕과 선악의 지식으로만 보면 우리가 미워해야 할 사람이 얼마나 많이 있습니까? 정죄하고 비난하고 공격해야 할 사람이 얼마나 많은지 모릅니다.

교회도 마찬가지입니다. 내 선악의 지식과 판단의 안경을 쓰고 보면 교회도 얼마나 비난하고 공격해야 할 것들이 많은지 모릅니다. 목사가 어땠느니, 목사의 가족이 어땠느니, 교회가 이러니저러니 하면서 불평하고 비난할 요소가 많을 수 있습니다.

이런 사람들의 말을 들어 보면 다 옳은 것 같습니다. 인간 편에서 볼 때는 그들의 말이 다 옳은 것같이 들립니다. 그들은 선악의 논리에 아주 명철하고 이성적인 사람입니다. 그럼에도 불구하고 그들에게 과연 생명이 있느냐 이 말입니다. 정말 기쁨과 감격이 있고 눈물 젖은 감동과 행복이 있느냐 이 말입니다.

두 눈은 선악의 빛으로 반짝반짝거리는 것 같지만, 얼굴은 영적으로 굶주려 있는 사람입니다. 내면의 생명이 굶주려서 아주 헐떡거리고 있는 사람입니다. 영혼은 흉년 맞은 사람이고 기갈과 배고픔으로 허덕이고 있는 사람입니다.

그래서 참된 그리스도인은 생명의 눈으로 이웃을 바라봅니다. 그리고 그리스도의 생명이 가득한 사랑의 안경을 쓰고 교회를 바라봅니다. 그럴 때 미워하는 사람도 사랑해야 할 사람으로 바뀌고, 비난하고 공격해야 할 교회도 먼저 덕을 생각하지 않을 수가 없습니다.

"아, 내가 기분 나쁘다고 이 말을 하고, 내가 불평이 생긴다고 이런 행동을 하면 교회가 어떻게 되겠는가. 내 생각에 안 맞고 내 이성적인 판단으로는 이해할 수 없어도, 우리가 이렇게 피켓을 들고 시위를 하고 까발린다면 우리 교회에 무슨 유익이 있겠는가. 아, 교회의 덕을 생각하자. 우리가 교회의 덕을 세우자. 바로 이렇게 하는 것이 하나님이 기뻐하실 것이고, 내게 생명이 되고 은혜가 되지 않겠는가."

> "온순한 혀는 곧 생명나무이지만 패역한 혀는 마음을 상하게 하느니라" (잠 15:4).

> "그러므로 너희가 더욱 힘써 너희 믿음에 덕을, 덕에 지식을, 지식에 절제를, 절제에 인내를, 인내에 경건을, 경건에 형제 우애를, 형제 우애에 사랑을 더하라"(벧후 1:5-7).

이런 마음으로 그들은 항상 생명이 되는 편을 선택합니다. 내가 아무리 분이 나도록 미워하는 사람이 있어도 그 사람을 포용하고 섬깁니다. 또 아무리 내가 억울하고 손해가 난다 할지라도 그 사람을 품고 섬깁니다. 아무리 내 생각에 안 맞고 내 상식으로도 틀린 것 같지만, 교회의 덕을 먼저 생각하고 덕을 세우기로 결단합니다.

그럴 때 그것이 그 사람에게 생명이 되고 은혜가 됩니다. 그리고 그것이 말씀과 성령 안에서 구체적이고 주관적인 생명나무를 선택하는 것입니다. 그러므로 언제나 하나님의 생명이 되는 편을 선택해야 합니다. 말씀과 성령 안에서 언제나 생명나무를 꼭 붙들어야 합니다. 그럴 때 승리할 수 있습니다.

오늘날 생명나무와 선악과를 선택한다는 의미

에덴 동산의 중앙에 있었던 생명나무와 선악과는 역사적으로 실재하는 나무였습니다. 생명나무 열매를 먹으면 영생을 누리고 선악과 열매를 먹으면 하나님의 말씀에 불순종이 되어 사망에 이르렀습니다(창 2:17, 3:22). 그런데 에덴 동산의 생명나무와 선악과는 여러 시대에 하나의 신학적 패러다임 또는 모형으로 기능합니다.

따라서 모세는 생명나무를 하나님 말씀에 순종하는 자에게 주어지는 생명으로, 선악과를 불순종하는 자에게 내려질 사망과 저주의 상징적인 패턴으로 제시합니다(신 30:19; 참조. 수 24:15; 렘 21:8). 특별히 잠언에서는 언약 백성들의 삶의 원리가 생명나무와 함께 제시됩니다. 언약백성은 지혜의 길과 미련한 자의 길, 의인의 길과 악인의 길 사이에서 생명나무의 이미지로 제시된 지혜의 삶을 선택해야 합니다(잠 3:8, 12:18, 13:17, 16:24, 17:22).

이와 같은 신학적 패턴은 신약에서 사도 바울에 의해 성령의 소욕을 따르는 삶과 육신의 소욕을 따르는 삶으로 소개되고 있습니다(롬 8:1-7, 갈 5:16-24). 따라서 생명나무와 선악과를 선택하는 삶은 언약백성을 위한 삶의 신학적 패턴으로 오늘날 모든 성도들의 삶 속에도 적용될 수 있습니다. 성도들은 매순간 생명의 길을 선택하고 성령의 인도를 따라 예수 그리스도의 가르침에 순종하는 삶을 살아야 합니다.

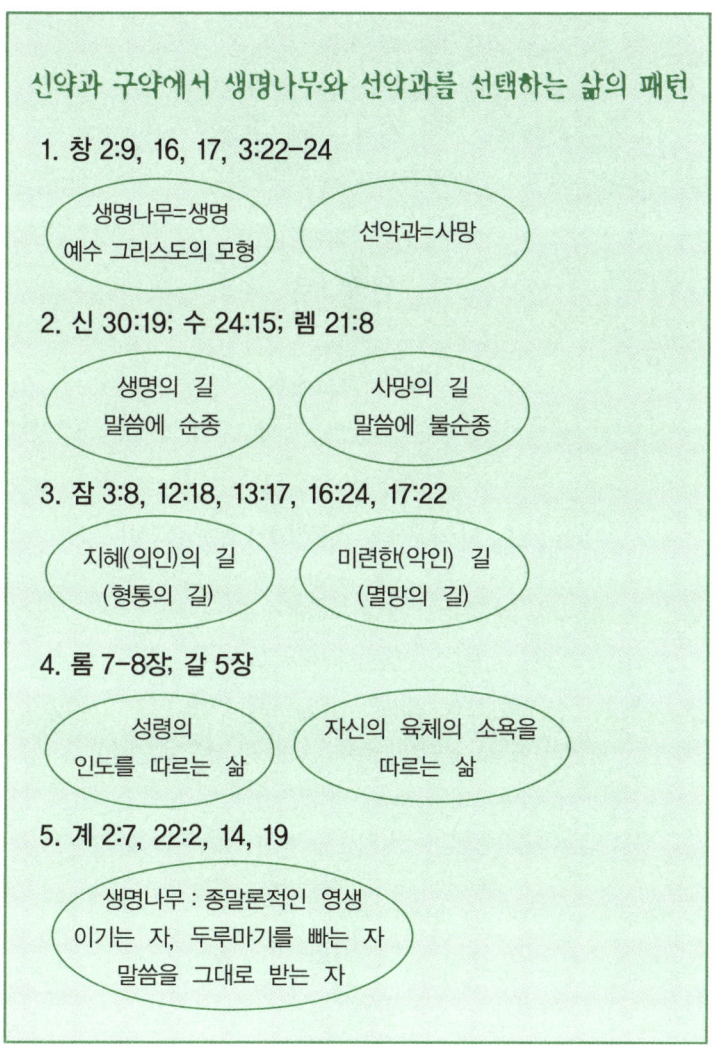

오늘날 생명나무를 선택한다는 의미

하나님을 왕으로 모심
하나님 의존적인 삶, 하나님의 의, 은혜,
섬김, 사랑, 감사, 헌신, 찬양, 사명,
온순한 혀, 소원 성취, 지혜, 의로운 삶,
성령의 소욕

생명나무

예수 그리스도

오늘날 선악과를 선택한다는 의미

인간 스스로 선악 추구,
선악의 노예, 하나님 없는 독립적인 삶,
자신이 선악 판단의 주체, 사탄의 유혹을 따름,
불평, 교회와 목회자 비판, 판단, 정죄,
미움, 험담, 윤리와 도덕적으로 판단

선악과

옛 자아

7.
선악과를 선택한 결과 1

"여자가 그 나무를 본즉 먹음직도 하고 보암직도 하고 지혜롭게 할 만큼 탐스럽기도 한 나무인지라 여자가 그 열매를 따 먹고 자기와 함께 있는 남편에게도 주매 그도 먹은지라 이에 그들의 눈이 밝아져 자기들이 벗은 줄을 알고 무화과나무 잎을 엮어 치마로 삼았더라 그들이 그날 바람이 불 때 동산에 거니시는 여호와 하나님의 소리를 듣고 아담과 그의 아내가 여호와 하나님의 낯을 피하여 동산 나무 사이에 숨은지라 여호와 하나님이 아담을 부르시며 그에게 이르시되 네가 어디 있느냐 이르되 내가 동산에서 하나님의 소리를 듣고 내가 벗었으므로 두려워하여 숨었나이다 이르시되 누가 너의 벗었음을 네게 알렸느냐 내가 네게 먹지 말라 명한 그 나무 열매를 네가 먹었느냐 아담이 이르되 하나님이 주셔서 나와 함께 있게 하신 여자 그가 그 나무 열매를 내게 주므로 내가 먹었나이다 여호와 하나님이 여자에게 이르시되 네가 어찌하여 이렇게 하였느냐 여자가 이르되 뱀이 나를 꾀므로 내가 먹었나이다 여호와 하나님이 뱀에게 이르시되 네가 이렇게 하였으니 네가 모든 가축과 들의 모든 짐승보다 더욱 저주를 받아 배로 다니고 살아 있는 동안 흙을 먹을지니라"(창 3:6-14)

하나님께서 선악과를 만드신 이유는 첫째, 하나님의 왕 되심과 인간의 본분을 깨닫게 하기 위해서였습니다. 둘째, 아담에게 더 큰 은혜를 주시기 위해서였습니다. 그러면 선악과를 따 먹는다는 것은 어떤 의미입니까? 그것은 인간 스스로 선악의 지식을 추구한다는 말입니다.

즉 하나님 없이 독립적으로 살며 자신이 선악 판단의 주인이 되어 스스로 판단합니다. 원래 인간은 하나님 의존적인 존재로 지음을 받았습니다. 또한 선악의 지식과 선악 판단의 주인도 하나님이셨습니다. 그러므로 아담은 삶에 있어서도 하나님을 주인으로 모시며 살아야 했고, 모든 선악 판단도 하나님을 주인으로 모실 뿐만 아니라 하나님 말씀을 기준으로 해야 했습니다.

그런데 마귀가 하나님 없이 독립적인 존재로 살도록 유혹했습니다.[49] 그리고 스스로 선악의 주인이 되어 선악 판단을 하도록 유혹했던 것입니다. 그런데 그 마귀는 오늘날에도 우리 안에 있는 옛사람을 자극하고 유혹합니다. 우리로 하여금 하나님의 생명을 추구하지 않고, 선악의 지식을 추구하게 합니다. 하나님 없이도 얼마든지 살 수 있다고 생각하게 하고 항상 선악의 지식을 추구하며 자기 스스로가 기준이 되어 항상 선악 판단을 일삼도록 한다는 말입니다.

그러니 이런 사람의 신앙은 항상 부정적이고 비판적이고 공격적

---

[49] 서철원,《창세기 1》, 144-47. 하나님께서 금하신 선악과를 따 먹은 것은 왕과 주인이신 하나님께 대한 반역이었다. 이로 인하여 하나님과 언약 관계가 깨어졌다. 아담과 하와는 하나님의 말씀보다 유혹자인 사탄의 말을 더 높이 평가하여 자기들의 세상을 추구하고 만들길 원했다.

일 수밖에 없습니다. 원망과 불평, 낙심과 좌절이 끊이지 않는 삶을 살아갑니다.

선악과를 선택한 결과

그러면 과연 이같이 선악과를 선택하면 오늘날 어떤 결과가 나타납니까?

1) 하나님과의 교제를 잃어버리고 영적 침체에 빠지고 맙니다.

아담과 하와가 받은 최고의 축복은 하나님을 섬기고 하나님과 교제하는 것이었습니다.[50] 그러나 선악과를 따 먹었을 때 아담은 하나님과의 진정한 교제를 잃어버리고 에덴의 동쪽으로 쫓겨나 버리고 말았습니다. 거기서 아담은 하나님과의 교제가 끊어진 채 온갖 저주와 고통, 그리고 한 많은 삶을 살아야 했습니다.

아담과 하와는 하나님과 깊은 교제의 가치를 순간 잃어버리고 하나님의 말씀보다는 사탄의 유혹을 따랐습니다. 그래서 여자가 먼저 선악과를 따 먹고 아담에게 주어서 아담도 같이 먹어 버렸습니다. 그러자 그들의 눈이 즉시 밝아져 자기들이 벗은 줄 알고 무화과 나무 잎사귀로 치마를 만들어 몸을 가렸습니다.

그들은 선악과를 따 먹고 그걸 알고, 하나님의 낯을 피하여 동산

---

[50] 서철원, "낙원, 성전, 성육신", 10.

나무 그늘에 숨어 버리고 말았습니다. 언제나 하나님을 만나고 하나님의 영광스러운 임재를 느끼며 하나님과 교제를 쉬지 않았던 그들이, 이제 하나님이 너무도 두려워서 동산 나무 사이로 숨어 버린 것입니다.

> "이에 그들의 눈이 밝아져 자기들이 벗은 줄을 알고 무화과나무 잎을 엮어 치마로 삼았더라 그들이 그날 바람이 불 때 동산에 거니시는 여호와 하나님의 소리를 듣고 아담과 그의 아내가 여호와 하나님의 낯을 피하여 동산 나무 사이에 숨은지라"(창 3:7-8).

그들이 선악과를 따 먹은 순간 하나님과의 깊은 교제가 단절되어 영적인 침체에 빠져 버리고 만 것을 보여줍니다. 전에는 하나님이 좋아서 그렇게 하나님을 사모하고, 하나님께 가까이 나아가며, 항상 하나님의 영광의 임재 속에서 하나님을 찬양하고 노래했지 않습니까? 그런데 이제 불순종하여 하나님과의 교제가 단절되니까 하나님이 두렵기도 하고, 또 본인이 창피하기도 해서 동산 나무 사이로 숨어 버렸던 것입니다.

오늘날도 선악의 지식만을 선택하면 하나님과의 진정한 교제를 잃어버리고, 영적 침체에 빠지게 됩니다. 그리고 그것은 크리스천에게 가장 큰 저주요, 징계입니다. 그런데 오늘날 왜 성도들이 이런 고통을 겪게 되고 시험의 늪에 빠지게 되는 걸까요? 그것은 대부분 선악의 지식을 추구하기 때문이라고 할 수 있습니다.

선악의 지식만을 추구하니까 하나님과의 영적인 교제가 단절되어 버리고 깊은 침체의 늪에 빠져 버리고 맙니다. 그러므로 선악과를 선택하는 사람은 이 땅에서 신앙생활하면서 진정한 구원의 기쁨과 감격을 누리지 못하고 살게 됩니다. 진정한 첫사랑의 감격과 은혜를 경험하지 못하고 하나님과 동행하는 기쁨을 누리지 못하는 것입니다.

하나님과의 교제가 단절되어 버리고 영적인 침체를 당하면 아무리 구원받은 그리스도인이라도 그럴 수가 있습니다. 그리스도인이면서도 선악의 지식만 추구하고 그 지식에 매여 살면, 신앙생활이 어둡고 침침할 수밖에 없습니다. 심지어는 아무리 성경 말씀을 배우고 알아도 그것이 선악의 지식으로만 자기 안에 자리 잡고 있으면, 우리의 영혼이 캄캄하고 답답할 수밖에 없습니다.

그런 사람은 하나님을 두려워합니다. 아니, 하나님을 싫어합니다. 겉으로는 성경을 공부하고 하나님께 예배하는 것 같지만, 마음 깊은 곳에서는 하나님을 미워하고 하나님이 두려워 낯을 피합니다. 그리고 영적인 것을 싫어합니다.

현재적인 천국을 경험해야

하나님과의 관계가 잘 이루어져 있으면 언제나 마음이 밝고 성령의 내적인 조명과 인도를 따라 살게 됩니다. 우리의 마음이 광명의 상태가 되고 언제나 봄날처럼 화창하고 신선하고 기쁨이 넘칩니다. 현재적인 천국이 우리 마음 가운데 이루어집니다(마 5:3).

예수님께서도 말씀하시지 않았습니까? 천국은 여기 있다, 저기 있다 하는 것이 아니라, 우리 가운데 있다고 말입니다.51) 또한 하나님의 나라는 먹고 마시는 것이 아니라, 성령 안에서 의와 평강과 희락이라고 하지 않았습니까?

> "하나님의 나라는 먹는 것과 마시는 것이 아니요 오직 성령 안에 있는 의와 평강과 희락이라"(롬 14:17).

원래 우리 그리스도인들은 현재적인 천국을 경험하는 이런 마음의 상태가 이루어져야 합니다. 왜 그렇습니까? 하나님과의 깊은 교제가 이루어지면 우리 마음에 현재적인 천국이 이루어지고 하나님이 은혜를 공급해 주시기 때문입니다. 또한 성령의 능력으로 기쁨과 평강이 넘치게 됩니다.

그런데 선악과를 따 먹으면 성경도 많이 알고, 교회의 전통과 법도 잘 알고, 수십 년을 믿고 몇 대를 걸쳐서 신앙생활해도 하나님과의 깊은 교제가 단절됩니다. 그래서 우리의 마음이 어둡고 침침하고 하나님의 은혜를 모르고 살아가게 됩니다. 겉으로는 멀쩡한 것 같은데, 내면은 너무나 황폐하고 황무하여 세상 사람과 다를 바가 없습니다. 그래서 아담과 하와가 선악과를 따 먹고 하나님의 낯을 피해 동산 나무 사이에 숨어 버리고 만 것입니다.

---

51) "또 여기 있다 저기 있다고도 못하리니 하나님의 나라는 너희 안에 있느니라"(눅 17:21). "너희 안에"는 헬라어로 $\epsilon\nu\tau o\varsigma\ \dot{\upsilon}\mu\hat{\omega}\nu$(엔토스 휘몬)이며, "너희 가운데"(among)로도 번역된다(NAS, NJB, NRS). 이는 현재적인 천국에 대한 말씀이다.

그런 아담을 하나님께서 찾아오셨습니다. "아담아, 아담아, 네가 어디 있느냐?" 그때 아담이 뭐라고 대답한 줄 아십니까? "하나님, 제가 벗었으므로 두려워하여 숨었나이다. 제가 홀딱 벗고 있는 것을 이제 깨닫고, 창피해서 나무 사이로 숨어 버렸나이다."

"이르되 내가 동산에서 하나님의 소리를 듣고 내가 벗었으므로 두려워하여 숨었나이다"(창 3:10).

오늘날 선악과를 따 먹고 시험에 든 성도도 마찬가지입니다. 그래서 어떤 집사님이 선악과를 따 먹었습니다. 평소에도 말 많은 한 여집사님이 그날 따라 계속해서 하나님을 원망했습니다. 그것도 부족하여 교회를 흉보고 목사님을 험담하였습니다.

그런데 그 이야기가 목사님 귀에 들어가고 말았습니다. 여집사님은 너무도 부끄러워서 교회를 나갈 수가 없었습니다. 이 사정을 목사님이 알고 심방을 갔습니다. 그런데 여집사님이 문을 안 열어 줍니다. 아무리 초인종을 누르고 집사님의 이름을 불러도, 분명히 인기척은 안에서 나는데 문을 안 열어 주는 것이 아닙니까? 그래서 목사님이 문 앞에 대고 성경 말씀을 크게 읽었습니다.

"볼지어다 내가 문 밖에 서서 두드리노니 누구든지 내 음성을 듣고 문을 열면 내가 그에게로 들어가 그와 더불어 먹고 그는 나와 더불어 먹으리라"(계 3:20).

그랬더니 안에서 여 집사님이 뭐라고 대답한 줄 아십니까?

"내가 벗었으므로……숨었나이다"(창 3:10).

이렇듯 선악과를 따 먹으면 주님과의 관계뿐만 아니라 목사와의 관계도 불편하게 됩니다. 왜냐하면 하나님과의 깊은 교제가 단절되고 영적인 침체에 빠져 버리게 되기 때문입니다. 그래서 항상 하나님도 두렵기만 하고 목사와의 관계도 멀어지고 희미해집니다.

이런 사람은 예배 끝나고 목사 만날까봐 두렵고 꺼림칙합니다. 그래서 예배가 끝나자마자 빨리 도망가기에 바쁩니다. 뿐만 아니라 목사님이 심방 올까봐 두렵기도 하고, 전화를 해도 잘 받지 않습니다. 신앙생활이 하나도 기쁨이 없습니다. 예배를 드리러 나오지만 예배의 감격도 없습니다. 설교 시간에는 졸기가 십상이거나, 아니면 설교를 마음속으로 거부하고 받아치는 경우가 많습니다. 이 얼마나 불쌍한 사람이요, 비극적인 일입니까?

그러므로 우리는 선악과를 선택해서는 안 됩니다. 어떤 경우에도 선악의 지식을 추구하지 말고 하나님의 생명을 추구해야 합니다. 언제나 생명나무를 선택해야 합니다.

2) 선악의 눈만 밝아지게 됩니다.

에덴 동산에서 아담과 하와가 선악과를 따 먹기 전에는 "이는 내 뼈 중의 뼈요 살 중의 살이라"고 고백하면서 벗은 줄을 몰랐습니다. 그러나 선악과를 따 먹은 후에는 선악의 눈이 밝아져 서로 벗은 줄을 알게 되었습니다. 그래서 무화과 잎사귀로 치마를 만들어 입고 동산 나무 사이로 숨어 버렸습니다.

> "이에 그들의 눈이 밝아져 자기들이 벗은 줄을 알고 무화과나무 잎을 엮어 치마로 삼았더라 그들이 그날 바람이 불 때 동산에 거니시는 여호와 하나님의 소리를 듣고 아담과 그의 아내가 여호와 하나님의 낯을 피하여 동산 나무 사이에 숨은지라"(창 3:7-8).

오늘날에도 선악의 지식만을 추구하기 시작하다 보면 자꾸 선악의 눈만 밝아집니다. 생명과 은혜 쪽은 안 보이고 자꾸 선악 쪽으로만 보입니다. 긍정적인 부분은 보이지 않고 자꾸 부정적이고 어두운 쪽만 잘 보이게 됩니다. 그래서 보는 시각과 마인드가 자꾸 비판적이고 공격적이 됩니다. 자기도 모르게 삐딱하게 됩니다. 이상하게 아웃사이더가 되고 스스로 소외됩니다.

왜냐하면 선악의 눈이 밝아지기 시작하면 판단의 마인드도 열리게 되기 때문입니다. 그래서 자꾸 선악 판단 쪽으로 눈이 밝아지고 마인드가 열리게 됩니다. 그러니까 항상 똑같은 것도 부정적으로만 보이고 비판적으로만 보입니다. 항상 자기가 기준이 되어서 선악 판단을 일삼습니다. 하나님과 상관도 없고, 하나님을 의지하지도 않고, 자기 스스로 검사가 되고 판사가 되고 기자가 되어서 매일 판단하며 살아갑니다.

더 나아가 이런 사람은 스스로 시험 들 것만 보이게 됩니다. 다른 사람들은 아무렇지도 않고 그냥 지나가는데, 유달리 선악의 눈이 열린 사람은 자꾸 그런 것만 보입니다. 생명나무를 선택하는 사람은 어지간한 것은 다 지나갑니다. 다 생명의 마인드로 보고 생명의 눈으로 보기 때문입니다.

물론 그 사람도 보려고 마음먹으면 보일 것이고, 얼마든지 따질 수도 있고 참견할 수도 있으며, 불평할 수도 있습니다. 그러나 그것은 본질이 아니므로 그냥 지나갈 수 있고 덮어 줄 수 있습니다. 그런데 선악과를 선택하는 사람에게는 그것이 너무 잘 보일 뿐만 아니라, 항상 문제를 삼습니다. 그리고 항상 꼬집고 비판하고 공격합니다.

"흥 해라, 이놈아"

저는 어릴 때부터 콧물이 많았습니다. 그래서 늘 코를 많이 흘렸습니다. 그때 코는 왜 그렇게 누랬는지 모릅니다. 그 코가 어떤 때는 턱밑에까지 내려오곤 했습니다. 아마 조금 뻥을 치면 한 자나 내려왔을 것입니다. 그런데도 그땐 왜 그렇게 코 풀기가 싫었는지 모릅니다. 그까짓 거 "흥~" 하고 풀어 버리면 되는데 말입니다. 그럼에도 불구하고 제 기억으로는 그 코가 한 번도 땅에 떨어져 본 적이 없습니다. 아무리 길게 내려온 코도 그냥 '흥~' 하고 마시면 다시 들어갑니다. 그러니 코가 내려왔다, 올라갔다……하지요.

그런데 그때 코를 마시는 것도 적당히 마셔야지 너무 세게 마셨다 하면 코가 목구멍으로 쏙 들어가 버립니다. 그러면 어쩔 수 없이 누런 코를 마셔야 하지 않았습니까? 하긴 배고플 때는 그게 곡기가 되기도 했습니다. 사실 그것을 왜 뱉습니까? 춥고 배고플 때는 그것도 요긴하지 않습니까? 그때 우리 어머니가 "저놈의 자식은 코도 안 풀고 산다"고 했습니다. 그리고 코를 질질 흘리고 있는 저한테 와서 비료 포대 종이를 비벼서 "이놈아 흥 해, 흥 해, 이놈아" 그러셨습니다.

그런데 그때는 왜 그렇게 흥 하기가 싫어서 "흐-응~" 하면 "더 세게 흥~ 하라니까, 이놈아. 흥 하지도 못하냐? 흥 해라, 다시 흥 해라" 하셨습니다. 그러다 보니까 제가 이렇게 어머니 덕택에 흥해 버리지 않았습니까? 그러니까 저의 어머니가 코 풀 때마다 좋은 말씀을 많이 하신 것입니다. 우리도 자녀들에게 절대로 욕하면 안 됩니다. 망할 놈, 염병할 놈, 썩을 놈, 육시랄 놈…… 등, 절대로 그런 말을 해서는 안 됩니다.

옛날 어느 어머니는 아들한테 '육시랄 놈, 쳐 죽일 놈' 하더니, 그놈이 자라서 결국 살인자가 되어 사람을 여섯 토막으로 잘라 죽였다고 하지 않습니까? 말이 씨가 됩니다. 그러니 우리도 자녀들에게 가서 "흥해라, 흥해라" 해야 합니다. 코흘리개 아들뿐만 아니라 코를 흘리지 않는 자녀들 앞에서도 예수님의 이름으로 "흥해라" 해야 합니다. 자녀가 학교를 간 다음에도 자녀 방문 앞에서도 "흥해라, 흥해라" 해야 합니다.

그런데 어린 시절부터 코가 많았던 사람이라 목사가 되어서도 여전히 코가 많습니다. 그래서 제가 설교할 때도 어쩔 수 없이 킁킁거리거나 코를 풀기도 합니다. 또 어느 때는 설교하다 너무 감동이 되어 눈시울이 뜨거워지면 코가 함께 나오기도 합니다. 그러면 설교하다가도 코를 킁킁 풀기도 합니다.

그런데 그 모습을 보고 우리 교회 교인 몇 사람이 시험 들어서 교회를 떠난다는 것입니다. 어떻게 강단에서 목사님이 코를 풀 수 있느냐, 설교 중에 어떻게 신령한 강단에서 코를 풀 수가 있느냐고 말입니다. 그리고 그 코 푸는 모습이 너무 점잖지 못하고 품위가 없다고 말입니다.

세상에, 코 풀고 안 풀고는 본질이 아니지 않습니까? 그것은 지엽적이고 부분적인 것입니다. 그런데 지적이고 아주 교양적인 성도님 몇 분이 교회를 떠났습니다. 제가 그것 때문에 얼마나 속상한 줄 아십니까? 세상에, 강단에서 목사가 코 푸는 모습이 보기가 좋지는 않더라도, 그것 때문에 감동적인 생명의 말씀을 놓쳐 버리고 교회를 떠난다니, 제가 얼마나 약이 올랐겠습니까?

그래서 하나님 앞에 제가 약속을 하고 서원을 했습니다. 다시는 코를 안 풀겠다고 말입니다. 정말 몇 주 동안 코를 안 풀었습니다. 답답해도 코를 안 풀었습니다. 그런데 어느 날 설교하다가 눈시울이 뜨거웠는지 코가 찍찍해서 저도 모르게 "킁" 해버렸더니, 누렇 방울 코가 저의 입술까지 나와 버렸습니다. 또 그것이 우리 교회 HD급 영상에 잡혀 버렸다는 것이 아닙니까?

그래서 제가 성도들 앞에 창피하지 않았겠습니까? 그러면 제가 다시 삼켜야 되겠습니까, 풀어야 되겠습니까? 제가 어쩔 수 없이 다시 코를 풀었습니다. 그런데 아마 6-7개월 지났을까, 다시 그분들이 돌아왔습니다. 왜 돌아왔냐고 교구 전도사님을 통해서 물어보았더니, 이렇게 말했다고 합니다. "그래도 코 푸는 것만 빼 놓고는 소 목사님의 생명력이 넘치고 톡톡 튀는 말씀이 그리워서 다시 돌아왔습니다." 그리고 그 성도들은 지금도 우리 교회에 잘 나오고 있습니다.

요즘은 그런 분들이 뭐라고 하는지 아십니까? "목사님, 코 푸는 모습이 어쩌면 그렇게 귀여워요. 정말 인간적이고 너무 진솔하게 보이는 것 있잖아요." 그러면서 그분들이 코를 잘 풀라고 강단에도 화장지를 곱게 쌓아 놓습니다. 제가 심방 가면 이제 막 등록한 성도 빼고는 다 감사 헌금과 더불어서 휴지를 예물처럼 쌓아 놓지 않습니까? 그것이 우리 새에덴교회의 심방 문화가 되었습니다.

선악과를 선택할 때는 그렇게 비본질만 보이고 그렇게 어둡게 보였는데, 생명나무를 선택하니까 그것은 본질이 아닌 걸 압니다. 그리고 그것이 귀엽게 보이고 인간적으로 보이고 익스큐즈(excuse)가 됩니다.

강단에 놓은 세 그루의 나무

또한 저는 가끔 다리를 떠는 습관을 가지고 있습니다. 그런데 저만 떠는 줄 알았더니 그렇게 경건하고 품위가 있어 보이는 우리 부목사님들도 다 떱니다. 그런데 문제는 제가 강단에서 떤다는 것입니다. 부목사님들이 사회를 볼 때 제가 앉아서 점잖게 있어야 하는데, 다리를 떱니다. 보통 사람들은 그것을 보지 않습니다. 특별히 은혜 받은 사람한테는 더 안 보입니다. 또 보인다 하더라도 '목사님이 오늘 기분이 좋으신가 보구나' 하고 넘어갑니다.

7. 선악과를 선택한 결과 1

그런데 어떤 사람은 꼭 그것만 보입니다. 찬송할 때 찬송가 가사를 보고 찬송을 해야지, 왜 찬송하는 시간에 목사가 코를 후비는 모습을 보고 다리를 떠는 모습을 봅니까? 그것뿐입니까? 더 유별난 사람은 기도 시간에도 눈을 뜨고 본다는 것 아닙니까? 대부분의 사람들은 다 눈을 감고 기도하는데, 왜 하필이면 기도 시간에 눈을 뜨고 제가 다리 떠는 것을 봅니까? 또 제가 영상 잘하라고 인터폰으로 방송실에 전화한 것까지 보고 생트집을 잡기도 합니다. 그게 은혜가 안 된다고 교회를 떠난 사람도 있었습니다.

아니, 우리가 예배를 잘 드리기 위해서 예배 서비스를 잘하라고 인터폰을 한 번씩 할 수 있지 않습니까? 그것을 가지고 이야기한다면 어떻게 하란 말입니까? 그래서 그런 꼴을 보지 말라고 뒤에 나무 세 그루로 가려 버렸잖습니까? 그런데 그렇게 떠난 사람도 다시 돌아왔다는 것입니다. 다리 떠는 것은 본질이 아니고 코 푸는 것도 본질이 아니라고 말입니다.

문제는 같은 사건을 보더라도 선악으로 눈이 밝아졌느냐, 생명으로 충만해 있느냐입니다. 생명으로 충만한 사람은 생명의 눈이 확 열려 항상 긍정적인 것을 보고 은혜가 되는 쪽을 바라봅니다. 그리고 언제나 생명이 되는 쪽을 선택합니다. 그러나 선악으로 눈이 밝아져 있는 사람은 항상 부정적으로 보고, 비판적으로 보고, 어두운 면만 바라봅니다. 그러니 신앙이 매사에 공격적이고 비판적이고 부정적입니다. 늘 선악의 눈이 열려 있어서 그런 것만 보기 때문입니다.

어떤 집사님이 앵무새를 키우는데, 앵무새가 하필이면 여집사님의 목욕하는 장면을 봤습니다. 그러더니 매일 "나는 봤다, 나는 봤다"하고 떠드는 것이 아닙니까? 그러자 여집사님이 앵무새 대가리를 빡빡 밀어 버렸습니다. 그런 후에 목사님이 그 가정에 심방을 오셨습니다. 그런데 그 목사님은 완전 대머리였습니다. 그 대머리 목사님이 심방 예배를 인도하는데, 앵무새가 목사님을 향해 뭐라고 떠든 줄 아세요? "자네도 봤군. 자네도 봤군." 도대체 봤으니 뭘 어쩌자는 것입니까?

양지 복음과 음지 복음

복음에도 양지 복음이 있고 음지 복음이 있지 않습니까? 복음을 양지 쪽으로만 보면 예수 믿고 구원받은 사람에게 항상 긍정적이고 형통과 축복의 길로만 보입니다. 그야말로 이 복음은 영혼이 잘되고 범사가 잘되고 강건한, 3박자 구원 같은 축복입니다.

또한 복음에는 음지적인 부분도 있습니다. 영혼이 잘되고 범사가 잘되고 강건한 축복은커녕, 예수 믿고 실컷 고생하고 죽을 때는 순교하여 죽은 분도 있습니다. 주기철 목사님이나 손양원 목사님 같은 분들입니다.

그러나 양지도 축복이고 음지도 축복입니다. 어느 쪽에서 바라보느냐에 따라 다를 뿐입니다. 순교하는 사람이 양지 쪽의 복음을 비판할 것도 없고, 양지 쪽의 사람이 주를 위해 고난받고 순교적인 삶을 사는 음지쪽의 사람을 복 받지 못했다고 비난할 필요도 없습니다. 우리는 양면을 긍정적이고 생명의 시각으로 바라보아야 합니다.

하물며 교회라고 양면성이 없겠습니까? 교회도 양지가 있고 음지가 있습니다. 그런데 제가 볼 때는 양지는 좋고 음지는 나쁘다, 또 음지는 좋고 양지는 나쁘다, 그렇게 한쪽 면만을 바라보고 비판해서는 안 됩니다. 또 상대적으로 어떤 사람에게는 그것이 음지로 보일 수도 있고, 어떤 사람에게는 그것이 양지로 보일 수도 있습니다. 사람마다 다르게 보일 수 있습니다.

그러므로 절대적인 것이 아니고 또 절대 진리에 대한 부분이 아니라면, 우리는 다 양면을 생명의 눈으로 바라보고 긍정적인 마인드로 바라보아야 합니다. 비판을 위해 바라보고, 공격하려고 바라보며, 모든 것을 어둡고 부정적으로만 바라보아서는 안 됩니다. 물론 교회도 잘못하고 실수한 부분이 있습니다. 그건 목사도 고치고 교회도 고쳐야 합니다.

하지만 의도적인 잘못이나 고의적인 실수가 아닌 것을 가지고, 끝까지 문제 삼고 삐딱하게 바라보는 사람이 있습니다. 그래서 어떤 사람은 교회에 오자마자 기도하고 찬양하려고 하지는 않고, 주보부터 검열하고 교정하는 사람이 있습니다. 그렇게 주보 첫 페이지부터 마지막 페이지까지 검열합니다. 이런 사람에게는 왜 그렇게 오자만 잘 보이는지 모릅니다. 그 오자를 보고 주보가 왜 이렇게 나왔느냐면서 수군거립니다. 이런 사람을 가리켜서 주보 교정파 교인이라고 합니다.

또는 평소보다 설교가 조금만 길거나 예배가 조금만 길어도 막 시계를 보면서 안절부절못하다가 속에서 불평이 용수철처럼 폭발하는 사람도 있습니다. 이런 사람을 정서 불안파 성도라고 합니다. 그걸 혼자만 불평하면 좋을 텐데, 옆에 앉은 사람한테 수군거리고 이렇게 수다를 떱니다. "왜 이렇게 예배가 길고 늦게 끝나냐?" 이런 성도를 왕수다파 성도라고 합니다.

이걸 또 뛰어넘는 사람이 있습니다. 아예 교회에 오자마자 설교도 안 듣겠다, 예배도 안 드리겠다 하는 마음으로, 앉자마자 처음부터 끝까지 졸고 있습니다. 이런 사람을 몽유병 환자파라고 합니다.

이게 다 선악과를 선택한 결과입니다. 이런 사람은 다 편집증에 걸려 있습니다. 자기 선입견, 자기 기준, 자기 호감에 맞는 것만 보고 그것만 들으려고 합니다. 생명이 중요한 게 아니라 자기 선입견이 더 중요합니다.

이런 사람이 똑똑한 건 사실입니다. 왜냐하면 눈이 밝아지기 때문입니다. 눈이 밝아져서 잘 보이니까 똑똑할 수밖에 없습니다. 굉장히 영리하고 스마트하게 보입니다. 또 이런 사람은 상대방의 약점도 얼마나 잘 잡아내는지 모릅니다. 상대방의 장점이나 좋은 부분은 보이지 않고 단점과 약점만 보입니다. 그러니까 똑똑한 사람처럼 보입니다.

그뿐입니까? 이런 사람은 지적인 면에서 선악의 지식을 굉장히 추구하고 지적 교만에 빠질 수 있습니다. 그래서 그 지식은 선악 판단의 도구가 되어 그 지식으로 사람을 판단하고 정죄합니다. 또 교회도 공격하고, 목사도 비판만 합니다. 얼마나 똑똑한지 모릅니다.

그러나 아무리 똑똑해도 영적인 침체에 빠져 있는 사람입니다. 이 사람 속에는 은혜가 하나도 없습니다. 예수 믿는 사람의 내면에는 진짜 기쁨의 샘물이 솔솔 솟아오르고 복락의 강수가 창일하게 흘러내려야 하는데, 완전히 내면의 시냇가가 메말라 버렸습니다. 메마른 건천이 되어 버리고 맙니다.

그러니 이런 사람에게 무슨 기쁨이 있고 감격이 있겠습니까? 무슨 행복이 있고 평안과 만족이 있겠습니까? 눈은 밝아졌는데 항상 원망과 불평, 비난과 정죄로 가득 차 있습니다. 그리고 지식은 많은데 내 안에서 언제나 계속해서 시험거리만 생깁니다. 이것도 시험거리가 되고 저것도 시험거리가 됩니다.

선악의 눈은 밝아지나 영혼은 황폐해지고

우리 예수 믿는 사람이 이렇게 살아야겠습니까? 신앙생활하면서 우리가 이렇게 살아야겠습니까? 신앙생활하면서 선악과를 선택하는 사람들 때문에 교회가 어지러워집니다. 선악의 눈이 밝아지는 사람들 때문에 교회가 성말 혼돈과 공허 속에 빠집니다. 이것 때문에 교회 안에서 서로 분쟁과 다툼과 분란이 일어나는 것이 아니겠습니까?

이런 사람들일수록 얼마나 또 윤리와 도덕을 앞세우는지 모릅니다. 또 얼마나 정의와 개혁의 기치를 드는지 모릅니다. 정말 옳은 것, 선한 것, 윤리적인 것을 얼마나 부르짖는지 모릅니다. 또 얼마나 법과 규칙을 따지는지 모릅니다.

그러나 아무리 옳은 일을 하고 정의와 개혁을 실천하는 것 같지만, 내 속이 침침하고 영혼이 침체를 당해서야 되겠습니까? 우리의 내면이 고갈되고 황폐하고 황무해서야 되겠습니까? 내 영혼이 저 에스겔 골짜기에 누워 있는 해골 같은 심령의 상태가 되고, 저 황폐한 사막과 같아서야 되겠습니까? 정말 옳은 일을 했으면 내 속에서 생명이 철철 흘러넘쳐야 하는 것입니다. 정말 정의를 행하고 주님 편에서 개혁을 실행했으면 우리 속에서 기쁨과 감사와 행복이 넘쳐야 하지 않겠습니까?

그런데 왜 옳은 일을 행해 놓고도 내 생명이 고갈되고 내 생명이 침체를 당해야 한단 말입니까? 왜 그렇게 윤리와 도덕을 앞세웠으면서 내 영혼이 마른 해골과 같이 되어야 한단 말입니까? 이게 모순이 있지 않습니까? 그것은 바로 선악과를 선택했기 때문입니다.

그러나 생명나무를 선택하는 사람은 먼저 내 안에 생명이 충만하게 되어 있습니다. 기쁨의 샘이 멈출 줄을 모르고 솟아오르며, 복락의 강수가 창일하게 흘러흘러 내 영혼을 엄몰하게 합니다.

우리는 먼저 생명나무를 선택하는 것이 중요합니다. 생명나무의 마인드로 윤리를 이야기하고 정의를 이야기해야 합니다. 생명나무의 시각으로 윤리를 보고 정의도 행해야 합니다. 생명나무의 마인드로 개혁도 행하고 옳은 것도 행해야 합니다. 그래서 우리는 생명나무를 선택해야 하는 것입니다. 선악과나무를 선택하지 말아야 합니다.

그러므로 절대로 선악과로 영적 침체에 빠지거나 선악의 눈이 밝아지면 안 됩니다. 절대로 지적 교만에도 빠지면 안 됩니다. 생명의 눈으로 하나님을 아는 지식이 충만해야 합니다. 은혜 받고 풍성한 생명을 소유하는 길만 바라보아야 합니다.

세 번째로 선악과를 선택하면 어떤 결과가 따릅니까? 이제부터가 정말 중요한 말씀입니다. 그것은 다음 장에서 계속하겠습니다.

8.
선악과를 선택한 결과 2

"여자가 그 나무를 본즉 먹음직도 하고 보암직도 하고 지혜롭게 할 만큼 탐스럽기도 한 나무인지라 여자가 그 열매를 따 먹고 자기와 함께 있는 남편에게도 주매 그도 먹은지라 이에 그들의 눈이 밝아져 자기들이 벗은 줄을 알고 무화과나무 잎을 엮어 치마로 삼았더라 그들이 그날 바람이 불 때 동산에 거니시는 여호와 하나님의 소리를 듣고 아담과 그의 아내가 여호와 하나님의 낯을 피하여 동산 나무 사이에 숨은지라 여호와 하나님이 아담을 부르시며 그에게 이르시되 네가 어디 있느냐 이르되 내가 동산에서 하나님의 소리를 듣고 내가 벗었으므로 두려워하여 숨었나이다 이르시되 누가 너의 벗었음을 네게 알렸느냐 내가 네게 먹지 말라 명한 그 나무 열매를 네가 먹었느냐 아담이 이르되 하나님이 주셔서 나와 함께 있게 하신 여자 그가 그 나무 열매를 내게 주므로 내가 먹었나이다 여호와 하나님이 여자에게 이르시되 네가 어찌하여 이렇게 하였느냐 여자가 이르되 뱀이 나를 꾀므로 내가 먹었나이다 여호와 하나님이 뱀에게 이르시되 네가 이렇게 하였으니 네가 모든 가축과 들의 모든 짐승보다 더욱 저주를 받아 배로 다니고 살아 있는 동안 흙을 먹을지니라"(창 3:6-14)

오늘날 선악과를 선택하면 첫째로, 하나님과의 교제를 잃어버리고 영적 침체에 빠져 버립니다. 인간이 하나님께 받은 최고의 축복은 하나님과의 교제가 아닙니까? 그런데 아담과 하와는 선악과를 선택함으로써 그들이 누릴 수 있는 최고의 축복인 하나님과의 교제가 단절되어 버렸습니다. 그리고 깊은 영적 침체에 빠졌습니다.

오늘날에도 신앙생활하면서 예수 그리스도의 생명을 선택하지 아니하고 선악의 지식만을 추구하며 살아가면 그 순간부터 영적인 침체의 늪에 빠져 버립니다. 겉으로 볼 때는 아무런 일이 없는 것 같지만, 내면에서는 마음이 어둡고 침침한 깊은 늪에 빠져 버리고 맙니다.

둘째로, 선악의 눈만 밝아집니다. 아담과 하와가 선악과를 따 먹고 나서 선악의 눈이 밝아진 것처럼, 오늘날에도 선악과를 선택하면 하나님의 생명과 은혜 쪽은 보이지 않고 자꾸 선악 쪽만 보이고 선악만 판단하게 됩니다. 그래서 자꾸 부정적인 신앙이 되고 비판적이며 공격적이 됩니다. 그래서 스스로 시험에 들고 넘어지며, 끊임없는 악순환만 계속됩니다. 그러면 세 번째로는 어떤 결과가 따릅니까?

3) 진정한 영적인 은혜와 축복을 잃어버립니다.

아담과 하와가 선악과를 따 먹고 나서 당장 에덴 동산에서 쫓겨나 버렸지 않습니까?

"여호와 하나님이 에덴 동산에서 그를 내보내어 그의 근원이 된 땅을 갈게 하시니라"(창 3:23).

에덴 동산은 얼마나 살기 좋은 곳이었습니까? 그러나 그들은 선악과를 선택하였을 때 에덴 동산에서 쫓겨나 버렸습니다. 그래서 온갖 저주와 증오와 살육이 가득한 에덴의 동쪽으로 쫓겨나 버렸습니다(창 4:16). 그곳으로 쫓겨나 에덴에서 누렸던 그 기쁨, 감격, 천국 같은 삶을 빼앗겨 버리고 온갖 탄식과 후회와 아픔을 느끼며 살아야 했습니다.

오늘날에도 하나님 없이 자기 독립적으로 선악의 지식만을 추구하고 선악과를 선택하면, 에덴의 영적인 축복을 다 빼앗겨 버립니다. 그렇게 기쁨이 넘치고 감사와 감격과 평안이 넘치던 사람도 이상하게 불평 몇 번 하고 원망 몇 번 하면, 그 모든 기쁨과 감격과 평안이 다 사라져 버립니다. 그렇게 생명의 풍성함을 느끼고 은혜가 가득했던 마음도 당장 어둠의 세력으로 덮여 버리고 심령이 침침하고 답답해져 버립니다.

우리의 내면에서는 언제나 기쁨의 샘이 솟아오르고 그 샘이 시냇가가 되고 복락의 강수로 철철 흘러넘쳐야 합니다(시 36:8). 그리고 우리의 심령은 언제나 기름지고 윤택해야 합니다. 생명나무를 선택하면 그렇게 됩니다.

그런데 선악의 지식을 추구하고 선악과를 선택하면 나도 모르게 우리의 내면에서 그야말로 구정물이 흐르고 똥물이 흐릅니다. 이런 사람은 겉으로 볼 때는 얼마나 똑똑한지 모릅니다. 말하는 것마다 다 옳습니다.

이런 사람들일수록 어느 때는 정의를 이야기하고 법을 이야기하고 윤리와 도덕을 앞세웁니다. 그리고 그것을 위해서 싸우는 사람도 있습니다. 그러면서 자기는 목에 칼이 들어와도 할 말은 한다고 합니다. 그런데 아쉬운 건, 그 내면에 풍성한 생명이 없습니다. 생명이 철철 흘러야 하는데 그러지 못하고, 기쁨과 감격도 하나 없습니다. 눈과 얼굴에 독기만 가득할 뿐이지 진정한 기쁨과 감격, 행복이 없습니다. 항상 모자라는 삶을 살고, 그 안에 은혜와 생명은 부족할 뿐입니다.

그런데 그러면 그럴수록 더 법을 이야기하고 정의를 이야기하면서 남을 공격하고 남을 물고 늘어집니다. 이게 다 선악과를 선택함으로써 진정한 영적인 축복과 은혜를 잃어버렸기 때문입니다. 이 얼마나 불쌍하고 가련한 사람입니까? 자기 딴에는 옳은 일을 행한다고 하는데 영적으로 모자라는 삶을 살아서야 되겠습니까?

겉으로는 윤리와 도덕을 말하고 남을 비판하고 공격하면서도, 항상 꺼져 가는 생명, 희미한 생명을 살아서야 되겠습니까? 정말 우리가 하나님의 자녀로서 누려야 하는 기쁨과 행복, 그리고 진정으로 풍성한 생명을 잃어버리고 살아서야 되겠습니까? 불행하게도 선악과를 선택하는 사람은 이런 삶을 살게 됩니다.

4) 선악의 노예가 되어 버립니다.

에덴 동산에서 아담과 하와가 선악과를 따 먹었을 때 저절로 선악의 노예가 되어 버렸지 않습니까? 선악과를 따 먹기 전에는 아담이 하와를 보고 뭐라고 말했습니까? 이는 내 뼈 중의 뼈요, 살 중의 살이라고 하지 않았습니까?

> "아담이 이르되 이는 내 뼈 중의 뼈요 살 중의 살이라 이것을 남자에게서 취하였은즉 여자라 부르리라 하니라"(창 2:23).

그런데 아담이 선악과를 따 먹고 나무 사이에 숨어 있을 때, 그때 하나님께서 아담에게 찾아오셔서 물어보셨습니다. "아담아, 왜 선악과를 따 먹었느냐?" 그러자 이미 선악의 노예가 되어 버린 아담이 뭐라고 대답했습니까? "하나님이 주셔서 나와 함께 있게 하신 저 여자가 선악과 열매를 따 먹고 내게 주므로 내가 먹었나이다."

> "이르시되 누가 너의 벗었음을 네게 알렸느냐 내가 네게 먹지 말라 명한 그 나무 열매를 네가 먹었느냐 아담이 이르되 하나님이 주셔서 나와 함께 있게 하신 여자 그가 그 나무 열매를 내게 주므로 내가 먹었나이다"(창 3:11-12).

선악과를 따 먹은 원인이 자기에게 있는 것이 아니라 하나님이 주신 저 여자에게 있다고 책임을 돌리고 있지 않습니까? 이 말은 은근하게 하나님께 불만을 토로하고 하나님을 원망하는 모습입니다. 그러자 하나님께서 하와에게 물어보십니다. "하와야, 네가 어찌하여 이렇게 했느냐? 그렇게 따 먹지 말라 한 선악과를 왜 따 먹었느냐?" 그러자 하와가 뭐라고 대답합니까? "뱀이 나를 꾀므로 내가 먹었나이다……."

"여호와 하나님이 여자에게 이르시되 네가 어찌하여 이렇게 하였느냐 여자가 이르되 뱀이 나를 꾀므로 내가 먹었나이다"(창 3:13).

하와 역시 전혀 책임을 지지 않습니다. 하나님이 만드신 저 뱀이 자기를 꾀므로 자기가 먹었다고 말입니다. 이 말 역시 하나님을 은근히 원망하는 말입니다. 한마디로, 아담도 하와를 원망하고, 하와도 하나님을 불평하는 모습을 보여주고 있습니다.

선악과에 눈이 밝아진 아담과 하와는 선악의 노예가 되어 버리고 말았습니다. 선악의 노예가 되어서 어쩔 수 없이 상대방을 원망하고 비방했으며, 은근히 하나님까지도 원망과 불평의 대상으로 삼아 버렸습니다.

선악과의 전염성

오늘날에도 신앙생활을 하면서 주님의 생명을 선택하지 않고 선악의 지식만을 추구하고 선악과를 선택하면 선악의 노예가 됩니다. 그래서 입만 열면 선악을 분별하고 판단합니다. 입만 열었다 하면 불평과 원망, 그리고 온갖 부정적이고 비판적인 말만 합니다.

이에 선악을 구별하는 지혜가 생기고 선악 판단의 능력은 얻게 되지만, 반드시 선악의 노예가 되어 버리고 마는 것입니다. 언제나 마음속에는 끝없는 갈등과 회의가 가득하고, 신앙이 언제나 부정적이고 비관적입니다. 그리고 입만 열었다 하면 원망과 불평이 끊이지 않을 뿐입니다.

왜냐하면 인력으로는 잘 안 되기 때문입니다. 아무리 하나님께 감사하려고 해도 잘 안 되고, 기쁨과 감격을 회복하려고 해도 잘 안 됩니다. 또 남을 잘 칭찬하고 사랑으로 보려고 해도 잘 안 됩니다. 왜냐하면 이미 선악의 노예가 되어 버렸기 때문입니다. 말하는 소리를 들어 보면 똑똑하게 보이고, 하는 소리마다 옳은 소리를 하는 것 같지만, 내면에서 그 사람의 존재와 정체감은 이미 선악의 노예가 되어 버렸기 때문입니다.

그러니까 속은 영적으로 곪아 있습니다. 그 곪아 터진 영성, 그 비관적이고 죽어 있는 침체된 영성으로 항상 불평을 말하고 원망을 말합니다. 또 어떤 사람은 도덕과 윤리, 정의와 법을 말하기도 합니다. 그러니까 겉으로 볼 때는 옳은 소리만 하는 것처럼 보이기도 합니다.

그런데 이 선악과라고 하는 것은 굉장히 전염성이 강합니다. 그래서 한 사람이 선악의 노예가 되면 옆에 있는 사람도 함께 선악의 노예가 되어 버립니다. 마치 사과 궤짝 안에 썩은 사과가 하나만 있어도 온 사과가 다 썩어 버리는 것처럼 말입니다.

이와 같이 교회 안에서 끊임없는 악순환이 계속됩니다. 한 사람이 선악을 말하면 그 선악의 말을 들은 사람이 시험에 듭니다. 시험에 든 사람은 또 선악을 판단하여 말하게 되고, 그 말을 들은 사람이 또 시험에 들어서 선악의 노예가 됩니다. 이렇게 끊임없는 악순환이 계속됩니다. 그렇게 되면 온 교회가 갈등이 생기고 분란이 생기며 사달이 납니다.

광야의 백성이 그랬지 않습니까? 특별히 가데스바네아에서 열두 명의 정탐꾼 중에서 열 명의 정탐꾼들은 가나안에 갔다 와서 부정적인 보고를 합니다. 그랬더니 그 부정적인 보고가 온 이스라엘 백성들의 불평과 원망으로 번져 버리고 말았습니다.

> "온 회중이 소리를 높여 부르짖으며 백성이 밤새도록 통곡하였더라 이스라엘 자손이 다 모세와 아론을 원망하며 온 회중이 그들에게 이르되 우리가 애굽 땅에서 죽었거나 이 광야에서 죽었으면 좋았을 것을 어찌하여 여호와가 우리를 그 땅으로 인도하여 칼에 쓰러지게 하려 하는가 우리 처자가 사로잡히리니 애굽으로 돌아가는 것이 낫지 아니하랴"(민 14:1-3).

어디 가데스바네아뿐이었습니까? 광야 생활 내내 몇 사람이 불평하면 그 불평이 온 회중에게 다 번져 버렸지 않습니까? 어떤 때는 목이 마르다고 하고, 어떤 때는 고기가 먹고 싶다고 하고, 또 어떤 때는 마늘과 부추가 먹고 싶다고 하며, 한 사람이 불평을 하면 온 이스라엘 백성들에게 다 퍼져 버렸습니다. 왜냐하면 선악과는 전염성이 강하기 때문입니다.

그리고 그 선악과로 전염된 사람들은 다 선악의 노예가 되어 버리고 말았습니다.

영적인 치매 환자들

오늘날 여기저기 문제 있는 교회들이 참 많이 있습니다. 많은 교회가 서로 갈등하며 싸우는 모습들을 교계 신문이나 인터넷에서 많이 접할 수 있습니다. 그런데 싸우고 다투는 사람들의 이야기를 들어 보면 전부 정의와 공법을 이야기합니다. 교회를 사랑해서 개혁한다고 합니다.

그러면서 그런 싸움을 더 확대시키고 더 이슈화합니다. 심지어 어떤 사람은 그런 싸움을 즐기기까지 합니다. 교회의 영광성과 거룩성이 묵사발이 되든 말든 상관이 없습니다. 그런 싸움을 장외화해서는 세상에 알리고, 언론을 끌어들여서 자기 편으로 만듭니다. 그렇게 이겨서 도대체 무엇을 하려고 하는 것입니까? 그렇게 해서 이긴들 하나님께 무슨 영광이 되고 자신에게 기쁨이 되겠습니까? 이것은 다 치매에 걸려서 그러는 것입니다.

치매라는 것이 얼마나 무서운지 아십니까? 저희 아버님이 예수 믿는다고 저를 얼마나 핍박했는지 모릅니다. 그런데 저희 아버님이 왜 저를 그렇게 핍박하고 매질하였는지 아십니까? 저희 아버님은 양반이셨기 때문입니다. 남원 양반을 아십니까? 진짜 양반 중의 양반이 남원 양반입니다. 그런데 저희 아버님이 남원 양반이 아닙니까? 그래서 어릴 때부터 저는 아버님으로부터 양반, 상놈을 구별하는 것밖에 안 배웠습니다.

제가 읍내로 중학교에 다닐 때, 읍내에 있는 친구들을 데려오면 저희 아버님이 친구들에게 성이 뭐냐고 물어봅니다. 그리고 친구들이 가고 나면 저놈은 상것이고, 저놈은 그래도 양반 집에서 태어난 놈이라고 항상 양반과 상놈을 구별했습니다.

그런데 저희 아버님에게 있어 상놈 중의 상놈이 누구였는지 아십니까? 바로 교회 다니는 사람이었습니다. 아버님의 머릿속에는 교회 다니는 사람들은 조상도 모르고 선영도 모르는 것들이라고 각인되어 있었기 때문입니다.

저희 아버님이 워낙 양반이서서 김을 드셔도 항상 '양반김'만 드셨습니다. 그러던 아버님도 마침내 어느 날 예수를 믿고 교회에 나가셨습니다. 그래서 제가 효도를 한답시고 승용차로 지리산 온천랜드에 모시고 갔습니다. 저는 어릴 때부터 아버님 밑에서 워낙 엄격하게 자랐기 때문에 아버님하고 목욕탕에 가서 사이좋게 목욕 한 번 해보는 것이 소원이었습니다.

제가 아버님의 등도 밀어 드리고 아버님도 저를 밀어 주시고, 얼마나 좋은 부자지간의 모습입니까? 그래서 아버님 등 좀 밀어 드리려고 하면 수건으로 하체를 가리면서 도망을 다니십니다. 도망만 다닙니까? 뭔 소리를 그렇게 지르시는지, "아, 필요없다", "절대로 필요없다"고 하면서 너무 소리를 지르십니다. 얼마나 창피한지, 사람들이 다 저만 쳐다보잖습니까?

왜 그렇게 소리를 지르고 도망 다니셨는지 아십니까? 아들한테 아버지 하체를 안 보여주려고 그런 것입니다. 좀 보여주면 어떻습니까? 그런데 양반들은 자녀들에게 하체를 보여주는 것을 최고의 수치요 불문율로 여겼습니다. 사실 제가 옆에서 다 봤는데 아버님은 그것도 모르고 도망을 다니셨습니다.

그런 양반 중의 양반이신 아버님이 돌아가실 무렵에, 잠시 약간의 치매기가 왔습니다. 그래서 제가 아버님을 뵈려고 찾아갔습니다. 그랬더니 아버님이 저를 보고 마당까지 나오셔서 두 손을 잡고 뭐라고 영접한지 아십니까? "어이, 동생이 우리 집에 어쩐 일이여?"

치매라는 것이 이렇게 무섭습니다. 그뿐입니까? 치매는 목사도 걸립니다. 어떤 목사님은 그렇게 신령하고 거룩한 목사님이시고 더구나 총회장까지 지내신 분이었는데, 은퇴한 후에 치매가 왔습니다. 그런 상태로 어느 교회를 갔더니, 까마득한 후배 목사님이 선배 목사님을 존중해 드린다고 축도를 모신 것입니다. 그런데 하필이면 축도를 하는 중에 갑자기 치매기가 온 것입니다. "이제는 주 예수 그리스도의 은혜와 하나님 아버지의 사랑하심과……"까지는 잘했는데, 갑자기 노래가 나와 버린 것입니다. "♪오동추야 달이 밝아 동네 처녀 바람났네~ 오동추 오동동~."

치매라는 것이 이렇게 무섭습니다. 그러나 육신의 치매는 뇌세포 구조에 이상이 와서 그런 것이 아닙니까? 암 걸린 것이나 종양 걸린 것이나 다를 바가 없습니다.

그러나 육신의 치매보다 더 무서운 것이 영적인 치매입니다. 바

8. 선악과를 선택한 결과 2

로 영적인 치매에 걸리니까 교회에서 소란을 피우고 전쟁을 하며 살아갑니다. 자기 딴에는 교회를 사랑하고 개혁한다고 하지만, 대부분의 그런 행동들이 하나님이 보시기에는 영적인 치매에 걸려서 육갑을 떠는 경우가 많습니다.

어느 목사님이 목회를 잘하시는 중인데 회갑을 맞이했습니다. 그래서 훌륭하신 장로님들이 회갑연을 차려 드렸습니다. 고명하신 분들도 많이 왔지 않겠습니까? 그런데 그 앞에서 선임 장로님이 사회를 보시는데, 너무나 고명하신 분들 앞에 서다 보니까 긴장을 해서 담임목사님의 회갑이라는 말이 생각 나지 않는 것이었습니다. 그래서 이렇게 이야기했답니다. "우리 담임목사님의 영광스러운 육갑을 맞이해서 오늘 육갑 예배를 드리겠습니다."

마찬가지로 우리가 선악과를 따 먹고 영적 치매에 걸려서 육갑을 떠는 신앙생활을 해서야 되겠습니까? 육갑을 떠는 교회 생활을 해서야 되겠습니까?

5) 어두움과 저주의 법칙 속에 살아갑니다.

에덴 동산에서 아담과 하와가 선악과를 따 먹은 결과, 저주의 법칙과 권세 아래 살아가게 되었습니다. 한마디로 저주의 노예가 되고 어둠의 노예가 되었습니다.

"또 여자에게 이르시되 내가 네게 임신하는 고통을 크게 더하리니 네가 수고하고 자식을 낳을 것이며 너는 남편을 원하고 남편은 너를 다스릴 것이니라 하시고 아담에게 이르시되 네가 네 아내의 말을 듣고 내가 네게 먹지 말라 한 나무의 열매를 먹었은즉 땅은 너로 말미암아 저주를 받고 너는 네 평생에 수고하여야 그 소산을 먹으리라 땅이 네게 가시덤불과 엉겅퀴를 낼 것이라 네가 먹을 것은 밭의 채소인즉 네가 흙으로 돌아갈 때까지 얼굴에 땀을 흘려야 먹을 것을 먹으리니 네가 그것에서 취함을 입었음이라 너는 흙이니 흙으로 돌아갈 것이니라 하시니라"(창 3:16-19).

오늘날에도 선악의 지식만을 추구하고 선악과를 선택하면 이렇게 어두움의 법칙이 우리의 삶을 덮어 버리고 지배해 버립니다. 그래서 선악을 구별하는 지혜는 생기고 선악을 판단하는 능력은 오는데, 결과는 항상 어두움과 저주와 불통뿐입니다. 우리 눈에는 보이지 않지만 선악과를 꾸준히 선택하게 되면 이미 그런 저주와 불통과 재앙의 법칙이 그의 삶을 지배해 버리고 덮어 버립니다.

그래서 되는 일이 하나도 없습니다. 무슨 일이 될듯 될듯하다 되지 않습니다. 왜냐하면 축복의 법칙은 멀어져 버리고 저주의 법칙이 우리 삶을 지배해 버리기 때문입니다. 물론 저주의 법칙이 지배한다고 해서 그 사람이 지옥을 가거나 영혼이 멸망하는 것을 의미하는 것은 아닙니다. 이 땅에서 거듭나고 하나님의 자녀가 되었지만, 하나님의 자녀의 권세를 풍성하게 누리지 못하고 풍성한 생명과 축복을 누리지 못한다는 것입니다. 우리가 아무리 거듭나고 천국 가는 사람이라 할지라도 이 땅에서 불통하고 재앙이 연속될 수 있지 않겠습니까?

누에를 키우던 소년

저는 어린 시절에 시골에서 자랐기 때문에 누에를 키우며 자랐습니다. 그런데 저한테는 그 누에가 원수였습니다. 다른 애들은 땅따먹기, 딱지 따먹기 놀이도 하는데, 저는 그놈의 누에 때문에 뽕만 따러 가야 했습니다. 그중에서도 비 오는 날에는 뽕 따러 가는 것이 죽는 것보다 싫었습니다. 정말 아버님만 안 계시면 누에에다 휘발유를 확 뿌려가지고 불을 질러 버리고 싶을 정도로 누에가 미웠습니다.

그런데 비 오는 날에 뽕을 한 망태기 따오면, 또 한 망태기를 더 따오라고 합니다. 안 따오면 아버님에게 혼나니까 갈 수밖에 없었습니다. 게다가 비 오는 날 뽕을 따오면 비 맞은 뽕잎을 마른 수건으로 일일이 닦는 일도 해야 했습니다. 왜냐하면 비 맞은 뽕을 먹으면 누에가 설사를 하고 죽어 버리기 때문입니다.

설사의 무서움을 아십니까? 어느 목사님이 부흥회를 인도하는데 갑자기 설사 기운이 왔습니다. 아무리 참으려 해도 참을 수가 없었습니다. 예수님의 이름으로 물리치고 올라가라 해도 안 되는 것입니다. 소리를 지르고, 힘을 줄수록 설사가 찔끔찔끔 나오지 않겠습니까? 어쩔 수 없이 목사님은 통성 기도를 시켰습니다. 그리고 재빠르게 화장실로 가서 변기통에 앉자마자 오토바이를 타버리고 말았습니다. "푸두두둑……."

그리고 나서 강단으로 돌아오니까 교인들이 통성 기도는 안 하고 배꼽을 잡고 자지러지게 웃고 있었습니다. 목사님이 왜 웃느냐고 물으니까, 앞자리에 앉아 계신 장로님들이 이렇게 말했습니다. "목사님, 통성 기도 시켜 놓고 화장실에 가시는 건 좋은데, 핀 마이크는 빼놓고 가셔야지요. 거기 가셔서 생방송을 하시면 어떡합니까?"

이렇게 설사가 무섭습니다. 저는 누에가 설사하지 않도록 젖은 뽕잎을 수건으로 닦고 또 닦았습니다. 그래서 그 속없던 시절에 이런 생각을 했습니다. '왜 다른 아버지들은 잘도 죽는데 우리 아버님만 저렇게 건강하신가?'

그런데 이 누에가 뽕잎을 먹으면서 한 잠을 자고 두 잠을 자고 석 잠을 자고 넉 잠을 잡니다. 그때는 아무리 뽕잎을 주어도 누에가 고개를 흔들며 난리입니다. 그럴 때 뽕잎을 주어 봤자 먹지도 않습니다. 누에가 누렇게 익어서는 뽕잎이고 나발이고 다 싫다고 합니다. 그때 누에에게 뽕잎을 주면 뭐라고 고개를 흔들어 대는 줄 아십니까? "♪ 싫다 싫어 뽕도 사랑도, 싫다 싫어 뽕도 사랑도~."

이런 누에를 새끼로 만든 섶에다 옮겨 놓습니다. 그러면 저녁 내내 "싫다 싫어 뽕도 사랑도~ 싫다 싫어 뽕도 사랑도~" 하더니, 아침에 보면 누에고치를 하얗게 지어 놓았습니다. 그리고 일주일만 되면 고치를 얼마나 딴딴하게 지어 놓았는지, 그 고치를 세워 놓고 발로 밟아도 안 깨질 정도입니다. 그런 고치를 손에 들고 흔들어대면 그 누에는 이미 번데기가 되어 가지고 속에서 따그닥따그닥 소리를 냅니다. 그때 고치를 흔들어대면 그 번데기가 뭐라고 고백하는지 아십니까? "♪ 데기데기 번, 번데기 번~ 데기데기 번~."

저는 어린 시절에 보고 자란 것이 이런 것밖에 없어서 이런 이야기밖에 못합니다. 그런데 목사가 되어서 생각해 보니까, 교회 안에 이런 번데기 같은 성도들이 많다는 것입니다. 마음대로 말하고 판단할 수 있는 자유가 있다고 교회 안에서 자기 멋대로 말하고, 자기 마음에 안 든다고 얼마나 고개를 흔들어대는지 모릅니다. 그런 누에처럼 내 마음에 안 든다고, 내게 맞지 않는다고 얼마나 고개를 흔들며 "싫다, 싫어"를 하는지 모릅니다.

그런 사람은 스스로 불평의 집을 짓고 스스로 원망의 집을 짓는 것입니다. 그리고 그 원망과 불평의 집은 불통과 재앙과 저주의 집으로 변하게 됩니다. 그런 원망과 재앙과 저주의 집 안에 갇혀서 번데기같이 움츠린 삶을 살게 됩니다. 물론 그렇다고 해서 이 사람이 지옥 가고 영원히 멸망하는 것은 아닙니다.

그럼에도 불구하고 하나님의 자녀의 권세를 누리지 못합니다. 이 땅에서 누릴 수 있는 생명의 풍성함, 형통의 축복, 승승장구하는 축복을 누릴 수가 없습니다. 정말 그리스도인으로서 승리하는 삶을 살고, 역전의 감격과 기쁨을 누리고 살고, 하나님께 영광을 돌리며 살아야 하는데, 항상 번데기처럼 쭈글쭈글 주름진 인생을 살 수밖에 없습니다.

가데스바네아의 교훈

성경은 이렇게 말하고 있습니다.

"나를 원망하는 이 악한 회중에게 내가 어느 때까지 참으랴 이스라엘 자손이 나를 향하여 원망하는 바 그 원망하는 말을 내가 들었노라 그들에게 이르기를 여호와의 말씀에 내 삶을 두고 맹세하노라 너희 말이 내 귀에 들린 대로 내가 너희에게 행하리니"(민 14:27-28).

이스라엘 백성들이 가데스바네아에서 자기 멋대로 하나님을 원망하고 짜증을 내더니, 그 소리가 하나님께 들렸습니다. 그들의 불신앙의 소리, 그들의 선악과를 따 먹는 소리가 하나님의 귓전에 들렸습니다. 그래서 하나님이 이렇게 말씀하십니다. "좋다, 내가 너희들이 말하는 대로 해주마. 너희들은 스스로 불평의 집을 짓고 저주의 집을 지은 거다. 그러므로 너희들은 절대로 가나안 땅에 들어갈 수가 없다. 광야에서 다 죽을 것이고 멸망하게 될 것이다. 너희들이 그렇게 원했으니까 너희들 말대로 해주겠다."

얼마나 가슴이 뜨끔하고 찔리는 말씀입니까? 오늘날 교회 생활을 하면서 어떤 사람들은 항상 부정적인 눈과 어두운 눈으로 교회의 이모저모를 보려고 합니다. 그리고 자기 입장에서 계속 그런 어두운 부분들을 들추어내고 비판하고 공격합니다.

그래서 스스로 기자가 되기도 하고, 어떤 사람은 아나운서가 되기도 합니다. 또 어떤 사람은 심지어 보도본부의 본부장 역할을 다하는 것입니다. 아니, 어떤 사람은 스스로 검사, 판사 노릇을 합니다. 계속 자기 자신의 생각이나 이성을 판단의 기준으로 삼아 캐묻고 따지고 판단합니다. 그리고 실제로 그것을 법정으로 가져가고 언론에 제보해서 온 장안을 떠들썩하게 만드는 사람도 있습니다.

그런데 문제는 그것이 자기 딴에는 의를 위하고 정의와 법을 세우기 위한 것이라고 합니다. 물론 그런 경우도 있습니다. 그리고 교회가 고쳐야 할 것은 당연히 고쳐야 합니다. 목회자도 고쳐야 할 것은 당연히 고쳐야 합니다. 그러나 그것이 생명나무가 아닌 선악과로 그런 일을 했다면, 그것은 한마디로 영적으로 똥을 밟고 다니는 것이나 똥장군을 메고 다니는 것과 다름없습니다. 그래서 성경은 이렇게 말하고 있지 않습니까?

"또 내가 해 아래에서 보건대 재판하는 곳 거기에도 악이 있고 정의를 행하는 곳 거기에도 악이 있도다"(전 3:16).

우리는 이것을 알아야 합니다. 쓸데없는 선악의 지식은 사람을 교만하게 하고 오만방자하게 만들지만, 사랑은 덕을 세운다는 사실입니다. 그래서 성경은 이렇게 말하고 있습니다.

"……우리가 다 지식이 있는 줄을 아나 지식은 교만하게 하며 사랑은 덕을 세우나니"(고전 8:1).

이처럼 선악의 지식은 사람을 교만하게 하고 망하게 합니다. 그래서 실제로 교회에서 아무리 진실을 규명하고 진위 여부를 가리고, 정말 자기가 선악의 싸움에서 이겼다고 합시다. 그것이 생명나무가 아닌 선악과로 한 일이라면 일단 내 심령부터 침체를 당합니다. 이런 사람들 속에서 진정한 영혼의 감격과 생명의 풍성함을 발견한 적 있습니까?

그럴수록 겉사람은 교만하기 짝이 없고 점령군처럼 행세하지만, 영혼은 더 캄캄하고 침침합니다. 왜냐하면 영적인 은혜의 물꼬와 축복의 물꼬가 닫혀 버렸기 때문입니다. 이런 사람에게는 육신적인 축복과 삶의 모든 축복도 다 닫혀 버릴 수밖에 없습니다. 그러니까 항상 그에게는 재앙과 불통과 저주가 연속될 뿐입니다.

이 세상에서 가장 불쌍한 인생

한 번 사는 인생, 두 번 다시 오지 않는 인생, 연습할 수 없는 인생인데, 이렇게 신앙생활을 하고 교회생활을 한다면 얼마나 불쌍한 일입니까? 이 세상에서 가장 불쌍한 사람입니다. 가장 가련한 사람입니다. 이 세상에서 가장 불쌍한 사람은 복음이 무엇인지 모르고, 교회가 어떤 곳인지 모르고 계속 선악과를 따 먹는 사람입니다.

언제나 선악의 지식을 추구하면서 교회의 영광성과 거룩성을 헐어내리는 사람입니다. 얼마나 불쌍한 사람이며 비참한 사람입니까? 우리는 마음을 다하고 성품을 다하고 힘을 다하여 주님을 사랑해도 부족한 마음뿐이지 않습니까? 마음을 다하고 성품을 다하고 힘을 다하여 하나님을 섬겨도 언제나 아쉬운 마음뿐이지 않습니까? 아무리 기도하고 교회를 눈물로 섬기며 봉사한다고 해도, 언제나 부족한 마음과 아쉬운 마음밖에 없지 않습니까?

생명나무를 선택하는 사람들은 그런 사람입니다. 그런데 도대체 어쩌자고 선악과를 선택하면서 원망과 불평만 일삼아야 한단 말입니까? 도대체 무엇을 하자고 원망과 시비와 분쟁으로만 교회생활을 하려고 합니까? 그러려고 우리가 신앙생활을 하고 교회생활을 하는 것입니까? 그러려고 우리가 집사가 되고 장로가 되었단 말입니까?

교회는 선악과를 선택하는 곳이 아닙니다. 생명나무를 선택하는 곳입니다. 생명과 사랑으로 덕을 세우고 희망을 붙잡는 곳입니다. 그럴 때 교회는 생명 공동체요, 희망 공동체요, 축복의 공동체가 됩니다.

우리는 이런 교회를 이루어야 합니다. 이런 공동체 교회가 되어야 합니다. 그러기 위해서 우리 모두 선악과를 버리고 생명나무를 선택해야 합니다. 그러면 생명나무를 선택하면 어떤 결과가 따릅니까? 지금까지는 부정적인 면에서 말씀을 드렸지만, 다음 장부터는 긍정적이고 창조적이고 희망적인 면에서 말씀을 드립니다.

9.
생명나무를 선택한 결과 1

"여호와 하나님이 이르시되 보라 이 사람이 선악을 아는 일에 우리 중 하나같이 되었으니 그가 그의 손을 들어 생명나무 열매도 따 먹고 영생할까 하노라 하시고 여호와 하나님이 에덴 동산에서 그를 내보내어 그의 근원이 된 땅을 갈게 하시니라 이같이 하나님이 그 사람을 쫓아내시고 에덴 동산 동쪽에 그룹들과 두루 도는 불칼을 두어 생명나무의 길을 지키게 하시니라"(창 3:22-24)

오늘날 생명나무를 선택하면 어떤 결과가 따를까요? 생명나무는 오직 생명을 얻게 하는 나무입니다. 그래서 에덴 동산에서 생명나무는 예수 그리스도를 예표하는 것이었고, 예수님은 생명나무로 이 땅에 오셨습니다. 예수님이 생명나무로 오셨기 때문에 그분은 우리의 생명의 빛이 되어 주셨고, 생명의 음료가 되셨을 뿐만 아니라 생명의 양식이 되어 주셨습니다.

그러므로 오늘 우리는 생명과가 되시고 생명의 양식이 되시는 예수 그리스도의 가르침을 늘 선택해야 합니다.[52] 아니, 예수님의 생명 그 자체를 선택하며 추구해야 합니다. 이것이 오늘날 생명나무를 선택하는 것입니다.

생명나무를 선택한 결과

그러면 오늘날 생명나무를 선택하면 어떤 결과가 따릅니까?

1) 우리의 내면에서 생명의 능력이 철철 흘러넘치게 됩니다.

만일 에덴 동산에서 아담과 하와가 생명나무를 선택했더라면 얼마나 완전하고 영원한 생명을 소유했겠습니까? 그들은 죄를 짓지 않는 상태에서 하나님이 예비해 놓으신 완전하고도 영원한 생명을

---

52) 성도들은 기독교 세계관에 근거하여 하나님의 말씀의 원리에 따라 살아가야 한다. 말씀의 지식과 진리에 근거하여 일상의 삶 속에서 바른 선택을 해야 한다. 참조. 제임스 사이어, 《기독교 세계관과 현대 사상》, 김헌수 역 (서울: 한국기독교학생회출판부, 1988), 22.

소유하고 누렸을 것입니다. 그리고 그런 상태에서 아담과 하와는 생육하고 번성하였을 것이며, 하나님의 나라가 이루어지게 되었을 것입니다.

그래서 하나님은 선악과를 따 먹었던 아담과 하와가 다시는 생명나무를 따 먹지 못하도록, 그룹 천사들을 보내어 에덴 동산의 정문을 지키게 하시지 않았습니까? 왜냐하면 생명나무를 따 먹고 영생하도록 하지 않기 위해서였습니다.

> "여호와 하나님이 이르시되 보라 이 사람이 선악을 아는 일에 우리 중 하나같이 되었으니 그가 그의 손을 들어 생명나무 열매도 따 먹고 영생할까 하노라 하시고"(창 3:22).

> "이같이 하나님이 그 사람을 쫓아내시고 에덴 동산 동쪽에 그룹들과 두루 도는 불칼을 두어 생명나무의 길을 지키게 하시니라"(창 3:24).

하나님께서 아담과 하와가 다시 생명나무를 따 먹고 영생할까 봐 그룹 천사를 보내어 에덴으로 가는 길을 지키게 하셨습니다. 물론 우리가 여기서 주의할 것이 하나 있습니다. 생명나무나 선악과 열매 자체에 마력적인 능력이 있다고 생각해서는 안 됩니다. 그 생명나무나 선악과나무를 통한 하나님의 언약이 중요한 것이지, 열매 자체에 의미를 두어서는 안 됩니다.

그러므로 여기서 생명나무를 지키게 하라는 말은 하나님의 언약의 중함과 효력을 지키라는 말로 받아들여야 합니다. 이미 하나님과의 언약 관계를 파기한 아담과 하와는 생명나무를 따 먹을 자격을 상실해 버렸기 때문입니다. 그래서 그룹 천사들을 통해서 생명나무를 따 먹지 못하게 지키도록 하신 것입니다.

오늘날에도 우리가 생명나무, 곧 예수 그리스도의 생명을 먼저 선택하고 추구하면 내 안에서 생명이 철철 넘치게 됩니다. 선악과를 선택한 것과는 정반대로 내 안에서 생명이 확장되고 번창하며 철철 흘러넘칩니다. 마치 저수지의 물이 넘쳐흐르는 것같이, 넓고 넓은 댐의 물이 철철 흘러넘치는 것같이, 내 안에서 생명이 철철철 흘러넘칩니다. 그래서 우리는 신앙생활을 하면서 풍성한 생명을 누리게 됩니다.

시골에서 저수지의 물이 철철 흘러넘치는 모습을 보신 적이 있습니까? 또 넓고 넓은 댐의 물이 넘치고 넘쳐서 철철 흘러넘치는 모습을 보신 적이 있습니까? 그처럼, 어쩌면 내 안에서 터질 것 같은 생명, 금방이라도 넘쳐흐르고 쏟아져 버릴 것 같은 생명의 충만함을 우리가 누리게 됩니다. 누가 살짝 건드리기만 해도 내 안에서 생명이 '툭!' 터져서 흘러넘칠 것 같은 생명의 능력, 생명의 은혜, 생명의 충만함을 소유하게 됩니다. 우리 그리스도인에게 있어서 이보다 귀한 복이 어디에 있겠습니까? 이보다 더 큰 복, 더 귀한 은혜가 어디 있단 말입니까?

댐을 흘러넘치는 새파란 물처럼

저는 설악산을 갈 때마다 한 번도 비행기를 타고 간 적이 없습니다. 매번 자동차로 갔습니다. 왜냐하면 맑고 깨끗한 자연 경관을 바라보면서 가기 위해서입니다. 특별히 설악산 가는 길에 소양강 댐을 종종 봅니다. 겨울이나 봄에 가면 댐에 물이 많지 않습니다. 그런데 댐 상류에는 물이 바짝 말라 있습니다. 그것이 얼마나 안타깝고 아쉽게 보이는지 모릅니다.

그러나 여름 장마 후에 가서 보면 물이 상류까지 가득 차 있습니다. 상류까지 물이 가득하니 댐 둑에는 새파란 물이 넘쳐서 얼마나 철철 흘러내리는지 모릅니다. 저는 그런 모습을 볼 때마다 마음속으로 이렇게 기도합니다. "주여, 언제나 제 생명도 저렇게 흘러넘치게 하옵소서. 아니, 내 안에서 복락의 강수가 창일하고 엄몰하도록 흘러넘치게 하옵소서."

♪ 그 생명의 물결이 영원토록 내 영혼을 덮으소서
　 평화 평화로다 하늘 위에서 내려오네
　 그 생명의 물결이 영원토록 내 영혼을 덮으소서

우리 육신의 생명에도 두 종류의 생명이 있습니다.

첫째, 꺼져 가는 생명이 있습니다.

지금도 저 분당 서울대병원이나 차병원 중환자실에 가보면 산소호흡기를 꽂고 곡물 주스로 연명하는 사람이 있습니다. 그 흔해 빠진 산소를 들이마실 수 없어서 인공호흡기로 산소를 공급받습니다. 인공호흡기로 겨우겨우 숨을 쉽니다. 그리고 흔해 빠진 밥 한 숟가락 삼킬 수가 없어서 코에 호스를 넣어서 인젝션으로 곡물 주스를 쫙 넣어 주지 않습니까?

이렇게 해서 얼마만큼은 생명이 유지되겠지만 내일, 모레의 삶을 기약할 수 없는 삶입니다. 어찌 이런 생명을 풍성한 생명이라고 할 수 있겠습니까? 물론 이 생명도 고귀한 생명이요 천하보다 귀한 하나밖에 없는 생명입니다. 그러나 적어도 이 생명은 풍성한 생명이라고 할 수는 없습니다.

그런 것처럼 영적인 생명에 있어서는 더더욱 그렇습니다. 그래서 선악과를 선택하면 우리의 영적인 생명이 희미하고 침침하고 꺼져 가게 되어 있습니다. 아무리 겉으로 신앙의 외모를 꾸미고 신앙의 가면을 써도, 내적인 생명은 꺼져 가는 생명으로 곤두박질합니다. 그렇게 경건한 척하고 거룩한 척하고 은혜가 충만한 척해도, 내면의 영적 상태는 곪아 터지고 썩어 가게 됩니다. 그러므로 우리는 생명나무를 선택해야 합니다.

둘째, 풍성한 생명이 있습니다.

중환자실에서 호흡기를 꽂고 있는 사람과는 달리, 생명의 에너지가 철철 넘치는 풍성한 생명이 있지 않습니까? 저 건강하고 씩씩한 젊은이들을 보십시오. 특별히 국가대표 축구 선수나 농구 선수, 배구 선수, 육상 선수, 또는 마라톤 선수를 보면, 그렇게 뛰는데도 지치지 않고 달리지 않습니까?

저는 축구 선수 가운데 박지성 선수를 좋아합니다. 왜냐하면 박지성 선수는 그렇게 뛰는데도 도무지 지치지를 않습니다. 공을 넣고 안 넣고를 떠나서 얼마나 공을 잘 따라다닙니까? 그렇게 전후반을 뛰어도 지치지 않는 선수입니다. 또한 저희 새에덴교회에 나오는 하석주 감독을 좋아합니다. 그는 월드컵 원정 경기 역사상 최초로 골인을 한 선수입니다. 물론 그 다음에 퇴장을 당했습니다마는……. 그러니 야성과 용기가 얼마나 충만한 선수였습니까?

저도 20대에는 철인으로 살고 불사조 같은 인생을 살았습니다. 물론 사람이기 때문에 잠시 지치고 피곤할 수 있습니다. 그러나 잠깐 쉬고 밥 한 그릇 먹고 나면 다시 힘과 에너지가 철철 넘쳤습니다. 이런 사람이 무슨 인공호흡기가 필요하고 호스로 콩물 주스를 넣어 주어야 할 필요가 있겠습니까? 아무리 뛰고 숨이 가빠도 내 코로 내가 숨을 쉬고, 내 입으로 내가 음식을 먹고 잠시 쉬면, 다시 금방 힘과 에너지가 회복됩니다.

우리도 다 이렇게 건장한 젊은이처럼 소년의 영이 임하고 소녀의 영이 임하여서 생명의 에너지가 철철 넘쳐야 합니다. 우리 영적인 생명도 풍성하고 생명의 에너지가 넘쳐야 합니다.

그런데 생명나무를 선택하면 우리 안에서 풍성한 생명이 철철 흘러넘치게 됩니다. 영적인 힘과 에너지가 스프링처럼 솟아날 뿐만 아니라, 우리 안에서 생명의 강이 창일하게 흐르고 생명이 용수철처럼 솟아오르고, 아니 화산이 폭발할 것처럼 생명력이 솟구쳐 오릅니다.

이런 사람이 언제 불평하고 원망하고 시험 들 틈이 있겠습니까?

9. 생명나무를 선택한 결과 1

언제 불평하고 언제 원망할 틈이나 있겠습니까? 언제나 기쁨이 넘치고 감사가 넘치고 감격과 신바람이 넘칩니다. 그저 감사하고 기뻐하고 찬양하며 하나님께 영광만 돌릴 뿐입니다. 정말 불평할 일이 있고 절망하고 원망할 상황에서도, 하나님만 사랑하는 일에 더욱 목숨을 겁니다.

그저 주님만 사랑하고 주님께 감사할 뿐입니다. 기쁨으로 하나님을 섬기며 감격으로 하나님을 섬길 뿐입니다. 그러니 이런 사람이 지치겠습니까? 언제 피곤하겠습니까? 언제 피곤하다고 주저앉고 자빠질 수 있단 말입니까? 걸어가도 피곤치 않고 뛰어가도 고단치 않는 삶을 살 뿐입니다. 오히려 독수리처럼 날개 치며 올라가는 힘을 얻게 됩니다.

"오직 여호와를 앙망하는 자는 새 힘을 얻으리니 독수리가 날개 치며 올라감 같을 것이요 달음박질하여도 곤비하지 아니하겠고 걸어가도 피곤하지 아니하리로다"(사 40:31).

예수님은 우리에게 희미한 생명, 꺼져 가는 생명을 주려고 이 땅에 오시지 않았습니다. 생명을 주시되 풍성한 생명, 넘치는 생명을 주기 위해 이 땅에 오셨고 십자가에 죽으셨습니다.

"도둑이 오는 것은 도둑질하고 죽이고 멸망시키려는 것뿐이요 내가 온 것은 양으로 생명을 얻게 하고 더 풍성히 얻게 하려는 것이라"(요 10:10).

누가 풍성한 생명을 소유하는가?

어떤 사람에게 이런 생명을 주시는지 아십니까? 선악의 지식이 아닌, 예수 그리스도의 생명을 선택한 사람에게 이런 풍성한 생명을 주십니다. 다시 말하면, 생명나무를 선택하는 사람에게 정말 풍성한 생명, 흘러넘치는 풍성한 생명을 주십니다. 그리고 기쁨과 감격이 흘러넘칩니다. 왜냐하면 에덴 동산 자체가 희락의 동산이었기 때문입니다.[53]

더구나 그 희락의 동산에 있는 생명나무를 선택하면 얼마나 풍성한 생명과 기쁨이 가득하겠습니까? 그런데 예수님께서 참 생명나무이시니 더더욱 그렇습니다.

그러므로 오늘날 생명나무를 선택해야 생명이 가득하고 기쁨이 풍성합니다. 그러나 선악과를 선택하는 사람은 생명의 말씀을 소화하지 못하고 아무것도 아닌 일에 시험이 듭니다. 그래서 교회에서 조그만 문제만 발견해도 온 교회를 뒤집어 놓을 듯이 문제를 삼고, 옆에 있는 성도의 약점을 조금만 알아도 기도해 주기는커녕 만신창이로 만들어 놓고 맙니다.

그러다가 자신에게 어떤 어려움과 역경이 닥치면 그 길을 헤쳐

---

[53] Mathews, *Genesis 1:1-11:26*, 201. 히브리어 보통 명사 '에덴' 이란 용어는 '기쁨, 즐거움' 과 '풍요함' 이란 의미가 있고, '동산' (גן) 은 경작을 위해 둘러싸인 장소이다. 창세기 13장 10절은 물이 넉넉한 여호와의 동산을 언급하면서 에덴에 대한 암시를 하고 있다. 참조. A. R. Millard, "The Etymology of Eden," *Vetus Testamentum* 34 (1984): 103-106.

나가지 못하고 절망하여 주님을 원망하고야 맙니다. 바로 선악과나무를 선택하면 이렇게 됩니다. 왜냐하면 자기 안에 생명이 꺼져 가고 있으니 그 사람의 관심도 항상 어두운 데 있기 때문입니다. 그래서 그 사람의 눈은 항상 습관적으로 어두운 면만 바라보고 있습니다. 교회나 이웃의 부정적이고 어두운 면만 보입니다. 그러니 계속 교회나 이웃의 부정적인 부분을 들추어내고 파헤치고 추적하고 따라다니게 됩니다.

이런 사람은 설교 들을 때도 항상 선악을 구별하고 판단하기만 합니다. 왜냐하면 복음에는 구원의 요소가 있지만, 심판의 요소도 있기 때문입니다. 그래서 예수님 시대에도 대부분의 사람들이 주님의 말씀을 듣고 은혜를 받으며 구원을 받았지만 바리새인들은 항상 예수님의 말씀을 판단하고 심판하며 정죄하려고만 했습니다.

애찬의 암초

그런 것처럼 오늘날에도 설교 시간에 다이아몬드를 캐지 않고 돌만 캐고 있을 뿐입니다. 그런 사람을 유다서에서는 애찬의 암초라고 표현하고 있습니다.

"그들은 기탄없이 너희와 함께 먹으니 너희의 애찬에 암초요……"
(유 1:12).

우리가 옛날 여름에 새카만 꽁보리밥만 먹다가, 가을이 되어 하얀 햅쌀밥을 먹으면 얼마나 꿀맛 같았습니까? 그때 큰 양푼에 밥 한 그릇을 붓고, 무생채를 넣고, 또 생채 국물을 넣어 비벼 놓으면 그 맛이 얼마나 죽여주는지 모릅니다. 거기에다가 참기름 반 숟가락 넣어서 비비면 둘이 먹다 한 사람이 죽어도 모를 정도로 맛있었습니다. 그런데 그렇게 맛있게 먹다가 어금니로 돌을 콱 씹어 보세요. 그것도 한두 번이 아니라 계속에서 서너 번을 씹는다고 생각해 보세요. 얼마나 화가 나고, 성질이 납니까?

이런 경우 저는 아직까지 "여보, 괜찮아. 일부러 돌을 넣겠어? 밥을 먹다 보면 그럴 수도 있지" 하고 말한 사람을 본 적이 없습니다. 성질을 못 참아서 눈이 여자 쪽으로 돌아가면서 "이놈의 여편네가 서방 맹장 걸리게 해 죽이려고 작정을 했나? 내가 얼마나 원수처럼 보였으면 일부러 돌을 밥그릇에 한 주먹 쳐 넣었냐?"라고 하는 소리만 저는 들어 보았습니다.

그러면 또 여자들 중에 "여보, 정말 미안합니다. 다음부터는 쌀을 잘 일고, 정신 차리고 밥을 할게요. 정말 미안합니다"라고 말하는 여자를 본 적이 없습니다. "그놈의 더러운 성질머리하고는……. 누가 일부러 돌을 넣었겠소? 사람이 살다 보면 돌도 씹을 때가 있는 것이지, 옆집의 철수 아버지는 돌을 열 번을 씹어도 아무 소리 안 하고 잘 먹는다 하더라." 그러면 남자가 뭐라고 말합니까? "그래? 철수 아빠가 그렇게 좋으면 그놈 따라 살지 그래." 이렇게 해서 저녁 내내 부부 싸움을 하는 것이 아닙니까? 바로 이런 것이 애찬의 암초입니다.

이와 같이 선악과를 선택하는 사람은 설교를 들을 때도 애찬의 암초가 될 수 있습니다. 그래서 항상 설교 시간에 다이아몬드는 캐지 않고 돌만 캐며 스스로 시험에 듭니다. 설교를 생명으로 받는 것이 아니라 항상 선악으로 받고, 선악 판단만 일삼습니다. 그러다가 스스로 시험에 들고, 선악의 노예가 되어 버리는 것입니다.

지난 장에서 말씀드린 것처럼 복음에도 음지가 있고 양지가 있다고 했지 않습니까? 양지의 복음은 예수 믿고 구원받을 뿐만 아니라 축복받고 형통한 삶을 삽니다. 그러나 음지의 복음은 예수님을 믿고 고난의 십자가를 지고 핍박을 받다가, 심지어는 순교까지 하게 되는 축복을 말합니다. 이 둘 다 축복의 복음이고 영광의 복음입니다. 우리에게는 이 두 가지 모두가 축복이 아닐 수 없습니다.

양지 복음을 먼저 전하는 지혜

그런데 우리가 전도할 때는 양지의 복음을 전하는 것이 좋습니다. 이를테면, 교회 나오라고 할 때 우리는 이렇게 이야기하며 전도해야 합니다.

"우리 교회에 나오면 무조건 은혜 받고 축복 받습니다. 문제 해결 받고 병도 고침을 받습니다. 우리 목사님의 설교 듣고 은혜 받으면 모든 게 끝나요. 우리 담임목사님께 기도 한 번 받으면 문제 해결 다 받아요. 우리 교회 장로님들이 얼마나 훌륭한지 아세요? 우리 교회 한번 나와 보세요. 복 받고 형통하게 될 것입니다."

할 수만 있으면 이처럼 양지의 복음을 전해야 교인들이 따라옵니다. 어느 교회라고 모든 병이 낫고 모든 사람이 다 잘될 수 있겠습니까? 그래도 양지의 복음을 전하는 것이 좋습니다.

그러나 어떤 사람이 아주 고지식하고 굉장히 정직한 사람이라고 합시다. 그래서 복음을 전할 때에도 음지의 복음을 많이 전하는 것입니다. "교회 오면 좋은 것이 사실입니다. 그런데 생각해 봐요. 교회 나오면 기본적으로 십일조를 해야 하고, 건축 헌금도 해야 하고, 봉사도 해야 하고 얼마나 부담이 되는지 아세요? 그리고 예수 믿으면 복도 받지만 고난도 받고 핍박도 받을 수 있습니다. 만약에 제2의 6·25가 발발하면 북한군이 우리 새에덴교회부터 때려 부술 것입니다. 그러니까 예수 믿고 교회 나오려면 잘 생각해 보고 심사숙고해야 합니다. 특별히 새에덴교회에 나오려면 더 깊이 생각해 보아야 할 거예요."

교회 나오려는 사람한테 이렇게 전도하면 누가 교회에 나오겠습니까? 교회에 와서 등록을 하려고 하는데 "철수 엄마, 잘 생각해 봐요. 등록하는 것은 좋은데 깊이 생각해 보고 등록하고, 정말 심사숙고해서 해야 해요." 이러면 누가 등록을 하겠습니까? 이렇게 복음도 양지 복음이 있고 음지 복음이 있는데, 교회도 그렇지 않겠습니까?

그러므로 우리가 교회 생활을 하면서 바라보는 안목에 따라서 똑같은 것도 부정적으로 보일 수도 있고, 긍정적으로 보일 수도 있습니다. 그러니까 문제는 생명으로 보느냐 아니냐가 중요한 것입니다. 생명의 안목으로 보지 않고 선악의 안목으로 보고, 그 선악의 지식이 내 선악 판단의 기준이 되면 얼마든지 긍정적이고 건설적인 부분도 부정적이고 어둡게 보일 수 있습니다.

그러니까 선악과를 선택한 사람은 자기 눈에 어둡게 보이고 부정적으로 보이는 것을 가지고 취재하고 캐묻고 따지고 시비를 걸고, 그것 때문에 목숨 걸고 싸웁니다. 그래도 자기 딴에는 진실 규명을 한다고, 하나님의 선과 정의를 위한답시고 그러기도 합니다. 그러나 아무리 교회 안에서 진실을 규명하고 진위 여부를 가렸다고 할지라도, 그 동기와 목적이 선악과에 있었다면, 일단 내 심령부터 침체를 당한다는 사실을 알아야 합니다. 내 영혼은 꺼져 가고 스스로 까불려 간다는 사실을 알아야 합니다.

바른말 하는 은사(?)

제가 어느 교회에 집회를 갔을 때의 일입니다. 거기서 첫 시간에 마리아와 마르다 이야기를 하면서, 우리는 일을 하다가 불평하고 다투고 싸우는 우를 범하기 전에, 먼저 말씀 듣는 일을 우선하고 생명나무를 선택하는 데 우선순위를 두어야 한다고 설교하였습니다.

설교가 끝나자 한 집사님이 제게 심각하게 상담을 요청하였습니다. 그러면서 하는 말이 "목사님, 저는 교회 안에서 특별한 은사를 받았습니다"라고 하는 것입니다. 그래서 제가 "그 은사가 무엇입니까?"라고 물었더니 "선지자적 사명입니다"라고 했습니다. 그래서 제가 "선지자적 사명이 무엇입니까?"라고 물었습니다.

그러자 그 집사님이 "교회 안에서 바른말을 하는 사명입니다"라고 말하는 것입니다. 그러면서 이렇게 말하였습니다. "목사님, 제 눈에는 왜 교회와 목사님의 부정적인 면과 어두운 면만 잘 보이는지 모르겠습니다. 그래서 저는 제직회만 하면 '의장' 하고 교회의 온갖 어두운 부분과 부정적인 면을 들추어내는 사명을 감당하고 있습니다. 그런데 이렇게 바른말 하는 것도 잘못된 일입니까?"

그래서 제가 그랬습니다. "집사님은 오랫동안 신앙생활을 하였지만 선악과의 노예가 되어 버린 것 같습니다. 그렇게 바른말만 하고 부정적인 것만 들추어내면 순간적으로는 재미가 있고 나름대로 기쁨이 있을지도 모르겠습니다. 그러나 솔직히 말해서, 그 순간은 남을 괴롭히는 기쁨이 생기고 우쭐한 것 같지만, 돌아서면 허탈하고 나 자신이 비참하게 보이지 않던가요? 그리고 내면에는 진정한 하늘의 기쁨과 성령 충만의 깊은 감격은 없지 않았습니까?"

그러면서 그 집사님에게 얼마나 자세하게 생명나무의 원리와 본질, 그리고 깊은 의미를 가르쳐 주었는지 모릅니다. 우리가 이것을 알아야 합니다. 선악과나무의 안목과 마인드로 목사님과 교회를 보면 따지고 시비 걸 일이 끝이 없습니다. 또 옆에 있는 형제자매의 부정적인 면을 보고 따지고 시비 걸 일이 한도 끝도 없습니다. 그러니까 선악과의 노예가 되면 매일 바른말만 하고 부정적인 선지자 노릇을 하는 일에 여념이 없습니다. 그러나 그 사람의 내면에는 생명이 풍성하지 못합니다.

왜 생명이 풍성하지 못하며 기쁨과 감격과 은혜가 충만하지 못한 것일까요? 왜 그렇게 심령은 침침하고 영혼이 캄캄해져만 간단 말입니까? 그렇게 입술은 똑똑하고 말은 잘하며 그처럼 언변은 조리가 있고 옳은 소리만 하는 것 같은데, 왜 내면은 병들어 있고 침침하고 심령은 컬컬합니까?

생명나무를 선택하는 사람은 절대로 그렇지 않습니다. 무엇보다도 그 안에서 생명이 풍성할 뿐만 아니라 그 풍성한 생명력이 내면에서 철철 흘러넘칩니다. 그렇기 때문에 이런 사람은 항상 기쁨과 감격이 넘칩니다. 언제 불평하고 원망할 겨를이 없습니다. 언제나 하나님의 사랑에 감격하고 그리스도의 사랑에 강권하는 삶을 살기 때문입니다.

바울, 그리스도의 사랑에 강권되어

사도 바울이 그런 삶을 살지 않았습니까?

"우리가 만일 미쳤어도 하나님을 위한 것이요 정신이 온전하여도 너희를 위한 것이니 그리스도의 사랑이 우리를 강권하시는도다……"(고후 5:13-14).

그는 언제나 하나님의 사랑에 감사하고 감격하며 살았습니다. 생명나무를 선택하며 사니까 그리스도의 사랑에 강권당하는 삶을 살았습니다. 언제나 하나님의 사랑을 생각하면 핍박과 환난속에서도 가슴이 뭉클하기만 했습니다. 하나님의 사랑과 자신의 소명을 생각하면 언제나 피가 뜨거워졌고 눈시울이 뜨거워졌습니다.

사도 바울은 동족에게 고난을 당하고 이방인에게 고난을 당하며,

바다의 위험과 강의 위험과 강도의 위험과 광야의 위험과 수많은 풍랑의 위험……등, 그런 위험 속에서도 하나님의 사랑을 생각할 때마다 그저 하나님께 감사하고 기쁨이 가득했습니다. 오죽했으면 복음을 전하다가 감옥에 갇혔을 때에도 기쁨이 넘치고 가슴이 터질 것 같아서 하나님을 찬송했겠습니까?

바로 이런 기쁨과 감격이 가득해야 합니다. 감사와 찬양이 가득해야 합니다. 주님의 사랑을 생각하면 가슴이 뜨거워지고 피가 뜨거워지고 심장이 뜨거워지며 눈시울이 뜨거워져야 합니다. '내가 어떻게 하면 하나님을 더 사랑하고 기쁘시게 할 것인가? 어떻게 하면 하나님을 행복하게 해드리며 하나님께 영광을 돌려드릴 것인가?' 하는 마음으로 가득해야 합니다.

> ♪ 나의 힘이 되신 여호와여 내가 주님을 사랑합니다
> 주는 나의 반석이시며 나의 요새시라
> 주는 나를 건지시는 나의 주 나의 하나님
> 나의 피할 바위시요 나의 방패시라
> 나의 하나님 나의 하나님
> 구원의 뿔이시요 나의 산성이라
> 나의 하나님 나의 하나님 그는 나의 여호와 나의 구세주
> 나의 하나님 나의 하나님 그는 나의 여호와 나의 구세주

이런 기쁨과 감격을 소유한 성도는 부정적이고 어두운 면이 잘 보이지 않습니다. 그저 은혜 받고 생명이 되는 부분만 잘 보입니다. 그러니 이런 성도에게 무슨 불평이 있고 무슨 불만이 있겠습니까?

9. 생명나무를 선택한 결과 1

그저 신앙생활이 달콤하고 감미로울 뿐입니다. 정말 선악과를 선택하면 쓴 물만 나는 인생을 살고 그 내면이 마라의 쓴 연못과 같은데, 생명나무를 선택하는 사람은 언제나 감미롭고 달콤하고 향기로운 인생을 살아갈 수밖에 없습니다.

왜냐하면 이 사람은 항상 교회생활이 신나고 즐거울 수밖에 없기 때문입니다. 그저 예배드리는 것이 기쁘기만 하고, 설교 듣는 것이 그렇게 좋을 수밖에 없습니다. 어린아이처럼 하나님의 말씀이 엄마의 젖과 같이 달콤하게 느껴지고, 설교가 꿀맛처럼 느껴지기 때문입니다.

꿀송이와 같은 생명의 말씀으로

그래서 시편 기자는 이렇게 고백하지 않습니까?

"주의 말씀의 맛이 내게 어찌 그리 단지요 내 입에 꿀보다 더 다니이다"(시 119:103).

"금 곧 많은 순금보다 더 사모할 것이며 꿀과 송이꿀보다 더 달도다"(시 19:10).

주의 말씀이 꿀송이보다 달다고 하지 않습니까? 어떤 사람은 설교 시간에 자기가 듣고 싶은 것만 선택하여 듣는 사람이 있습니다. 또 어떤 사람은 귀를 꽉 막고 있습니다. 그런가 하면 어떤 사람은 지식적인 교만에 빠져서 자기 지식으로 설교를 판단하고 정죄하는 사람도 있습니다. 그러나 생명나무를 선택하는 사람은 무슨 말씀이 전해지든지 꿀송이같이 달게 느껴집니다.

> ♪ 달고 오묘한 그 말씀 생명의 말씀은
> 귀한 그 말씀 진실로 생명의 말씀이
> 나의 길과 믿음 밝히 보여주니
> 아름답고 귀한 말씀 생명 샘이로다
> 아름답고 귀한 말씀 생명 샘이로다

이런 사람은 그 관심과 안목에 예전의 선악의 마인드가 있을 수 없습니다. 이제는 항상 생명의 마인드를 가집니다. 그래서 항상 상대의 부정적인 면, 교회의 약점을 보기 전에 먼저 언제나 생명의 안목으로 바라보고 생명의 마인드로 그것을 덮습니다. 생명으로 덮고 사랑으로 덮고 포용으로 덮습니다.

그리고 그것을 위해서 기도하고, 그것을 위해 중보 기도를 간절히 하며, 어두운 곳에 내가 가서 빛이 되고, 썩어 가는 곳에 내가 가서 소금이 됩니다. 냄새 나는 곳에 내가 가서 향기가 되고, 죽음의 그림자가 드리운 곳에 내가 가서 생명의 빛을 비춰 줍니다.

뿐만 아니라 이 사람은 하나님 앞에 거룩한 영격자가 되는 것입니다. 인격자를 넘어서 그는 영격자[54]가 되어서, 하나님 앞에 절대적인 충성과 헌신과 희생을 하게 됩니다. 십자가에서 나의 옛 자아

---

54) '영격자'에 대한 자세한 내용은 19장에서 다룰 것이다.

와 옛 생각이 못 박힘 당했으니, 더 이상 무슨 불만과 불평이 있을 수가 있겠습니까? 그저 순종하고 충성하며 헌신하는 삶을 묵묵히 살 뿐입니다.

그러니까 그 안에 생명이 풍성합니다. 기쁨과 감격이 넘치고 넘칩니다. 그리고 언제나 그 영혼이 감미롭고 달콤한 꿀맛 같은 은혜를 만끽하고 누리게 됩니다. 생명나무에는 그런 은혜가 있고, 생명나무에는 그런 축복이 있기 때문입니다.

크리스천에게 있어서 이보다 더 큰 은혜가 어디 있겠습니까? 우리 안에 생명이 철철 흘러넘치고, 기쁨과 감격이 넘치는 것보다 더 큰 축복이 어디 있겠습니까? 그러므로 생명나무를 선택하며 살아야 합니다.

그러면 두 번째로, 생명나무를 선택하면 어떤 결과가 따릅니까? 그것은 다음 장에서 계속하겠습니다.

10.
생명나무를 선택한 결과 2

"여호와 하나님이 이르시되 보라 이 사람이 선악을 아는 일에 우리 중 하나같이 되었으니 그가 그의 손을 들어 생명나무 열매도 따 먹고 영생할까 하노라 하시고 여호와 하나님이 에덴 동산에서 그를 내보내어 그의 근원이 된 땅을 갈게 하시니라 이같이 하나님이 그 사람을 쫓아내시고 에덴 동산 동쪽에 그룹들과 두루 도는 불 칼을 두어 생명나무의 길을 지키게 하시니라"(창 3:22-24)

생명나무를 선택하면 어떤 결과가 따릅니까? 첫째는 무엇보다 우리의 내면에서 생명의 능력이 철철 흘러넘친다고 했습니다. 아무리 힘들고 어려운 상황이 있어도 생명나무를 선택하는 사람은 절망을 희망으로, 고난을 영광으로 바꿀 수 있습니다. 자기 자신만 생명의 능력이 철철 흘러넘치는 것이 아니라, 다른 사람에게도 그 생명의 능력을 전달해 줍니다. 그래서 생명나무를 선택하는 사람은 생명의 역사, 은혜와 축복의 역사를 일으킵니다.

그러나 반대로, 선악과를 선택하는 사람은 생명을 추구하고 선택하기보다는 항상 먼저 선악 판단을 합니다. 그러니까 내면에 생명의 능력이 없습니다. 비가 오지 않아 바닥이 갈라진 마른 광야와 같습니다. 언제나 불평과 원망입니다. 자기만 그런 것이 아니라 다른 사람도 함께 불평하고 원망하게 만듭니다.

우리는 언제나 생명나무를 선택해야 합니다. 그럴 때 저수지의 푸른 물이 철철 흘러넘치는 것처럼, 가는 곳마다 생명의 역사를 일으킵니다. 두 번째로, 생명나무를 선택하면 어떤 결과가 옵니까?

2) 영혼이 순결해지고 투명한 영성을 소유하게 됩니다.

아담과 하와가 선악과를 따 먹기 전에는 얼마나 영혼이 순결하고 투명한 영성을 소유했겠습니까? 그 영혼의 생명이 온전히 하나님께만 속하였고 하나님만 의지한 상태였기 때문입니다. 그런데 사탄이 그런 순결했던 하와를 유혹하여 죄로 부정하고 오염된 사람으로 만들어 버리고 말았습니다.

> "뱀이 그 간계로 하와를 미혹한 것같이 너희 마음이 그리스도를 향하는 진실함과 깨끗함에서 떠나 부패할까 두려워하노라"(고후 11:3).

뿐만 아니라 아담과 하와가 선악과를 따 먹기 전에는 굉장히 영리하고 총명한 사람이었습니다. 얼마나 영리하고 총명하였는가 하면, 아담이 그 수많은 동물들의 이름을 다 지었고 그 많은 산천초목의 이름을 다 짓지 않았습니까?

> "여호와 하나님이 흙으로 각종 들짐승과 공중의 각종 새를 지으시고 아담이 무엇이라고 부르나 보시려고 그것들을 그에게로 이끌어 가시니 아담이 각 생물을 부르는 것이 곧 그 이름이 되었더라 아담이 모든 가축과 공중의 새와 들의 모든 짐승에게 이름을 주니라"(창 2:19-20).

이렇게 할 수 있었던 것은, 아담과 하와가 당시에 영혼이 순결했을 뿐만 아니라 투명한 영성을 소유했기 때문입니다. 그래서 아담과 하와는 에덴 동산에서 눈만 감아도 하나님이 보이는 것처럼 하나님의 영광스러운 임재를 느낄 수 있었습니다. 아니, 눈을 뜨나 감으나 언제나 하나님의 임재를 느끼며 하나님과 대화하고 하나님과 교통하였습니다.

그러므로 아담이 선악과를 따 먹지 않고 생명나무를 선택했더라면, 그는 순결 중의 순결, 지혜 중의 지혜, 총명 중의 총명을 계속해서 누렸을 것입니다. 영적 투명함, 곧 영원히 투명한 영성을 소유하며 살았을 것입니다.

그런데 아담과 하와가 선악과를 따 먹어 버렸습니다. 그러자 하나님과의 교제가 단절된 채 어두움의 노예가 되어 버리고, 또한 어리석음의 종이 되어 버린 것입니다. 영혼이 부패하고 오염이 되어 버리고 말았습니다. 그래서 이제 하나님이 아담을 부르셔도 자신이 없어서 하나님께 나아가지 못하게 되었습니다. 스스로 두렵고 떨려서 동산 나무 사이에 숨어 버리지 않았습니까? 스스로 심령이 캄캄하고 흑암의 노예가 되어 버렸기 때문입니다.

뿐만 아니라 원래 가졌던 그 지혜와 총명함을 다 빼앗겨 버리고, 사망과 저주와 온갖 어리석음의 노예가 되어 버리고 말았습니다. 아담과 하와는 선악과의 유혹을 받는 순간부터 영혼의 순결함과 영성의 투명함이 조금씩 흐려졌다고 할 수 있습니다. 왜냐하면 사탄의 유혹을 받으면서 선악과를 다시 보니까 보암직도 하고 먹음직도 하고 지혜롭게 할 만큼 탐스럽게 보이지 않았습니까?

"여자가 그 나무를 본즉 먹음직도 하고 보암직도 하고 지혜롭게 할 만큼 탐스럽기도 한 나무인지라"(창 3:6).

여기서 지혜롭게 한다는 말은 하나님이 주신 지혜와는 정반대입니다. 이건 완전히 사탄이 주는 선악의 지혜를 말합니다. 그러니까 유혹을 받는 순간 이미 하와는 정신이 흐려지고 판단 능력을 상실해 버렸다고 할 수 있습니다. 그러다가 그것을 따 먹고 완전히 하와는 정말 온갖 저주와 어리석음과 흐리멍덩함의 노예가 되어 버리고 말았습니다.

아합의 비참한 최후

오늘날에도 우리가 선악과를 선택하면 우리의 믿음이 부패되고, 당장 영적인 침침함을 느끼게 됩니다. 나도 모르게 영혼이 오염되고 더러워질 뿐만 아니라, 우리 내면이 흐리멍덩해지기 시작합니다. 그러면서 영적인 생명의 지혜와 투명한 판단 능력을 상실합니다. 우리의 심령에 부패한 정욕과 오염이 이끼처럼 끼어 버리기 때문에 투명한 판단 능력을 상실해 버립니다. 아니, 하나님이 기뻐하시는 진정한 판단을 할 수가 없습니다. 그래서 이런 사람은 주로 안 될 일이 잘될 것처럼 보이고, 망할 일이 형통한 일인 것처럼 보이는 경우가 많습니다.

성경에도 그런 예가 나오지 않습니까? 구약을 보면 아합이라는 왕이 나옵니다. 이 아합은 생명나무를 선택하지 않고 매번 선악과만 선택한 사람입니다. 아니, 선악의 노예가 되어서 늘 바알과 아세라를 섬기고 온갖 잡신을 다 섬겼던 사람입니다. 그래서 하나님께서 아합 왕을 망하게 하려고 하늘 보좌에서 회의를 하지 않습니까? "어떻게 하면 아합을 가장 비참하게 망하게 하겠느냐?"

그러자 천사들이 아합에게 거짓 영을 보내자고 합니다. 그 거짓 영을 보내서 망할 일이 잘될 일인 것처럼 보이게 하자는 것입니다. 이에 하나님이 허락하시자, 하늘 보좌에서 천사들이 아합에게 거짓 영과 거짓 선지자들을 보냅니다. 그래서 망하고 패할 전쟁을 반드시 이길 것이라고 거짓말을 시키지 않습니까?

10. 생명나무를 선택한 결과 2

"여호와께서 말씀하시기를 누가 아합을 꾀어 그를 길르앗 라못에 올라가서 죽게 할꼬 하시니 하나는 이렇게 하겠다 하고 또 하나는 저렇게 하겠다 하였는데 한 영이 나아와 여호와 앞에 서서 말하되 내가 그를 꾀겠나이다 여호와께서 그에게 이르시되 어떻게 하겠느냐 이르되 내가 나가서 거짓말 하는 영이 되어 그의 모든 선지자들의 입에 있겠나이다 여호와께서 이르시되 너는 꾀겠고 또 이루리라 나가서 그리하라 하셨은즉"(왕상 22:20-22).

아합은 100% 질 전쟁임에도 불구하고, 100% 이길 전쟁인 것처럼 착각합니다. 결국 아합은 그 착각을 가지고 전쟁터에 나갑니다. 그러나 아합은 전쟁에서 너무나 비참하게 져서 죽고 말았습니다. 죽는 것도 적의 졸병 군사에게 죽임 당했을 뿐만 아니라 그 시체의 피를 개가 핥았다고 하지 않습니까?

"왕이 이미 죽으매 그의 시체를 메어 사마리아에 이르러 왕을 사마리아에 장사하니라 그 병거를 사마리아 못에서 씻으매 개들이 그의 피를 핥았으니 여호와께서 하신 말씀과 같이 되었더라 거기는 창기들이 목욕하는 곳이었더라"(왕상 22:37-38).

이렇게 아합이 거짓 영에 씌어서 망합니다. 100% 질 전쟁을 100% 이길 전쟁으로 착각하고 나갔다가 그 시체의 피를 개가 핥을 정도로 비참하게 죽습니다. 오늘날에도 선악과를 선택하면 순결한 영혼의 힘을 잃어버리고 투명한 영성을 잃어버리기 때문에 멍청함의 노예가 되어 버립니다. 그래서 망할 일이 잘될 것처럼 보이고, 100% 패배할 일이 아주 형통할 것처럼 보입니다.

그러나 생명나무를 선택하는 사람은 먼저 영혼이 순결해지기 시작합니다. 그리고 투명한 영성이 생깁니다. 왜냐하면 이 사람은 어떠한 어려움이 있고 복잡한 일이 있어도 먼저 하나님께 나아가기 때문입니다. 하나님 앞에 엎드려서 독대를 하고 하나님과 교통하는 일을 먼저 추구합니다. 다시 말하면, 하나님의 생명을 먼저 선택하고 하나님의 지혜를 추구하기 때문입니다. 그럴 때 우리 영혼이 얼마나 순수해지는지 모릅니다. 그리고 우리 내면의 영성이 투명해지기 시작합니다.

이럴 때 하나님으로부터 투명한 지혜, 생명이 넘치는 판단이 옵니다. 이 지혜와 판단의 눈으로 보면 어떤 길이 망할 길이고, 어떤 길이 형통할 길인지 다 보입니다. 이때의 판단력과 지혜로 결단하면 틀림이 없습니다. 반드시 승리하게 되고 형통하게 됩니다.

그래서 잠언에서는 지혜가 생명나무이고 생명나무가 곧 지혜라고 말합니다. 생명나무를 선택하면 영혼이 순결해지고 하나님으로부터 지혜가 임하기 때문입니다. 다시 말하면, 우리의 삶 속에서 생명나무를 선택하는 것이 지혜라는 것입니다.

"지혜는 그 얻은 자에게 생명나무라 지혜를 가진 자는 복되도다"(잠 3:18).

이삭의 형통

성경을 보면 이삭이라는 사람이 나옵니다. 이삭은 한마디로 말해서 무슨 일을 만나든지 만사형통한 사람입니다. 그에게는 절대로 불통한 일이 없었고 승승장구한 일만 있었습니다. 혹시 잘못된 일이 있어도 더 잘되기 위한 하나의 과정이요 징검다리였을 뿐이지, 항상 형통하고 승승장구한 사람이었습니다.

이삭은 블레셋 땅에 기근과 흉년이 창궐할 때, 블레셋 사람들이 버리고 간 불모지, 황무지에서 농사를 짓고 목축을 했습니다. 정말 그 땅은 몇 해 동안 가뭄이 들어서 블레셋 사람들이 포기하고 간 땅이었습니다. 그런데 이삭이 그곳에 가서 농사를 짓고 우물을 파는데 왜 이렇게 잘되는지 모릅니다. 농사를 지어도 잘되고 목축을 해도 잘되고……. 그래서 그 해에 백 배의 축복을 받았습니다.

"이삭이 그 땅에서 농사하여 그 해에 백 배나 얻었고"(창 26:12).

이것은 요즘 말로 말하면 남이 안 되는 사업, 남이 안 되는 공장을 인수해도 내가 맡은 순간부터 잘된다는 말입니다. 남이 포기하고 버리고 간 사업을 내가 인수해 맡은 순간부터 잘된다는 말이 아닙니까? 왜 그런 줄 아십니까? 이삭이 생명나무를 선택하는 하나님 우선주의 신앙을 가졌기 때문입니다. 그는 언제, 어디를 가든지 먼저 하나님께 제단부터 쌓았고, 그 다음에 장막을 치고 우물을 파는 삶을 살았기 때문입니다.

"이삭이 그곳에 제단을 쌓고 여호와의 이름을 부르며 거기 장막을 쳤더니 이삭의 종들이 거기서도 우물을 팠더라"(창 26:25).

이삭은 가는 곳마다 먼저 제단을 쌓았지 않습니까? 하나님이 기뻐하시는 제단부터 쌓고 예배 생활을 잘했습니다. 먼저 하나님께 자신의 삶을 헌신하고 헌금 생활도 잘하고 하나님을 섬기는 데 우선순위를 두었습니다. 그리고 나서 장막을 쳤습니다.

장막은 오늘날로 말하면 주택이나 아파트라고 말할 수 있습니다. 그런데 이삭은 내 집 마련이나 가정보다는 먼저 하나님을 섬기는 일에 우선했다는 말입니다. 그 후에 우물을 팠습니다. 우물은 오늘날로 말하면 직장이나 사업이라고 할 수 있습니다. 다시 말하면, 우리의 생업입니다. 그러나 이런 생업의 우선순위는 맨 꼴찌였던 것입니다.

이삭의 삶의 우선순위는 항상 하나님이었습니다. 먼저 하나님이고 하나님을 섬기는 것이었습니다. 그랬을 때 하나님께서는 이삭에게 아주 순결한 영혼과 투명한 영성을 허락해 주셨습니다. 깊은 영감과 투명한 판단력을 주셨단 말입니다. 그래서 하나님이 주신 영감대로 우물을 파고, 그 지혜로 농사를 짓고 목축을 하니까, 그 해에 백 배의 축복을 받은 것입니다.

오늘날에도 우리가 철저히 생명나무를 선택하기 위해 하나님을 먼저 찾고 하나님과 깊은 독대의 관계를 갖게 되면, 하나님으로부터 먼저 우리의 영혼이 순결하게 되는 은혜가 임합니다. 그리고 아주 깊은 지혜와 영감이 생깁니다. 그 영감과 지혜로 우리는 하나님의 계획을 보고 하나님의 손길을 봅니다. 바로 깊은 영감과 투명함으로 승리하는 길을 보고 형통한 길을 볼 수 있습니다. 그래서 그

10. 생명나무를 선택한 결과 2

길을 따라서 가게 될 때 반드시 승리하게 되고 형통하게 됩니다.

하나님과의 독대로 영적 투명함을 얻고

지금은 우리 교회가 대한예수교장로회 합동 교단에 속해 있지만, 전에는 개혁측 교단이었습니다. 그런데 개혁측과 합동 교단이 통합할 때도 얼마나 주변에서 많은 말을 하고 "이렇게 해야 한다, 저렇게 해야 한다"는 별별 말들이 많았는지 모릅니다.

저는 사실 그 당시 인간적인 판단이나 심정으로는 개혁측의 기수가 되어 합동을 반대하려고 했습니다. 먼저 부목사님들이 합동을 반대하고, 개혁측 목사님들도 하루가 멀다 하고 찾아와서 "개혁측의 중심에 서 달라. 신학교를 세워서 교단을 지켜 달라"며 저를 종용하고 강력하게 설득하였습니다.

저 또한 그 당시 제 눈으로 볼 때는 합동을 주도하는 합동측 인사들이 정치꾼들로만 보였고, 그러니 결국에는 개혁 교단만 쪼개지고 상처를 입을 것 같아 반대를 하였습니다. 그래서 교회가 빚을 지고서라도 신학교를 건립하고 개혁 교단을 이끌어가는 기수가 되어야겠다는 생각을 했던 적도 있습니다.

이렇게 많은 고심을 하고 있을 때, 하루는 정금성 권사님이 제게 이런 말씀을 하시는 것입니다. "소 목사가 합동의 기수가 되고 선구자가 되어 중심에 서라는 성령의 감동이 오네." 그래서 제가 하나님께 나아가서 하나님과 깊은 독대를 하였습니다. "하나님, 이럴 때 어떻게 하면 좋겠습니까? 사람의 말을 듣지 않겠습니다. 환경을 보지 않겠습니다. 하나님이 주신 순결한 지혜와 영성으로 투명한 판단을 하겠습니다."

그러면서 하나님과 깊은 관계를 맺고 못하는 금식도 했습니다. 그럴 때 하나님께서 다시 한 번 분명히 감동을 주신 것입니다. "소목사야, 합동을 하는 것이 한국 교회의 소망이요, 너에게도 큰 축복이 될 것이다." 그래서 제가 합동의 기치를 들고 합동 운동을 했고, 중부권의 많은 목사님들이 저를 따라 합동을 하게 되었습니다.

저는 그때 일을 회상할 때마다 다시 한 번 이 세상에 하나님의 영감, 영적인 투명함보다 더 중요한 것은 없다는 사실을 깨닫곤 합니다. 하나님의 영감을 따라 합동을 결정한 후에 하나님은 저를 주류가 되게 하시고, 물고기가 물을 만난 것처럼 한국 교회에 영향력을 발휘하며 비상하기 시작했습니다. 새에덴교회도 한국 교회의 중심축이 되어 합동 교단이라는 튼튼한 기초 위에 얼마나 부흥에 부흥을 거듭하였는지 모릅니다. 그때 저는 개인적으로 하나님의 은혜로 최선의 선택을 했다고 생각합니다.

3) 세상 그 어떤 것도 두려울 것이 없는 강하고 담대한 사람이 됩니다.

이미 말씀드린 것처럼, 생명나무를 선택하면 영혼이 순결해지고 깨끗해집니다. 아담과 하와가 에덴 동산에서 선악과를 따 먹기 전에는 얼마나 영혼이 순결하고 정결했습니까? 그때는 하나님을 피하여 동산 나무 사이에 숨을 필요도 없었고, 하나님을 두려워할 필요가 없었습니다. 그리고 그 많은 짐승들에게 이름을 지어 주고 야생 동물들을 다 다스리고 정복했습니다. 호랑이나 사자나 뱀이나 두려울 게 없었습니다.

그러나 아담과 하와가 선악과를 따 먹고 당장 부끄러움을 느끼지 않았습니까? 벌거벗은 것부터 보여서 무화과나무 잎사귀로 치마를 만들어 입었고, 너무나 두려워서 하나님의 낯을 피하여 동산 나무 사이에 숨어 버렸습니다. 사실 나무 사이에 숨는다고 숨어집니까? 어찌 나무 사이에 숨는다고 하나님의 낯을 피하고 하나님 앞에 숨을 수가 있단 말입니까?

그럼에도 불구하고 그들은 너무나 두렵고 겁이 나서 나무 사이에 숨고 말았습니다. 그리고 나서 하나님이 찾아오셨을 때, 그들은 서로가 서로를 원망하고 비난하지 않았습니까? 서로 책임 전가를 하면서 서로를 비난하고 원망했습니다. 얼마나 비겁하고 비굴한 모습입니까?

오늘날에도 선악과를 선택하면 먼저 부끄러움을 느끼고 두려움을 느낍니다. 뿐만 아니라 서로를 원망하고 비난하며 책임 전가의 소리만 합니다. 교인들끼리 모여서 교회와 목사님에 대해서 불평하고 수군거립니다. 그때는 얼마나 기분이 짜릿합니까?

그러나 그렇게 하고 나면 금방 마음이 찝찝하고 불안해지지 않습니까? 그래서 이 일은 절대 비밀로 하자고 굳게 약속하고 헤어집니다. 그러나 세상에 비밀이 어디 있습니까? 금방 들통 나고 맙니다.

그러면 그때 책임지는 사람은 하나도 없습니다. 서로가 서로를 비난하고 원망하고 책임 전가만 합니다. 얼마나 사람이 비굴해지고 비참해지는 줄 아세요? 그러다가 무슨 어려움을 당하고 갑자기 역경이 오면 얼마나 호들갑을 떨고 야단입니까?

그러나 생명나무를 선택하면 먼저 영혼이 정결하고 순결해집니다. 그러니까 우리의 심령이 하나도 거리끼는 것이 없습니다. 거리끼는 것이 없으니까 하나님 앞에서나 사람 앞에서나 강하고 담대할 수 있습니다. 그 어떤 두려움도 없습니다. 정말 생명나무를 선택하여 하나님과 나와의 관계만 바로 되면 절대로 두렵고 겁낼 일이 없게 됩니다. 어떤 상황, 어떤 환경에서도 담대하게 됩니다. 그래서 성경은 이렇게 말하지 않습니까?

"여호와는 나의 빛이요 나의 구원이시니 내가 누구를 두려워하리요 여호와는 내 생명의 능력이시니 내가 누구를 무서워하리요 악인들이 내 살을 먹으려고 내게로 왔으나 나의 대적, 나의 원수들인 그들은 실족하여 넘어졌도다"(시 27:1-2).

"누가 우리를 그리스도의 사랑에서 끊으리요 환난이나 곤고나 박해나 기근이나 적신이나 위험이나 칼이랴"(롬 8:35).

생명나무를 선택하여 성공한 결혼

제가 백암교회를 개척하고 서울로 개척을 준비할 때였습니다. 개척 준비 중의 하나가 결혼을 하는 것이었습니다. 그런데 정 권사님하고 저는 사위-장모로 약속을 맺은 상태인데, 문제는 우리 마누라 될 여자가 끄덕도 안 하는 것입니다. 제 아내가 어렸을 때 정 권사님이 너무 예수에 미치고 교회에 미쳐가지고 자식들은 돌아보지 않고 주의 일 한다고 돌아다니니까, 우리 엄마 믿는 예수는 절대로 안 믿는다고 했던 여자입니다.

그런데 저를 보니까 자기 엄마보다 더했으면 더했지, 결코 떨어지지 않는 신학생이 아닙니까? 거기다 키가 크나요, 얼굴이 잘생겼나요, 일류대를 나왔나요, 돈이 많나요? 그러니까 결혼을 하겠습니까? 제가 꾀려고 찾아가면 욕 세례를 퍼붓는 것입니다. 전화를 해도 대한민국의 모든 육두문자를 쓰면서 전화를 끊어 버렸습니다. "이 미친놈아, 소새끼, X새끼……."

저는 원래 욕을 못하는 사람이었습니다. 그런데 그때 아내에게서 욕을 배웠다는 것이 아닙니까? 아내가 그렇게 욕을 하면 제가 저 여자는 사모가 되기에는 수준이 낮은 여자라고 생각하고 포기할 줄 알았다는 것입니다. 그런다고 제가 포기할 사람입니까? 저는 그때 욕하는 여자가 좋았습니다. 그뿐입니까? 편지를 써 보내도 겉봉투를 보자마자 찢어 버렸습니다. 제가 정말 편지를 얼마나 잘 썼겠습니까? 그리고 제가 어릴 때부터 여자를 끌리게 하는 설득력과 기술이 조금 있었습니다. 이래봬도 학생 때부터 얼마나 연애편지를 많이 받고 프러포즈를 많이 받았는지 아십니까?

그런데 그 기술과 설득력이 제 아내한테는 죽어도 안 통하는 것입니다. 그래서 정 권사님이 얼마나 기도한 줄 아십니까? 그러나 아무리 기도해도 안 되는 것입니다. 다른 사람은 손 얹고 기도하면 다 되는데, 배정숙 딸을 위해서는 작정 기도, 금식 기도를 해도 소용이 없었습니다. 그렇게 기도하는데도 오히려 배정숙이 사모 안 하려고 독일로 도망을 가버린다는 것입니다.

그러자 정 권사님이 얼마나 다급하셨는지, 저에게 배정숙이 사는 방 열쇠를 주면서 "오늘 저녁 11시에 가서 거시기를 해뿔소" 하는 것입니다. "아마 거시기에 성공하면 배정숙이 기가 죽어 독일에 안 갈 것이네." 그때 제가 "거시기가 뭐냐"고 물어봤습니다. 그랬더니 "이 사람아, 나이 먹어 가지고 거시기가 뭔지도 몰라? 거시기도 몰라 가지고 어떻게 장가를 가려고 하냐"는 것입니다. 그제야 제가 거시기의 의미를 알았습니다. "아, 거시기……."

그래서 제가 그날 저녁에 거시기를 하러 간 것입니다. '부름 받아 나선 이 몸 어디든지 가오리다. 결혼하기 전이건 후이건, 순서가 바뀌면 어떠냐, 하나님이 다 이해하시겠지.' 아주 담대한 마음으로 갔습니다. 그리고 문을 열고 갔더니, 배정숙이라는 여자가 대한민국의 모든 욕은 다 하더니, 과일 칼에서부터 접시와 망치까지 다 내던졌습니다. 그때 제가 안 피했으면, 배창시가 찔려 죽었을지도 모릅니다. 제가 당장 도망 나와 버리고 말았습니다. 그날 저녁 그 방 유리창이 다 깨졌다는 거 아닙니까? 제가 거시기의 '거' 자도 못 해 보고 줄행랑을 치고 와 버렸습니다.

결국 그 거시기는 생명나무가 아니었습니다. 기도하다 기도하다 인내하지 못하고 정 권사님도 거시기 선악과를 선택했던 것입

10. 생명나무를 선택한 결과 2

니다.55)

그리고 저도 거시기 선악과를 선택하고 간 것입니다. 그러니까 결과는 겁쟁이고 줄행랑이고 삼십육계로 도망을 했습니다. 손자병법에도 나오잖습니까? 아예 질 것 같으면 도망가 버리라고 말입니다. 그래서 다시 생명나무를 붙잡고 하나님께 엎드렸습니다. "하나님, 거시기도 안 되고 머시기도 안 됩니다. 도대체 어떻게 하면 되겠습니까? 인간의 전략과 방법으로는 안 하겠습니다. 하나님이 주신 방법과 전략을 가지고 나아가겠습니다."

그랬을 때 하나님께서 기막힌 감동과 전략을 주었습니다. 그리고 미국에 계신 고(故) 박종삼 목사님을 통해서 그런 전략을 실행할 수 있는 지원금까지 충분하게 주셨습니다. 어느 토요일 배정숙이 근무하는 병원 앞에서 택시 한 대를 대기시켜 놓고 잠복근무를 했습니다. 드디어 잠복근무를 시작한 지 정확히 30-40분 후 몇 명의 간호사들이 나왔습니다. 그 틈에 배정숙 씨도 끼어 있었습니다.

제가 한참 미행을 하며 따라가다가 어떤 한 여자가 공중전화 부스에서 전화를 할 때, 배정숙 뒤에 가서 어깨를 탁 치면서 이렇게 말했습니다. "이봐요, 어떻게 된 거예요? 나하고 1시 30분에 만나 식사하기로 해놓고 지금 2시가 되었는데, 어디 가는 거예요?"

---

55) "사래가 아브람에게 이르되 여호와께서 내 출산을 허락하지 아니하셨으니 원하건대 내 여종에게 들어가라 내가 혹 그로 말미암아 자녀를 얻을까 하노라 하매 아브람이 사래의 말을 들으니라 아브람의 아내 사래가 그 여종 애굽 사람 하갈을 데려다가 그 남편 아브람에게 첩으로 준 때는 아브람이 가나안 땅에 거주한 지 십 년 후였더라"(창 16:2-3). 아브람과 사래는 하나님의 정하신 때를 기다리지 못하고 인위적인 방법으로 아들을 얻으려는 선악과를 선택하려 했다.

그러자 배정숙은 기가 막혀 가지고 얼빠진 사람처럼 "어머머머" 하면서 온갖 욕을 퍼부으려고 하는 것입니다. 그때 대기 중인 택시가 와서 빵빵 하지 않겠습니까? 그때 제가 자연스럽게 택시에 태웠습니다. 거기에는 수간호사, 간호과장이 다 있는데, 안 탈 수가 없었습니다.

그리고 제가 배정숙으로서는 불가항력적이고 저항할 수 없는 카리스마적인 행동을 했습니다. 그 카리스마적인 행동 앞에 압도당해서 택시에 탄 것입니다. 그리고 곧장 배짱 좋게 광주에서 내장산까지 택시를 타고 갔습니다. 가난한 신학생인 제가 택시 탈 상황이 되었겠습니까? 어지간한 거리는 걸어 다니던 가난한 신학생이 말입니다.

택시에 태우자 택시 안에서 "미쳤어? 이 미친 XX야" 하고 욕을 퍼부었습니다. 그때 제가 뭐라고 한 줄 아세요? 인상을 팍 쓰고 온갖 카리스마적인 인상과 표정을 지으면서 이렇게 말했습니다. "까불지 마라. 까불면 죽는 수가 있어. 씨······." 물론 속으로는 비타민 C라고 했지만 말입니다.

마침내 내장산에 도착했습니다. 배정숙은 한숨만 푹푹 쉬고 벤치에 앉아 있었고, 가을바람이 산들산들 불어 왔습니다. 한 1분쯤 침묵의 시간이 흘렀습니다. 진짜 영화의 한 장면 같았습니다. 이런 장면이 어디 있습니까? 그때 11월 중순쯤 되었던 것 같은데, 가을바람이 산들산들 불고 그 가을바람에 억새풀이 흐드러지게 흔들거리고 있었습니다.

제가 이래봬도 시인이 아닙니까? 그래서 순간 '시적인 표현을 하며 다가가서 사랑한다고 해볼까?' 하고 생각해 봤습니다. "배정숙 씨, 저기 좀 봐요. 가을바람이 산들산들 불고 있잖아요. 그 가을바람에 억새풀도 저렇게 흐드러지게 흔들리고 있습니다. 지금 정숙 씨가 겉으로는 저항하고 있지만, 내면은 제 앞에서 흐드러지듯 흔들리고 있지 않나요. ♪ 산들바람이 산들 분다……. 정숙 씨, 사랑합니다."

그런데 그렇게 말을 했다가는 "뭐야, 이 새끼야" 그럴 것 같아서 하지 못했습니다. 그때 그 산들바람이 배정숙 씨의 머리카락을 휘날리고 있었습니다. 그때 갑자기 "해변의 여인"이라는 노래가 생각나는 것입니다. "바람결에 휘날리는 머리카락 사이로 황혼 빛에 비추는 여인의 눈동자……." 이 해변의 여인을 벤치의 여인으로 바꾸면 되는 것이 아닙니까? 순간 하모니카를 한 번 불어 줄까 하는 생각도 해봤습니다.

> ♪ 바람에 휘날리는 머리카락 사이로 황혼 빛에 비치는 여인의 눈동자 조용히 들려오는 억새풀의 옛이야기 말없이 바라보는 벤치의 여인아

이렇게 하면 보통 여자들은 얼마나 감동을 받겠습니까? 그러나 그럴 용기가 안 생기는 것입니다. 밤이나 되면 모르겠는데 대낮에 하모니카를 불면 나한테 그럴 것 같았습니다. "야, 이 XX야, 너 미쳤냐."

그때 제가 할 수 있는 것은 딱 하나밖에 없었습니다. 그것이 뭔지 아십니까? 저 내장산 쪽을 향하여 한숨만 푹푹 쉬고 있는 배정숙에게 다가가서 그 머리에 손을 얹고 안수 기도를 한 것입니다.

"하나님! 여기 부족한 종이 하나님의 사랑하는 딸의 머리에 손을 얹었습니다. 이 딸은 지금 마음이 얼마나 방황하며 번민하고 있습니까? 그러나 오늘 이 딸에게 사모의 도장을 찍어 주옵소서. 목사의 사모로 결재하시고 사인하여 주옵소서."

제 평생 그렇게 간절하고 담대한 안수 기도를 해본 적이 없었습니다. 그런데 그때 제가 어떻게 기도한지 아십니까? 눈을 뜨고 기도했습니다. 그리고 한 손만 머리에 올려놓고 몸은 다리를 한 보 정도 떨어지게 하고, 왼손은 커버할 자세는 하고 있었습니다. 왜냐하면 갑자기 나한테 "이 자식아, 치워" 하고 콱 나를 칠지도 모르니까 방어를 한 것입니다.

그런데 저는 그 안수 기도가 그렇게 능력 있게 역사한지 몰랐습니다. 그 강퍅하고 반항하고 저항했던 마음이 그 안수 기도를 받고 봄볕에 눈 녹듯 녹아져 버린 것입니다. 그리고 나서 그다음 달에 바로 결혼을 하게 되었습니다. 비록 맨손, 맨발의 결혼식이었지만 말입니다.

거시기 선악과는 결국 아무 일도 할 수 없었고 겁쟁이가 되어서 돌아오는 길밖에 없었지만, 생명나무를 선택했을 때 제가 그렇게 담대할 수 있었습니다. 그리고 그 담대한 믿음으로 지금도 아내가

10. 생명나무를 선택한 결과 2

저한테 꼼짝 못하고 생명나무 신앙 앞에 압도당한 채 살아가고 있는 것이 아닙니까?

제가《맨발의 소명자》라는 책에 이 이야기를 써 놓았더니, 얼마나 많은 신학생들이 함부로 저의 행동을 패러디하는지 모릅니다. 무모하게 교회에서 반주하는 자매한테 안수 기도를 해 버렸다든지, 기도하고 있는 자매한테 안수를 해 버렸다든지 말입니다. 그런데 함부로 하는 것이 아닙니다. 순간의 감정이나 선악과로 하면 안 됩니다. 하나님이 주시는 생명나무의 지혜와 영감과 감동이 있어야 결재가 되는 것입니다.

어느 목사님의 아내 사진

그러나 이렇게 결혼해도 부부 사이에 선악과가 있어서는 안 됩니다. 이런 이야기가 있지 않습니까? 어떤 목사님이 동료 목사님들과 함께 여행을 떠나게 되었습니다. 여행 중 힘들고 집 생각이 날 때마다 그 목사님은 사모님의 사진을 보면 다시 힘을 얻고, 힘든 여행을 거뜬히 견디어 냈습니다. 다른 목사님들이 물어보았습니다. "목사님은 아직도 사모님이 그렇게 좋으십니까? 힘들 때 사모님 사진을 보면 없던 힘도 생기시나 보네요?"

그러자 그 목사님이 다음과 같이 대답하시는 게 아닙니까? "목사님들! 힘들고 집에 가고 싶을 때마다 사모 사진을 보면, 집에 가고 싶은 마음이 일순간에 싹 사라져서 여행할 힘이 생기니까 사진을 보는 거랍니다." 그래서 저는 지갑에 아내 사진을 가지고 다니지도 않습니다. 오직 생명나무만 바라보고 선택하기 때문입니다.

저는 이 생명나무 신앙의 담대함으로 새에덴교회를 개척하였습니다. 정말 맨손, 맨발, 맨몸으로 서울에 올라왔지만, 생명나무 신앙으로 강하고 담대하게 개척을 시작하였습니다. 그런데 20여 년이 지난 오늘, 이렇게 교회가 부흥하고 축복을 받지 않았습니까? 우리 모두 생명나무를 선택하는 그 담대한 신앙으로 멋지게 헌신하고 충성해야 합니다.

요즘 성도들이 얼마나 내시 같은지 모릅니다. 조그만 일이 닥쳐도 호들갑을 떨고 걱정되어서는 얼마나 부들부들 떠는지 모릅니다. 그리고 하나님 앞에 헌금하고 헌신하는 일에도 부들부들 떠는 것입니다. 그러나 생명나무를 선택하면 강하고 담대해집니다. 헌금할 때도 담대하고, 헌신할 때도 담대하며, 봉사할 때도 담대합니다. 그리고 마귀의 유혹 앞에서도 담대하고, 어떠한 시련에도 거리낌 없이 담대합니다. 왜냐하면 생명나무를 선택하면 영혼이 순결해지고 담대해지기 때문입니다.

그러면 네 번째로 생명나무를 선택하면 어떤 결과가 따릅니까? 계속해서 다음 장에서 하겠습니다.

10. 생명나무를 선택한 결과 2

11.

생명나무를 선택한 결과 3

"여호와 하나님이 이르시되 보라 이 사람이 선악을 아는 일에 우리 중 하나같이 되었으니 그가 그의 손을 들어 생명나무 열매도 따 먹고 영생할까 하노라 하시고 여호와 하나님이 에덴 동산에서 그를 내보내어 그의 근원이 된 땅을 갈게 하시니라 이같이 하나님이 그 사람을 쫓아내시고 에덴동산 동쪽에 그룹들과 두루 도는 불칼을 두어 생명나무의 길을 지키게 하시니라"(창 3:22-24)

생명나무를 선택하면 어떤 결과가 따릅니까? 첫째는, 우리 안에서 생명의 능력이 철철 흘러넘칩니다. 둘째는, 영혼이 순결해지고 투명한 영성을 소유하게 됩니다. 셋째는, 세상 그 어떤 것도 두려울 것이 없는 강하고 담대한 사람이 됩니다. 이처럼 생명나무를 선택한 결과는 놀라운 능력으로 나타납니다. 생명의 역사를 일으킵니다. 어두움이 물러갑니다. 불평과 원망을 감사와 찬양으로 바꾸어 줍니다. 그래서 자기 자신뿐만 아니라 교회와 삶의 모든 현장에서 생명의 강물이 창일하게 흘러넘치게 됩니다.

그렇다면 네 번째로 생명나무를 선택하면 어떤 결과가 나타나는지 보겠습니다.

4) 영혼의 열매, 생명의 열매를 가득가득 결실하게 됩니다.

아담과 하와가 에덴 동산에서 생명나무를 선택하였다면 그것은 말할 것도 없이 영원한 영생의 삶을 살고 완전한 삶을 살았을 것이 아니겠습니까? 그는 에덴의 동쪽으로 쫓겨날 필요도 없었을 것이고, 에덴 동산에서 영원한 생명의 열매가 가득한 삶을 살게 되었을 것입니다.

오늘날에도 선악과를 선택하면 선악의 노예로 살아가고 선악의 열매만 풍성하게 맺게 될 뿐입니다. 다시 말하면, 육체의 열매만 가득하게 맺게 됩니다. 왜냐하면 언제나 선악의 지식만을 추구하고 선악의 노예로 살아가면 당연히 육체의 사람으로 전락하기 때문입니다. 그리고 육체의 사람으로 살아가게 되면 반드시 육체의 열매를 맺을 수밖에 없습니다.

"자기의 육체를 위하여 심는 자는 육체로부터 썩어질 것을 거두고……"
(갈 6:8).

"육체의 일은 분명하니 곧 음행과 더러운 것과 호색과 우상숭배와 주술과 원수 맺는 것과 분쟁과 시기와 분냄과 당 짓는 것과 분열함과 이단과 투기와 술 취함과 방탕함과 또 그와 같은 것들이라 전에 너희에게 경계한 것같이 경계하노니 이런 일을 하는 자들은 하나님의 나라를 유업으로 받지 못할 것이요"(갈 5:19-21).

그러나 생명나무를 선택하면 생명의 열매만 가득하게 맺습니다. 다시 말하면, 성령의 열매를 주렁주렁 맺게 됩니다. 왜냐하면 생명나무는 곧 그리스도이고, 그리스도의 생명을 선택하는 것이 성령의 감동과 인도하심을 따르는 것이기 때문입니다. 그러니까 당연히 그런 사람의 삶은 성령의 열매로 가득하지 않겠습니까?

그러므로 오늘날에도 생명나무 되신 그리스도의 생명과 성령의 감동을 따르는 사람은 항상 성령의 열매를 주렁주렁 맺게 됩니다.

"성령을 위하여 심는 자는 성령으로부터 영생을 거두리라"(갈 6:8).

"오직 성령의 열매는 사랑과 희락과 화평과 오래 참음과 자비와 양선과 충성과 온유와 절제니 이 같은 것을 금지할 법이 없느니라"(갈 5:22-23).

11. 생명나무를 선택한 결과 3

크리스웰 목사님과 성도들의 생명 소나타

　미국 댈러스에 침례교회의 황태자라고 이름하는 유명한 크리스웰 목사님이 있습니다. 이미 고인이 되었습니다만, 세계 침례교회에 미친 영향력은 가히 가공할 만큼 엄청납니다. 한마디로 침침한 침례교회를 광명한 침례교회로 바꾸어 놓았습니다. 그분이 젊었을 때부터 댈러스 제일침례교회를 섬기셨는데, 젊을 때부터 사냥을 좋아했습니다.

　하루는 이분이 사냥을 갔는데, 깊지도 않은 산속에서 노루가 보이는 것이 아니겠습니까? 그래서 정조준을 하고 노루의 머리통을 쏴서 사냥에 성공한 것입니다. "주여, 사냥 첫 시간부터 순적하게 노루를 만나게 해주셔서 감사합니다." 그런 마음을 가지고 쓰러져 있는 노루에게 갔더니, 아뿔싸, 노루가 쓰러져 있는 것이 아니라 사람이 쓰러져 있는 것이 아닙니까? 얼마나 큰일입니까?

　나중에 알고 보니까 어떤 여자분이 노란색 옷을 입고 산책하러 왔다가, 갑자기 소변이 마려워서 수풀 속에서 일을 보고 있는데, 그만 크리스웰 목사님의 눈에는 그 모습이 노루로 보여서 그 여자를 쏴 버린 것입니다. 정말 목사님의 눈에 뭐가 씌어도 보통 씐 것이 아니었습니다. 그래서 졸지에 살인자가 된 것이 아닙니까?

　그러므로 혹시라도 여자분들이 산에 등산 가실 때는 절대로 노란 옷을 입고 가지 말아야 합니다. 혹여 모르고 노란 옷을 입고 갔다 하더라도 소변이 마려우면 앉아서 보시지 말고 서서 볼일을 보아야 합니다. 이것은 결코 성희롱의 표현이 아니라 다 생각해서 드리는 말씀입니다. 바로 이 여자분이 노란 옷을 입고 가서 총에 맞아 죽었으니 말입니다.

그래서 졸지에 크리스웰 목사님은 살인자가 되어 버렸습니다. 그러니 어떻게 목회를 하겠습니까? 아무리 젊고 설교를 잘하고 리더십이 있고 능력이 있어도 침례교단법은 살인을 한 목사는 더 이상 강단에서 설교를 할 수가 없게 되어 있었습니다. 그래서 그는 어쩔 수 없이 교인들에게 버림을 받아야 했습니다. 침례교 운영위원들(장로교로 말하면 장로들에 해당)은 안타까운 마음으로 기도를 했습니다.

"하나님, 크리스웰 목사님 같은 분이 이런 일을 당하시다니, 얼마나 안타깝습니까? 설교도 잘하고 가슴에 꿈이 있고 리더십도 있고 앞길이 구만리 같은 젊은 목사님인데, 어떡하란 말입니까? 저희 마음도 아픈데 주님의 마음은 얼마나 아프시겠습니까? 그러나 사람을 죽였으니 저희도 어쩔 수가 없습니다. 그러니 크리스웰 목사님과 같은 설교도 잘하고 능력이 많은 후임자를 저희 교회에 보내 주십시오."

이렇게 기도를 하는데 성령께서 운영위원들의 마음속에 깊은 감동을 주십니다. "종들아, 나는 이미 크리스웰을 용서하였다. 그러니 너희들도 용서할 수 없겠느냐? 그리고 크리스웰 목사를 너희들의 목자로 받아들여 줄 수 없겠느냐? 진정한 사랑은 허다한 죄를 덮는 것이지 않느냐?"

그래서 두렵고 떨리는 마음으로 운영위원들은 침례교 사무총회를 열었습니다. 사무총회란 장로교회로 말하면 공동의회를 말합니다. 그 자리에서 운영위원들이, 자기들이 응답받고 감동받은 이야기를 성도들에게 했습니다. 그러자 성도들이 이구동성으로 이렇게 말하는 것이 아닙니까?

"여러분, 우리가 목사님의 허물을 덮읍시다. 그까짓 제도와 규칙이 무엇입니까? 우리가 한마음이 되어 크리스웰 목사님을 더 훌륭한 목사님이 될 수 있도록 받들면 되는 것이 아닙니까?"

그 회의장에 성령께서 임재하셔서 그들로 하여금 결정적인 순간에 생명나무를 선택하도록 역사하신 것입니다. 회의 분위기는 잘못을 따지고 선악을 말하는 사람들이 하나도 없었습니다. 모두 다 성령의 감동으로 젖은 눈, 뜨거운 목젖으로 "그래, 우리가 하나님의 감동에 순종합시다. 하나님의 사랑과 용서와 은혜로 크리스웰 목사님의 허물을 덮어 버립시다. 일부러 사람을 죽인 것도 아니고 모르고 그랬는데, 우리가 주님의 사랑으로 포용하고 덮으면 되지 않겠습니까?"라고 했습니다.

모든 성도들이 크리스웰 목사님을 용서하고 허물을 덮었습니다. 그래서 크리스웰 목사님은 다시 댈러스 침례교회 강단에 섰습니다. 그후 그는 강단에 설 때마다 눈물샘이 터지는 것이 아니겠습니까? 그 엄청난 하나님의 사랑과 성도들의 용서를 한 몸에 받고 보니, 설교할 때마다 울었습니다. 그냥 우는 것이 아니라 엉엉 울었다고 합니다.

주님의 사랑과 용서, 성도들의 포용과 덮어 줌을 가슴 깊이 느끼며 설교를 하니 어찌 울음이 터지지 않겠습니까? 목사님이 설교를 하면서 우니까, 성도들은 더 크게 울었습니다. 목사님이 울면서 설교를 하는데 어찌 성도들이 어항 속에 있는 금붕어처럼 눈만 껌벅껌벅하고 있겠습니까? 그래서 온 성도가 설교에 은혜 받고 감동하고, 사랑하고 섬기는 은혜로운 교회가 되어서 계속해서 성장을 거듭하였습니다.

그때 크리스웰 목사님이 가장 좋아했던 설교 제목이 무엇인지 아십니까? "과거를 묻지 마세요." 그래서 댈러스 제일침례교회는 온 댈러스를 복음화시키고, 미국에서 가장 큰 교회로 부흥되었습니다. 또한 크리스웰 목사님과 댈러스 제일침례교회의 영향으로 인하여 미국의 침례교회가 더 크게 부흥하였고, 우리나라 몇몇 목사님들도 그 영향을 받아서 우리나라 침례교회에까지 영향을 미쳤던 것입니다.

뿐만 아니라 크리스웰 목사님은 미국 침례교회 총회장과 세계침례교회연맹 총재를 두 번이나 하였습니다.[56] 우리나라의 극동방송 이사장으로 계시는 존경하는 김장환 목사님께서도 세계침례교회연맹 총재를 한 번 하셨습니다만 말입니다.

---

[56] 미국의 저명한 목회자요 강해 설교가였던 크리스웰 목사님은 54권의 저서를 남겼다. 그의 대표적인 저서로는 《목회자 지침서》, 《이사야 강해》, 《현대 성령론》, 《두 손에 성경을 들고》 등이 있다. 그는 교인들의 용서에 깊은 감동을 받아 평생 용서를 그의 목회 철학의 핵심으로 삼아 목회를 하였다. 특히 그는 새들백 교회의 릭 위렌 목사에게 큰 영향을 끼쳤다. 릭 위렌은 1973년 11월 샌프란시스코에서 개최된 캘리포니아 침례교 대회에서 크리스웰 목사의 설교를 듣고 목회자로서의 소명을 확신하게 되었다.

몇 년 전에 세계침례교회연맹 사무총장 덴톤 로츠 목사님이 왔다 간 적이 있지 않습니까? 제가 그분에게 "크리스웰 목사님을 아느냐?"고 물었더니, "크리스웰 목사님은 미국뿐만 아니라 세계 침례교회에 큰 영향력을 미친 정말 훌륭한 목사님"이라고 하는 것입니다.

그런데 누가 그런 훌륭한 목사님을 만들었습니까? 누가 미국 댈러스 침례교회의 부흥의 역사와 위대한 생명의 열매를 맺게 만들었습니까? 생명나무를 선택하고 주님의 용서와 사랑을 경험한 사람들이었습니다. 그들이 생명나무를 선택하고, 주님의 은혜를 선택하였을 때, 이런 상상할 수도 없는 엄청난 생명의 역사와 생명의 열매를 맺게 되었습니다.

만약 그때 자기 마음에 안 든다고 선악과나무를 선택하며 목회자를 비난하는 성도들로만 가득했다면, 크리스웰은 어떻게 되었겠습니까? 허물을 들추어내고 헐뜯고 법적으로 따져서 목회자를 내쫓는 교인들로만 가득했다면, 크리스웰 목사님은 어떻게 되었겠습니까?

그러나 생명나무를 선택하는 사람들, 주님의 용서와 사랑을 선택하는 사람들이 그런 눈부신 생명의 열매를 주렁주렁 맺게 하였습니다. 그리고 위대한 부흥의 업적들을 이루었습니다. 그들은 먼저 자기 안에서 터질 듯한 풍성한 생명을 누렸고, 기쁨과 감격으로 넘쳤습니다. 그리고 그 위대한 크리스웰 목사님을 나오게 하였고, 그 큰 댈러스 침례교회에 생명의 열매와 부흥의 역사를 이루었습니다.

그래서 잠언서는 생명나무를 이렇게 표현하고 있습니다.

"온순한 혀는 곧 생명나무이지만 패역한 혀는 마음을 상하게 하느니라" (잠 15:4).

이처럼 생명나무를 선택하게 되면 내면이 먼저 생명으로 풍성하여 입술에서 생명의 말, 온순한 말만 하게 됩니다. 결코 원망과 비방과 비난의 말을 하지 않습니다. 입술을 통하여서도 생명의 열매만 맺히게 됩니다. 댈러스 침례교회 교인들이 그런 생명의 역사를 만들었습니다.

제가 댈러스에 집회를 갔을 때 맨 먼저 간 곳이 어디인 줄 아십니까? 바로 이 댈러스 제일침례교회였습니다. 그곳에 가자 제 마음이 울컥하고 제 영혼의 눈에서 감격과 감탄의 눈물이 줄줄 흘러내렸습니다. 그 교회는 1970년대에 지은 교회인데, 본당이 거의 우리 교회 본당만합니다. 1970년대에 얼마나 큰 교회였겠습니까?

그리고 크리스웰 기념관에 가서 그분의 족적을 하나하나 살피면서 잠시 기도와 묵상에 잠겼습니다. '아, 크리스웰 목사님도 위대하지만, 그때 크리스웰 목사님을 용서하고 덮어 주었던 운영위원(장로)들과 교인들이 얼마나 위대한 사람들인가? 얼마나 하나님의 은혜를 많이 받고 사랑을 많이 받은 사람들이기에 그렇게 사람을 죽인 목사님을 용서하고 덮을 수 있었던 것인가?'

만약 그들이 선악과적인 마인드로 침례교단의 법이나 따지고 규칙이나 따지고 제도나 따지면서 크리스웰 목사님을 쫓아내 버렸다면 어떻게 되었겠습니까? 저는 이런 상념 속에 잠겼습니다. '아, 이런 이야기는 한국 교회와 세계 교회에 많이 전해져야 한다'고 생각했습니다.

크리스웰 목사[57]

댈러스 제일침례교회 앞에서

지금 우리 한국 교회는 얼마나 서로 비난과 정죄와 공격하는 일로 가득 차 있습니까? 같은 교회끼리 서로 얼마나 미워하고 증오하고 있으며, 한 피 받아 한 몸을 이룬 형제자매들이 법정에서 얼마나 공방하며 싸우고 있습니까? 그래서 지금 우리 한국 교회가 얼마나 공허와 혼돈으로 소용돌이치고 갈등하고 있습니까? 얼마나 몸살을 앓고 있습니까?

좀 이해하면 안 됩니까? 좀 용서하면 안 된단 말입니까? 좀 허물

---
57) http://www.wacriswell.com/

을 덮어 주고 보듬을 수는 없단 말입니까? 서로 미워하고 증오하면 자기 스스로 미움과 증오의 감옥 안에서 얼마나 괴롭고 고통스럽습니까? 비록 그가 선악 판단의 싸움에서 이겼다고 합시다. 아니, 법정까지 가서 나의 주장과 생각이 옳다고 인정받고 승소했다고 합시다. 아무리 승소하고 승리한다 할지라도, 마음속으로 사랑과 용서가 없으면 스스로 패자요, 미움과 증오의 노예가 된다는 것을 모른단 말입니까?

그럼에도 불구하고 왜 그렇게 선악의 노예로 살아가려고 하는 것입니까? 왜 그렇게 선악 판단만 일삼고 미움과 증오와 비판과 정죄만 하고 살아갑니까? 겉으로는 그렇게 윤리와 도덕을 말하면서도, 왜 그렇게 마음은 정죄와 공격의 칼날들로 가득 차 있느냐 말입니다. 그래서 행복합니까? 그래서 평안과 기쁨으로 가득합니까? 아! 그 간교한 나의 마음, 그 추악한 선악의 마인드와 자존심 때문이 아닙니까?

♪ 내가 먼저 손 내밀지 못하고 내가 먼저 용서하지 못하고
　내가 먼저 웃음 짓지 못하고 이렇게 머뭇거리고 있네
　그가 먼저 손 내미길 원했고 그가 먼저 용서하길 원했고
　그가 먼저 웃음 주길 원했네 나는 어찌 된 사람인가
　오 추악한 나의 욕심이여 오 서글픈 나의 자존심이여
　왜 나의 입은 사랑을 말하면서 왜 나의 맘은 화해를 말하면서
　왜 내가 먼저 져줄 수 없는가 왜 내가 먼저 손해 볼 수 없는가
　오늘 나는 오늘 나는 주님 앞에서 몸 둘 바 모르고
　이렇게 흐느끼며 서 있네 어찌할 수 없는 이 마음 주님께 맡긴 채로

그러므로 생명나무를 선택해야 합니다. 특별히 주님의 새 계명인 사랑과 용서를 실천해야 합니다. 주님이 우리에게 새 계명을 주시지 않았습니까?

> "새 계명을 너희에게 주노니 서로 사랑하라 내가 너희를 사랑한 것같이 너희도 서로 사랑하라 너희가 서로 사랑하면 이로써 모든 사람이 너희가 내 제자인 줄 알리라"(요 13:34-35).

우리가 먼저 사랑의 계명을 지킬 때 우리의 영혼과 마음이 넓어지는 것을 경험하게 됩니다. 그리고 그리스도 안에서 스스로 기쁨과 감격과 행복이 넘쳐나게 됩니다. 아니, 그것을 넘어서 우리의 삶 속에 생명의 열매가 가득가득 맺히게 됩니다. 생명의 기이한 역사들이 많이 나타나고 성령의 열매들이 주렁주렁 맺히게 됩니다.

5) 축복과 기적과 형통의 길이 활짝 열리게 됩니다.

에덴 동산에서 아담과 하와가 선악과를 따 먹기 전에는 얼마나 형통한 삶을 살았습니까? 그는 눈을 감으나 뜨나 하나님의 임재를 느꼈고, 하나님이 주시는 지혜와 축복으로 만물의 영장이 되어 모든 창조 세계를 다스렸습니다. 한마디로, 그는 하나님의 통치와 다스림 안에서 마음먹는 대로 다 되고, 명령하고 다스리는 대로 다 되는 삶을 살았습니다.

하물며 그 상태에서 아담이 생명나무를 선택하고 따 먹었더라면 얼마나 형통의 원리 속에서 잘 살았겠습니까? 삶 자체가 계속해서 기적이고 축복이고 형통이었을 것입니다. 괜히 선악과를 선택해서 온갖 가시와 엉겅퀴와 찔레의 저주로만 가득한 에덴의 동쪽으로 쫓겨난 것이 아닙니까?

오늘날에도 생명나무를 선택하면 온갖 축복과 기적과 형통의 법칙 속에서만 살게 됩니다. 왜 그렇습니까? 생명나무에는 그런 형통의 원리와 축복의 법칙과 승승장구의 은혜가 있기 때문입니다. 비록 우리가 육체적으로는 선악과를 따 먹은 아담과 하와의 후손들이지만, 그러나 다시 제2의 생명나무 되시는 예수님을 믿고 하나님의 자녀가 된 사람들이 아닙니까?

그러므로 생명나무 되시는 예수 그리스도를 믿고 거듭난 하나님의 백성이라면, 이제는 생명나무 되시는 예수님의 생명과 말씀을 따라 살아가는 사람들입니다. 다시 말하면, 아담의 법과 죄와 사망의 법으로 살아가는 것이 아니라, 예수님의 법과 생명으로 살아가는 사람들이란 말입니다.

"이는 그리스도 예수 안에 있는 생명의 성령의 법이 죄와 사망의 법에서 너를 해방하였음이라"(롬 8:2).

따라서 우리가 예수님의 법을 따라 살고, 예수님의 정신과 사상과 생명과 말씀을 따라 살아간다면, 우리는 항상 형통하고 승리하게 되어 있습니다. 아무리 이 세상이 저주와 질병과 고통과 문제가 많은 곳이라 할지라도, 언제든지 예수님 안에서 축복과 기적과 형통의 길이 활짝 열리는 삶을 살아갈 수 있습니다.

11. 생명나무를 선택한 결과 3

왜냐하면 이런 사람은 생명나무의 은혜와 축복의 법칙이 그 사람의 삶을 이끌어 가게 되어 있기 때문입니다. 아니, 이런 사람에게 하나님께서 하늘 문을 활짝 열어 주시기 때문입니다. 그래서 언제나 축복의 주인공, 기적의 주인공, 형통의 주인공이 됩니다.

잠언서를 보면 소원이 이루어지고 형통하게 되는 것이 생명나무라고 말합니다. 즉, 소원이 이루어지는 것 자체도 생명나무이거니와, 그것으로 인해 은혜가 되고 생명이 되며 하나님께 더 감사하고 찬양하게 되는 것이 생명나무라고 표현하고 있습니다. 그것도 그냥 누구나의 소원이 아니라, 하나님만을 신뢰하는 의인의 소원입니다.

"소망이 더디 이루어지면 그것이 마음을 상하게 하거니와 소원이 이루어지는 것은 곧 생명나무니라"(잠 13:12).

"의인의 열매는 생명나무라 지혜로운 자는 사람을 얻느니라"(잠 11:30).

논의 물꼬가 터져야

저는 시골에서 농사꾼의 아들로 태어나서 이런 일을 누구보다 잘 알고 있습니다. 시골에서 농사를 지을 때 모내기철이 돌아오면 저수지의 수문을 열지 않습니까? 저수지의 수문을 열어 놓으면 물이 도랑으로 흘러갑니다. 그러면 그 도랑으로 가는 물을 받으려고 사람들이 논에 물꼬를 터놓습니다. 그래야 그 물꼬를 통해서 물이 논으로 들어오고, 물이 논에 들어와야 모내기를 하기 때문입니다.

그러나 아무리 도랑에 물이 흘러가도 내 논에 물꼬가 닫혀 있으면 그 저수지 물은 우리 논과 아무런 상관이 없었습니다. 그렇게 되면 모내기도 할 수 없고, 농사도 지을 수가 없었습니다. 그렇기 때문에 논의 물꼬를 반드시 터 놔야 합니다.

인생을 살면서 복 받고 싶지 않은 사람이 어디 있겠습니까? 형통하고 싶지 않은 사람이 어디 있겠습니까? 누구나 다 기적의 주인공이 되고 싶고, 직장에서 승진하고 싶고, 사업이 잘되고 승승장구하고 싶습니다. 그러나 중요한 것은 우리에게 하늘 문이 열리는 것입니다. 우리 논에 물꼬가 터져야 하는 것처럼, 하늘 보좌에서 하나님이 하늘 문을 열어 주셔야 합니다. 그 하늘 문을 통하여 은혜의 물꼬가 터지고, 축복의 물꼬가 터지고, 형통의 물꼬가 터지고, 기적의 물꼬가 터져야 합니다. 그래야 우리가 이 땅에서 축복의 주인공이 될 수 있습니다. 형통의 주인공, 기적의 주인공이 될 수 있습니다.

그런데 어떤 사람에게 하늘 문이 열립니까? 생명나무를 선택하는 사람에게 하늘 문이 열립니다. 생명나무를 선택하는 사람에게 하나님이 하늘 문을 활짝 열어 주신다는 말입니다. 그리고 하늘 문이 열린 사람만이 언제나 형통의 삶을 살고, 축복의 삶을 살아가며, 기적의 삶을 살아가게 됩니다.

선악과를 선택하는 사람은 그렇게 똑똑하게 보이고 아무리 바른 말만 하는 것 같아도, 은혜의 물꼬가 닫혀 버립니다. 축복과 형통과 기적의 물꼬가 닫혀 버립니다. 아무리 그가 윤리적인 삶을 살고 도덕적인 삶을 사는 것 같아도, 은혜의 물꼬와 축복의 물꼬가 닫혀 버리면 무슨 소용이 있단 말입니까? 얼마나 억울한 삶을 사는 사람입니까?

그러나 생명나무를 선택하는 사람을 보면, 언제나 하늘 보좌로부터 은혜의 물꼬가 터져 있습니다. 생명의 물꼬가 활짝 열려 있습니다. 기적의 물꼬, 형통의 물꼬가 활짝 열려 있습니다. 그래서 항상 역전 드라마의 주인공이 되고, 패자 부활전의 영웅으로 살아갑니다. 하나님이 힘이 되어 주시고 기적의 원리와 축복의 법칙이 되어 주셔서 기적의 면류관, 영광의 면류관, 황홀한 축복의 면류관을 씌워 주시기 때문입니다.

내가 생명나무를 선택하며 하나님을 더 사랑하겠다는데 누가 잔소리를 한단 말입니까? 정말 원망할 수밖에 없고 절망할 수밖에 없는 그런 상황 속에서도, 하나님께 더 감사하고 찬양하고 하나님을 더 사랑하겠다는데 누가 말린단 말입니까?

오히려 그때 감동받을 분이 따로 계십니다. 그분이 누구십니까? 바로 저 하늘에 계신 우리의 하나님입니다. 생명나무를 선택하는 그 열정, 역경과 절망의 환경에서도 하나님만 사랑하겠다는 그 역설적인 신앙 때문에 하나님이 감동하시고, 반드시 하늘 보좌에서 기적의 물꼬, 축복의 물꼬, 형통의 물꼬를 터주십니다.

하나님이 우리에게 복 주시는데 누가 방해를 한단 말입니까? 하나님이 우리를 높여 주시고 존귀하게 하신다는데 누가 감히 막을 수 있단 말입니까? 하나님이 우리에게 기적의 면류관, 축복의 면류관을 씌워 주시는데 누가 잔소리를 하겠습니까? 그리고 누가 거절하고 항거하고 저항할 수 있겠습니까? 하나님이 불가항력적인 은혜를 주시는 것인데 말입니다.

> ♪ 반드시 내가 너를 축복하리라 반드시 내가 너를 들어 쓰리라
> 천지는 변해도 나의 약속은 영원히 변치 않으리
> 두려워 말라 강하고 담대하라
> 낙심하며 실망치 말라 낙심하며 실망치 말라 실망치 말라
> 네 소원 이루는 날 속히 오리니 내게 영광 돌리리
> 영광의 그날이 속히 오리니 내게 찬양하리라

인생에는 우리가 모르는 높음과 깊음의 세계가 있습니다. 우리가 이해할 수 없는 더 높은 세계와 깊음의 세계가 있단 말입니다. 그렇기 때문에 생명나무를 선택하면 우리가 상식과 합리적인 생각으로 경험할 수도 없고, 전혀 알 수도 없고, 이해할 수도 없는 그런 세계를 경험할 수 있습니다.

조용기 목사님의 눈물의 기도

1958년 조용기 목사님께서 전도사 시절에 불광동에서 천막을 치고 교회를 개척하실 때였습니다. 그때 교인이 다섯 명이었는데, 한 성도 부부가 태어나자마자 간암에 걸린 갓난아이를 안고 왔다고 합니다. 새카맣게 다 죽어가는 아이, 그 아이를 안고 와서 조용기 전도사님께 기도해 달라고 말입니다.

그때 그 부부의 심정이 어떠했겠습니까? 당시 그 아이의 아버지는 육군사관학교와 서울대에서 강의를 하셨던 분이었습니다. 그러나 하나님의 기적을 믿고 조용기 전도사님을 찾아온 것입니다. 당시 조용기 전도사님도 폐병 환자였기 때문에 각혈을 하던 중이었습니다.

그런데 그 젊은 전도사님 앞에 무릎을 꿇고 겸손하고 간절하게 기도를 받는 것입니다. 조용기 전도사님은 다 죽어가는 갓난아이, 새카맣게 죽어가는 갓난아이를 품에 안고 눈물로 기도해 주셨습니다. 허리가 끊어지고 창자가 파열될 정도로 기도해 주셨습니다.

그 기도로 그 아이는 기적같이 살아났습니다. 그리고 그 아이의 아버지는 순복음교회의 초대 장로님이 되셨고, 그 아이는 자라서 훌륭한 목회자가 되어 미국 애틀랜타에서 큰 목회를 하고 있고 아이티 나라에 선교를 크게 하고 있습니다. 그 목사님 이름이 이방석 목사님이라고 합니다. 조용기 목사님이 앉으실 방석이 되라고 방석이라고 지었다는 것 아닙니까?

생명나무를 선택하는 자에게 그런 기적과 축복의 역사가 오늘날에도 얼마든지 이루어집니다. 그런 형통과 영광의 역사가 얼마든지 일어납니다. 사회자가 이방석 목사님을 소개할 때, 그 목사님이 조용기 목사님이 앉아 계시는 자리 앞에 와서 무릎 꿇고 큰절을 하였습니다. 저는 그 모습을 보면서 매우 큰 은혜를 받았습니다.

'세상에, 어떻게 하든지 조용기 목사님을 끌어내리려고 하는 사람들이 있는가 하면, 저렇게 은혜 받고 넙죽 절하는 사람도 있구나' 하고 말입니다. 그리고 이렇게 결심했습니다. '아, 나도 생명나무를 더 선택해서 영육간에 다 죽어가는 사람을 더 많이 살려야겠구나.'

저도 부족하기 짝이 없지만, 예수 믿고 집에서 쫓겨난 그날부터 생명나무를 선택하는 삶을 살려고 몸부림을 쳤습니다. 그러면서 그 어떤 상황과 환경에서도 제가 입버릇처럼 고백했던 말씀이 시편 18편 1절 "나의 힘이신 여호와여 내가 주를 사랑하나이다"라는 말씀이었습니다. 항상 이 말씀을 노래했으며 눈물로 찬양했습니다. 그것만이 제게 생명이 되었고 기적의 길이었기 때문입니다. 그랬을 때 하나님께서 제 인생에도 엄청난 기적의 면류관, 영광의 면류관을 씌워 주셨습니다.

그러므로 생명나무를 선택해야 합니다. 어떤 상황, 어떤 환경에 처하더라도 먼저 하나님을 의지하고 하나님께 감사하는 습관을 가져야 합니다. 의도적으로 하나님을 사랑하고 하나님께 찬양해야 합니다. 이미 결정된 것 가지고 고민할 필요가 없습니다. 그리고 이미 과거의 결정된 운명을 놓고 번민하고 방황할 필요가 없습니다.

지금 내가 더 잘할 수 있는 것에 관심을 가져야 합니다. 이미 지나간 내 운명, 과거에 결정된 내 운명은 하나님도 어쩔 수 없습니다. 하나님은 그 과거에 깨져 버린 운명, 박살난 과거의 사건을 전화위복으로 바꾸어 주시는 하나님이지, 과거의 사건을 없게 하시고 결정된 과거를 고치시는 분이 아닙니다.

11. 생명나무를 선택한 결과 3

내가 더 잘할 수 있는 것에 관심을 갖고 정말 하나님을 사랑하고 목숨을 걸고 주님을 찬양할 때, 주님이 감동을 받으시고 우리의 현재의 상황과 미래의 환경을 고쳐 주시고 바꿔 주십니다. 과거에 있는 것을 없다 하시고 이미 지나간 과거의 역사를 왜곡하시는 하나님이 아닙니다.

그러므로 어떤 상황에서도 하나님을 더 사랑하고 목숨 걸고 충성해야 합니다. 어떤 환경에서도 하나님을 감동시켜야 합니다. 우리의 사랑, 우리의 찬양, 우리의 헌신과 충성으로 하나님을 감동시켜야 합니다. 어려움이 올수록 하나님을 더 사랑한다고 고백하고, 하나님께 더 충성하고 눈물로 헌신해야 합니다. 그렇게 해서 우리 하나님께 부담을 주고 하나님의 마음을 감동시켜야 합니다.

그럴 때 하나님이 우리에게 기적의 면류관을 씌워 주시고, 역전의 면류관, 영광의 면류관을 씌워 주십니다. "나의 힘이 되신 여호와여, 내가 주님을 사랑합니다. 나의 힘이 되신 여호와여, 내가 주님을 더 사랑합니다."

♪ 나의 힘이 되신 여호와여 내가 주님을 사랑합니다
주는 나의 반석이시며 나의 요새시라
주는 나를 건지시는 나의 주 나의 하나님
나의 피할 바위시요 나의 방패시라

나의 하나님 나의 하나님
생명의 면류관으로 내게 씌우소서

역전의 면류관으로 내게 씌우소서
영광의 면류관으로 내게 씌우소서

나의 하나님 나의 하나님
그는 나의 여호와 나의 구세주

6) 거룩한 역전의 은혜, 패자 부활전의 역사가 일어납니다.

에덴 동산에서 아담이 선악과를 따 먹기 전에는 얼마나 은혜가 넘치고 형통한 삶을 살았습니까? 아니, 생명나무를 선택했더라면 더 가득하고 영원히 형통한 삶을 살았을 것입니다. 그러나 아담과 하와는 선악과를 따 먹고 저주와 멸망과 영원한 패배의 길로 전락해 버리고 말았습니다.

그런데 그들은 사실 선악과를 따 먹기 전부터 이미 사탄의 유혹으로 마음이 더럽혀진 상태라고 할 수 있습니다. 사탄의 유혹을 받고 하와는 이미 마음속으로 은밀한 죄를 짓기 시작한 것입니다. 다시 말하면, 그의 마음이 이미 오염되고 더럽혀져 버리고 말았습니다.

하와는 먼저 말씀을 삭제하는 우를 범하고 말았습니다. 사탄이 하와에게 접근하여 간교하게 물어보았습니다. "하나님이 참으로 너희에게 동산 모든 나무의 열매를 먹지 말라고 하시더냐?" 그러자 하와가 뭐라고 대답한 줄 아십니까?

"여자가 뱀에게 말하되 동산 나무의 열매를 우리가 먹을 수 있으나"

(창 3:2).

하나님은 창세기 2장 16절에서 "동산 각종 나무의 열매는 네가 임의로 먹되"라고 했습니다.

"여호와 하나님이 그 사람에게 명하여 이르시되 동산 각종 나무의 열매는 네가 임의로 먹되"(창 2:16).

여기 '각종'이라는 말과 '임의로'라는 말은 하나님이 아담에게 주시는 은혜가 얼마나 풍성한가를 보여주고 있는 표현이 아닙니까? 그러나 하와는 이 말을 삭제해 버림으로써 은혜가 풍성하시고 자비가 많으신 하나님을 은근히 끌어내리고 맙니다.

그런가 하면 하와는 하나님의 말씀을 흐리게 하는 실수를 범했습니다.

"동산 중앙에 있는 나무의 열매는 하나님의 말씀에 너희는 먹지도 말고……"(창 3:3).

이 구절을 보면 하와는 마치 하나님께서 동산 중앙에 있는 모든 나무의 열매를 다 따 먹지 말라고 하신 것처럼 말합니다. 그러나 언제 하나님께서 동산 중앙에 있는 모든 나무 열매를 따 먹지 말라고 하셨습니까? 하나님께서는 생명나무 열매는 먹고, 선악과나무 열매만 따 먹지 말라고 하신 것이 아닙니까? 그럼에도 불구하고 하와는 하나님께서 동산 중앙에 있는 생명나무까지도 못 먹게 하신 것처럼 말씀을 흐리고 있지 않습니까?

그런가 하면 하와는 말씀 첨가의 죄를 지었습니다. 하나님은 먹지 말라고만 하셨지, 만지지도 말라는 말씀은 하지 않으셨습니다. 그냥 먹지만 말라고 하셨습니다.

"선악을 알게 하는 나무의 열매는 먹지 말라 ……"(창 2:17).[58]

그러나 하나님께서 만지지도 말라고 하신 것처럼, 자기 마음대로 하나님의 말씀을 첨가해 버리고 말았습니다.

"……하나님의 말씀에 너희는 먹지도 말고 만지지도 말라 ……"
(창 3:3).[59]

그다음으로 하와는 변경의 죄를 지었습니다. 하나님은 창세기 2장 17절에서 반드시 죽으리라고 하셨는데, 하와는 자기 마음대로 "죽을까 하노라"고 변경해 버리고 말았습니다.

"……네가 먹는 날에는 반드시 죽으리라 하시니라"(창 2:17).[60]

---

58) 창 2:17, 'וּמֵעֵץ הַדַּעַת טוֹב וָרָע לֹא תֹאכַל מִמֶּנּוּ' "but you must not eat from the tree of the knowledge of good and evil). 영구적 부정을 나타내는 부정어 לֹא(로)를 사용하였다.
59) 창 3:3, "אָמַר אֱלֹהִים לֹא תֹאכְלוּ מִמֶּנּוּ וְלֹא תִגְּעוּ בּוֹ" (God said, 'You shall not eat it or even touch it). 또는 "만지지 말라"고 번역된 히브리어 וְלֹא תִגְּעוּ בּוֹ(베로 티게후 보)를 첨가하였다.
60) 창 2:17(하반절) 히브리어 원문 'מוֹת תָּמוּת' "כִּי בְּיוֹם אֲכָלְךָ מִמֶּנּוּ מוֹת תָּמוּת" (for when you eat of it you will surely die). "반드시 죽으리라"로 번역된 מוֹת תָּמוּת은 칼 부정사 절대형과 미완료를 사용하여 절대적인 죽음을 강조하고 있다.

11. 생명나무를 선택한 결과 3

"……너희가 죽을까 하노라 하셨느니라"(창 3:3).[61]

하와의 눈에 선악과가 보암직도 하고 먹음직도 하고 지혜롭게 할 만큼 탐스럽게 보이지 않았겠습니까? 그러니까 하와는 어쩔 수 없이 선악과를 선택하고 말았습니다. 왜냐하면 아예 내면에서 죄를 지은 거나 다름없었기 때문입니다. 그러나 실제적으로 선악과를 따 먹은 것은 아니었습니다. 그러므로 그때라도 생명나무를 선택했더라면 얼마나 좋았겠습니까?

아무리 마음이 부정을 타고 더럽혀졌다 할지라도, 실제로 생명나무를 선택했더라면 간교한 사탄의 유혹과 시험을 이길 수 있었을 것입니다. 그야말로 원수의 목전에서 상을 베푸시는 하나님의 역전의 영광과 은혜를 경험하였을 것입니다. 아니, 그 선악과를 따 먹으라고 하는 간교한 유혹 속에서도 선악과를 따 먹지 않고 생명나무를 따 먹는 그 자체가 역전의 승리가 아니겠습니까?

무화과나무 그늘 아래서

또 선악과를 따 먹었다고 합시다. 그러나 선악과를 따 먹는 것이 죄인 줄 알고, 그제서야 스스로 회개를 결단하고 하나님께 나아갔더라면 어떻게 되었을까요? 무화과나무 속으로 숨지만 말고 스스로 하나님을 찾아가 회개하고 당장 생명나무를 따 먹었더라면 어떻

---

61) 창 3:3(하반절) 히브리어 원문 "פֶּן־תְּמֻתוּן" (lest you die). "죽을까 하노라"에서 פֶּן은 접속사로 '……하지 않도록'으로 번역할 수 있으며, 창세기 2장 17절의 하나님의 강조적인 의미를 약화시킨다.

게 되었겠습니까?

이것은 어디까지나 신학적 상상에 불과한 이야기입니다만, 어쩌면 하나님께서 그들에게 역전의 은혜와 패자 부활전의 은총을 주셨을지도 모르지 않겠습니까?

어차피 여기서 강조해야 할 것은 하나님의 언약과 은혜이지, 인간의 행위 자체가 아니기 때문입니다. 그러므로 이런 첫 언약이라는 논리 위에서 신학적 상상을 해볼 때, 아담과 하와가 선악과를 따 먹은 후에라도 서로 원망하지 않고 당장 하나님께 나아가 하나님의 은혜와 자비를 구했더라면, 우리가 알지 못하는 하나님의 또 다른 은혜가 임하지 않았을까 하는 상상을 해봅니다. 또 다른 역전의 역사와 패자 부활전의 은혜가 있지 않았을까 하고 조심스럽게 신학적 상상을 해봅니다.

일반적인 역사에 있어서도 '만일'이라는 말을 쓰지 말아야 한다고 하지만, 성경을 연구하고 강의하는 목사의 한 사람으로서 이 부분을 생각할 때마다 참 아쉬운 마음과 미련을 가지지 않을 수 없습니다. 예나 지금이나 하나님은 먼저 회개하고 하나님께 나아오는 자를 버리시는 분이 결코 아니기 때문입니다. 오히려 그런 자에게 하나님의 자비하심을 보여주시고, 역전의 은혜와 패자 부활전의 은총을 베풀어 주시는 분이기 때문입니다.

오늘날에도 우리가 생명나무를 선택하면 하나님께서 항상 역전의 은혜와 패자 부활전의 축복을 허락해 주십니다. 물론 생명나무를 선택할 때 기적과 형통의 길이 열립니다. 그런데 이 역전의 은혜는 그것보다 훨씬 더 적극적인 은혜요, 더 차원 높은 축복입니다. 기적과 형통의 역사는 일상적인 삶 속에서도 일어날 수 있습니다.

그러나 역전의 은혜와 패자 부활전의 역사는 다 끝났다고 생각할 때 오는 축복입니다. 우리의 상황이 다 끝나고 망해 버렸다고 판단될 때, 기가 막히게 임하는 은혜입니다. 누가 뭐라 해도 하나님은 우리에게 역전의 은혜를 주시는 하나님입니다. 먼저 하나님께서는 예수 그리스도를 통해서 우리에게 역전의 은혜를 주시지 않았습니까?

아담과 하와가 선악과를 따 먹고 파멸의 길을 자초했습니다. 그래서 이런 아담과 하와에게 다시는 생명나무를 못 따 먹게 그룹 천사들을 시켜서 생명나무로 가는 길목을 지키게 하셨습니다. 그러니 인간에겐 전혀 소망이 없게 되었습니다. 그러나 하나님은 더 완전하고 영원하신 예수 그리스도를 생명나무로 보여주셨습니다. 다시 말하면, 하나님은 예수 그리스도를 통해서 우리에게 역전의 은혜를 주셨다는 말입니다.

아담과 하와가 선악과를 따 먹고 하나님께 버림받았을 때 사탄은 얼마나 승리의 쾌거를 외쳤겠습니까? 이제 아무리 하나님의 형상대로 지음 받았던 인간이라 할지라도, 그들은 하나님께 버림을 받고 자신의 노예가 되었다고 쾌재를 부르지 않았겠습니까? 이제는 더 이상 하나님의 도성은 존재하지 않고 자신의 도성만 존재할 것이라고 승리의 자축을 했을 것입니다.

생명나무 되시는 예수 그리스도

그러나 인간의 구원과 생명이 끝났다고 절망의 노래를 부를 때, 하나님은 예수 그리스도를 통해서 우리에게 역전의 은혜를 주신 것이 아닙니까? 그러므로 예수 안에는 언제나 역전의 은혜가 있습니다.

"영접하는 자 곧 그 이름을 믿는 자들에게는 하나님의 자녀가 되는 권세를 주셨으니"(요 1:12).

"그가 우리를 흑암의 권세에서 건져내사 그의 사랑의 아들의 나라로 옮기셨으니 그 아들 안에서 우리가 속량 곧 죄 사함을 얻었도다"(골 1:13-14).

이 얼마나 위대한 구속사적인 역전입니까? 그뿐만 아니라 우리가 살면서 정말 망하고 다 끝나 버렸다고 할 때, 그때라도 생명나무 되시는 예수 그리스도를 끝까지 붙잡으면 우리에게 역전의 역사와 패자 부활전의 영광이 나타납니다. 그래서 솔로몬은 잠언서에서 생명나무를 이렇게 기가 막히게 표현하고 있지 않습니까?

"소망이 더디 이루어지면 그것이 마음을 상하게 하거니와 소원이 이루어지는 것은 곧 생명나무니라"(잠 13:12).

"의인의 열매는 생명나무라……"(잠 11:30).

소망이 더디 이루어지면 그것은 늘 마음을 상하게 한다고 하지 않습니까? 그러나 소원이 이루어지고 역전의 역사가 이루어지는 것이 곧 생명나무라고 말합니다. 그런데 그 소원은 아무에게나 이루어지는 것이 아니라 정말 하나님만을 신뢰하고 하나님만을 소망하는 의인, 곧 생명나무를 선택하는 사람의 열매라고 말합니다.

우리가 잘 아는 대로 욥은 다 망해 버리지 않았습니까? 누가 봐도 욥은 절대로 소망이 없었습니다. 모든 재산을 잃고, 자식을 잃었으며, 아내까지도 자신을 저주하고 떠나 버리고 말았습니다. 이건 200% 절망이요, 절대 좌절의 상황이었습니다.

그러나 그 폐허의 잿더미에서도 욥은 생명나무를 선택했습니다. 그 파멸의 잿더미와 재앙의 검은 연기 속에서도, 그래도 욥은 생명나무를 선택하며 하나님께 소망을 두었습니다. 눈물로 하나님을 찬양하고 하나님께 박수치며 감사했습니다. 그랬을 때 욥은 훗날 얼마나 눈부신 역전의 영광을 경험할 수 있었습니까? 얼마나 황홀하고 기가 막힌 패자 부활전의 주인공이 될 수 있었습니까!

오토바이 사고의 교훈

제가 20대 초반에 화순 백암교회를 개척할 때였습니다. 그때 제가 얼마나 힘들고 어려웠는지 아세요? 부락 사람들이 교회를 쫓아내려고 얼마나 핍박을 한지 아십니까? 교회 나가는 사람들을 1만 원씩 벌금을 내게 하고, 교회에다가 똥을 싸고 가는 사람도 있었습니다. 150명, 200명이 술을 먹고 와서 제 얼굴에 가래침을 뱉고 멱살을 잡으면서 죽이겠다는 것입니다.

또 윗마을에는 스님을 초청해 놓고 교회를 망하게 하지요. 아랫마을에서는 점쟁이를 오게 해서 교회를 망하게 굿을 하고, 교인들에게 예수를 못 믿게 흔들어 놓는 것입니다. 말이 그렇지, 얼마나 힘들었겠습니까?

그렇게 마귀의 역사가 심하다 보니까, 왜 그렇게 정 권사님하고 저하고 말다툼도 많이 했는지 모릅니다. 정 권사님이 그 당시 백암리를 오가며 제 개척 사역을 도와주셨습니다. 그런데 싸움의 소재는 거의 배영수 집사 때문이었습니다. 그리고 싸움의 끝은 항상 정 권사님이 보따리를 싸고 간다는 것입니다. "내가 너 아니면 하나님 일을 못할지 아느냐? 이래봬도 나하고 하나님의 일 같이 하자고 하는 사람이 얼마나 많이 있는 줄 알아?" 그러면 저는 "아, 갈 테면 가세요. 내가 뭐 아쉬운 것 있나요……. 가려면 어서 가세요" 했습니다.

그런데 한번은 정말 진탕 싸운 것입니다. 아무것도 아닌 것을 가지고 저녁 내내 선악과를 땄습니다. 그러고 나서 다음 날 오토바이를 타고 가는데, 잠시 뒤를 돌아보다가 아뿔싸, 언덕 아래로 떨어져 버렸습니다. 그래서 제가 오른쪽 어깨의 쇄골이 부러져서 병원에 입원하게 되었습니다. 그런데 정 권사님은 그 다음 날 뼈 붙는 데 좋다고 소 뼈다귀를 끓여가지고 오다가 넘어져서 왼쪽 팔이 부러졌습니다.

제가 선악과를 더 많이 따서 저는 오른쪽 쇄골이 부러졌고, 우리 정 권사님은 왼쪽 팔이 부러졌습니다. 선악과를 따고 나서 얼마나 꼴이 좋습니까? 그래서 저는 병원에 2주 동안 입원해야 했고, 우리

11. 생명나무를 선택한 결과 3

정 권사님은 깁스를 하고 병원을 왔다갔다하면서 저를 도와주어야 했습니다. 그리고 백암교회 주일 설교를 정 권사님이 제 대신 하였습니다. 깁스한 팔을 바바리코트 속에 넣고 안 다친 척하면서 설교를 하셨습니다.

그때 저를 찾아온 사람은 몇 사람 없었습니다. 제 아내는 찾아오지도 않고 "꼴 좋다, 어떻게 하나님을 지성으로 섬기는 사람들인데 한 놈은 오른쪽 어깨가 부러지고, 그렇게 믿음이 좋다고 하는 어머니는 팔이 부러졌느냐"고 흉만 보고 있었답니다. 어느 누구도 찾아온 사람이 없었습니다. 제가 그때 얼마나 회개를 했는지 모릅니다.

그리고 돈이 없으니까 병원비를 일부는 갚고 일부는 외상을 달아 놓고 퇴원을 했습니다. 그래도 병원 원장님이, 돈은 없지만 약속 하나는 분명히 지킬 수 있는 신용 있는 전도사라고 하면서 걱정 말고 나중에 돈 생기면 갚으라고 하였습니다. 퇴원을 하자마자 동네 앞으로 나가 제가 사성장군처럼 얼마나 폼을 재며 걸어 다녔는지 아십니까?

왜냐하면 전도사가 다친 것이 동네방네 소문이 났다고 해서 일부러 그런 것입니다. 아니, 보란 듯이 무거운 것을 들고 마을회관 앞을 얼쩡거리고 다녔습니다. 아직 뼈가 다 붙지도 않았는데 말입니다. 그리고 나서 집에 와서는 "아이고, 어깨야. 아니고, 어깨야" 하고 끙끙 앓았습니다. 제 개인의 자존심 때문이 아니라, 혹시라도 하나님의 영광에 누가 될까 싶어서 그랬던 것입니다.

"그 해 겨울은 따뜻했네……"

저는 그때 돈이 없었습니다. 그 와중에 제가 우리 배영수 집사님 고등학교 수업료까지 준비해야 할 상황이었으니, 어떻게 병원 외상값을 갚겠습니까? 그런데 어느 날 병원으로부터 저에게 이런 말이 들려오는 것입니다. "아, 소강석 전도사는 믿었던 사람인데, 아직도 외상값을 안 갚는다"고 말입니다.

그 병원은 개척 교회 전도사나 신학생들은 외상으로 치료를 많이 해주었습니다. 그러나 "다른 사람은 안 갚아도 소강석 전도사는 갚을 줄 알았는데, 전도사도 떼어먹나 보다"라는 이야기를 듣고 제가 밥이 안 넘어갔습니다.

이래봬도 저는 신용으로 살고, 의리로 살고, 자존심으로 살았던 사람인데, 그런 이야기를 들으니까 억장이 무너졌습니다. 그래서 하나님께 작정 기도를 했습니다. 그러다가 어느 날은 마음에 큰 감동이 와서 무릎을 꿇고 눈물로 하나님 앞에 기도하고 싶었습니다. 당장 헛간 예배당에 가서 무릎 꿇고 얼마나 눈물로 기도하며 울었는지 모릅니다.

"하나님, 제가 욕먹는 것은 괜찮습니다. 그러나 저 때문에 하나님의 이름에 누가 되고, 하나님의 영광이 떨어져서야 되겠습니까? 제발 돈 좀 주시면 제일 먼저 가서 외상값 좀 갚고 싶습니다. 제발 돈 좀 주세요."

정말 주님 앞에 눈물로 애원하고 부르짖었습니다. 찬송하다 기도하고, 기도하다 찬송하고……. 오전 내내 기도하고 찬송했습니다. 그때 불렀던 찬송이 바로 이 찬송입니다.

> ♪ 내 주는 자비하셔서 늘 함께 계시고
> 내 궁핍함을 아시고 늘 채워 주시네
> 주님을 찬송하면서 할렐루야 할렐루야
> 내 앞길 멀고 험해도 나 주님만 따라가리

그 찬송을 눈물로 불렀습니다. 그리고 다시 한 번 부르고 또 불렀습니다. "♪ 내 주는 자비하셔서 늘 함께 계시고 내 궁핍함을 아시고 늘 채워 주시네 주님을 찬송하면서 할렐루야 할렐루야~" 하는데, 갑자기 집배원 아저씨가 오면서 "목사님, 목사님" 하고 부르는 것이 아닙니까?

이 양반은 전도사라는 말을 모릅니다. 기분 좋으면 "목사님" 하고, 그렇지 않으면 저한테 "집사님"이라고 하며 왔습니다. 그날은 목사님이라고 하는 것을 보아 좋은 소식이 있는 것 같았습니다. 그런데 "목사님" 하면서, "미국에서 등기우편 왔습니다. 도장 갖고 나오세요" 하는 것입니다.

그때는 정말 감이 좋았습니다. 사람이 느낌이 있잖아요? 그래서 도장을 찍어 주고 봉투를 딱 열어 보니까 미국으로 이민을 가셨던 고(故) 박종삼 목사님이 700불을 수표로 보낸 것입니다. 그 당시 50만 원 정도 되었을 것입니다.

그때 50만 원이면 얼마나 큰돈인 줄 아십니까? 거의 1년을 생활할 돈이나 다름없었습니다. 세상에 저는 그 수표를 붙잡고 얼마나 울었는지 모릅니다. 그러나 울고만 있어서야 되겠습니까? 당장 광주 외환은행으로 갔습니다. 그리고 돈을 찾아서 병원으로 갔습니다. 병원에 가서 외상값만 갚은 줄 아십니까? 제가 이자까지 다 치고, 그때 당시로서는 정말 귀한 꿀을 2만 5천 원이나 주고 한 병 사가지고 가서 원장님한테 선물한 것이 아닙니까?

"원장님, 제가 이렇게 외상값을 갚으러 왔습니다. 하나님이 주셔서 제가 외상값을 갚으러 왔다니까요." 그러자 원장님이 너무 죄송한 마음으로 "언젠가 올 줄 알았습니다. 소 전도사님은 꼭 갚으러 올 줄 알았습니다. 선물까지 사 오셨는데 어떻게 이자를 받겠습니까?" 하면서 이자를 내주셨습니다.

제가 그것을 안 받을 수 없지 않습니까? 그래서 저는 하나님의 뜻으로 알고 "아니, 이러면 안 되는데, 안 되는데" 하면서 받아서 나왔습니다. 세상에, 그 원장님이 병원 밖까지 나와서 "소 전도사님, 다시는 사고 나지 말고 건강하게 사세요"라고 인사를 하고 손까지 흔들어 주었습니다.

제가 그때 자존심이 회복되고 얼마나 감사했는지……. 10년 묵은 체증이 내려가는 것 같았습니다. 생각하면 생각할수록 얼마나 감사합니까? 어쩌면 그 시간에 하나님이 집배원 아저씨를 보내서 그렇게 돈을 보내주시느냐 말입니다. 물론 적어도 그 돈은 미국에서 일주일 전에 보낸 돈입니다.

그러나 하나님께서 얼마나 저를 감격하게 하고 감사하게 하시려고 눈물로 기도하고 찬송하는 그 순간에 우체부를 보내주시느냐 말입니다. 저의 부족함을 아시고 궁핍함을 아시며, 돈 달라고 할 때 돈을 주시고 채워 주시는 하나님이 무척 감사했습니다.

광주에서 살다 오신 분들은 아시겠지만, 병원이 농성동에 있었는데, 농성동에서 도청 앞까지 제가 일부러 걸어갔습니다. 택시 탈 돈도 있고 버스도 탈 수 있지만, 너무 감사해서 일부러 걸어갔습니다. 걸어가면서 찬송을 부르고 또 부르며 갔습니다.

♪ 내 주는 자비하셔서 늘 함께하시고
　내 궁핍함을 아시고 늘 채워 주시네

이 찬송을 하는데 눈물이 땅으로 툭툭툭 떨어졌습니다. 그렇게 좋을 수가 없었습니다. 그렇게 감사할 수가 없었습니다. 그래서 술 취한 사람처럼 갈 '지' 자로 걸으며 노래를 부르고 춤을 춰 버렸습니다. 아마 그 모습을 본 사람들은 참말로 젊은 놈이 미쳤다고, 종교 망상증에 걸린 것 같다고 혀를 찼을지도 모릅니다. 너무 감격해서 하나님께 눈물로 찬송했습니다.

♪ 내 주는 자비하셔서 늘 함께 계시고
　내 궁핍함을 아시고 늘 채워 주시네
　주님을 찬송하면서 할렐루야 할렐루야
　내 앞길 멀고 험해도 나 주님만 따라가리

그렇게 도청 앞에까지 걸어와서 교회 안수집사님이 경영하는 불로양봉원에서 아카시아 꿀을 한 병 샀습니다. 그리고 거기서 조금 더 걸어가면 남광주 시장이 있었습니다. 거기서 생 인삼을 수만 원어치를 사 가지고 달려왔습니다. 그리고 그것을 우리 권사님한테 드리면서 제가 사과하고 위로해 드렸습니다.

그때는 권사님이 아니라 집사님이었습니다. "집사님, 지난날 저 때문에 얼마나 마음고생이 많으셨습니까? 또 저를 위해 기도하시느라 얼마나 수고가 많으셨습니까? 이것 드시고 꼭 건강하세요." 그리고 나머지 돈은 건축 헌금으로 다 드렸습니다.

그랬을 때 백암교회에 아주 기적 같은 역사들이 일어났습니다. 최매실 씨 사건을 통해서 반전의 역사가 일어났는데, 먼저 마을 부락에서 벌금을 물게 하는 자치법이 없어지게 되었습니다. 그리고 백암교회 성도들은 물론 유중룡 장로님과 장민기 장로님 등을 통해서 빚 하나도 없이 교회가 건축되는 위대한 역전, 역전의 역전을 경험하게 되었습니다.

얼마나 영화 같은 이야기입니까? 제 인생이 얼마나 드라마틱합니까? 나중에 교회를 다 짓고 생각해 보니까, 이 일이 정말 한 편의 드라마와 같았습니다. 그때가 초겨울이었습니다. 그래서 제가 이런 영화 제목을 만들었다는 것이 아닙니까? "그 해 겨울은 따뜻했네……."

그후 무일푼이었지만 믿음으로 서울에 올라와 개척을 하였습니다. 그리고 오늘의 교회에 이르게 하신 것입니다. 저는 한마디로 순탄한 인생을 살아온 사람이 아닙니다. 세상 말로 편안한 팔자로 태어난 사람이 아닙니다. 그야말로 팔자가 아주 드센 사람입니다. 그러나 저에게는 그런 팔자나 운명 따위는 존재할 수가 없었습니다.

그 어떠한 환난과 역경과 궁핍이 와도 먼저 하나님을 신뢰하고 무조건 하나님을 찬양하고 사랑하였을 때, 그 따위 운명이나 팔자는 바뀌고 말았습니다. 아니, 그것은 소 목사 개인뿐만 아니라 수많은 성도들에게까지 그런 역사를 일으키게 하였습니다. 저를 만나는 사람은 대부분 삶이 변화되고 운명이 바뀐 사람들입니다. 무엇으로 말입니까? 바로 생명나무 신앙으로 말입니다.

구미동 성전을 짓고 나자 바로 IMF가 터졌습니다. 그러자 건축 부채는 많은 상태이고 성도들 가운데 실업자도 많았습니다. 그러나 그때도 저는 생명나무를 선택하자고 외쳤습니다. 더 헌신하고 더 전도하자고 했습니다. 그래서 교회도 역전하여 8개월 만에 부채를 갚아 버렸습니다. 실업자 성도들도 황홀한 패자 부활전의 주인공이 될 수 있었습니다.

그러므로 어떤 상황에서든 생명나무를 선택해야 합니다. 그럴 때 위대한 역전의 하나님의 은혜를 경험하고, 패자 부활전의 축복을 누리게 됩니다. 아무리 여러분의 인생이 찢어지고 박살이 나며 산산조각이 난다 하더라도, 생명나무를 선택하는 사람에게는 하나님이 그 삶을 바꾸어 주십니다. 하나님은 반드시 여러분을 역전 드라마의 주인공으로, 패자 부활전의 주역으로 바꾸어 주시고 승귀시켜 주십니다.

12. 선악과를 선택한 사람들 I - 함

"노아가 농사를 시작하여 포도나무를 심었더니 포도주를 마시고 취하여 그 장막 안에서 벌거벗은지라 가나안의 아버지 함이 그의 아버지의 하체를 보고 밖으로 나가서 그의 두 형제에게 알리매 셈과 야벳이 옷을 가져다가 자기들의 어깨에 메고 뒷걸음쳐 들어가서 그들의 아버지의 하체를 덮었으며 그들이 얼굴을 돌이키고 그들의 아버지의 하체를 보지 아니하였더라 노아가 술이 깨어 그의 작은아들이 자기에게 행한 일을 알고 이에 이르되 가나안은 저주를 받아 그의 형제의 종들의 종이 되기를 원하노라 하고 또 이르되 셈의 하나님 여호와를 찬송하리로다 가나안은 셈의 종이 되고 하나님이 야벳을 창대하게 하사 셈의 장막에 거하게 하시고 가나안은 그의 종이 되게 하시기를 원하노라 하였더라"(창 9:20-27)

하나님은 인간을 하나님 의존적 존재로 창조하셨습니다. 그러므로 인간은 오직 하나님만을 의지하며 살아야 했고, 선악 판단의 주체도 하나님으로 삼고 선악 판단의 기준도 하나님 말씀에 두고 살아야 했습니다.

그런데 선악과를 따 먹고 선악의 지식을 추구한 순간부터 인간은 하나님을 떠나 자기 스스로 독립적인 삶을 살아가려고 했습니다. 그리고 하나님 없이 자율적인 판단을 하려고 하는 존재가 되어 버렸습니다. 다시 말하면, 자기가 선악 판단의 주인이 되어 하나님의 말씀을 버리고, 자기 생각과 자기 지식과 자기 기준에 바탕을 두고 판단하는 존재가 되어 버렸습니다. 그것은 인간의 큰 불행이고 저주였습니다.

함이라는 사람이 그런 실수를 범하고 말았습니다. 그래서 그는 영영 저주와 불행의 노예가 되어 버렸습니다.

노아는 참으로 위대한 믿음의 사람이었습니다. 당대의 사람들이 그처럼 비웃고 조롱해도 그는 묵묵히 믿음으로 방주를 지었습니다. 그렇게 시대가 포악하고 패괴하고 죄악이 관영한 때에도 그는 시대의 조류에 휩쓸리지 않고 오로지 믿음을 따라 살았습니다. 그래서 하나님 앞에 구원을 받고 인류의 족보와 씨를 계승해 주었으며, 인류 역사를 보존할 수 있었던 것입니다. 그러니 참으로 대단한 믿음의 사람이 아닐 수 없습니다. 오죽하면 성경은 노아를 당대의 의인이라고 했겠습니까?

노아의 포도주 만취 사건 후에

그런데 이런 노아도 실수를 했습니다. 노아가 배에서 나오던 해부터 포도 농사를 시작하여 몇 년 후에 포도 열매를 풍족하게 거두었습니다. 아마 그 해에는 포도 농사의 대풍년을 맞이한 것 같습니다. 그래서 노아는 아주 흡족하고 행복한 마음으로 포도주를 많이 담가 놓은 것 같습니다.

어느 날 포도주를 진탕 마셨습니다. 물론 이것 역시 노아의 실수였습니다. 포도주를 마셔도 적당히 마셔야지, 왜 진탕 마시냔 말입니다. 그래서 술주정을 하다가 몸에 열이 나는지 옷을 홀딱 벗고 곯아떨어져 버렸습니다. 이 모습을 함이라는 아들이 보고 온 형제와 자식과 조카들에게 아버지의 실수와 허물을 떠들고 다녔습니다.

"여보시오, 여보시오, 나는 보았다오. 나는 보았다오. 나는 우리 아버지 거시기를 보았다오. 우리 아버지가 거시기를 내놓고 저 포도나무 밑에서 곯아떨어져 잠꼬대 소리를 하고 있습니다. 빨리들 와서 봐요."

아마 함의 말을 듣고 다른 가족들이 몰려와 그 모습을 다 보고도 남았을 것입니다. 그러니 웬 수치입니까? 이 무슨 부끄러운 일이란 말입니까? 그게 무슨 자랑이라고 이 사람 저 사람이 다 몰려와서 노아의 부끄러운 모습을 보아야 한단 말입니까?

이때 셈과 야벳이 이 일을 알고 얼른 달려왔습니다. 그리고 함을

12. 선악과를 선택한 사람들 1-함

나무랐을 것입니다. 뿐만 아니라 아버지의 수치를 보고 있는 사람들을 다 쫓아 버렸을 것입니다. 또한 아버지의 하체를 보지 않으려고 뒷걸음을 쳐서 아버지가 누워 있는 곳으로 걸어갔습니다. 자신의 옷을 벗어가지고 아버지의 하체를 덮어 드리고, 다시 얼굴을 반대쪽으로 돌이키며 조심스럽게 나왔습니다. 행여 무심코라도 아버지의 하체를 볼까 싶어서 말입니다. 얼마나 아버지를 존경하고 아끼는 모습입니까?

"가나안의 아버지 함이 그의 아버지의 하체를 보고 밖으로 나가서 그의 두 형제에게 알리매 셈과 야벳이 옷을 가져다가 자기들의 어깨에 메고 뒷걸음쳐 들어가서 그들의 아버지의 하체를 덮었으며 그들이 얼굴을 돌이키고 그들의 아버지의 하체를 보지 아니하였더라"(창 9:22-23).

시간이 지나 노아가 술이 깼습니다. 그리고 자기가 술에 취했을 때 벌어졌던 모든 일들을 다 알게 되었습니다. 특별히 함이라는 놈이 자기에게 어떻게 행했는지 알았고, 셈과 야벳도 자기에게 어떻게 했는가를 다 알게 되었습니다. 그래서 노아는 함을 저주해 버리고 말았습니다. 바로 셈과 야벳의 영원한 종이 되도록 말입니다. 그냥 함을 직접 저주하기보다 함의 아들 가나안을 저주해 버렸습니다. 자기보다 자식을 저주하면 이것은 더 큰 저주가 아닙니까?

반면에, 노아는 셈과 야벳에게 대대로 복을 받도록 축복하였습니다.

"노아가 술이 깨어 그의 작은아들이 자기에게 행한 일을 알고 이에 이르되 가나안은 저주를 받아 그의 형제의 종들의 종이 되기를 원하노라 하고"(창 9:24-25).

결과적으로 노아의 축복대로 셈과 야벳은 후손 대대로 복을 받았지만, 함의 후손은 자손 대대로 셈과 야벳의 종 노릇을 하는 저주를 받게 되었습니다. 바로 함이 선택의 기로에서 생명나무를 선택하지 아니하고 선악과를 선택하였기 때문입니다. 그러면 함은 어떻게 선악과를 선택한 것일까요?

1) 함은 보지 말아야 할 것을 보고, 알아서는 안 될 것을 아는 불행을 자초했습니다.[62]

우리가 인생을 살면서 아는 게 약일 때가 있습니다. 알아서 약이라면 반드시 알아야 합니다. 모르면 병이 될 수 있기 때문입니다. 그래서 사람은 어떻게든지 배우려고 하고 알려고 노력합니다.

그러나 인생이란 아는 것만이 다 약이 되는 것이 아닙니다. 오히려 아는 게 병이 될 수도 있습니다. 차라리 몰랐으면 좋았을 텐데 알아가지고 병이 되고 화가 되는 경우도 있습니다. 그래서 식자우환(識字憂患)이라는 말이 있지 않습니까?

---

[62] 창세기 9장 22절 상반절 "וַיַּרְא חָם אֲבִי כְנַעַן אֵת עֶרְוַת אָבִיו"(Ham, the father of Canaan, saw his father's nakedness). 이 구절에 대한 여러 해석이 있어 왔다. 어떤 학자들은 이 본문을 통해 함이 아버지의 하체를 보고 동성애를 느꼈다고 주장하기도 한다. 그러나 본문에는 전혀 그러한 증거가 보이지 않는다. 히브리어 원문은 함이 아버지의 벗은 모습(nakedness)을 보았다고만 기록할 뿐이다. 레위기 18장 22절에서 동성애에 관한 원어적 표현으로 "너는 남자와 함께 눕지 말라"(לֹא תִשְׁכַּב מִשְׁכְּבֵי אִשָּׁה)로 언급하고 있다.

함은 차라리 보지 않고 몰랐더라면 그것이 약이 되고 복이 되었을 것입니다. 우리가 인생을 살면서 몰라야 할 것도 많이 있습니다. 오히려 몰라야 하는 일을 알게 될 때 인생의 고통이 시작되는 경우가 있습니다. 그것 때문에 병이 되고 불행할 수 있습니다.

예컨대, 우리는 부부 생활을 하면서 오직 여자라고 하는 존재는 아내만 알고 또 남자라고 하는 존재는 내 남편만 아는 것이 가장 속 편하고 행복한 삶을 사는 것입니다. 남편에게는 자기 아내가 기준이 되고, 아내에게는 자기 남편이 기준이 되는 것이 좋습니다. '여자라는 것은 이런 거구나. 남자라는 것이 저런 것이구나.' 자기 남편과 아내를 통해서 여자가 그런 줄 알고 남자가 그런 줄 아는 게 좋단 말입니다.

그런데 어느 날, 자기 아내 말고 다른 여자를 알게 되었습니다. 또 자기 남편 말고 다른 남자를 알게 되었습니다. 그러면서 그 사람은 새로운 세계가 열리는 것마냥 착각을 합니다. 그러다가 그들에게는 불행과 파탄이 찾아옵니다. 그러므로 이런 경우는 처음부터 아예 모르고 사는 것이 귀하다는 말입니다.

우리 신앙생활도 하나님 한 분만을 알고 그분만을 섬기는 것이 가장 큰 행복이요 축복입니다. 그런데 괜히 어떤 특별한 사람으로부터 종교 다원주의 강의를 듣거나 그런 사상에 영향을 받아서 이 종교 저 종교에 심취하기 시작하는 순간, 그것이 탈선이고 탕자의 길을 걸어가는 것입니다.

이스라엘 백성들이 그랬지 않습니까? 광야에서 오직 하나님 한 분만을 섬겼는데 가나안 땅에 들어가서 바알과 아세라의 종교를 알게 되었습니다. 그래서 바알 종교에 살짝 발을 들여놓는 순간부터 그들은 파탄과 멸망으로 치닫게 되었습니다.

이것은 교회 생활도 마찬가지입니다. 그저 내가 섬기는 교회로 만족하고 또 목사님의 지도를 따라야 하는데, 여기저기 성경공부에 기웃거리고 색다른 은혜가 없나 하고 배회하다가 그만 이단의 꾐에 빠져 버리는 사람들이 있습니다. 가만히 교회에 붙어 있지, 왜 바깥을 나돌며 기웃거리다가 이단의 꾐에 빠져 버립니까?

또 그렇지 않더라도 이런 사람들은 교회와 목사님에 대해서 갈등을 하거나 회의적인 수렁에 빠지는 경우가 많습니다. "왜 우리 교회는 이럴까? 왜 우리 목사님은 이렇게 목회하신단 말인가?" 언제나 자기 선입견과 편견을 가지고 불평과 푸념을 할 뿐입니다.

교회의 본질, 신정주의

제가 항상 교회론 강의에서 강조하는 이야기가 있습니다. 어떤 교회이든지 교회는 두 가지 요소로 구성되어 있습니다.[63] 그것은 신적인 요소와 인간적인 요소입니다.

신적인 요소란, 하나님이 주인 되시고 왕이 되시는 거룩한 영적

---

[63] 교회론에 관한 필자의 견해에 관하여는 다음을 참조하라. 소강석, 《신정주의 교회를 회복하라》(서울: 쿰란출판사, 2006).

공동체로서의 교회를 말합니다. 바로 이 신적인 공동체로서의 교회는 하나님이 주인이 되시고 왕이 되셔서 말씀과 성령과 은혜를 통해서 이끌어 가십니다. 한마디로 이런 교회를 신정주의 교회라고 할 수 있습니다.

반면에, 인간적인 요소에는 조직이 있고 질서가 있고 법이 있습니다. 그러므로 이곳에서는 사람이 모여 회의도 해야 하고 합리적이고 민주적으로 운영을 해 가는 것을 중요하게 생각합니다. 한마디로 민주주의적인 교회라고 할 수 있습니다.

그러므로 여기에는 사람이 생각이 다르고 의견이 다르기 때문에 서로 부딪칠 수도 있고 제각각일 수도 있습니다. 왜냐하면 사람들의 개성과 성향이 다르고, 의견이 제각각일 수도 있기 때문입니다. 더구나 사람이 모인 곳이기 때문에 허물이나 실수도 얼마든지 있을 수 있습니다. 목사도 실수할 수 있고 장로도 실수할 수 있는 것입니다.

이처럼 교회에는 두 가지 요소가 있습니다. 그러나 교회의 진정한 본질과 정체성을 알아야 합니다. 그것은 바로 인간적인 제도나 조직에 있는 것이 아닙니다. 교회도 사람이 모인 공동체이니까 물론 제도와 조직이 있고 질서가 있는 것이 당연하지만 그것이 존재하는 목적은 본질과 정체성을 세우기 위함입니다.

그러면 교회의 진정한 본질과 정체성이 무엇입니까? 그것은 바로 하나님이 왕이 되시고 주인이 되셔서 언제나 말씀과 성령과 은혜로 이끌어 가시는 것이 바로 교회의 본질입니다. 이것이 교회의 정체성입니다. 그러니까 교회 안에 있는 그 모든 것들은 신정주의적 교회가 이루어지도록 하기 위해서 인간의 제도와 모든 법과 질서가 존재해야 합니다. 제도와 법 질서는 본질을 서포트하기 위해서 존재한다는 것을 알아야 합니다.

그러므로 우리는 교회 생활하면서 먼저 모든 우리의 시선이 본질을 바라봐야 합니다. 주님이 왕 되시고 주인 되시는 신정주의적 공동체, 곧 교회의 영적인 면을 바라보고 집중해야 합니다. 그리고 그것을 위해서 우리가 섬기고 헌신해야 합니다.

그런데 오늘날 대부분 교인들의 눈은 전부 인간적인 요소에만 집중합니다. 조직과 제도, 운영만 봅니다. 그것을 보는 것은 좋은데 그 자체가 교회인 줄 압니다. 그 교회는 얼마나 영적이고 거룩한가, 또 정말 하나님이 왕이 되시고 주인이 되셔서 교회를 통치하고 다스리고 계신가, 이런 면을 먼저 볼 수 있어야 합니다. 그런데 사람들이 자꾸 보는 것은 그 교회는 얼마나 합리적이고 민주적으로 운영되고 있는가, 사회적인 윤리의 잣대로 재 볼 때 얼마나 투명하며 사회적 규범을 지키고 있는 교회인가, 이런 것만 바라보려고 합니다.

물론 당연히 교회가 사회성이 존재하기 때문에 더 합리적이고 투명하게 운영되어야 합니다. 사회 윤리 앞에서도 정말 떳떳하고 투명하게 운영되어야 하는 것은 분명합니다. 그러나 그것이 본질은 아닌데 그것만이 전부인 것처럼 우선순위를 거기에 둡니다.

본질을 잃어버린 아웃사이더

오늘날 성도들뿐만 아니라 지도자들도 시각이 이렇게 변화되다 보니까, 교회의 본질과 정체성이 흐려지기 시작하는 것 같습니다. 그리고 이것 때문에 교인들이 이성을 잃고 싸우며 목을 걸고 싸웁니다. 본질을 위해서 싸우는 것이 아니라 자기 생각, 자기 기준, 자기 선입견만을 내세우며 싸웁니다.

그러다가 스스로 마이너가 되고 아웃사이더가 된다고 생각할 때, 언론에 제보를 하고 언론을 끌어들입니다. 그러니까 언론은 앞다투어 부정적인 보도를 하게 됩니다. 그러면 자기가 이길 것 같지만 그런 교회는 공멸하게 됩니다.

그러므로 성도들의 시각은 먼저 항상 영적인 곳으로 향해야 합니다. 정말 주님이 왕 되시고 주인 되시는 교회다운 교회를 이루는 쪽으로 관심을 기울여야 합니다. 본질이 아닌 쪽으로 눈을 돌리고 관심을 쏟아가지고, 그것 때문에 괜히 신앙이 삐딱해지면 반드시 불행해집니다.

괜히 본질이 아닌, 쓸데없는 것에 관심을 두고 쓸데없는 것을 알아서 그것을 내 선악의 기준으로 판단하고 죄를 범하다가 불행을 자초하고 맙니다. 그럴 바에야 차라리 보지 않고 관심을 가지지도 않고 알지도 않는 것이 행복이고 축복이 아니겠습니까?

함이 그런 사람이었습니다. 그는 차라리 노아의 허물을 안 보는

게 좋았습니다. 물론 보는 게 죄는 아닙니다만, 그것을 봄으로써 함은 온 동네에 소문을 내고 다녔습니다. 그것을 보는 순간 함은 도저히 떠벌리지 않고는 감당을 할 수가 없었기 때문입니다. 그러므로 그것을 감당하지 못할 바에야 차라리 안 보는 것이 좋을 뻔하지 않았겠습니까? 그걸 봤기 때문에 여기저기 떠벌리고 다녔습니다.

어느 목사님이 부부 싸움을 하다가 사모님한테 되지게 맞았습니다. 사모님이 얼마나 사나운지……. 목사님이 설교를 못할 정도로 맞았습니다. 그걸 앵무새가 봤습니다. 그래서 앵무새는 이렇게 말합니다. "나는 봤다. 나는 봤다. 사모가 목사를 두들겨 패는 걸 나는 봤다."

그러자 사모님이 앵무새의 머리를 다 쥐어뜯어 버렸습니다. 앵무새는 빡빡이가 되었고, 장로님들이 목사님께 문병을 왔습니다. 그때 하필이면 대머리 장로님만 왔습니다. 그러자 앵무새가 그 대머리 장로님들을 보며 뭐라고 말한지 아십니까? "자네도 뽑혔군, 자네도 뽑혔군!" 얼마나 웃기는 이야기입니까?

제가 언젠가 생명나무 컨퍼런스를 했는데 어떤 목사님이 질문을 하는 것입니다. "목사님, 왜 본 것이 죄입니까? 어떤 학자는 함이 아버지의 하체를 보고 동성애의 욕구를 느껴서 저주했다는데 어떻게 생각하십니까?"

그러나 언제 제가 보는 것 자체가 죄라고 했습니까? 차라리 보지 않았으면 좋을 뻔하였다는 말입니다. 그리고 성경을 아무리 읽고 또 읽고 히브리어를 분석해 봐도 동성애를 느꼈다는 근거는 하나도 발견할 수 없습니다. 그것은 지나친 억측입니다.[64]

산딸기가 뭐기에

저는 그때 이런 예를 들어서 그 목사님께 대답했습니다. 제가 스물한 살 나이에 화순 백암교회를 개척할 때의 일이었습니다. 저는 개척 초기에 정말 부락으로부터 말로 다할 수 없는 핍박을 받았습니다. 저희 교회에 출석하는 사람은 부락에서 벌금을 물어야 했고, 심지어 저희 천막 교회 안에 똥을 싸고 가는 사람도 있었습니다. 또한 차임벨 전선을 끊어 버리는 사람도 있었고, 한꺼번에 150-200명이 술 먹고 교회에 몰려 와서 온갖 행패를 부리고 가는 일이 주중 행사가 될 정도였습니다.

그때 제가 당한 핍박은 제 나이에 감당할 수 없는 시련이었습니다. 저는 그때 오직 하나님께 기도할 수밖에 없었습니다. 시간만 나면 무등산 기도원에 올라가서 기도했습니다. 그리고 방학 때면 아예 기도원으로 출근할 정도였습니다. 그런 와중에 장학금을 받고 신학교를 다니기 위해서 진짜 머리를 싸매고 공부해야 했고, 그러면서 부락을 다니며 심방과 전도에 힘썼습니다. 그렇게 사느라 문학 소년이 시집이나 소설책 한 권도 못 읽었을 뿐 아니라, 영화 한 편도 보지 못했습니다.

---

64) 각주 60번을 참조하라.

그러던 어느 날, 제가 광주 시내를 버스를 타고 가다가 무심코, 어느 극장에서 야한 영화의 간판을 크게 달아 놓은 것을 보았습니다. 영화 제목이 뭔 줄 아세요? "산딸기"라는 영화였습니다. 그때 그냥 차에서 눈 감고 기도만 하였으면 좋았는데, 하필 유리창 밖을 보다가 옷을 절반만 걸친 고혹적인 여배우가 어깨를 드러내 놓고 있는 것을 본 것입니다.

바로 그 매혹적인 영화 간판이 20대의 젊은 전도사의 눈을 사로잡았습니다. 젊은 전도사의 눈에 그녀는 너무나 육감적으로 보였고, 정말 보암직하며 먹음직하게 보였습니다. 그리고 참으로 저의 지적, 성적 호기심을 너무나 따갑게 자극했습니다. 그후 한동안 그 간판 속의 여인은 저의 머릿속을 떠나지 않았습니다. 그래서 정말 열심히 기도했습니다. 그 그림이 저의 머릿속에서 떠나도록 간절히 기도했습니다. 기도하면 기도할수록 그 육감적인 모습이 더 뚜렷이 보이는 것만 같았습니다.

그럴 때마다 갈등을 했습니다. '그 영화 한번 볼까? 영화 좀 보고 싶은데……. 아니야, 그것 보면 안 돼. 나중엔 몰라도 지금은 보면 안 돼.' 하루에도 수십 번씩 이런 갈등을 했습니다. 그러다가 마침내 어느 날 극장 앞으로 갔습니다. 그러나 극장 앞으로 갔지만 쉽게 티켓을 사지는 못했습니다. 그렇게 주저하면서 왔다갔다 하는데, 어디서 갑자기 잘 알고 있는 집사님 한 분이 "전도사님, 여기서 뭐 하세요?"라며 인사를 하는 것입니다.

저는 얼굴이 홍당무가 되어서 바로 교회로 돌아오고 말았습니다.

돌아오는 동안 저의 뒤꼭지가 얼마나 뜨거웠는지 모릅니다. 결국 보지는 않았지만 하나님께 얼마나 깨닫고 회개를 했는지 모릅니다. "아, 하나님께서 나를 막아 주셨구나! 그리고 내가 극장 앞에서 기웃거린 것 자체가 얼마나 수치스러운 일이었단 말인가. 주여, 저의 잘못을 용서하여 주옵소서."

그런데 세월이 많이 흘러서 제가 결혼을 하고 어느 정도 성숙한 다음에 비디오를 통해 그 영화를 한 번 본 것이 아닙니까? 그랬더니 아무것도 아니었습니다. 그때 제가 제 자신을 향하여 얼마나 책망하고 나무랐는지 아십니까? 제 자신이 너무나 부끄럽고 수치스러웠습니다. 그러나 지금은 성숙했기 때문에 그렇지만, 그때 당시로서는 제가 그것을 보았더라면 아마 제 영성에 때가 묻고 제 영혼이 일그러지고 말았을 것입니다.

저는 그 시절에 단 한 편의 영화도 본 적이 없고, 신학교를 다니면서 어떤 자매와도 데이트를 해본 적이 없었기 때문입니다. 손 한 번 잡아 본 적이 없을 뿐만 아니라, 오로지 저의 온 젊음을 주님 앞에 헌신과 열정의 불꽃으로 모두 태웠습니다. 그렇게 해서 마침내 거기에서 승리하고 성공했던 것입니다. 저는 젊음을 그렇게 순결하게 보냈습니다. 아직 부족하지만 20대를 순백의 백합꽃을 피우듯이, 주님을 향한 목마름과 갈망에 몸부림치면서 신앙생활을 했습니다.

그런데 만약에 제가 그것을 봤었다면, 그 한 편의 영화 때문에 제 영혼과 영성이 일그러질 수도 있었습니다. 그때는 노회에서 그 마을에 교회가 설 희망조차 없다고 하여 철수 명령까지 내렸을 때인데, 제가 그 영화를 보았더라면 '에라이, 내가 허구한 날 무슨 짓을 하고 있느냐. 나도 다른 사람들처럼 평범하게 살자. 영화도 보고 데이트도 하고 청춘을 청춘답게 살아야지' 하고 그 교회를 포기하고 나와 버렸을지도 모릅니다.

그러나 저는 그 영화를 안 보았기 때문에 제 20대의 청춘을 그대로 온전히 하나님께 드릴 수 있었습니다. 제 순수한 열정과 순백의 영혼을 영화 한 편에 팔아넘기지 않았습니다. 그래서 저는 오늘의 소 목사가 될 수 있었고, 오늘의 새에덴교회를 섬기며 생명나무 신앙을 전하고 있다고 그 목사님께 답변한 적이 있습니다.

우리는 이처럼 신앙생활 하면서 모르는 것이 좋고 보지 않는 것이 좋을 때가 있습니다. 그런데 함은 보지 말아야 할 것을 보고, 알아서는 안 될 것을 아는 불행에 직면했던 것입니다.

2) 그는 생명의 시각 대신 선악의 마인드로 보고 판단해 버렸습니다.

물론 함이 그것을 보고 싶어서 봤겠습니까? 살다 보니까 우연히 보게 되었던 것입니다. 그러니까 보는 것 자체가 불행이고 죄라고 말할 수는 없습니다. 다만 그것을 우연히 보았더라도 생명의 시각으로 보고 생명의 마인드로 받아들였으면 아무 문제가 없었습니다.

셈과 야벳처럼 얼마든지 생명의 마인드로 보고 덮을 수 있지 않았습니까? 생명에는 생명을 선택하는 본성이 있고 조절 기능이 있습니다. 같은 사건을 보더라도 생명은 항상 은혜와 축복과 덕과 화목을 선택하려고 하는 본성이 있고 조절 기능이 있습니다.

"아! 아버지가 저렇게 실수했어도 내가 어떻게 해야 은혜가 되고 생명이 될 것인가? 내가 이때 은혜가 되고 생명이 되는 편을 선택해야지……." 그래서 셈과 야벳은 그 본성과 조절 기능으로 아버지의 수치를 안 보았습니다. 생명 쪽으로 보고, 생명 쪽으로 받아들이며, 생명 쪽으로 선택했습니다.

그러니까 함이 무심코 아버지의 그 수치스런 모습을 보았더라도, 생명의 마인드와 생명의 패러다임으로 보았다면 아버지의 수치를 자신의 수치로 생각하며 조심스럽게 아버지의 하체를 자신의 옷으로 가려 주었을 것입니다. '저래서는 안 되는데, 이래서는 안 되는데……. 다른 사람이 보아서는 안 되는데, 형제들이 보거나 우리 자녀들이나 조카들이 보아서는 안 되는데…….' 그런 마음으로 조심스럽게 자기 옷을 벗어 덮었을 것입니다.

더구나 당시 아버지 노아는 그 가정의 제사장이었습니다.[65] 자녀들을 축복하는 축복권이 있고 저주하는 저주권이 있었습니다. 오늘날로 말하면, 하나님의 위대한 종이었습니다. 그런 존재이기에 함은 더 생명으로 보고 생명의 시각으로 받아들여야 했습니다. 그리고 생명 쪽으로 선택해야 했습니다.

---

[65] 구약에서는 부모의 권위에 대한 순종을 자주 언급하고 있다. 특히 부모를 경히 여기는 자에 대한 최고의 형벌은 사형이다. 출 20:12, 21:15, 17; 신 21:18-21, 27:16; 엡 6:1-2. 부모에 대한 거역은 하나님께서 창조 질서에 세우신 위계질서에 대한 거역이다.

'하나님의 종이 이래서는 안 되는데, 하나님의 종의 허물을 다른 사람에게 보여서는 안 되는데, 내가 감추어 주어야지. 내가 덮어 주어야지.' 이렇게 하는 것이 함에게 은혜가 되고 생명이 되고 축복이 되는 길이었던 것입니다. 이렇게 하는 것이 사람에게도 덕이 되고 하나님이 기뻐하시는 길이요, 함이 복을 받고 자손 대대로 형통하고 복을 받는 길이었습니다.

그러나 함은 생명으로 보지 않고 생명의 마인드로 받아들이지 않았기 때문에 그 조절 기능을 발로 차 버렸습니다. 그래서 아버지의 허물을 떠들고 다녔습니다. 도대체 이 말을 하는 것이 덕이 되는지 아닌지, 자기 후손에게 생명이 되는지 화가 되는지 분간을 하지 못했습니다. 그리고 자기와 자기 후손에게 저주가 되는지 복이 되는지 분간을 못하고 떠들고 다녔습니다. 그러다가 자손 대대로 저주를 받고 말았지 않습니까?

선악 판단에 기초한 함의 사실적 고발

물론 함이 본 것은 거짓이 아닙니다. 사실입니다. 노아가 저지른 행동 역시 객관적으로 보기에도 실수이고 허물인 것은 사실입니다. 그리고 함은 절대로 거짓말을 하지 않았습니다. 사실을 사실 그대로 말했을 뿐입니다. 그럼에도 불구하고 하나님은 노아를 판단하신 것이 아니라 함을 판단하셨습니다. 왜 그럴까요? 함이 생명을 선택하지 아니하고 선악을 선택했기 때문입니다.

오늘날에도 우리는 교회 생활을 하면서 사실만 바라보고 신앙생활을 하려고 하고, 선악 판단을 추구하는 신앙생활을 하려고 하는 경향이 있습니다. 그러나 그것은 사람을 죽이고 덕이 되지 않는 경우가 많습니다. 그러므로 이제부터는 무엇이든지 생명의 시각으로 바라보고, 생명의 마인드로 받아들일 줄 아는 마인드를 가져야 합니다. 그래야 사람을 살리고 덕을 세울 수 있습니다.

우리가 사실을 말했다고 해서 그것이 정직한 것이 아닙니다. 사실도 복된 사실이 있고, 복되지 않은 사실이 있습니다. 생명과 은혜와 덕을 갖춘 사실이어야지 선악 판단에만 기초한 사실은 어둠이나 저주가 따를 수 있습니다. 더구나 교회에는 사실보다 중요한 것이 덕과 사랑이라는 것을 알아야 합니다.

"그러므로 너희가 더욱 힘써 너희 믿음에 덕을, 덕에 지식을……경건에 형제 우애를, 형제 우애에 사랑을 더하라"(벧후 1:5-7).

교회에서는 믿음보다도 중요한 게 덕이요, 지식보다도 중요한 게 사랑이라고 하지 않습니까? 그러므로 우리도 셈과 야벳처럼 생명의 안경을 쓰고 교회를 바라보며 교회 생활을 해야 합니다. 생명의 시각을 가지고 모든 사건을 바라보며 신앙생활을 해야 합니다. 그리고 언제나 생명의 마인드로 받아들이며 생명 쪽으로 선택해야 합니다. 그래야 사람을 살리고 덕을 세울 수가 있습니다.

♪ 똑바로 보고 싶어요 주님 온전한 눈짓으로
똑바로 보고 싶어요 주님 곁눈질하긴 싫어요
하지만 내 모습은 온전치 않아 세상이 보는 눈은

> 마치 날 죄인처럼 멀리하며 외면을 하네요
>
> 주님 이 낮은 자를 통하여 어디에 쓰시려고
>
> 이렇게 초라한 모습으로 만들어 놓으셨나요
>
> 당신께 드릴 것은 사모하는 이 마음뿐
>
> 이 생명도 달라시면 십자가에 놓겠으니
>
> 허울뿐인 육신 속에 참 빛을 심게 하시고
>
> 가식뿐인 세상 속에 밀알로 죽게 하소서

3) 따뜻한 가슴의 사랑으로 덮지 않고 비판과 정죄의 마인드로 떠들고 다녔습니다.

함은 생명의 시각이 아니라 선악의 마인드로 판단해 버렸기 때문에 따뜻한 가슴으로 아버지의 허물과 실수를 덮을 수가 없었습니다. 무조건 비판과 정죄의 마인드로 떠들고 다녔습니다. 그 비판과 정죄의 마인드로 아버지의 허물을 들추어내고 이곳저곳을 다니면서 흉을 보고 다녔습니다. 그러다가 결국 그는 자손 대대로 저주를 받고 말았습니다.[66]

우리에게 생명의 시각이 있고 생명의 마인드가 있을 때 따뜻한 가슴을 가지게 됩니다. 그리고 그 따뜻한 가슴은 입에서 생명의 언어와 사랑의 언어를 말하게 하고 마침내 허물을 덮도록 만듭니다.

---

[66] 함에게 내려진 저주가 너무 심하다는 생각이 들지도 모른다. 그러나 고대 근동의 문화적 배경에서 보면 함의 과실은 상당히 크다. 히브리 문화 속에서 벌거벗은 모습은 공적인 수치이다. 그런데 함은 늙은 아버지의 수치를 조롱한 것이다. 고대 세계에서 부모에게 욕을 보이는 것은 아주 심각한 행위이며, 심지어 사형이라는 극도의 형벌을 면치 못하는 죄악이었다. Mathews, *Genesis 1:1-11:26*, 420.

그래서 셈과 야벳은 아버지 허물을 덮었지만, 함은 비판과 정죄의 마인드로 아버지의 실수를 폭로하고 말았습니다.

오늘 우리 한국 교회도 이런 성도들이 얼마나 많습니까? 뭐가 그렇게 못마땅해서 자기가 섬기는 교회와 목사의 흉을 떠들고 다니는지 모릅니다. 실수와 허물을 자기들 입으로 들춰내기가 힘에 부치다고 생각하면 그것을 방송과 미디어에 알립니다. 그래서 함께 비난하도록 만듭니다. 그러나 우리는 사랑은 허다한 죄를 덮는다는 사실을 알아야 합니다.

"무엇보다도 뜨겁게 서로 사랑할지니 사랑은 허다한 죄를 덮느니라"
(벧전 4:8).

유대인의 《탈무드》를 보면 "주둥이 관리를 잘못한 물고기가 항상 낚시에 걸린다"는 말이 있습니다. 그러니까 우리는 입 관리를 잘해야 합니다. 그러지 않으면 마귀의 낚싯밥에 당장 걸려 버리고 맙니다. 그래서 함이 저주를 받고 형제의 노예가 되어 버리고 말았던 것이 아닙니까?

그러나 셈과 야벳은 생명나무를 선택해서 복을 받았습니다. 우리 모두 함처럼 선악과를 선택하면 안 됩니다. 셈과 야벳처럼 생명나무를 선택해야 합니다. 그래서 셈처럼 하나님을 섬기는 복을 받고, 야벳처럼 창대한 축복을 받아야 할 것입니다.

13.

선악과를 선택한 사람들 2 - 고라, 다단, 아비람, 온

"레위의 증손 고핫의 손자 이스할의 아들 고라와 르우벤 자손 엘리압의 아들 다단과 아비람과 벨렛의 아들 온이 당을 짓고 이스라엘 자손 총회에서 택함을 받은 자곧 회중 가운데에서 이름 있는 지휘관 이백오십 명과 함께 일어나서 모세를 거스르니라 그들이 모여서 모세와 아론을 거슬러 그들에게 이르되 너희가 분수에 지나도다 회중이 다 각각 거룩하고 여호와께서도 그들 중에 계시거늘 너희가 어찌하여 여호와의 총회 위에 스스로 높이느냐 모세가 듣고 엎드렸다가 고라와 그의 모든 무리에게 말하여 이르되 아침에 여호와께서 자기에게 속한 자가 누구인지, 거룩한 자가 누구인지 보이시고 그 사람을 자기에게 가까이 나아오게 하시되 곧 그가 택하신 자를 자기에게 가까이 나아오게 하시리니 이렇게 하라 너 고라와 네 모든 무리는 향로를 가져다가 내일 여호와 앞에서 그 향로에 불을 담고 그 위에 향을 두라 그때에 여호와께서 택하신 자는 거룩하게 되리라 레위 자손들아 너희가 너무 분수에 지나치느니라 모세가 또 고라에게 이르되 너희 레위 자손들아 들으라 이스라엘의 하나님이 이스라엘 회중에서 너희를 구별하여 자기에게 가까이하게 하사 여호와의 성막에서 봉사하게 하시며 회중 앞에 서서 그들을 대신하여 섬기게 하심이 너희에게 작은 일이겠느냐 하나님이 너와 네 모든 형제 레위 자손으로 너와 함께 가까이 오게 하셨거늘 너희가 오히려 제사장의 직분을 구하느냐 이를 위하여 너와 너의 무리가 다 모여서 여호와를 거스르는도다 아론이 어떠한 사람이기에 너희가 그를 원망하느냐 모세가 엘리압의 아들 다단과 아비람을 부르러 사람을 보냈더니 그들이 이르되 우리는 올라가지 않겠노라"(민 16:1-11)

고라와 다단과 아비람과 온이라는 사람도 선악과를 선택하는 불행을 겪었습니다. 고라는 레위 지파 고핫의 손자로 이스할의 아들이며, 모세의 사촌입니다. 모세와 가까운 위치에 있었기에 성막을 쓸고 손보는 일을 맡아 일했습니다. 얼마나 아름다운 직분이며 축복되고 귀한 사역입니까?

그런데 선악과를 선택하다가 비참한 종말을 맞고 말았습니다. 오늘 고라를 비롯한 다단과 아비람과 온의 선악과적 행동과 극단적인 파행은 이 시대를 살아가는 성도들과, 특별히 한국 교회 성도들에게 큰 가르침과 본보기를 주고 있습니다.

그러면 과연 고라, 다단, 아비람, 온은 어떻게 선악과를 선택하였습니까? 그리고 어떻게 저주와 심판의 길로 갈 수밖에 없었습니까?

1) 그들은 모세의 영적 권위에 도전하였습니다.[67]

> "레위의 증손 고핫의 손자 이스할의 아들 고라와 르우벤 자손 엘리압의 아들 다단과 아비람과 벨렛의 아들 온이 당을 짓고 이스라엘 자손 총회에서 택함을 받은 자 곧 회중 가운데에서 이름 있는 지휘관 이백오십 명과 함께 일어나서 모세를 거스르니라"(민 16:1-2).

그들은 주의 종 모세의 영적 권위에 얼마나 무모하게 도전하고

---

[67] 해리슨(Harrison)이란 학자는 고라의 도전의 이유에 대해 다음과 같이 언급한다. "고라의 동기는 그의 사촌인 모세와 아론이 언약 공동체의 대제사장직에 임명된 것에 대한 시기심의 발로였을 것이다." R. K. Harrison, *Numbers: An Exegetical Commentary* (Grand Rapids: Baker, 1992), 232.

있습니까? 그들은 모세와 아론을 향해 "너만 하나님의 종이냐? 우리도 하나님의 종이다. 그러므로 너희를 스스로 회중 앞에서 높이지 말라"고 모세를 대적하며 사람들을 선동하고 다녔습니다. 그것을 지켜보던 총대(족장급에 속한 유지) 250명도 그들 편에 섰고, 그들을 따라 함께 모세의 영적 권위에 도전했습니다. 하지만 모세는 좋은 말로 그들을 타일렀습니다. 아마도 이렇게 말했을 것입니다. "너희가 레위인으로서 하나님의 성막을 봉사하는 일이 어찌 그리 작은 일이더냐. 이 일도 영광스러운 일이거늘 오직 겸손하게 너희들 위치에서 하나님을 섬기면 안 되겠느냐."

> "……레위 자손들아 너희가 너무 분수에 지나치느니라 모세가 또 고라에게 이르되 너희 레위 자손들아 들으라 이스라엘의 하나님이 이스라엘 회중에서 너희를 구별하여 자기에게 가까이하게 하사 여호와의 성막에서 봉사하게 하시며 회중 앞에 서서 그들을 대신하여 섬기게 하심이 너희에게 작은 일이겠느냐"(민 16:7-9).

그러자 다단과 아비람은 모세의 말을 무시해 버리고 오히려 온갖 불평과 원망을 쏟아냈습니다. 그것이 얼마나 패역하고 극악무도한 죄인지 그들은 몰랐습니다. 하나님이 기뻐하시지도 않고 망할 수밖에 없는 길을 선택하고 말았습니다. 얼마나 불행한 일입니까? 그때라도 자신들의 잘못을 깨닫고 회개하며 생명나무를 선택했으면 얼마나 좋았겠습니까?

그러나 그들은 끝까지 자기들의 기준과 선악의 논리로 모세를 판단하고 공격했습니다. 결국 그들의 생각으로는 자기들이 옳았고,

13. 선악과를 선택한 사람들 2 - 고라, 다단, 아비람, 온

끝까지 옳은 소리를 하는 줄 알았지만, 결국 하나님 앞에는 하나님의 권위에 도전하는 것이 되고 말았습니다. 그래서 결국 멸망과 파멸의 당사자가 되고 말았습니다.

생명의 마인드로 보아야

오늘날에도 우리가 생명의 마인드와 원리로 하나님의 종을 대하지 않고 선악의 원리와 마인드로만 판단하면 자칫 주의 종의 영적 권위에 도전하는 유혹에 빠질 수 있습니다. 중직자일수록 더 그렇습니다. 이상하게 초신자일 때는 오직 교회, 오직 목사님밖에 모르던 사람들이, 안수집사가 되고 장로가 되면 될수록 더 목이 곧아지고 교만해지고 자신의 생각만을 앞세우려고 합니다.

담임목사를 자기 기준으로만 판단하려고 하고 영적 권위에까지 도전하려는 잘못을 범합니다. 이것은 성도들의 신앙을 불행하게 만드는 아주 치명적인 선악과적 생각입니다. 그 모든 것은 성도들 안에 생명의 원리가 떠나 버리고 선악의 원리가 자리 잡고 있기 때문입니다. 그러니 주의 종으로부터 은혜 받을 생각은 안 하고 자꾸 주의 종을 판단하고자 하는 욕구가 생겨납니다. 그래서 어느 순간부터는 주의 종의 권위보다 더 높은 자리에 올라앉게 됩니다. 그러니 어떻게 주의 종의 영적 권위에 겸손하게 순종하며 따를 수 있겠습니까?

성경을 보면 하나님께서 각 직분에 상응하는 영적 권위를 주셨습니다. 그리고 그 영적 권위에 순복하도록 하셨습니다. 그러므로 그 영적 권위를 파괴하는 것은 하나님이 절대로 기뻐하지 않으셨습니다. 그 권위를 인정하고 따르는 것이 하나님이 정해 주신 순리였습니다. 그러나 고라와 그의 무리들은 하나님이 주신 영적 권위를 도전하고 파괴하기 시작한 것입니다.

지도자의 영적 권위를 끌어내리는 트렌드

오늘날도 마찬가지입니다. 오늘의 트렌드는 어떻게든지 지도자들의 영적 권위를 깎아내리고 끌어내리려고 하는 경향이 많습니다. 물론 그렇게 된 것은 지도자들의 도덕적 실수나 부도덕성이 그런 빌미를 준 것이 사실이기도 합니다.

하지만 그것을 꼬투리 잡아 어떻게 해서든지 영적인 권위를 끌어내리려는 의도적인 행위도 지양되어야 합니다. 지도자들의 한두 번의 실수를 꼬투리 잡아 끝까지 물고 늘어지면서 영적 권위를 파괴하는 것은 바람직한 일이 될 수 없습니다.

다윗은 정말 억울하고 분통 터지는 일을 얼마나 많이 당했습니까? 아니, 죄 없는 자신을 왜 사울이 죽이려고 그처럼 안절부절못한단 말입니까? 더더구나 사울은 남이 아닙니다. 자신의 장인어른입니다. 그런데 왜 자신의 사위를 그렇게 죽이려고 혈안이 되었느냐 말입니까? 그것도 전혀 죄가 없는 사위 자식을 말입니다.

그런데 사울에게 쫓겨 다니던 다윗에게 어느 날 사울을 죽일 수 있는 절호의 기회가 두 번이나 왔습니다. 그러나 다윗은 절대로 사울을 죽이지 않고 그저 도망만 다녔습니다. 이유는 단 하나, 사울이 주의 기름 부음을 받은 종이라는 사실 때문이었습니다. 한마디로 그는 사울의 영적 권위를 끝까지 인정한 것입니다.

인간적인 생각으로는 전혀 영적 권위를 인정할 수 없었고, 자신의 선입견으로는 전혀 마음에 들지 않았습니다. 그럼에도 불구하고 하나님이 그에게 기름을 부으셨기 때문에 그는 끝까지 사울의 영적 권위를 인정했습니다. 그래서 끝까지 이를 악물고 생명나무를 선택하며 사울을 죽이지 않았습니다.

> "자기 사람들에게 이르되 내가 손을 들어 여호와의 기름 부음을 받은 내 주를 치는 것은 여호와께서 금하시는 것이니 그는 여호와의 기름 부음을 받은 자가 됨이라 하고 다윗이 이 말로 자기 사람들을 금하여 사울을 해하지 못하게 하니라 사울이 일어나 굴에서 나가 자기 길을 가니라"(삼상 24:6-7).

오늘날 우리도 영적 권위를 인정하는 다윗의 신앙을 회복해야 합니다. 그러나 아무리 이런 일을 찾아보려고 해도 찾아볼 수 없는 것이 오늘의 가슴 아픈 현실입니다. 다윗의 축복만 받으려고 하지, 다윗 같은 역설적 신앙을 가지려고 하지 않습니다. 그저 지도자들의 조그만 실수 하나만 보이면 그것을 가지고 꼬투리를 잡고 물고 늘어지는 일이 얼마나 많은지 모릅니다.

왜 그렇습니까? 우리 속에 선악의 마인드가 너무나 가득 차 버렸기 때문입니다. 그 선악의 마인드는 생명의 마인드를 가려 버리고,

항상 도덕과 윤리의 마인드만 가득하게 만듭니다. 그러니까 그 선악의 원리로 자꾸만 주의 종의 권위에 도전하고 대적하게 되는 것입니다.

그러므로 우리는 언제나 깨어서 생명나무를 선택해야 합니다. 자신의 이성과 도덕적 기준만을 앞세우고 선악과를 선택하는 잘못을 범해서는 안 됩니다. 그러기 위해서는 항상 우리 안에 생명의 원리가 살아 있어야 합니다. 또한 생명나무의 은혜와 원리가 우리 안에 가득가득 충만해 있어야 합니다. 그것이 축복의 길이요, 행복한 신앙생활의 비결이요, 승리의 길이기 때문입니다.

2) 그들은 모세의 영적 지도력에 도전했습니다.

"모세가 엘리압의 아들 다단과 아비람을 부르러 사람을 보냈더니 그들이 이르되 우리는 올라가지 않겠노라 네가 우리를 젖과 꿀이 흐르는 땅에서 이끌어 내어 광야에서 죽이려 함이 어찌 작은 일이기에 오히려 스스로 우리 위에 왕이 되려 하느냐 이뿐 아니라 네가 우리를 젖과 꿀이 흐르는 땅으로 인도하여 들이지도 아니하고 밭도 포도원도 우리에게 기업으로 주지 아니하니 네가 이 사람들의 눈을 빼려느냐 우리는 올라가지 아니하겠노라"(민 16:12-14).

그들은 모세의 권위와 지도력에도 따르지 않겠다고 했습니다.[68]

---

[68] 다단과 아비람은 애굽을 젖과 꿀이 흐르는 땅이라고 할 만큼 그들의 마음이 혼미해 있었다. 모세의 지도력에 대한 그들의 반감은 다음과 같은 히브리 관용구로 나타난다. "네가 이 사람들의 눈을 빼려느냐(הָהֵם הָאֲנָשִׁים הַעֵינֵי)." 이는 모세의 지도력이 의도적

그래서 젖과 꿀이 흐르는 가나안 땅에도 가지 않겠다고 소리쳤습니다. 오히려 애굽을 젖과 꿀이 흐르는 땅이라며 모세의 지도력을 향해 공격했습니다. 그러니 그들은 나중에 어마어마한 하나님의 심판을 받게 됩니다.

그러나 그들은 하나님의 심판이 임할지도 모르고 당당하게 서 있었습니다. 주의 종의 영적 권위에 도전하는 것이 얼마나 무서운 심판의 결과를 가져오는지 알지 못했기 때문입니다. 참으로 얼마나 가련한 모습입니까? 그들은 자기들의 생각이나 선악의 마인드로 하나님의 뜻을 판단하고 모세의 영적 지도력에 반기를 들었던 것이, 얼마나 무서운 심판과 저주를 불러오는지 아직도 깨닫지 못하고 있습니다.

그들이 모세가 좋은 말로 타이를 때, 그때라도 자신들의 잘못을 깨닫고 생명나무 신앙을 선택하였으면 얼마나 좋았겠습니까? 그러나 그들은 끝까지 자기들 생각이 옳다고 하면서 선악과적 신앙을 선택한 것입니다. 그러니 어찌 복된 길을 갈 수 있었겠습니까? 어찌 생명이 풍성한 신앙의 길을 걸을 수 있었겠습니까?

타락한 종을 어떻게 할 것인가?

그러면 이렇게 반문하는 사람도 있을 것입니다. "오늘날 교회 지

인 사기와 마찬가지라는 표현이다. 이와 비슷한 영어적 표현은 "to pull the wool over their eyes", 또는 "to hoodwink one's opponents"가 있다. R. Dennis Cole, *Numbers: The New American Commentary* (Nashville: Broadman & Holman, 2000), 265.

도자가 공금 횡령이나 불륜 관계와 같은 죄를 저질러도 그냥 무조건 그의 지도력을 따르라는 이야기입니까? 그런 사람은 당장 교인들끼리 뭉쳐서 쫓아내 버려야 하지 않겠습니까?"

저는 그분들에게 이렇게 권면하고 싶습니다. 먼저 그 지도자를 위해서 간절히 기도하라고 말입니다. 그리고 어떻게 교회의 공동체에 덕을 세울까 하고 고민해 보면서 하나님의 감동과 지시를 기다리라고 말입니다. 그리고 무엇보다도 하나님이 저 종을 쓰고 계시는가, 하나님의 성령이 함께하시며 저 종을 붙들고 있는가, 이것을 먼저 봐야 한다는 것을 알아야 합니다.

하나님이 쓰시지 않으면 아무리 깨끗한 성인군자라 할지라도 소용이 없습니다. 그러나 비록 그에게 윤리적인 허물이 있다 할지라도 하나님이 기뻐 쓰신다고 하면 누가 뭐라 할 수 있겠습니까? 그러므로 우리는 먼저 하나님이 그분을 통하여 기적을 행하시고 성령의 말씀을 하시는지, 그분을 통하여 복음 사역에 수종 들도록 우리에게 역사하시는지를 바라봐야 합니다.

교회는 사실보다 중요한 것이 바로 덕입니다. 그리고 덕보다 중요한 게 사랑입니다(벧후 1:5-7). 그러므로 똑같은 일을 처리하더라도 정말 덕을 세우면서 사랑으로 처리해야 합니다. 그것이 공동체에 덕이 될 뿐만 아니라 내게는 은혜가 되고 생명이 되어야 합니다. 그러기 위해서 먼저 기도하고 하나님의 감동을 기다려야 합니다.

그러면 하나님께서 틀림없이 이렇게 감동을 주실 것입니다. "먼저 네가 그 종을 위해서 간절히 기도하고 찾아가서 권면해라. 그리고 비밀을 유지하면서 또 기도하고 또 찾아가서 권면해라." 그러면 먼저 주의 종이 변화를 받든지 아니면 조용히 떠나가게 될 것입니다. 하지만 그렇게 행하지 않고, 그저 함처럼 온 동네에 대책도 없이 폭로하고, 소문만 내고 다니면 되겠습니까?

의사 선생님도 수술할 때 수술 칼로 쨌으면 당연히 꿰매야 할 것이 아닙니까? 의사 선생님이 매일 문제가 있다고 꿰매지 않고 째고만 다니면 어떻게 되겠습니까? 마찬가지로, 오늘날 대안도 없으면서 떠들고만 다니면 어떻게 되겠습니까? 그것은 내게 생명이 되지도 않을 뿐만 아니라 교회 공동체에 덕도 되지 않습니다.

그런데 오늘날 우리의 신앙은 너무 도덕적이고 윤리적인 마인드가 기초되어 있습니다. 다시 말하면, 생명의 원리보다는 선악의 원리가 인프라로 구축되어 있습니다. 그러나 사실 도덕적 마인드보다 중요한 것이 생명의 마인드입니다. 선악의 원리보다 중요한 것이 생명의 원리요, 생명의 능력입니다. 윤리와 도덕이란 바로 시민 사회를 이루는 도구로 쓰임 받아야지, 선악 판단의 노예와 도구로 존재해서는 안 되기 때문입니다.

그러므로 정말 우리에게 생명의 원리와 생명의 법이 가득해 있다면 우리 안에 무슨 일이 생길 때마다 먼저 내 생각과 내 이성적인 기준으로 판단하려고 하지 않습니다. 먼저 이런 생각을 합니다. '아, 이럴 때 예수님이라면 어떻게 생각하실까? 아, 이럴 때는 어떻게 해야 내게 생명이 되고 교회에 덕이 될 것인가? 어떻게 해야 사

람들이 상처를 받지 않고 하나님께 영광을 돌리게 될 것인가?'

한국 교회 이미지 추락의 아픔

그러므로 이런 사람은 기도하지 않을 수가 없습니다. 하나님께 엎드려 간구할 수밖에 없습니다. 그리고 하나님의 감동과 인도에 따라서 다윗처럼 지도자의 영적 권위를 인정하고 조심스럽게 일을 처리하게 되어 있습니다. 그리고 그의 지도력에 정면으로 반기를 들지 않고 그를 권면하며 설득합니다.

그러나 선악과 마인드로 가득 차 있으면 까발리지 않고는 견딜 수가 없습니다. 까발리기만 할 뿐 아니라 물고 뜯고 씹어 되새김질까지 하지 않습니까? 교회에 덕이 되든지 말든지, 하나님의 영광이 가려지든지 말든지, 그것은 아랑곳하지도 않습니다. 그저 그걸 까발리고 폭로하는 재미로 살아가는 것입니다. 피켓을 들고 시위를 하고 메가폰을 들고 소리를 칩니다.

그런 모습이 TV와 신문에 보도되면, 한국 교회 이미지가 흐려지고 전도의 문이 막힌다는 사실을 어찌 모른다는 말입니까? 요즘은 이미지 시대입니다. 이미지는 교회 재정과 부동산보다도 더 중요한 재산입니다. 그럼에도 불구하고 선악의 마인드가 가득해 있으니 어쩔 수가 없는 것입니다. 선악의 노예가 되어서 그것이 의요, 선이요, 사명인 줄 알고 그렇게 하게 됩니다.

그래서 저는 이런 생각을 한 번 해보았습니다. '과연 그들의 머릿속에는 얼마나 교회의 영광성과 거룩성에 대한 의식이 있을까? 그리고 그들의 마음속에는 얼마나 교회의 이미지에 대한 배려와 염려가 있을까? 그런 배려와 염려의 마음으로 얼마나 눈물 젖은 기도를 해보았을까? 정말 복음을 사랑하고 교회를 사랑하는 마음으로 눈물을 펑펑 쏟으며 기도해 보았을까? 그렇게 기도한다면 어떻게 서로 다투고 싸울 수가 있단 말인가?

그런다고 단물이 나옵니까? 그저 처음에는 멋모르고 단물이 나오는 것으로 착각하겠지만, 그것이 마라의 쓴 물이 아니고 무엇입니까? 그것 또한 선악과에서 나오는 쓴 물이 아니고 무엇입니까?

껌을 단물이 빠질 때까지 씹는 것처럼

아주 옛날 껌을 씹던 기억이 나십니까? 옛날에는 껌을 한번 씹으면 아무리 적게 씹어도 일주일은 씹었습니다. 못 먹고 가난하던 시절, 어쩌다 누가 껌이라도 하나 주면 그 껌을 얼마나 오래 씹었는지 모릅니다. 요즘은 단물만 빼고 나면 어지간히 씹다가 껌을 뱉지 않습니까?

그런데 옛날에는 껌을 씹고 또 씹었습니다. 하루 종일 씹다가 그 껌을 벼랑박에 붙여 놓기도 하고 문고리에 붙여 놓기도 했습니다. 그리고 그 껌이 바뀔까 싶어서 크레파스를 칠해 놓습니다. 그래서 나는 파란 껌, 형은 빨간 껌, 누나는 보라색 껌……. 그래서 따로따로 붙여 놓고 이튿날에도 또 씹었습니다.

그런데 3일이 되던 날 문고리에 붙여 놓은 껌이 없어졌습니다. 그래서 아침에 일어나 누가 내 껌을 씹고 있느냐고, 어떤 놈이 내 껌을 훔쳐 갔느냐고 울면서 소리를 질렀더니, 아버님이 제 껌을 씹고 있었습니다. 그때는 서울에 계신 친척이 껌 한 통만 사오면 온 집안 식구들이 껌을 씹고 난리였습니다.

누나들은 껌을 그냥 씹지 않고 딱딱거리며 소리가 나게 씹었습니다. 그러면 저도 그것을 배워가지고 껌을 딱딱 씹는 것입니다. 그것 뿐입니까? 어쩌다가 풍선껌이 생기면 껌을 씹다가 풍선을 주먹보다 더 크게 불었습니다. 누나가 크게 불면 질세라 저는 더 크게 불었습니다. 그러다가 풍선껌이 탁 터져 버리면 눈탱이까지 덮어 버린 적이 있습니다. 어지간히 단물을 빨았으면 뱉어야지, 아구통이 통통 붙도록 껌을 씹어 돌리며 살았던 적이 있습니다.

그러나 요즘 시대에 남자, 여자 할 것 없이 그 껌을 그냥 며칠 동안 땍땍거리면서 씹으면 얼마나 추합니까? 주일날 목회자와 장로들이 성도들에게 인사하면서 껌을 딱딱 씹으면 얼마나 추하게 보이겠습니까? 아니, 풍선껌을 씹으면서 풍선을 주먹보다 더 크게 불고 다니면 얼마나 유치하게 보이겠습니까?

오늘날 우리 신앙생활도 그렇습니다. 교회 안에서 무슨 꼬투리 하나만 보이면 그걸 빌미 삼아 껌을 씹어 돌리듯이 땍땍거리고 물고 뜯으면 얼마나 교회가 시끄럽겠습니까? 뿐만 아니라 풍선껌을 푹푹 불어대듯이 여기서 불어대고, 저기서 불어대고 다니면 교회가 어떻게 되겠습니까? 어떻게 교회 안에 주의 종의 영적인 지도력이

13. 선악과를 선택한 사람들 2 – 고라, 다단, 아비람, 온

행사되고 그 지도력이 먹히겠습니까?

그래서 잠언서에서는 이렇게 말하지 않습니까? 온순한 혀는 곧 생명나무라고 말입니다. 온순한 혀는 항상 생명의 말, 치유의 말, 위로의 말을 하기에 생명의 역사를 일으킵니다. 생명나무를 선택하면 항상 생명의 말을 하고 지혜의 말을 하게 됩니다. '어떻게 하면 덕을 세울 것인가? 어떻게 하면 다른 사람에게 상처를 주지 않고 생명의 역사를 이룰 것인가?' 하고 생각하며 말하기 때문에, 우리의 혀가 온순한 혀가 될 수밖에 없습니다.

온순한 혀는 지혜에 속합니다. 그리고 그러한 혀는 생명나무 이미지로 소개됩니다.

"온순한 혀는 곧 생명나무이지만 패역한 혀는 마음을 상하게 하느니라"
(잠 15:4).[69]

지금은 명문가를 이룬 켄터키 프라이드치킨의 창시자 커넬 샌더스는, 예수를 믿기 전 그렇게 욕을 잘하고 불평과 원망의 말을 잘했다고 합니다. 그런데 그는 예수를 믿고 생명나무를 선택한 후, 온순한 말을 하고 생명의 말을 했다는 것 아니겠습니까? 그러므로 우리

---

[69] 잠언 15장은 언약 백성의 언어생활에 관해 말하고 있다(1, 2, 4, 7, 14, 23, 26, 28절). "온순한 혀"로 번역된 히브리어 מַרְפֵּא לָשׁוֹן (마르페 라숀)은 두 가지로 번역 가능하다. 1절의 "유순한 대답"과 어울리는 "온순한 혀"와 치유적인 의미를 가진 "치유하는 혀" 또는 "위로하는 혀"로 번역할 수 있다. 패역한 혀는 듣는 자들에게 상처를 주고 심령을 파괴하나 치유하는 혀는 듣는 자들을 치유하고 소망을 주며 생명력과 활기가 넘치게 한다. 이처럼 잠언 15장 4절이 제시하는 생명나무 이미지는 언약 백성들의 지혜로운 삶과 관련되어 있다.

도 생명나무를 선택하여 언제나 생명의 말과 온순한 말을 해야 합니다. 남에게 상처 주는 말을 하는 것이 아니라, 언제나 덕을 세우며 생명의 역사를 일으키는 말을 해야 합니다.

3) 그들은 하나님의 권위와 약속에 도전했습니다.

> "이를 위하여 너와 너의 무리가 다 모여서 여호와를 거스르는도다 아론이 어떠한 사람이기에 너희가 그를 원망하느냐"(민 16:11).

성경은 모세를 거스르는 것을 하나님을 거스르는 것으로 표현하고 있습니다.[70] 다시 말하면, 모세를 대적하는 것을 하나님을 대적하는 것으로 표현하고 있다는 말입니다. 백성들의 모세에 대한 원망은 곧 그를 세우신 하나님에 대한 원망이었습니다. 출애굽기를 봐도 그런 내용이 나오지 않습니까?

> "모세가 또 이르되 여호와께서 저녁에는 너희에게 고기를 주어 먹이시고 아침에는 떡으로 배불리시리니 이는 여호와께서 자기를 향하여 너희가 원망하는 그 말을 들으셨음이라 우리가 누구냐 너희의 원망은 우리를 향하여 함이 아니요 여호와를 향하여 함이로다"(출 16:8).

그들은 결국 하나님을 거스르고 하나님을 대적했던 것입니다. 이건 완전히 망하려고 작정한 사람이 아니고는 그렇게 할 수가 없

---

[70] 이 본문에서 이슈가 되는 것은 언약 공동체의 신정주의 지도력에 대한 도전이다. Roy Gane, *Leviticus, Numbers: The NIV Application Commentary* (Grand Rapids: Zondervan, 2004), 634.

습니다. 영적으로 볼 때는 완전히 머리가 돌지 않으면 이럴 수가 없는 일입니다. 아니, 어찌 영적으로 돌지 않고서야 이런 일을 할 수 있단 말입니까?

이런 말이 있지 않습니까? 어떤 노총각이 장가를 가고 싶어서 하나님께 열심히 기도했다고 합니다. "저는 장가갈 돈이 없습니다. 돈 좀 많이 주세요. 그리고 장가가려고 해도 여자가 없습니다. 그러므로 멋진 여자를 저에게 배필로 주시기를 원합니다." 그러자 하나님께서 마침내 기도를 응답해 주셨습니다. 어떻게 응답하신 줄 아세요? "돈 여자."

또 어떤 노처녀가 간절히 기도를 했다고 합니다. "하나님, 저에게도 돈을 주시고 멋진 남자를 주세요." 그러자 그 노처녀에게도 이런 남자를 주셨다는 거 아닙니까? "돈 남자." 그래서 돈 남자와 돈 여자가 함께 결혼을 해 가지고 살림을 차렸습니다. 그러니 그 가정이 어떻게 되겠습니까? 완전히 '돈 부부'가 되고 '돈 가정'이 되어버리지 않았겠습니까?

우리의 신앙생활도 마찬가지입니다. 돈 집사, 돈 장로, 돈 목사 아니고서는 어떻게 그런 짓을 한다는 말입니까? 선악과로 돌고 선악의 논리에 미쳐서 사니까 영적으로 그렇게 미친 짓을 하는 것이 아니겠습니까? 바로 고라와 그의 무리들이 그런 짓을 하고 만 것입니다. 그래서 그들은 하나님의 심판과 재앙의 길로 갈 수밖에 없었습니다.

고라와 그의 무리들의 반역 사건의 결과들

그러면 하나님은 그들을 어떻게 대하시고 심판을 하셨습니까?

1) 하나님께서 지진과 불과 염병으로 심판하셨습니다.

> "그가 이 모든 말을 마치자마자 그들이 섰던 땅바닥이 갈라지니라 땅이 그 입을 열어 그들과 그들의 집과 고라에게 속한 모든 사람과 그들의 재물을 삼키매 그들과 그의 모든 재물이 산 채로 스올에 빠지며 땅이 그 위에 덮이니 그들이 회중 가운데서 망하니라 그 주위에 있는 온 이스라엘이 그들의 부르짖음을 듣고 도망하며 이르되 땅이 우리도 삼킬까 두렵다 하였고 여호와께로부터 불이 나와서 분향하는 이백오십 명을 불살랐더라" (민 16:31-35).

이 얼마나 불쌍합니까? 더구나 그 처자식들은 억울하지 않겠습니까? 그들은 지금 하나님의 심판이 임할지도 모르고 당당하게 서 있습니다. 참으로 가련한 모습입니다. 인간의 생각이나 이성의 잣대로 하나님의 뜻을 판단하고 선악과를 선택하는 것이 얼마나 무서운 심판과 저주를 불러오는지 아직도 깨닫지 못하고 있습니다.

그러나 하나님의 권위와 약속에 도전하고 모세의 지도력에 대적한 사람들이 산 채로 음부에 떨어지는 무서운 심판을 당했습니다. 그리고 재앙은 여기에서 그치지 않고 이것을 지켜본 백성들에게까지 미쳤습니다. 하나님의 심판을 보았으면 돌이켜서 회개하고 조심해야 하는데, 이스라엘 백성들은 오히려 모세와 아론 때문에 죽었다고 반기를 들고 그들을 치려고 했습니다.

"이튿날 이스라엘 자손의 온 회중이 모세와 아론을 원망하여 이르되 너희가 여호와의 백성을 죽였도다 하고"(민 16:41).

이스라엘 백성들은 하나님이 모세에게 부여하신 그 영적 권위와 지도력을 아직도 이해하지 못하고, 끝까지 모세와 아론 때문에 사람들이 죽었다고 원망하고 있습니다. 그러자 이번에는 하나님이 이스라엘 백성들을 염병으로 심판하셨습니다.

"고라의 일로 죽은 자 외에 염병에 죽은 자가 만 사천칠백 명이었더라"(민 16:49).

얼마나 무서운 재앙과 저주입니까? 그러므로 오늘 우리도 하나님의 권위에 도전해서는 안 됩니다. 하나님의 인도하심과 지도력을 절대로 부인하거나 도전해서는 안 됩니다. 멍청하고 우둔하고 지혜가 부족한 사람이 선악과를 선택합니다. 그러나 성경은 하나님을 경외하며 섬기는 지혜가 곧 생명나무라고 말합니다.

"지혜는 그 얻은 자에게 생명나무라 지혜를 가진 자는 복되도다"(잠 3:18).71)

---

71) 개역개정 성경에서 "지혜는 그 얻은 자"라는 히브리어는 לְמַחֲזִיקִים(라마하지킴)이며, 그 의미는 '굳게 붙잡는 자들' 또는 '껴안은 자들'이란 뉘앙스가 있다. 따라서 지혜의 가치를 알고 누리기 위해서는 적극적으로 그것을 추구하고 선택하고 붙들어야 함을 말한다. 지혜는 그것을 선택하는 자에게 생명나무라고 잠언은 말한다. 지혜를 선택하는 것은 결국 생명나무를 선택하는 것이다. 그러므로 성도들은 범사에 하나님을 경외하는 삶인 지혜, 곧 생명나무를 선택해야 한다.

오늘날에도 성도들은 범사에 하나님을 경외하고 섬기는 지혜를 선택해야 합니다. 그 지혜가 바로 생명나무입니다. 오늘날에도 우리가 선악과를 선택할 것인가, 생명나무를 선택할 것인가 기로에 설 때가 많이 있지 않습니까? 그때 어리석고 우둔한 사람은 선악과를 선택하고, 지혜롭고 현명한 사람은 생명나무를 선택하게 되어 있습니다. 그래서 잠언서는 생명의 길을 선택하는 것이 언약 백성의 지혜요 생명나무라고 말하고 있습니다.

그뿐입니까? 하나님께서는 자신을 경외하는 지혜를 선택한 자들의 소원을 반드시 이루어 주십니다. 즉 하나님을 경외하는 생명나무를 선택한 자들은 소원 성취의 즐거움, 기쁨, 그리고 행복을 누리게 됩니다. 이것이 곧 생명나무입니다. 그러나 선악과를 선택하는 악인의 등불은 꺼져 버립니다(잠 13:9). 선악과를 선택할 때는 멸망이요 저주이지만, 생명나무를 선택하는 것은 언제나 형통이요 승승장구라고 말하고 있습니다.

"소망이 더디 이루어지면 그것이 마음을 상하게 하거니와 소원이 이루어지는 것은 곧 생명나무니라"(잠 13:12).[72]

의인은 자신의 소원 성취가 지체되어 잠시 마음이 상할 수 있으

---

[72] 잠언 13장 12절에 언급된 소원은 의인 또는 지혜로운 자의 소원을 말한다. 잠언 13장 12-19절의 심층 구조를 살펴보면, 반어적 평행법을 사용하여 의인과 악인 그리고 지혜로운 자와 미련한 자를 대조하고 있다. 좀 더 넓은 문학적 문맥에서 볼 때 잠언 10-15장은 주로 의인과 악인의 대조를 통하여 메시지를 전달하고 있다. 따라서 잠언 13장 12-19절도 의인과 악인의 틀 안에서 해석해야 한다. 참조. 이희성, "생명나무의 신학적 의미와 적용: 창세기와 잠언을 중심으로," 〈개혁 논총〉 제20권(2011년): 144-148.

나, 영원히 낙담하지 않습니다. 왜냐하면 결국 하나님께서 소원을 이루어 주실 약속을 믿기 때문입니다. 하나님께서 의인의 소원을 이루어 주심으로 역전의 은혜를 주십니다. 상한 마음에서 생명나무의 풍성한 은혜로 바꾸어 주십니다. 그러므로 항상 지혜의 생명나무를 선택해야 합니다. 그리하면 소원을 이루고 항상 형통하는 승승장구의 생명나무의 은혜와 복을 누리게 됩니다.

2) 모세의 권위와 지도력을 인정하고 더 높여 주셨습니다.

하나님은 이스라엘 각 지파장들에게 지팡이를 하나씩 가져오라고 했습니다. 그리고 그 지팡이를 하나님의 언약궤 앞에 갖다 놓으라고 명령했습니다. 그랬더니 아론의 지팡이에만 싹이 났습니다. 그리고 꽃이 피고 열매까지 맺혔습니다.

> "이튿날 모세가 증거의 장막에 들어가 본즉 레위 집을 위하여 낸 아론의 지팡이에 움이 돋고 순이 나고 꽃이 피어서 살구 열매가 열렸더라 모세가 그 지팡이 전부를 여호와 앞에서 이스라엘 모든 자손에게로 가져오매 그들이 보고 각각 자기 지팡이를 집어 들었더라"(민 17:8-9).

하나님은 이러한 사건을 통해서 누가 뭐라 해도 하나님이 모세와 아론과 함께하신다는 사실을 보여주고 싶으셨던 것입니다.[73] 그뿐만 아니라 모세와 아론의 영적 권위와 지도력을 모든 백성들 앞에 인정하고 높여 주고 싶으셨던 것입니다. 그뿐입니까? 하나님은

---

73) 아론의 지팡이에 싹이 난 것은 이 사건에 대한 하나님의 주권적인 결정을 상징적으로 나타내는 표식이다. Cole, *Numbers*, 276.

다시는 이런 일이 없도록 이스라엘 백성들에게 교훈과 표징을 주셨습니다. 그 표징으로 아론의 싹 난 지팡이를 언약궤 앞에 두도록 했던 것입니다.

> "여호와께서 또 모세에게 이르시되 아론의 지팡이는 증거궤 앞으로 도로 가져다가 거기 간직하여 반역한 자에 대한 표징이 되게 하여 그들로 내게 대한 원망을 그치고 죽지 않게 할지니라"(민 17:10).

하나님이 이 사건을 통해서 앞으로 올 다음 세대에게 절대로 지도자의 영적 권위와 지도력을 부인하지 말라고 가르쳐 주신 것이 아닙니까? 하나님은 아론의 싹 난 지팡이를 통해서 이런 교훈을 주고 싶으셨던 것입니다.

"성도들아, 그 어떤 경우에도 영적인 지도자를 범해서는 안 된다. 주의 종의 권위에 대항하고 거슬러서도 안 되고, 영적 지도력에 반항해서는 절대로 안 된다. 왜냐하면 주의 종을 거스르는 것은 하나님을 거스르는 것과 같기 때문이다. 그러므로 복 받으려면 주의 종을 거스르지 말고 공경하며 살아라. 그것이 너희가 사는 길이고 복 받는 길이다."

오늘 이 시대를 살아가는 성도들은 하나님께서 만고불변의 진리로 주신 이 진리를 결코 잊지 말아야 합니다. 우리는 이 성경 내용이 바뀌기 전까지는 어느 누구도 이 말씀 앞에 항변할 수 없습니다. 또한 우리는 이 성경의 내용을 달리 해석할 길이 없습니다. 그런데 우리는 이러한 성경 내용을 다 덮어 버리고 오늘의 도덕과 윤리의 시각만을 가지고 지도자를 끌어내리는 일을 일삼고는 합니다.

　선악의 마인드로 건수만 있으면 지도자를 공격하고 그의 지도력을 침몰시키려고 합니다. 이 얼마나 어리석은 짓인지 모릅니다. 그러므로 우리는 언제나 지혜의 생명나무를 선택해야 합니다. 온순한 혀의 생명나무를 선택해야 합니다. 언제나 승승장구하는 형통의 생명나무를 선택해야 합니다. 그래서 언제나 오늘의 교회를 살리는 생명과 형통의 주인공이 되어야 할 것입니다.

14.

선악과를 선택한 사람들 3-사울

"사울은 사무엘이 정한 기한대로 이레 동안을 기다렸으나 사무엘이 길갈로 오지 아니하매 백성이 사울에게서 흩어지는지라 사울이 이르되 번제와 화목제물을 이리로 가져오라 하여 번제를 드렸더니 번제 드리기를 마치자 사무엘이 온지라 사울이 나가 맞으며 문안하매 사무엘이 이르되 왕이 행하신 것이 무엇이냐 하니 사울이 이르되 백성은 내게서 흩어지고 당신은 정한 날 안에 오지 아니하고 블레셋 사람은 믹마스에 모였음을 내가 보았으므로 이에 내가 이르기를 블레셋 사람들이 나를 치러 길갈로 내려오겠거늘 내가 여호와께 은혜를 간구하지 못하였다 하고 부득이하여 번제를 드렸나이다 하니라 사무엘이 사울에게 이르되 왕이 망령되이 행하였도다 왕이 왕의 하나님 여호와께서 왕에게 내리신 명령을 지키지 아니하였도다 그리하였더라면 여호와께서 이스라엘 위에 왕의 나라를 영원히 세우셨을 것이거늘 지금은 왕의 나라가 길지 못할 것이라 여호와께서 왕에게 명령하신 바를 왕이 지키지 아니하였으므로 여호와께서 그의 마음에 맞는 사람을 구하여 여호와께서 그를 그의 백성의 지도자로 삼으셨느니라 하고"(삼상 13:8-14)

인생을 살면서 정말 너무너무 아쉬울 때가 있습니다. 그것은 선악과나무를 선택함으로써 인생이 완전히 망조의 길로 접어들 때입니다. 생명나무를 선택하면 무조건 승리하고, 무조건 축복받고, 하나님께 영광을 돌리게 되는데, 선악과나무를 선택함으로써 스스로 화를 자초하게 되고 실패의 길로 떨어지게 되기 때문입니다.

사울이 그런 길을 갔습니다. 사울은 이스라엘의 초대 왕이었습니다. 하나님과 이스라엘 백성들 간에 그는 적어도 이스라엘의 초대 왕이 될 만한 사람이었기에 왕으로 뽑힌 사람입니다. 그런데 그는 왕이 되자마자 선악과를 선택하기 시작했습니다. 선악과나무를 선택함으로써 그는 멸망의 길, 죽음의 길, 망조와 불행의 길을 자초해 버리고 말았습니다.

그러면 사울은 어떻게 선악과나무를 선택하였습니까?

1) 자기중심적인 삶을 삶으로써 교만의 선악과를 선택하였습니다.

그는 왕이 되기 전에는 인간적으로 볼 때 굉장히 겸손한 사람이었습니다. 사람들 앞에 나서서 잘난 척하지도 않고, 굉장히 낮은 자세로 사람들을 대했던 것 같습니다. 왜냐하면 백성들이 사울을 왕으로 세우려고 할 때 사울은 사람들을 피하여 짐 보따리들 사이에 숨을 정도였지 않습니까?

"그러므로 그들이 또 여호와께 묻되 그 사람이 여기 왔나이까 여호와께서 대답하시되 그가 짐 보따리들 사이에 숨었느니라 하셨더라"(삼상 10:22).

그러나 왕이 되고 나서부터 그는 사람이 서서히 달라지기 시작했습니다. 자기를 왕으로 세우신 하나님을 높이고 하나님을 왕으로 삼으며 하나님이 이스라엘을 다스리시도록 해야 하는데, 사울은 그것은 안중에도 없었습니다. 하나님을 위해서 사는 모습이 전혀 보이지 않았습니다.[74] 자기를 세워 주시고 왕으로 삼아 주신 하나님에 대해서 전혀 감사하는 마음도 없었습니다. 자기가 어떻게 하면 하나님을 기쁘시게 하고, 어떻게 하면 하나님 중심으로 정치를 잘하고, 이스라엘 나라를 신정주의 나라로 세울 것인가, 그런 데에는 전혀 관심이 없었다는 말입니다.

그저 오로지 어떻게 하면 자기 정권을 더 튼튼히 하고 권력을 견고하게 할 것인가 하는 데에만 관심을 갖고 신경을 쓰고 있었습니다. 하나님께 영광이 되건 말건 신경 쓸 겨를도 없고, 오로지 자기 아성만 쌓고 자신의 왕국만 이루려고 온 집중을 다했습니다.

그러다 보니 사울은 어느새 완전히 교만한 사람으로 바뀌기 시작하였습니다. 하나님이 두렵지도 않고 무섭지도 않았습니다. 하나님은 경외의 대상이 아니고 그저 하나의 거래의 대상이요, 흥정의 대상일 뿐이었습니다. 아니, 어떨 때는 자기가 하나님보다 더 높은 사람이 되어 버렸습니다.

---

[74] 아담과 하와가 선악과를 따 먹음으로 인하여 하나님의 명령을 거부하였다. 이는 하나님의 말씀보다 자신의 생각과 판단이 먼저이며 자기중심적인 삶을 살아가는 것을 선택한 것이다. 하나님보다 자기 자신이 주도권을 가진 삶이다. 아담의 타락으로 인하여 그의 후손들은 원죄의 영향과 자기중심적 죄성을 가지고 태어난다. 참조. 존 머레이,《아담의 죄는 왜 원죄인가》, 신성철 역 (서울: 형상사, 1994), 91-185.

그러므로 여기서 우리가 사울을 통해서 깨달을 수 있는 것은, 진정한 겸손이 무엇이냐는 것입니다. 분명히 사울이 왕이 되기 전에는 인간적으로 볼 때는 겸손한 사람이었습니다. 그런데 왕이 되어서는 아주 교만한 사람으로 바뀌어 버렸다는 말입니다.

그러면 사울이 왕이 되었기 때문에 교만해진 것이었을까요? 아닙니다. 사울에게 있어서는 이 외형적인 겸손이 오히려 문제였습니다. 사람 보기에는 분명히 겸손한 사람이었습니다. 그러나 사울은 겉으로는 겸손하게 보였지만 내면적으로는 이미 자기중심적인 삶을 살았다고 할 수 있습니다. 이 자기중심성의 삶, 이것은 옛사람의 가장 중요한 특징이기도 합니다.

옛사람은 항상 자기가 먼저이고 자기중심성의 삶을 살려고만 합니다. 그럼에도 불구하고 겉으로는 사람들 앞에서는 얼마든지 낮아진 척할 수 있고, 작은 자처럼 나타낼 수 있습니다. 이것이 사람이 볼 때는 겸손인 것처럼 보일 수 있습니다. 그러나 하나님 보시기에는 외적으로 낮아지느냐 높아지느냐가 중요한 것이 아닙니다. 그것이 겸손의 본질이 아닙니다.

아무리 외면적으로는 낮아진 것처럼 보이고 겸손하게 보인다 할지라도, 하나님 보시기에는 이미 자기중심성의 삶을 사는 순간부터 교만의 삶을 사는 것이라고 볼 수 있습니다. 왜냐하면 이런 사람은 이미 삶의 한복판에 자기가 왕이 되어 있고 자기가 기준이 되어 있기 때문입니다. 언제나 하나님의 생명을 따라 살지 않고 선악 판단을 따라서 살 뿐입니다. 하나님의 생명과 은혜가 삶의 기준이 아니라, 언제나 자기 자신의 선악 판단이 기준이 될 뿐입니다.

바로 이런 사람이 하나님이 보시기에 교만한 사람입니다. 그러므로 진정한 겸손은 사람 앞에 낮아지느냐, 높아지느냐가 본질이 아닌 것입니다. 자기중심성의 삶을 사느냐, 아니면 하나님 중심성의 삶을 사느냐가 중요합니다. 사람 보기에는 아무리 낮아지는 삶을 사는 것 같아도 그가 자기중심적인 삶을 살면 언젠가는 반드시 교만의 모습이 나타나게 됩니다. 그것이 평소에는 안 나타날지 모르지만, 어느 계기가 되고 그런 환경이 주어지면 반드시 교만의 모습이 외적으로 나타납니다.

제사장의 영역을 침범한 사울의 월권행위

바로 사울이 그런 사람이었습니다. 그러니까 그전에는 낮아지는 삶을 살고 사람들 앞에서 아주 작은 자처럼 보였지만, 어느 계기가 주어지니까 갑자기 제사장의 영역을 침범하는 월권행위를 저지르기 시작했습니다.

당시에는 어느 민족이든지 전쟁을 하기 전에 먼저 자기들이 섬기는 수호신에게 제사를 드렸습니다. 그러니 이스라엘 군대야 하나님께 당연히 제사를 드려야 하지 않겠습니까? 그런데 문제는 사무엘 제사장이 전쟁터에 빨리 도착하지 않는 것입니다. 당시는 왕과 제사장의 영역이 엄격히 분리되어 있었습니다. 그러므로 아무리 왕이라고 하더라도 제사장을 대신해서 제사를 드리고 번제를 드릴 수가 없었습니다. 만약에 그런 짓을 한다면 그것은 하나님의 영역을 침범하는 것과 똑같았습니다. 그것은 큰 교만이고 죽음이라고 할 수 있었습니다.

웃시야 왕도 그랬지 않습니까? 웃시야 왕은 초년에 아주 정치를 잘했습니다. 하나님 중심으로 정치를 잘했다는 말입니다. 하나님 앞에 겸손했고, 하나님을 높였습니다. 하나님을 왕으로 삼는 신정주의 정치를 했습니다.[75] 그런데 어쩌다가 말년에 교만병이 들어 버렸습니다.

자기가 하는 일이 너무나 형통하고 범사에 하나님이 복을 주시자 교만에 빠지고 말았습니다. 그래서 성전에 들어가서 자기가 분향을 하고 제사를 드리려고 했습니다.[76] 제사장이 할 일을 자기가 오버하고 월권해서 분향을 하려 한 것입니다. 그러자 주위에서 만류했습니다. 특별히 제사장들이 그러면 안 된다고 했습니다.

그러자 노를 발하면서 "너희들이 뭔데 그러냐?"고 자기가 성전에 들어가서 분향해 버립니다. 혈기를 부리면서 분향을 했습니다. 그러자 어떻게 되었습니까? 당장 그는 문둥병에 걸리고 말았지 않습니까?[77] 그래서 말년에 정치를 제대로 하지도 못하고 스스로 격

---

75) 웃시야 왕은 그의 정치 초기에는 여호와 보시기에 정직하게 행하였고, 하나님의 도우심을 얻어 강성한 왕이 되었다(대하 26:4-15). 특히 웃시야 왕이 형통한 이유는 그를 돕는 선지자 스가랴가 있었기 때문이다. "하나님의 묵시를 밝히 아는 스가랴가 사는 날에 하나님을 찾았고 그가 여호와를 찾을 동안에는 하나님이 형통하게 하셨더라"(대하 26:5).
76) "그가 강성하여지매 그의 마음이 교만하여 악을 행하여 그의 하나님 여호와께 범죄하되 곧 여호와의 성전에 들어가서 향단에 분향하려 한지라"(대하 26:16).
77) "웃시야가 손으로 향로를 잡고 분향하려 하다가 화를 내니 그가 제사장에게 화를 낼 때에 여호와의 전 안 향단 곁 제사장들 앞에서 그의 이마에 나병이 생긴지라"(대하 26:19).

리되어 살아야 했지 않습니까?

> "웃시야 왕이 죽는 날까지 나병환자가 되었고 나병환자가 되매 여호와의 전에서 끊어져 별궁에 살았으므로 그의 아들 요담이 왕궁을 관리하며 백성을 다스렸더라"(대하 26:21).

사울도 사무엘이 제때 오지 않는다고 월권을 하고 오버해서 자기가 제사를 주관하고 말았습니다. 믿음으로 사무엘을 좀 기다렸으면 얼마나 좋았겠습니까? 그런데 참지 못하고 자기가 월권해서 번제를 드리고 말았습니다.

> "사울은 사무엘이 정한 기한대로 이레 동안을 기다렸으나 사무엘이 길갈로 오지 아니하매 백성이 사울에게서 흩어지는지라 사울이 이르되 번제와 화목 제물을 이리로 가져오라 하여 번제를 드렸더니"(삼상 13:8-9).

그래서 하나님이 사울을 버리고 다윗을 택하기로 작정하십니다. 그러므로 이제 사울의 나라는 길게 가지 못합니다. 머지않아 하나님이 다윗을 세우셔서 다윗의 나라를 번성하게 해주실 것입니다. 이 얼마나 억울합니까? 사울이 이럴 줄 알았으면 그런 교만의 선악과를 땄겠습니까? 이럴 줄 알았으면 어찌 교만했겠습니까?

그런데 이런 교만의 뿌리와 근원이 어디서 나옵니까? 바로 자기중심성의 삶에서 나옵니다. 자기중심성의 삶을 사니까 아무리 겸손한 것 같고 낮아지는 삶을 사는 것 같아도, 그는 어쩔 수 없이 자기 안에서 욕망의 바벨탑과 교만의 바벨탑을 쌓지 않을 수 없었습니다.

14. 선악과를 선택한 사람들 3-사울

자기중심성을 버리고 하나님 중심성의 삶을

오늘날에도 이상하게 망할 사람은 교만병부터 듭니다.[78] 괜히 교만하지 않아도 되는데 쓸데없이 교만하기 시작합니다. 어떤 계기가 주어지고 그럴 환경만 갖추어지면 무슨 놈의 교만의 선악과를 그렇게 따는지 모르겠습니다. 오늘날에도 보면, 꼭 그렇게까지 안 해도 되는데 목회자의 영역을 침범한다든지, 교회의 권위를 헐어버리려고 합니다. 그리고 그렇게 자기가 개혁 정신이 많고 똑똑한 척하면서 자기가 교회 위에 군림하고 목회자의 권위를 끌어내리는 것을 즐거움으로 알고 특별한 사명으로 아는 사람이 있습니다.

그런데 미안하지만 대부분 영적으로 그런 모습은 다 자기중심성의 삶을 살기 때문에 나타나는 현상입니다. 그 자기중심성의 삶이 도덕과 윤리라는 가면으로 가려졌을 뿐이지, 그것은 하나님 보시기에 교만의 모습일 뿐입니다. 그러나 이런 사람들을 보면, 그때는 자기가 옳고 잘하는 줄 알지만 이것을 알아야 합니다. 해 아래서는 정의를 행하는 것이 악일 수도 있고 재판을 하는 곳에도 악이 있을 수 있다는 것을 말입니다.

> "또 내가 해 아래에서 보건대 재판하는 곳 거기에도 악이 있고 정의를 행하는 곳 거기에도 악이 있도다"(전 3:16).

그러니까 멋모르고 자기가 정의를 행한 줄 알았는데, 그것이 하

---

[78] "교만은 패망의 선봉이요 거만한 마음은 넘어짐의 앞잡이니라"(잠 16:18).

나님 보시기에 자기중심적 교만이었기 때문에 책망을 받고 꾸중을 듣는 경우도 있습니다. 자기 딴에는 교회를 개혁하고 갱신한다고 목에 핏대를 세우며 의로운 행동을 한다고 했지만, 그것이 하나님 보시기에는 교만 중의 교만으로 책망을 받고 온갖 징계와 채찍과 심판을 받는 경우가 많습니다.

그러나 복 받을 사람은 웬 은혜, 웬 축복인지 겸손의 생명나무를 선택합니다. 교만병이 오려고 하는데도 그 마음을 물리치고 겸손 줄을 붙잡습니다. 겸손의 생명나무를 붙잡습니다. 어떻게든지 겸손하려고 애를 씁니다. 왜 그런 줄 아십니까? 이 사람은 하나님 중심성의 삶이 강하기 때문입니다.

자기중심성의 삶을 버리고 하나님 중심성의 삶으로 신앙의 중심 이동이 이루어졌기 때문입니다. 그러니까 당연히 겸손의 생명나무를 붙잡고 삽니다. 하나님이 이런 삶을 어떻게 축복하시지 않을 수 있겠습니까? 그래서 그 사람은 언제나 축복의 주인공이 되고 기적의 주인공이 됩니다.

저도 제가 살아온 길을 돌이켜볼 때 사울과 같이 될 기회가 참 많았습니다. 웃시야같이 망할 기회도 참 많았습니다. 그러나 하나님께서 순간순간 은혜를 주셔서 하나님 중심성의 삶을 살도록 복을 주셨습니다. 정말 아슬아슬하게라도 겸손의 생명나무를 선택하게 하셨습니다. 그래서 지금은 제가 누구보다 잘 압니다. 제가 사는 길은 오직 하나님 중심성의 삶을 살고 언제나 겸손의 생명나무를 선택하는 길뿐이라는 것을 말입니다.

14. 선악과를 선택한 사람들 3-사울

그러므로 우리 모두는 먼저 하나님 중심성의 삶을 살아야 합니다. 그래서 언제나 겸손의 생명나무를 선택해야 합니다. 무슨 일이 있어도 언제나 하나님을 높이며 내가 낮아지고 하나님의 통치와 다스림 속에 살아야 합니다. 그럴 때 언제나 진정한 겸손으로 승리하며 겸손의 생명나무로 축복의 사람이 될 수 있습니다.

2) 불순종의 선악과를 선택했습니다.

당연히 자기중심성의 삶을 사니까 불순종의 선악과를 선택했습니다. 사울이 아말렉과 전쟁할 때였습니다. 아말렉은 이스라엘 백성들이 출애굽할 때 정면으로 방해하고 공격했던 족속이었습니다. 그래서 하나님은 사무엘을 통하여 사울에게 아말렉을 다 진멸하고 쳐 죽이라고 명령하셨습니다. 그들의 종자까지 다 없애 버리도록 명령하셨습니다.[79]

"만군의 여호와께서 이같이 말씀하시기를 아말렉이 이스라엘에게 행한 일 곧 애굽에서 나올 때에 길에서 대적한 일로 내가 그들을 벌하노니 지금 가서 아말렉을 쳐서 그들의 모든 소유를 남기지 말고 진멸하되 남녀와 소아와 젖 먹는 아이와 우양과 낙타와 나귀를 죽이라 하셨나이다 하니"(삼상 15:2-3).

---

[79] 모두 진멸하라는 하나님의 명령은 חרם(헤렘)법이다. 가나안 땅에 살고 있는 이방인들의 종교와 문화는 이스라엘 백성들에게 항상 유혹의 요소로 작용했다. 따라서 하나님께서는 아말렉 사람들을 모든 진멸하라고 명령하셨다. 신명기 20장 15-18절은 헤렘법을 소개하고 있다. John C. Schroeder, *I Samuel: Interpreter's Bible*, vol 2 (Nashville: Abingdon Press, 1978).

그러나 사울은 하나님의 명령에 100% 순종하지 않았습니다. 아각 왕과 살진 짐승을 죽이지 않았습니다.

> "아말렉 사람의 왕 아각을 사로잡고 칼날로 그의 모든 백성을 진멸하였으되 사울과 백성이 아각과 그의 양과 소의 가장 좋은 것 또는 기름진 것과 어린 양과 모든 좋은 것을 남기고 진멸하기를 즐겨 아니하고 가치 없고 하찮은 것은 진멸하니라"(삼상 15:8-9).

그러면 왜 사울이 아각 왕을 죽이지 않고 사로잡았을까요? 저는 이런 상상을 해봅니다. 아각 왕을 살려 놓고 그 아각 왕을 사울 자신의 정치적인 노리개로 이용하려고 했던 것입니다. 사울이 가는 곳곳마다 아각 왕을 사울의 나팔수가 되게 하는 것입니다. "사울은 위대한 하나님의 종입니다. 정말 큰 사람입니다. 옛날에 사울을 미워하고 사울하고 싸운 적이 있지만 지금 와서 보니까 사울이 얼마나 마음이 넓고 큰 사람인지 모릅니다. 그러므로 이스라엘 백성들이여, 우리 모두 사울 왕을 존경합시다. 그리고 사울 왕을 따릅시다."

바로 이런 이유로 아각 왕을 죽이지 않았을지도 모릅니다. 그러니까 하나님 보시기에 얼마나 가소로운 일이겠습니까? 또한 살진 양과 소들을 진멸하지 않은 것도 물론 겉으로 말하는 핑계는 좋았습니다. 짐승 가운데서도 좋은 것을 죽이지 않은 이유는 그것을 하나님께 제사드리려고 했다는 것입니다.

그러나 하나님은 그런 짐승을 제물로 받지 않으십니다. 그런 양이나 소를 백 마리, 천 마리 드려도 하나님은 기뻐하시지 않습니다.

14. 선악과를 선택한 사람들 3-사울

그래서 사무엘이 순종이 제사보다 낫고 듣는 것이 숫양의 기름보다 낫다고 말하지 않습니까?

"사무엘이 이르되 여호와께서 번제와 다른 제사를 그의 목소리를 청종하는 것을 좋아하심같이 좋아하시겠나이까 순종이 제사보다 낫고 듣는 것이 숫양의 기름보다 나으니"(삼상 15:22).

하나님은 순종 자체를 원하십니다. 듣는 것 자체를 원하십니다.[80] 여기서 우리는 하나님이 우리에게서 무얼 원하시는가를 교훈 받을 수 있습니다. 하나님은 언제나 우리에게서 신앙의 본질을 원하시는 것이지, 비본질을 요구하시지 않는다는 사실입니다.

신앙의 본질은 들음과 순종

그러면 본질은 무엇입니까? 듣고 순종하는 것입니다. 하나님께 드리는 제물, 그 자체는 얼마든지 비본질이 될 수 있다는 사실입니다. 물론 제물이나 제사 그 자체가 항상 비본질이라고 말해서는 안 됩니다. 제물과 제사도 중요하지만 순종이 없는 제사, 마음의 정성과 뜻이 없는 제물은 본질이 될 수 없다는 것입니다.

---

80) 사무엘상 15장의 중요한 메시지는 שמע(듣다, 순종하다)라는 히브리어 동사를 통해 드러난다. 이 단어는 1, 4, 14, 19, 20, 22, 24절에 반복하여 나타난다. 하나님께서 사울 왕에게 요구하신 것은 하나님의 말씀에 대한 순종임을 명백하게 드러낸다. 사울은 하나님의 말씀을 순종하지 않았고 오히려 백성의 말을 청종하였다. 신명기 17장 14-20절의 왕의 규례에서 설명한 것처럼, 왕은 하나님의 계명을 순종하여 신정주 국가를 이루어야 한다.

하나님은 언제나 제물을 기뻐하시고 제사를 기뻐하십니다. 그러나 하나님이 원하시는 제사를 기뻐하시고 하나님이 원하시는 제물을 기뻐하십니다. 그러니까 이스라엘 백성들이 정성스럽게 키워서 바친 양이나 소의 제물은 하나님이 아름답게 받으십니다.

그런데 아말렉의 꼴도 보기 싫은 짐승들은 죽이라고 했는데 그것을 하나님께 제물로 드린다고 했으니, 하나님이 그런 것은 천 마리, 만 마리를 드려도 안 받고 싶으신 것입니다. 이런 경우 그 제사와 제물은 비본질입니다. 본질과 목적이 될 수 없습니다. 그때 본질과 목적은 무엇입니까? 순종입니다. 순종, 그 자체가 목적이 되고 본질이 됩니다.

또 듣는 것도 마찬가지입니다. 아무리 하나님께서 숫양의 기름을 기뻐하신다고 하여도 아말렉의 숫양의 기름은 받지 않으신다는 것입니다. 이스라엘 백성들이 믿음으로 키워서 바친 숫양은 하나님이 아름답게 흠향하십니다. 그러나 아말렉의 숫양의 기름은 몇천 근을 바친다고 하여도 받지 않으신다는 것입니다. 그것은 절대로 하나님 앞에 목적이 되고 본질이 될 수 없습니다. 그때의 본질은 하나님의 말씀을 듣는 것이기 때문입니다.

오늘날에도 우리가 말씀을 들어야 합니다. 그런 의미에서 신앙의 본질은 말씀을 듣는 것입니다. 우리가 아무리 충성하고 봉사하고 뼈빠지게 헌신한 것처럼 보여도, 하나님의 말씀을 듣지 않으면 안 됩니다. 먼저 은혜를 받아야 합니다. 먼저 은혜를 받지 않으면 이상하게 자기 의를 세우고 공명심이 나옵니다. 자기주장이 나옵니

14. 선악과를 선택한 사람들 3-사울

다. 자기 정욕의 소리가 나옵니다.

신앙의 비본질에 우선순위를 두면

오늘날에도 이런 신앙의 본질에 우선순위를 두지 않고 집중하지 않으면 우리가 비본질에 우선순위를 둘 수가 있습니다. 정말 신앙의 본질은 듣는 것이고 순종인데, 내가 하나님과 교회를 위해서 무언가 하려고 합니다. 내가 중심이 되고 내 의와 공명심이 앞서서 특별한 봉사를 하고 무슨 의로운 일을 하려고 합니다.

그러다가 교회에 무슨 문제가 생길 때에는 자기 혼자 정의의 투사가 되기 시작합니다. 그것이 겉으로는 하나님을 위한다고 하고 교회의 정의와 개혁을 위한다고 하면서 막 투사적이고 전투적인 행동을 하는 경우가 있습니다. 그런데 지내놓고 보면 그것이 다 사울 같은 행동인 경우가 많다는 사실을 알아야 합니다.

우리 새에덴교회가 문제가 없어서 다툼이 없고 분란이 없겠습니까? 사실 우리 교회도 부정적으로만 보려면 문제의 소지들이 많이 있다고 봅니다. 어떤 교회든 음지가 있고 양지가 있기 때문입니다. 교회뿐만 아니라 어떤 개인, 시민 단체도 음지와 양지가 있습니다.

그러나 우리 교인들은 적어도 말씀을 듣는 것과 순종하는 것을 신앙의 본질로 삼는 사람들입니다. 그래야 우리가 진정으로 생명나무를 선택하며 하나님이 기뻐하시는 진정한 예배를 드릴 수 있고 참된 봉사를 할 수 있기 때문입니다. 그래서 우리 교회는 완전해서가 아니라 비록 불완전한 공동체이지만 사탄이 개입하지 않고 분란이 일어나지 않습니다.

그러나 이것을 모르는 사람들은 오늘날 사울이 됩니다. 겉으로는 하나님을 위하고 교회를 위한다고 하지만, 내면에서는 남모르게 욕망의 바벨탑을 쌓고 교만의 바벨탑을 쌓습니다. 그러다가 어떤 계기가 주어지고 그 욕망을 자극하는 환경에 처하게 되면 사울 같은 행동을 하게 됩니다.

3) 그는 끝까지 회개하지 않는 선악과를 선택했습니다.

하나님은 아무리 큰 범죄를 저질러도 회개하고 돌이키기만 하면 언제나 긍휼을 베푸시고 자비를 베푸시는 하나님이십니다. 멸망을 선포하다가도 다시 돌이키시고, 은혜를 베푸시고, 긍휼을 베풀어 주시는 하나님이십니다.

> "하나님이 그들이 행한 것 곧 그 악한 길에서 돌이켜 떠난 것을 보시고 하나님이 뜻을 돌이키사 그들에게 내리리라고 말씀하신 재앙을 내리지 아니하시니라"(욘 3:10).

그러므로 사울이 하나님 앞에 자복하고 회개하였다면 얼마나 좋았겠습니까? 그런데 이 어리석은 사울은 회개할 줄 몰랐습니다. 끝까지 자신의 체면만을 생각하고 변명만 늘어놓기 일쑤였습니다. 하나님께서 사울을 버리셨다고 사무엘이 선포했을 때 저 같으면 사무엘의 옷자락을 붙잡고 엉엉 울며 회개하고도 남았을 것입니다. 그러나 사울은 지금 자기를 장로와 백성들 앞에서 높여 달라고 말하는 것이 아닙니까?

> "사울이 이르되 내가 범죄하였을지라도 이제 청하옵나니 내 백성의 장로들 앞과 이스라엘 앞에서 나를 높이사……"(삼상 15:30).

사울을 보면 회개하는 것도 하나님을 경배하는 것도 다 목적이 다른 데 있습니다. 사울의 목적은 자기를 높이는 데 있었습니다.[81] 하나님을 섬기는 것도 정치적으로 하고 하나님과 자기의 인격적인 관계가 없었습니다. 이게 바로 사울이 선택한 선악과입니다. 하나님이 어떻게 이런 사람을 쓰시겠습니까?

하나님의 종이 행여 범죄하거나 실수하였을 때, 하나님 앞에 엎드려 겸손하게 회개하는 것이 얼마나 아름다운 모습입니까? 이것이 바로 우리가 선택해야 할 생명나무입니다. 항상 성도들 앞에 높임 받기만을 바라면 안 됩니다. 자신이 잘못하였을 때는 성도들 앞에 머리를 조아리고 회개하는 그 모습이 얼마나 아름답겠습니까?

그런 모습을 통하여 영적인 리더십과 영권이 회복되는 것을 보면서 성도들은 다시 그를 따르고 존경하는 것이 아니겠습니까? 그러나 사울은 몰랐습니다. 그는 항상 자기를 높여 달라는 것이 아니겠습니까? 그러니 끝까지 회개하지 못하고 멸망하는 길을 선택하게

---

81) David Toshio Tsumura, *The First Book of Samuel* (Grand Rapids: Eerdmans, 2007), 407-408. 사울은 백성들 앞에서 자신의 체면을 잃지 않기를 원했다. 사울은 적절한 종교적인 언어는 사용했을지 모르지만 실상은 그의 말과 거리가 멀다.

된 것입니다.

　하나님 앞에서 그까짓 공명심이 무엇입니까? 명예와 체면이 뭐 그리 대단합니까? 자신의 의가 뭐 그리 대단합니까? 물론 선악과가 중심이 된 사람은 그것이 굉장히 중요합니다. 그러나 생명나무가 중심이 된 사람은 먼저 하나님께 회개부터 합니다. 잘못하고 실수했으면 하나님 앞에 엎드려 기도해야 합니다. 그것이 곧 우리가 사는 길이 아니겠습니까?

호박 잎사귀로 몸을 가리고

　저도 까마득히 잊고 있었던 일인데, 이번에 고향에 내려가니까 고향 어르신들이 그런 이야기를 하는 것을 듣고 기억이 났습니다. 초등학교 4학년 때로 기억되는데, 저희 마을에 저수지가 하나 있었습니다. 그런데 거기서 2-3년 만에 한 번씩 애들이 수영을 하다가 빠져 죽었습니다. 애들이 빠져 죽으면 제발 어른들이 거기 가서 수영하지 말라고 지켜 설 때도 있고, 그 저수지에 '수영 금지'라고 푯말까지 써 놓았습니다.

　그런데 제가 또래 아이들과 함께 어른들 몰래 수영을 하러 갔습니다. 언제 갔느냐 하면 어른들의 눈을 피해서 점심 먹을 시간에 갔습니다. 그런데 한참을 수영하다 보니까 옷이 없어졌습니다. 봤더니 저희 동네 어르신 호동 양반이라는 분이 계셨는데, 그분이 옷을 가져가 버린 것입니다.

옷이 없으니 어떡합니까? 궁리 끝에 제가 애들한테 가자고 했으니까 제가 책임을 지고, 저 혼자 그 어르신께 갔습니다. 그 어른이 마을 회관에 계시는데, 마을 회관에 가려면 동네 한가운데를 지나가야 합니다. 그런데 옷이 없으니 알몸으로 갈 수밖에요. 그래도 제가 호박 잎사귀 두 개를 끊어가지고 중요한 부분을 가리고 부끄럽지만 저 혼자 갔습니다. 그리고 어르신한테 막 소리쳤습니다.

"어르신, 차라리 수영하고 있는 저희를 불러서 회초리를 때리실 일이지, 어르신이 되어 가지고 비겁하게 옷을 가져가시면 어떻게 합니까? 어르신 보시기에 저희가 선녀라도 된단 말입니까? 나무꾼도 아니면서 어르신이 왜 선녀들의 옷을 훔쳐 가십니까?"

그러니까 이렇게 말씀하시는 것입니다. "이놈의 자식, 어린 놈이 맹랑하네. 야, 이놈의 자식들아, 너희들 생명이 얼마나 귀한지 알아? 내가 이렇게 옷을 안 가져오면 너희들이 또 저수지에서 수영하다가 너희들 중 한 명이 죽을 것 같아 옷을 가져왔다, 이놈아."

그래서 제가 그 자리에서 당장 무릎을 꿇고 빌었습니다. "어르신, 잘못했습니다. 그리고 제가 회초리를 맞겠습니다. 그러니 제발 옷을 주십시오." 그러니까 어르신이 옷을 주면 이놈들이 다 도망가 버릴 수 있으니 옷을 줄 수 없다는 것입니다. "어르신, 제가 책임을 지고 회관 앞으로 데려오겠습니다. 저를 믿어 주십시오."

그래서 옷을 입고 친구들의 옷을 가져갔습니다. 옷이라 해봐야 팬티에 러닝셔츠 하나 걸쳤던 때입니다. 그렇게 애들 옷을 입혀가지고 회관 앞으로 가서 잘못했다고 빈 적이 있습니다. 잘못했다고 비니까, 어르신도 용서해 주시고 좋은 이야기, 재미있는 이야기를 해주셨던 기억이 납니다.

사람도 이렇게 잘못했다고 하면 용서해 주는데, 하나님이 어떻게 용서를 안 해 주시겠습니까? 그래서 성경은 말하지 않습니까?

"만일 우리가 우리 죄를 자백하면 그는 미쁘시고 의로우사 우리 죄를 사하시며 우리를 모든 불의에서 깨끗하게 하실 것이요"(요일 1:9).

그러므로 우리가 잘못하고 큰 죄를 지어도 하나님께 나와서 회개하면 됩니다. 회개의 생명나무를 선택하며 잘못했다고 엎드리면 하나님이 다 용서해 주십니다. 그런데 왜 끝까지 도망가는 것입니까? 왜 끝까지 하나님 앞에 잘했다고 우기는 것입니까? "주여, 우리의 죄를 용서하여 주소서. 지난날의 잘못을 사하여 주옵소서."

♪ 주여 우리의 죄를 용서하여 주소서
　 지난날의 잘못을 사하여 주옵소서
　 주여 우리의 죄를 용서하여 주소서
　 지난날의 잘못을 사하여 주옵소서
　 주여 주여 나의 죄를 위하여 주여
　 주여 십자가를 지셨네
　 주님 가신 그 길을 나도 걸어야 하네
　 주님 가신 그 길을 나도 걸어야 하네

14. 선악과를 선택한 사람들 3－사울

4) 신접한 여인을 찾는 선악과를 선택했습니다.

그는 블레셋과의 전쟁을 앞두고 마음이 너무 심란했습니다. 그러면 그때라도 하나님을 찾으면 될 것이 아닙니까? 그런데 하필이면 신접한 여인, 곧 오늘날로 말하면 무당을 찾아간 것입니다.[82]

> "사울이 그의 신하들에게 이르되 나를 위하여 신접한 여인을 찾으라 내가 그리로 가서 그에게 물으리라 하니 그의 신하들이 그에게 이르되 보소서 엔돌에 신접한 여인이 있나이다"(삼상 28:7).

얼마나 기가 막힌 일입니까? 그러다가 사울은 그 블레셋 전쟁에서 비참하게 죽어 버리고 말았지 않습니까? 사울만 그렇게 죽은 것이 아니라 자손 대대로 가문이 문을 닫을 정도로 저주의 비극이 임하고 맙니다.

오늘날에도 예수 믿는 사람이 되어 가지고 무당이나 찾아다니고 점이나 치러 다니는 사람은 사울과 똑같은 사람입니다. 어렵고 힘들수록 하나님을 찾아야 합니다. 답답하고 막막할 때일수록 하나님을 의지해야 그것이 생명나무 아닙니까? 그러므로 우리는 사울처럼 선악과를 선택하지 말고 생명나무를 선택해야 합니다. 그것이 성도의 지혜요 축복이요 영광이기 때문입니다.

---

[82] 구약성경은 신접한 자와 무당을 절대로 따르지 말라고 엄격히 금한다. "너희는 신접한 자와 박수를 믿지 말며 그들을 추종하여 스스로 더럽히지 말라 나는 너희 하나님 여호와이니라"(레 19:31). "진언자나 신접자나 박수나 초혼자를 너희 가운데에 용납하지 말라"(신 18:11).

15.

생명나무를 선택한 사람들 1 - 다윗

"다윗과 그의 사람들이 사흘 만에 시글락에 이른 때에 아말렉 사람들이 이미 네겝과 시글락을 침노하였는데 그들이 시글락을 쳐서 불사르고 거기에 있는 젊거나 늙은 여인들은 한 사람도 죽이지 아니하고 다 사로잡아 끌고 자기 길을 갔더라 다윗과 그의 사람들이 성읍에 이르러 본즉 성읍이 불탔고 자기들의 아내와 자녀들이 사로잡혔는지라 다윗과 그와 함께 한 백성이 울 기력이 없도록 소리를 높여 울었더라(다윗의 두 아내 이스르엘 여인 아히노암과 갈멜 사람 나발의 아내였던 아비가일도 사로잡혔더라) 백성들이 자녀들 때문에 마음이 슬퍼서 다윗을 돌로 치자 하니 다윗이 크게 다급하였으나 그의 하나님 여호와를 힘입고 용기를 얻었더라 다윗이 아히멜렉의 아들 제사장 아비아달에게 이르되 원하건대 에봇을 내게로 가져오라 아비아달이 에봇을 다윗에게로 가져가매 다윗이 여호와께 묻자와 이르되 내가 이 군대를 추격하면 따라잡겠나이까 하니 여호와께서 그에게 대답하시되 그를 쫓아가라 네가 반드시 따라잡고 도로 찾으리라 이에 다윗과 또 그와 함께한 육백 명이 가서 브솔 시내에 이르러 뒤떨어진 자를 거기 머물게 했으되 곧 피곤하여 브솔 시내를 건너지 못하는 이백 명을 머물게 했고 다윗은 사백 명을 거느리고 쫓아가니라"(삼상 30:1-10)

다윗은 생명나무를 잘 선택해서 은혜를 받고 승리하며 하나님께 영광을 돌린 사람입니다. 누구에게나 생명나무와 선악과를 선택해야 하는 두 갈래 길에 설 때가 있습니다. 어떤 사람은 선악과를 선택하여 멸망하는 길로 갑니다. 그러나 어떤 사람은 생명나무를 선택하여 역전의 축복과 기적의 길로 갑니다.

그러므로 우리가 살아가면서 생명나무를 선택하는 것은 너무나 중요합니다. 어떤 선택을 하느냐에 따라 축복의 정상으로 올라가느냐, 아니면 심판과 재앙의 나락으로 추락하느냐가 결정되기 때문입니다.

다윗이 선택한 생명나무

그렇다면 다윗은 어떻게 생명나무를 선택하여 승리를 하였고 하나님께 영광을 돌렸습니까?

1) 그는 의협심의 생명나무를 선택하였습니다.

다윗은 한마디로 어릴 때부터 의협심이 많은 사람이었습니다. 그는 베들레헴의 양치기 노릇을 하면서 사자나 곰이 와서 양 새끼를 물어 가면 그놈들을 따라가서 턱수염을 잡고 곰이나 사자의 입을 벌려서 양을 건져 냈습니다. 그때는 그것이 아버지를 향한 충성심이고 양을 보호하기 위한 의협심으로 나타났습니다.

그런데 여기서 눈여겨볼 것은, 바로 이때 하나님이 사울을 버리고 다윗을 선택하셨다는 것입니다. 특별이 사도행전 13장 22절을 보면, 바로 이때 하나님이 다윗을 향하여 "내 마음에 합한 종"이라고 하셨습니다.[83] 그러므로 목동 시절부터 다윗의 내면에 하나님이 기뻐하시는 그 무언가가 있었다는 것입니다. 그것이 바로 하나님을 향한 거룩한 의협심이었습니다.

다윗이 목동 노릇을 할 때는 그의 의협심이 표면적으로는 아버지와 양들을 위해서만 나타났습니다. 그런데 골리앗과의 싸움에서 하나님을 향한 의협심이 그 안에 잠재되어 있었다는 것을 알 수 있습니다. 아버지의 심부름으로 형들을 찾아갔을 때 골리앗이란 놈이 이스라엘 군사들에게 욕설을 퍼붓고 하나님을 조롱하며 모욕적인 말을 하고 있었습니다.

다윗은 그것을 보고 참을 수가 없었습니다. 갑자기 하나님을 향한 거룩한 의협심이 발동한 것입니다. 다윗이 가진 의협심은 하나님 이름의 명예를 소중히 여기는 것이었고, 하나님을 향한 신의를 지키려는 마음이었습니다. 그래서 이렇게 말한 것입니다.

"저 할례 받지 못한 블레셋 놈이 누구관대 감히 사시는 하나님의 군대를 모욕한단 말이냐? 하룻강아지 범 무서운 줄 모른다더니, 세상에 할례 받지 못한 놈이 하나님을 모욕해? 살아 계신 하나님을 우습게 알아? 내가 저놈을 당장 가서 쳐 죽여 버리고 말리라. 내가 확

---

[83] 개역개정 성경에서 "내 마음에 맞는 사람"의 헬라어는 "ἄνδρα κατὰ τὴν καρδίαν μου"이다. 원어적 뉘앙스는 "내 마음을 추종하는 자"이다. 즉 하나님의 마음과 뜻을 받들고 늘 따라가는 자이다.

실하게 이런 놈을 밟아 버리고 말리라." 이렇게 다윗은 의협심으로 가득했습니다.

> "다윗이 곁에 서 있는 사람들에게 말하여 이르되 이 블레셋 사람을 죽여 이스라엘의 치욕을 제거하는 사람에게는 어떠한 대우를 하겠느냐 이 할례받지 않은 블레셋 사람이 누구이기에 살아 계시는 하나님의 군대를 모욕하겠느냐"(삼상 17:26).

그런데 다윗이 의협심을 가지고 골리앗과 싸우기로 결단하고 나아갈 때, 옆에서 제일 방해하고 무시한 사람이 누군 줄 아십니까? 바로 그의 형 엘리압이었습니다(삼상 17:28). 엘리압이 다윗을 제일 무시하고 핍박하는 거 아니겠습니까?

"야, 네가 뭐하러 여기 왔어? 들에 있는 양이나 치고 있지, 왜 여기까지 와서 난리를 피우고 있냐? 너 평상시에도 오버 잘하는 거 내가 잘 알고 있어. 네가 교만하고 완악하니까 그렇게 오버했던 거 아니냐? 네깟 놈이 무슨 싸움을 한다고 여길 온 거야! 빨리 목장에 돌아가서 양이나 지켜!"

게다가 사울 왕도 다윗을 말리는 것입니다. 그러나 다윗은 하나님을 향한 의협심이 지워지지 않았습니다. 오히려 마음 깊은 곳에 의협심이 스프링처럼 솟아올랐습니다. 활화산처럼 타오르는 의협심의 불을 끌 수가 없었습니다. 그래서 하나님을 향한 의협심을 가지고 골리앗을 향하여 나아갑니다. 그리고 산천초목이 흔들릴 정도로 외칩니다(삼상 17:45-47).

"너는 칼과 단창으로 나아오지만 나는 만군의 여호와의 이름으로 나아가노라. 오늘 네가 모욕하는 이스라엘 군대의 여호와 하나님의 이름으로 나아가노라. 보라! 오늘 하나님께서 너를 내게 붙여 주실 것이니 내가 네 목을 치리라! 네 목을 벨 뿐만 아니라 오늘 네 시체를 공중의 새와 들짐승에게 주어 온 땅으로 하나님이 이스라엘과 함께하심을 알게 할 것이다. 여호와의 구원하심이 인간의 칼과 창에 있지 아니함을 이 모든 무리로 하여금 분명히 알게 할 것이다! 하나님을 향한 불타오르는 의협심으로 내가 반드시 너의 목을 베고야 말 것이다!"

그런 다윗이 나중에 왕이 되었습니다. 그리고 그는 맨 먼저 하나님을 향한 의협심을 가지고 예루살렘 성을 정복했습니다. 신명기를 보면 예루살렘은 애당초 하나님께서 거기서 제사를 받으시고 이스라엘을 통치할 장소로 선별해 놓으신 땅이었습니다.

> "오직 너희의 한 지파 중에 여호와께서 택하실 그곳에서 번제를 드리고 또 내가 네게 명령하는 모든 것을 거기서 행할지니라"(신 12:14).

그러나 이 땅을 여호수아와 갈렙, 아니 사무엘도 엄두를 못 내고 있었습니다. 왜냐하면 여부스 족속이 아주 견고하고 강한 성을 쌓고 그 땅을 지키고 있었기 때문입니다. 그런데 다윗은 왕이 되자마자 여부스 족속을 쫓아내 버리고 그 땅을 정복했습니다.[84]

---

[84] 여부스 족속은 가나안의 후손들로서(창 10:15-16), 여부스 사람들이 차지하고 있었던 땅을 하나님께서는 아브라함의 후손에게 약속하셨다(창 15:18-21). 그러나 가나안 정복 시 베냐민 자손이 여부스 사람을 쫓아내지 못하고 함께 거하였으나(삿 1:21, 참조. 3:5-6), 결국 다윗이 여부스 거민이 살고 있었던 예루살렘을 공격하여 차지하게 되었다(삼하 5:6-10).

다윗, 예루살렘으로 언약궤를 모셔오다

그 땅을 정복한 후에 그곳을 다윗의 궁전으로 삼았습니다. 그러고 나서 맨 먼저 행한 것이 하나님의 언약궤를 모셔온 것이었습니다. 그러면 다윗은 왜 그렇게 언약궤를 모셔오려고 했습니까? 거기에는 두 가지 이유가 있습니다.

먼저는, 에브라임 지파가 버렸던 언약궤를 유다 지파 곧 다윗 장막으로 모셔와서 예배하며 섬기려고 했던 것입니다.[85] 에브라임 지파는 언약궤를 우습게 여기고 내팽개쳐 버렸습니다. 사울 왕도 언약궤를 우습게 여기고 방치했습니다. 그래서 하나님의 언약궤가 아비나답의 집에 70년 이상 방치되어 있었습니다.

그런데 다윗이 왕이 되어서 거룩한 의협심을 가지고 그 언약궤를 모셔옵니다. 이것을 다른 말로 하면 다윗은 정말 하나님의 언약궤와 성막을 다윗 성 안에 모셔 놓고 지성으로 하나님께 예배하며 잘 섬기고 싶었기 때문입니다.

또 하나, 이스라엘의 진정한 왕은 자기가 아니라 하나님이라는 사실을 고백하는 의미였습니다. 다윗은 하나님이 이스라엘을 세우신 목적을 잘 알았습니다. 그것은 하나님이 이스라엘의 왕이 되사 통치하시는 신정주의 나라를 만들려는 데 있었습니다.

---

85) 언약궤를 소중히 여겨 에브라임 지파에 있었던 언약궤를 다윗의 장막으로 모셔온 사건에 대한 자세한 연구는 필자의 다음 책을 참조하라. 소강석, 《성소권》(서울: 쿰란출판사, 2010).

그래서 하나님을 향한 불타는 의협심으로 그토록 방치되어 있던 언약궤를 모셔오고 싶었던 것입니다. 그리고 온전히 하나님이 다스리시고 통치하시는 신정주의 나라를 만들기를 원했습니다. 마침내 그런 다윗이 그토록 찾던 언약궤를 모셔오면서 너무나 큰 기쁨과 감격을 주체할 수가 없어서 하체가 보일 정도로 춤을 추지 않았습니까?

다윗은 시간만 나면 언약궤 앞에 가서 기도하고 찬양했습니다. "하나님, 당신이 이 백향목 궁궐의 진정한 주인이십니다. 당신이 이스라엘의 진정한 왕이십니다. 그러니 당신이 이 궁궐에서 진정한 왕 노릇을 해주시옵소서. 저는 형식적인 왕이요 껍데기 왕에 불과하니, 하나님이 저의 왕이 되어 주셔서 먼저 저를 통하여 예루살렘을 다스리시고 이스라엘을 다스려 주옵소서."

그러다가 나중에는 하나님의 언약궤를 모실 성전을 짓고자 했습니다. 이 모든 것이 결국은 하나님을 향한 의협심으로 연결됩니다. 고대 근동에서는 자기 신을 사랑하는 만큼 웅장하게 신전을 지었습니다.[86]

다윗은 '다른 신은 다 가짜 신이고 거짓되고 헛된 신인데, 우리

---

[86] 고대 근동에서는 성전을 건축하고 수리하는 것이 통치자의 의무였다. 이방 왕들의 성전 건축의 의도는 신들을 달래고 그들이 쉴 수 있는 처소를 마련하는 것이었다. 예를 들면, 앗수르 왕 산헤립은 그의 '신년 축제 성전' 건축을 위한 설명에서 다음과 같이 그의 소원을 말하고 있다. "나의 주, 아슈르의 마음이여 잠잠하소서." V. Philips Long, "1 & 2 Samuel," in *Zondervan Illustrated Bible Backgrounds Commentary*, ed. John Walton (Grand Rapids: Zondervan, 2009), 442. 그러나 다윗은 하나님을 향한 사랑과 헌신의 마음에서 성전 건축을 결심한 것이다.

하나님만이 진짜 신 중의 신이고 왕 중의 왕이지 않느냐. 그러니까 내가 감히 어느 신전과도 비교할 수 없는 위대하고 웅장한 성전을 지어서 하나님의 절대적인 위용과 권위와 그 웅장함을 보여주리라' 고 결단한 것입니다.

그렇게 함으로써 시온 산에서 하나님이 떠나지 않고 영원히 다스리시는 축복을 누리기를 원했습니다. 이 모든 것이 하나님을 향한 거룩한 의협심이었습니다. 다윗은 매 순간 무슨 일을 하든지 의협심을 가지고 희생하고 헌신했습니다. 그것이 생명이 되고 축복이라는 것을 깨달았기 때문입니다.

의협심 상실의 시대

오늘 우리는 어떤 사람입니까? 오늘날 성도들은 정말 주님을 향한 의협심이 없습니다. 신앙이 너무 개인주의화되어 "나만 손해 보지 않으면 된다"는 식입니다. 우리 때문에 하나님의 이름이 땅에 떨어지고 망령되이 일컬어져도 하나님께 죄송한 마음을 갖지 않습니다. TV나 신문을 통해서 하나님의 이름과 교회가 공격을 받아도 주님을 향한 의협심이 전혀 발동하지 않습니다.

안티 크리스천들이 그것을 업으로 알고 긁어대도 우리는 전혀 관심조차 없습니다. 그냥 그러려니 하고 맙니다. 골리앗이 하나님의 이름을 망령되이 일컫고 조롱해도 이스라엘 군대가 관심도 없이 덜덜 떨던 것과 다를 바가 없습니다.

그런데 다윗은 골리앗 앞에서도 의협심의 생명나무를 붙잡고 나아갔습니다. 왕이 되어 예루살렘을 정복할 때도, 언약궤를 모셔올 때도, 성전을 지을 때도 거룩한 의협심이 있었습니다.

과연 이런 의협심이 있습니까? 주님을 향한 거룩한 의협심이 과연 얼마나 있습니까? 예수 그리스도의 복음이 세상 사람들에게 평가 절하되고, 우리 때문에 하나님의 영광이 가려지며, 복음이 공격을 당하고, 교회가 안티 크리스천들에 의해서 오르락내리락할 때, 여러분은 얼마나 속상한 마음이 있습니까?

TV에서 교회가 난도질을 당하고 무차별 공격을 당할 때 가슴을 쥐어뜯으며 분통해하고 의협심을 가져 보았습니까? 그럴 때 의협심의 생명나무를 선택하면서 내가 더 잘해서 교회의 영광성과 거룩성을 회복하려는 마음을 가져 보았습니까? 오늘 우리는 의협심의 생명나무를 선택해야 합니다.

2) 매 순간순간 하나님을 의지하고 의논하는 생명나무를 선택했습니다.

다윗은 사자나 곰과 싸울 때도 하나님을 의지했고, 골리앗과 싸울 때도 하나님만 의지했습니다. 사울 왕에게 쫓겨 다닐 때도 순간순간 하나님을 의지하고 의논했습니다.

한번은 다윗이 사울에게 사냥개에 쫓기는 한 마리 사슴처럼 쫓겨 다닐 때, 그일라[87) 백성들이 블레셋의 공격을 받아 잡혀가게 되었습니다.

다윗이 그때 주책없이 하나님께 물어봅니다. "하나님, 제가 그일라 사람들을 구해 줄까요?" 그러자 하나님께서는 그들을 구해 주라고 응답하십니다. 그러니 다윗의 부하들은 반대하기 시작합니다. 우리 목숨도 부지하기 힘든데 그일라 백성들을 구하려 했다가는 우리 위치가 노출되어 사울 왕에게 당장 잡혀 죽는다고 말입니다. 그런데도 다윗은 하나님께 물어보고 그일라 백성을 구한 것이 아닙니까?

> "다윗이 여호와께 다시 묻자온대 여호와께서 대답하여 이르시되 일어나 그일라로 내려가라 내가 블레셋 사람들을 네 손에 넘기리라 하신지라 다윗과 그의 사람들이 그일라로 가서 블레셋 사람들과 싸워 그들을 크게 쳐서 죽이고 그들의 가축을 끌어오니라 다윗이 이와 같이 그일라 주민을 구원하니라"(삼상 23:4-5).

이처럼 다윗은 하나님만 의지하고 의논하는 삶을 살았습니다. 그러다가 다윗도 사람인지라 블레셋으로 도망가 버렸습니다. 블레셋으로 가면 사울이 자기를 쫓아오지 않을 것이라고 생각하고 블레셋으로 도망갑니다.[88]

---

87) 그일라(Keilah)는 세펠라(Shephelah)의 동쪽 그리고 블레셋 지경의 경계 근처에 위치한 장소로 침략자들의 주된 공격 목표가 된 곳이었다. 엘 아마르나(El Amarna) 토판에는 이 도시가 예루살렘의 통치자들과 헤브론의 통치자들 사이에 늘 분쟁이 되었던 지역이라고 명시하고 있다. John H. Walton, Victor H. Matthews & Mark W. Chavalas, *The IVP Bible Background Commentary: Old Testament* (Downers Grove: IVP Academic, 2000), 314.
88) 다윗이 사울의 위협을 피하여 블레셋 가드 왕 아기스에게로 도망한 사건은 사무엘상 21장 10-15절과 사무엘상 27장 1-7절에 나타난다. 다윗이 처음 아기스 왕에게 도피했을 때, 그는 침을 흘리며 미친 척하였다(21:10-15). 이를 통하여 자신이 아기스 왕에게 적대

"다윗이 그 마음에 생각하기를 내가 후일에는 사울의 손에 붙잡히리니 블레셋 사람들의 땅으로 피하여 들어가는 것이 좋으리로다 사울이 이스라엘 온 영토 내에서 다시 나를 찾다가 단념하리니 내가 그의 손에서 벗어나리라 하고 다윗이 일어나 함께 있는 사람 육백 명과 더불어 가드 왕 마옥의 아들 아기스에게로 건너가니라"(삼상 27:1-2).

거기서 다윗은 심각한 역경을 당합니다. 물론 처음에는 블레셋 왕 아기스가 다윗과 그의 600명의 부하들을 환대해 주었습니다. 그리고 시글락이라는 고을을 다윗에게 주어서 다윗과 600명의 부하들이 아주 평안하고 걱정 근심 없이 살도록 배려해 주었습니다.

그런데 그가 블레셋에 있는 동안 이스라엘과 블레셋 사이에 전쟁이 일어난 것이 아닙니까? 그러자 블레셋의 아기스 왕이 다윗에게도 함께 전쟁을 하러 가자고 합니다. 그래서 다윗이 어쩔 수 없이 가게 됩니다. 앞으로 이스라엘의 왕이 될 사람이 블레셋 편이 되어서 사울과 전쟁을 해야 하는 상황에 처한 것입니다. 다윗의 인생에 씻을 수 없는 오점을 남겨야 할 상황입니다.

그런데 블레셋의 아기스 왕 부하들이 다윗을 막 참소하는 것입니다. "왕이여, 저놈은 과거에 우리의 대장 골리앗을 죽인 사람인데 우리에게 전세가 불리해지면 우리를 향하여 활을 쏘고 칼을 부릴 놈이 아니겠습니까?" 그래서 아기스 왕이 다윗을 다시 돌려보냈습

적인 존재가 아니라는 사실을 확신시켜 주었다. 다윗이 아기스 왕에게로 간 두 번째 도피 상황에서 블레셋 사람들은 사울과 다윗의 갈등 관계를 알고 있었다. 아기스 왕은 다윗과 그의 가족 그리고 그의 용병들을 기꺼이 받아 주었고 시글락을 다윗에게 주었다 (삼상 27:6).

15. 생명나무를 선택한 사람들 1 - 다윗

니다. 다윗은 찜찜하고 허전한 마음으로 시글락으로 다시 돌아갔습니다.[89]

다윗이 펼친 기습 공격의 역전 드라마

그런데 그들이 없는 사이에 아말렉 사람들이 시글락에 쳐들어와서 장막에 불을 질러 버리고, 그들의 아내와 자녀들을 전부 사로잡아 가고 재산도 하나도 남김없이 약탈해 가 버린 것입니다. 다윗의 신하들은 너무나 억울하고 분해서 막 울었습니다. 울다 울다 너무 분하고 기가 막혔는지, 급기야는 다윗에게 돌을 던져 죽이려고까지 했습니다. 세상에 다윗을 통해서 득을 보고 성공하려고 했던 사람들이 갑자기 돌변하여 다윗을 돌로 쳐 죽이려고 합니다.

그때 다윗은 죽느냐 사느냐의 갈림길에서 얼마나 비통하고 원통했겠습니까? 다윗도 그때 선악과를 선택하였다면 주저앉아 버리고 말았을 것입니다. "하나님, 어떻게 나에게 이럴 수 있습니까? 어떻게 이렇게 할 수 있습니까?" 하며 원망하고 자포자기할 수도 있었습니다.

---

[89] "다윗과 그의 사람들이 사흘 만에 시글락에 이른 때에 아말렉 사람들이 이미 네겝과 시글락을 침노하였는데 그들이 시글락을 쳐서 불사르고"(삼상 30:1). 다윗과 그의 용병들은 아벡에서 시글락까지의 해안 평야 지대를 통하여 남쪽으로 돌아왔고, 그 거리는 대략 90km 정도이다. 따라서 다윗과 그의 사람들이 사흘 만에 시글락에 도착한 것이다. 다윗이 없는 기간을 틈타 아말렉 사람들이 다윗의 본거지를 공격하였다. 아마도 이는 사무엘상 27장 8절에서 다윗이 아말렉을 공격한 것에 대한 보복 공격이었을 것이다. 참조. Robert D. Bergen, *1, 2 Samuel* (Nashville: Broadman & Holman Publishers, 1996), 275.

다윗은 엎드려 하나님께 기도하고 물어 보았습니다. 그는 마지막까지 절망하지 않고 하나님을 의지하고 의논하였습니다. 그렇게 다급한 상황 속에서도, 세상 말로 똥줄이 타는 상황에서도 하나님을 의지하고 의논하며 생명나무를 선택한 것입니다.

"하나님, 일이 급하게 되었습니다. 하나님께 불평하고 원망할 시간도 없습니다. 저는 이제 하나님밖에 없습니다. 하나님이 도와주셔야만 합니다. 이제라도 제가 쫓아가면 아말렉 군사들을 잡을 수 있겠습니까?" 그럴 때 하나님께서 "다윗아, 걱정하지 말고 지금이라도 당장 쫓아가거라. 네가 빼앗긴 모든 것을 반드시 되찾아올 것이다"라고, 이렇게 소망에 찬 응답을 주셨습니다.

"다윗이 여호와께 묻자와 이르되 내가 이 군대를 추격하면 따라잡겠나이까 하니 여호와께서 그에게 대답하시되 그를 쫓아가라 네가 반드시 따라잡고 도로 찾으리라"(삼상 30:8).

그러자 다윗이 아말렉 군사들을 죽을 힘을 다해서 쫓아갔습니다. 그리고 아말렉 사람들이 승리에 도취하여 술 먹고 축제에 빠졌을 때, 기습 공격을 해서 그놈들을 다 죽여 버리고 가족들과 전리품까지 찾아서 돌아왔습니다. 보니까 가족들이 머리카락 하나 다치지 않았잖아요? 그러자 이 일로 인해 다윗의 부하들이 다윗을 더 존경하고 충성하는 결과를 얻게 되었습니다.

그뿐인가요? 블레셋과의 전쟁에서 사울이 죽었습니다. 그래서 다윗이 왕이 되었습니다. 그런데 다윗은 왕이 되기 위해 유다에 갈 때도 그냥 가지 않았습니다. 하나님께 물어보고 갔습니다.

> "그 후에 다윗이 여호와께 여쭈어 아뢰되 내가 유다 한 성읍으로 올라가리이까 여호와께서 이르시되 올라가라 다윗이 아뢰되 어디로 가리이까 이르시되 헤브론으로 갈지니라"(삼하 2:1).

이처럼 다윗은 항상 하나님을 의지하고 의논하는 생명나무를 선택했습니다.

그렇다면 오늘 우리는 얼마나 하나님을 의지하고 하나님과 의논하는 삶을 살고 있습니까? 우리도 살다 보면 다윗처럼 생사의 기로에 서게 될 때가 있습니다. 그때 대부분의 사람들은 다 주저앉고 실망하고 자포자기하고 맙니다. 절망의 나락에 떨어져서 될 대로 되라는 심정이 됩니다.

그런데 하나님의 사람은 끝까지 하나님을 의지하고 의논하는 생명나무를 선택합니다. "하나님, 제가 어떻게 하면 좋겠습니까? 끝까지 하나님을 의지하고 의논하며 살겠습니다. 그러니 제 길을 인도해 주십시오. 저를 인도하실 뿐만 아니라 저에게 기적을 주십시오. 역전의 면류관, 기적의 면류관을 씌워 주십시오."

우리가 이런 생명나무를 선택할 때 하나님은 다시 우리의 손을 잡아 주십니다. 아니, 우리의 손을 잡아 주실 뿐만 아니라 우리에게 날개를 달아 주십니다. 우리의 삶이 앞도 막히고 뒤도 막히고 옆도 막혀 있지만, 저 하늘을 향하여 웅비하는 독수리처럼 정상을 향하여 날갯짓을 하면서 날아가게 하십니다. 그래서 마침내 우리가 저 높은 축복의 정상에서 역전의 면류관, 기적의 면류관을 쓰고 하나님을 찬양하게 하시는 것입니다.

3) 하나님을 더 사랑하고 찬양하는 생명나무를 선택했습니다.

다윗은 십여 년이 넘도록 사울에게 쫓겨 광야에서 끝없이 유리방황하는 삶을 살았습니다.[90] 그때마다 다윗은 맹수에게 쫓기는 한 마리 사슴과 같았습니다. 그래서 어떻게 하든지 기회가 되면 요새나 은신처에 숨어 있었습니다. 그러면 그때마다 사람들이 다윗이 어디 있다는 것을 사울에게 밀고합니다. 그것도 다윗이 도와주고 구해 주었던 사람들이 배신하고 알려줍니다.

특별히 성경을 보면 그일라 사람들과 십 황무지에 거하는 사람들이 다윗을 배반하고 사울에게 정보를 주는 것을 봅니다. 그때 다윗이 얼마나 배신감을 느끼며 가슴이 쓰리고 아팠겠습니까? 이럴 때 선악과를 따면 원망과 불평의 노예가 됩니다. 그리고 스스로 자포자기하고 절망하고 낙망하게 됩니다.

그러나 그럴 때 다윗이 어떻게 한 줄 아십니까? 그럴 때일수록 오히려 하나님을 더 사랑합니다. 그럴수록 하나님을 더 찬양하고

---

[90] 다윗의 도피 경로를 살펴보면 다음과 같다. 놉(삼상 21:1) → 블레셋 가드 왕 아기스(삼상 21:10) → 아둘람 굴(삼상 22:1) → 모압 미스베(삼상 22:3) → 유다 헤렛 수풀(삼상 22:5) → 그일라(삼상 23:7) → 십 광야(삼상 23:15) → 마온 황무지(삼상 23:25) → 엔게디 요새(삼상 24:1) → 십 광야(삼상 26:1-2) → 블레셋 가드 왕 아기스(삼상 27:2).

더 하나님의 약속을 붙잡지 않습니까? 그럴 때마다 다윗이 뭐라고 고백한지 아십니까? "나의 힘이 되신 여호와여 내가 주를 사랑하나이다."

"나의 힘이신 여호와여 내가 주를 사랑하나이다"(시 18:1).

이 얼마나 위대한 역설적인 신앙입니까? 당연히 원망해야 되고 스스로 자포자기하며 절망해야 할 그때, 더 하나님을 사랑한다니 말입니다. 그럴수록 하나님을 더 사랑하고 하나님을 찬양한다니 말입니다. 이런 역설적 신앙이 어디 있단 말입니까?

다윗은 십 사람들의 밀고로 말미암아 완전히 사울의 3천 명이나 되는 특공대에게 포위를 당했지 않습니까? 그는 졸지에 도가니에 든 쥐가 되어서 사울에게 완전히 잡혀 죽게 되었습니다. 그런데 그때 다윗이 뭘 했다고 했습니까? 하나님께 낙헌제를 드렸습니다. 그 말이 무슨 말이라고 했습니까?

"사울 왕이여, 당신이 나를 잡으러 온다고요? 잡을 테면 잡아 보시오. 설사 내가 잡혀 죽는다 하더라도 나는 하나님을 더 사랑하고 하나님을 더 찬양할 것이오. 그리고 하나님, 하나님의 사람이 어찌 함부로 망하고 함부로 죽을 수 있단 말입니까? 저는 이래봬도 하나님의 언약을 가지고 있는 사람이 아닙니까? 그러므로 언약을 가지고 있는 사람답게 저는 하나님을 더 사랑하고 더 찬양하겠습니다." 그런 마음으로 낙헌제를 드립니다.91)

이 얼마나 위대한 역설이요, 감동적인 신앙입니까? 하나님이 이런 다윗을 보실 때 어떻게 기적을 일으켜 주시지 않겠습니까? 갑자기 블레셋 군병이 쳐들어와서 사울을 다시 기브아로 돌아가게 만들었다고 하지 않습니까?

고난의 광야에서 더 하나님께 나아가며

오늘 우리는 어떤 사람입니까? 조금 삶이 고단하고 지친다고 해서 금세 원망하고 불평하고 있지 않습니까? 삶이 조금 힘들고 고달프다고 해서 절망하고 낙망하고 있지 않습니까? 왜 하나님의 언약이 더디 이루어지느냐고 원망하고 있지 않습니까? 다윗이 하루아침에 복을 받은 줄 아십니까? 십여 년이 넘는 나날들을 얼마나 쫓겨 다니며 도망 다녔는지 모릅니다.

그러므로 우리도 다윗처럼 고백할 수 있어야 합니다. 그럴수록 하나님을 더 사랑하고 하나님을 더 찬양하겠다고 말입니다. 비록 다윗처럼 너무나 억울하고 고통스럽고 눈물이 나는 상황이 반복된다 할지라도 그래도 우리 입에서 이 고백이 떠나지 않아야 합니다. "나의 힘이 되신 여호와여, 내가 주를 사랑하나이다."

하나님, 제가 더 하나님을 사랑하겠습니다. 현실의 고통과 어려움은 그대로 인정하고 오히려 그 고통과 어려움 속에서 더 하나님

---

91) 시편 54편은 십 사람들이 다윗의 은신처를 사울에게 밀고했을 때 다윗이 하나님께 고백한 시편이다. 다윗은 원수에게 에워싸인 상황 속에서도 하나님께 낙헌제를 드리겠다고 고백한다. 6절, "내가 낙헌제로 주께 제사하리이다 여호와여 주의 이름에 감사하오리니 주의 이름이 선하심이니이다."

을 사랑하겠습니다. 더 하나님을 기쁘시게 하며 행복하게 해드리겠습니다. 더 하나님을 찬양하며 하나님께 영광 돌려 드리겠습니다. 바로 이것이 우리가 선택해야 할 오늘날의 생명나무가 아니겠습니까?

> ♪ 나의 힘이 되신 여호와여 내가 주님을 사랑합니다
> 주는 나의 반석이시며 나의 요새시라
> 주는 나를 건지시는 나의 주 나의 하나님
> 나의 피할 바위시요 나의 방패시라
> 나의 하나님 나의 하나님
> 구원의 뿔이시요 나의 산성이라
> 나의 하나님 나의 하나님
> 그는 나의 여호와 나의 구세주
> 나의 하나님 나의 하나님
> 그는 나의 여호와 나의 구세주

4) 하나님의 말씀 앞에 회개하는 생명나무를 선택했습니다.

다윗도 사람인지라 그렇게 하나님을 사랑하고 찬양을 하다가 한 순간에 넘어진 적이 있었습니다. 어느 날 백주 대낮에 옥상에서 밧세바라는 여자가 목욕하는 모습을 본 순간 한방에 가버렸습니다. 그래서 그날 밤, 비밀이 100% 보장된 상태에서 은밀히 죄를 지었습니다. 그리고 시치미를 뚝 떼며 밧세바의 남편인 우리야를 전쟁 최전방으로 보내서 죽게 합니다. 그야말로 완벽한 완전 범죄를 저질렀습니다.

그런데 하나님의 눈은 속일 수가 없었습니다. 하나님께서는 나단 선지자를 통해서 책망하십니다. 그것도 여러 신하들이 보는 앞에서 말입니다. 그랬을 때 다윗이 나단 선지자 앞에 뭐라고 고백했습니까? 나단 선지자를 하나님의 사자로 영접하며, 자기가 여호와 하나님 앞에 죄를 범하였다고 고백했지 않습니까?

"다윗이 나단에게 이르되 내가 여호와께 죄를 범하였노라 하매……"(삼하 12:13).

사실은 다윗이 자존심도 많이 상하고 정말 수치심과 모멸감도 많았을 텐데, 그는 그 모든 자존심과 수치심을 억누르고 하나님께 회개의 생명나무를 붙잡았습니다.

사울은 자기가 범죄를 해놓고 끝까지 사무엘 선지자 앞에 자기 체면을 좀 세워 주고 자기 위신 좀 구겨지지 않게 해달라고 했지만, 다윗은 그 자리에서 엎드려 죄를 고백하고 회개했습니다. 그래서 비록 그가 범죄하였지만 하나님은 그를 용서해 주시고 다시 세워서, 천년 왕국의 기초를 다지게 하셨습니다.

오늘 우리도 신앙생활을 하면서 순간순간 이런 회개의 생명나무를 선택해야 합니다. 어떤 사람은 목사의 설교를 듣고 굉장히 불쾌하게 여기고 자존심 상해합니다. 목사님이 설교로 자기를 쳤다고 말입니다. 쳤다고 느껴지면 회개하면 될 것이 아닙니까? 그런데 꼭 선악과를 따는 사람은 항상 목사님이 나를 쳤느니 어쩌느니 불평을 늘어놓습니다.

그러나 생명나무를 선택하는 사람들은 그 말씀을 하나님의 말씀과 은혜로 받고 회개합니다. 하나님은 그런 자를 귀하게 쓰시고 높여서 쓰십니다. 그러므로 언제나 삶 속에서 순간순간마다 회개해야 할 때 회개의 생명나무를 선택해야 합니다.

다윗이 나단 선지자 앞에 죄를 고백하는 장면이 사무엘하에서는 간단하게 나왔지만, 시편 51편을 보면 다윗이 얼마나 회개했는지 모릅니다. 나단 선지자의 말을 듣고 침상이 썩고 베개가 썩을 정도로 눈물을 흘리며 회개하였습니다. 우리도 그런 상황이 오면 회개의 생명나무를 선택해야 합니다.

5) 하나님께 더 헌신하고 희생하는 생명나무를 선택했습니다.

다윗은 하나님을 향한 의협심 하나로 언약궤를 모셔오고 하나님의 성전을 건축하려고 했습니다. 그때 다윗은 자신의 모든 사재를 다 바쳤습니다. 왕실의 국고를 털 뿐만 아니라 자신의 모든 소유를 주님께 아낌없이 다 바쳤습니다.[92] 그것도 너무 감사하고 즐거운 마음으로 드렸습니다.

> "내가 이미 내 하나님의 성전을 위하여 힘을 다하여 준비하였나니 곧 기구를 만들 금과 은과 놋과 철과 나무와 또 마노와 가공할 검은 보석과 채

---

[92] 다윗은 환난 중에 여호와의 성전을 위해 금 10만 달란트와 은 100만 달란트와 놋과 철을 그 무게를 달 수 없을 만큼 심히 많이 준비하였다(대상 22:14). 이 외에도 다윗은 하나님의 성전을 사모하므로 자신의 사유 재산에서 오빌의 금 3천 달란트와 순은 7천 달란트를 하나님께 드렸다(대상 29:3-4). 금 10만 달란트는 약 3,600톤에 해당하고 은 100만 달란트는 약 36,000톤에 해당한다.

석과 다른 모든 보석과 옥돌이 매우 많으며 성전을 위하여 준비한 이 모든 것 외에도 내 마음이 내 하나님의 성전을 사모하므로 내가 사유한 금, 은으로 내 하나님의 성전을 위하여 드렸노니"(대상 29:2-3).

그렇게 하고 나서 예루살렘 거민들을 모아놓고 찬양하고 신앙 간증을 하며 몸소 부흥회를 인도했습니다. 그러면서 다윗이 간증하기를, 절대로 자신의 의를 높이지 않았습니다. 오히려 이렇게 간증하며 주님 앞에 기꺼이 예물을 드렸습니다. "내가 이렇게 헌금을 많이 하고 성전 건축을 위해서 헌신했어도, 이것은 즐거운 마음으로 하고 하나님의 은혜로 했을 뿐입니다. 절대로 내가 한 것이 아니라 주님의 은혜로 드린 것입니다."

"나와 내 백성이 무엇이기에 이처럼 즐거운 마음으로 드릴 힘이 있었나 이까 모든 것이 주께로 말미암았사오니 우리가 주의 손에서 받은 것으로 주께 드렸을 뿐이니이다"(대상 29:14).

"나의 하나님이여 주께서 마음을 감찰하시고 정직을 기뻐하시는 줄을 내가 아나이다 내가 정직한 마음으로 이 모든 것을 즐거이 드렸사오며 이제 내가 또 여기 있는 주의 백성이 주께 자원하여 드리는 것을 보오니 심히 기쁘도소이다"(대상 29:17).

얼마나 아름다운 모습입니까? 하나님께 드려놓고 백성들과 함께 축제를 열고 부흥회를 하는 신앙의 모습이 말입니다.

우리는 이 말씀 앞에 어떤 사람으로 서 있습니까? 지금까지 신앙

15. 생명나무를 선택한 사람들 1—다윗

생활하면서 얼마나 다윗과 같은 기쁨과 즐거움이 있었습니까? 그 기쁨과 즐거움으로 다윗과 같은 간증을 해본 적이 있습니까? 그렇게 헌신하고 충성해 놓고 그저 주님이 주신 것을 드렸을 뿐이라고, 그저 주님의 은혜로 했을 뿐이라고 말입니다.

우리도 언제나 이런 헌신의 생명나무를 선택해야 합니다. 희생의 생명나무를 선택해야 합니다. 우리에게 베풀어 주신 하나님의 은혜를 상고하면서 감사와 찬양의 생명나무를 선택해야 합니다.

16.

생명나무를 선택한 사람들 2 - 마리아

"그들이 길 갈 때에 예수께서 한 마을에 들어가시매 마르다라 이름하는 한 여자가 자기 집으로 영접하더라 그에게 마리아라 하는 동생이 있어 주의 발치에 앉아 그의 말씀을 듣더니 마르다는 준비하는 일이 많아 마음이 분주한지라 예수께 나아가 이르되 주여 내 동생이 나 혼자 일하게 두는 것을 생각하지 아니하시나이까 그를 명하사 나를 도와주라 하소서 주께서 대답하여 이르시되 마르다야 마르다야 네가 많은 일로 염려하고 근심하나 몇 가지만 하든지 혹은 한 가지만이라도 족하니라 마리아는 이 좋은 편을 택하였으니 빼앗기지 아니하리라 하시니라"(눅 10:38-42)

마리아도 생명나무를 선택해서 예수님의 큰 사랑과 은혜를 소유한 사람입니다. 예수님께서 예루살렘에 올라가실 때마다 항상 들르시는 곳이 있었습니다. 그곳은 바로 베다니에 있는 나사로의 집이었습니다. 예수님은 나사로를 유달리 사랑하셨습니다.[93]

나사로에게는 두 여동생이 있었습니다. 그런데 두 여동생은 서로 전혀 다른 면이 있었습니다. 주님께서 나사로의 집에 가실 때마다 언니 마르다는 언제나 음식 장만하기에 바빴고, 동생 마리아는 언제나 주님의 말씀을 듣는 일에 전념하였습니다.

주님이 그 집을 방문하셨을 때 마르다는 부지런히 음식 장만을 하고 있었습니다.[94] 이번에야말로 더 많은 음식을 장만하여 예수님께 칭찬을 받으려고 한 것 같습니다. 그러나 동생 마리아는 예수님의 발 아래 앉아서 진지하게 말씀을 듣고 있었습니다.[95] 마리아는 예수님의 말씀이 꿀보다도 더 달았고 꿀송이보다 더 달게 느껴졌기

---

[93] 요한복음에는 예수님과 마르다, 마리아, 그리고 나사로가 아주 친한 관계로 소개되고 있다. 참조. 요 11:1-44, 12:1-11.
[94] 유대 사회는 손님을 대접하는 일을 상당히 귀중하게 생각했다. 따라서 여성의 존귀와 영예는 자신의 가정을 잘 돌보고 손님을 대접하는 능력에 달려 있었다. 따라서 당시 사회와 문화의 통념상으로 본다면 마르다가 행한 일은 칭찬받을 만한 일이다. 참조. Mark Strauss, "Luke" in Zondervan Illustrated Bible Backgrounds Commentary: Volume1, Matthew, Mark, Luke. ed. Clinton E. Arnold (Grand Rapids: Zondervan, 2002), 417.
[95] 존경하는 랍비의 발 아래 앉는 자는 주로 그의 제자들이었다. (미슈나)는 이와 유사한 자세에 대해 다음과 같이 말하고 있다. "당신의 집은 지혜자들을 위한 만남의 장소가 되길 원합니다. 그리고 그분들의 발 아래의 먼지 가운데 앉아서 그분들의 말씀을 간절한 목마름으로 마시길 원합니다." 사도행전 22장 3절에서 사도 바울은 자신이 당대 최고의 랍비인 가말리엘의 발 아래에서 가르침을 받았다고 고백하고 있다. 그러나 마리아가 예수님의 발 아래 앉아 말씀을 들었다는 것은 놀라운 일이다. 왜냐하면 당시 랍비들은 여성 제자들을 두지 않았기 때문이다. 여성들은 단지 바느질이나 옷감을 짜는 일 같은 가정 일을 배웠을 뿐이다. 참조. Mark Strauss, "Luke", 417.

때문입니다.

> "그에게 마리아라 하는 동생이 있어 주의 발치에 앉아 그의 말씀을 듣더니"(눅 10:39).

그런데 마르다가 부엌에서 가만히 생각해 보니 괘씸하기 그지없었습니다. 언니는 뼈가 빠지게 음식 장만을 하느라 바빠 죽겠는데 동생이 되어 가지고 부엌에 와서 언니 하는 일을 거들어 주지 않으니 말입니다. 마르다가 심중에 의문을 품고 은근히 주님께 반항하기 시작합니다. "하긴 동생이야 아직 나이가 어려 속이 없어서 그런다고 하지만, 예수님은 너무하지 않은가? 내가 이렇게 바쁜 줄을 알면 동생을 내보내서 나를 돕게 하실 일이지, 세상에 예수님 앞에서 설교나 듣도록 내버려 두신단 말인가?"

그래서 마르다는 동생을 향한 괘씸한 마음과 예수님을 향한 불평의 어조로 예수님께 가서 항의조의 말을 던집니다. "주님, 제 동생을 왜 저렇게 내버려 두십니까? 제가 주님을 대접하고자 정성스럽게 음식을 준비하느라 바빠 죽겠는데, 동생은 안방에서 예수님 설교나 듣고 있게 내버려 두십니까? 당장 나와서 바쁜 저를 돕게 하옵소서."

한마디로 마르다는 불평의 선악과를 선택합니다. 자기 편에서 괜히 동생이 은혜 받고 있는 것을 잘했느니, 잘못했느니 따지기 시작하고 주님까지도 선악 판단의 대상으로 삼아 버립니다. 왜 가만히 은혜를 끼치고 있는 주님에 대해 잘했느니, 잘못했느니 불평하고 반항하는 마음을 갖는 것입니까? 바로 이것이 마르다가 선악과를 선택하고 있는 모습입니다. 그러니까 주님께서 이렇게 대답하십니다.

"마르다야, 네가 많은 일로 혼자 바쁘고 혼자 염려하며 근심하고 있지만 몇 가지만 하든지 혹은 한 가지만 장만해서 대접해도 좋단다. 나는 바쁘다고 불평으로 준비한 많은 음식보다는 단 한 가지만 준비하더라도 고운 마음으로, 정성스런 마음으로 대접한 음식이 좋단다. 그런데 마리아는 너보다 더 좋은 편을 선택했단다.[96] 그러니 마리아는 영원히 영원히 이 좋은 편을 빼앗기지 아니할 것이다."

"주께서 대답하여 이르시되 마르다야 마르다야 네가 많은 일로 염려하고 근심하나 몇 가지만 하든지 혹은 한 가지만이라도 족하니라 마리아는 이 좋은 편을 택하였으니 빼앗기지 아니하리라 하시니라"(눅 10:41-42).

이렇게 마리아는 먼저 좋은 편, 다시 말하면 생명나무를 선택하였습니다. 언니 마르다와는 달리 먼저 봉사하고 일하기 전에 마리아는 은혜 받는 일을 선택하고 생명이 되는 일을 선택하였습니다. 왜냐하면 아무리 봉사를 잘하고 일을 많이 하다가도 은혜 받지 못하고 먼저 생명을 선택하지 못하면 어느 순간이든지 마르다처럼 불평할 수 있고, 선악과를 선택할 수 있기 때문입니다. 그래서 마리아

---

[96] 마리아가 예수님의 발 아래 앉아서 말씀을 듣는 행위는 당시 사회 관습으로는 바르지 않은 행동이다. 그리고 예수님을 집에 초대한 자는 마르다이다(눅 10:38). 예수님께서는 오히려 마리아의 행위를 칭찬하신다. 마리아는 그 누구보다 예수님의 말씀을 따르는 제자가 되길 원했고, 예수님과의 관계를 가장 소중하게 생각했다.

는 먼저 생명나무를 선택했습니다.

마리아가 선택한 생명나무

그러면 마리아는 어떻게 생명나무를 선택했습니까?

1) 생명나무 되시는 예수 그리스도와 함께하고 그분을 먼저 차지하는 편을 선택했습니다.

마르다는 음식을 잘 장만해서 주님께 인정을 받으려고 했지만, 이미 마리아는 생명나무로 오신 예수님을 차지해 버린 여인입니다. 생명나무 자체가 되시는 주님 한 분만을 모시고 주님과 함께 앉아 있던 여인입니다.

우리의 신앙 단계를 보면 처음에는 주님을 믿는 단계로 시작합니다. 그리고 나서 주님을 따라가는 단계로 발전합니다. 그 다음은 주님을 사랑하는 단계로 성숙합니다. 그러다가 마지막으로는 주님 한 분만으로 만족함을 얻는 단계로 완숙하게 됩니다.

그런데 마리아는 이미 주님 앞에 앉아서 주님 한 분만을 완전히 차지해 버리고 주님 한 분만으로 완전히 만족해 버린 지혜로운 여인입니다. 먼저 주님 한 분만을 선택한 여자입니다. 왜냐하면 그것이 은혜요, 생명이요, 행복이요, 참된 만족이었기 때문입니다.

참된 신앙은 주님 한 분만을 모시고 그분 한 분만으로 만족합니다. 그래서 마리아는 언니처럼 은혜 받기 전에 일을 하지 않았습니다. 봉사하면서 마음이 분요하는 것을 원치 않았습니다.[97] 그녀는 먼저 생명나무 되시는 예수님 앞에 앉는 편을 선택합니다. 생명나무 되시는 예수님 앞에 앉아 예수님을 선택하고 예수님을 소유하는 것이 자신에게 있어 진정한 생명이요, 은혜요, 행복이었기 때문입니다. 마리아는 이렇게 생명나무를 선택합니다.

우리도 신앙생활을 하면서 먼저 주님을 선택해야 합니다. 다른 것은 다 빼앗겨도 먼저 예수님을 소유해야 합니다. 생명나무 되시는 예수님 편에 앉고 그 예수님을 차지하는 것은 이 세상의 모든 것을 소유하는 것보다 더 위대한 일입니다. 그것이 우리의 생명이고 행복이지 않겠습니까? 그리고 바로 그것이 진정 생명나무를 선택하는 것입니다.

2) 생명나무가 되는 주님의 말씀을 선택했습니다.

진짜 주님 한 분만을 차지한 사람은 말씀을 사모하게 됩니다. 그래서 마르다가 혼자 여러 가지 일로 분요하던 순간에, 마리아는 예수님의 발 아래 앉아 주님의 말씀을 듣는 데 전념합니다. 물론 마르다가 음식을 장만하는 것 자체가 잘못은 아닙니다. 그리고 마리아가 바쁜 언니를 안 도와준 것이 잘한 일이라는 말도 아닙니다. 주님

---

[97] 누가복음 10장 40절은 마르다의 행위를 다음과 같이 언급하고 있다. "마르다는 준비하는 일이 많아 마음이 분주한지라."(ἡ δὲ Μάρθα περιεσπᾶτο περὶ πολλὴν διακονίαν) 헬라어 원문을 직역하면 다음과 같다. "그러나 마르다는 여러 가지 봉사의 일로 인하여 마음을 빼앗겼다."

은 다만 우선순위의 선택을 강조하신 것뿐입니다.

마르다가 주님을 대접하기 위하여 열심히 음식을 장만하는 것은 좋은 일입니다. 그러나 마르다가 한 가지 실수를 한 것이 있습니다. 바로 마르다는 말씀의 중요성을 몰랐습니다. 그녀는 말씀을 사모하는 중심이 없었습니다. 말씀의 중요성을 모르고 말씀의 은혜를 사모하지도 않았다는 것이 그녀의 신앙의 허점이고 약점이었습니다.

그러다가 마침내 그녀는 주님께 불평을 털어놓고 맙니다. 이것이 마르다의 결정적인 실수였습니다. 그러다 보니 마르다는 인간적인 열심으로만 주님을 섬겼습니다. 인간적인 열심은 곧 자기 열심을 말합니다. 이것은 주님 보시기에 합당치 못한 열심입니다. 진짜 열심은 말씀으로 은혜 받은 열심, 말씀이 심령 속에서 살아 움직이고 역동하는 열심입니다.

불평과 원망이 윤리와 도덕의 가면을 쓰고

우리도 가끔 이런 실수를 범하지 않습니까? 먼저 말씀으로 은혜를 받지 못하고 말씀의 힘으로 신앙생활을 하지 못하다 보면 우리 눈에는 선악이 보이고 마음속에서 선악 판단이 앞설 수 있습니다. 그리고 그 선악 판단은 나도 모르게 내 주장이 되어 나오고 내 고집이 앞서게 됩니다. 그런데 그 주장과 고집은 불평과 원망으로 표현이 됩니다. 그리고 그 불평과 원망이 때로는 도덕과 윤리의 가면을 쓰고 나타날 때도 있습니다.

우리가 꼭 알아야 할 것은, 하나님의 일은 먼저 생명이신 예수님을 믿고 그 말씀을 듣는 것이라는 사실입니다. 그래서 예수님께서도 하나님의 일은 하나님이 보내신 이, 곧 생명나무이신 예수님을 먼저 믿는 것이라고 말씀하시지 않았습니까?

"예수께서 대답하여 이르시되 하나님께서 보내신 이를 믿는 것이 하나님의 일이니라 하시니"(요 6:29).

그런데 오늘날 그리스도인 중에는 먼저 이상하게 믿고 들으려고 하지 않는 사람들도 있습니다. 먼저 은혜 받고 생명을 추구하는 것보다 먼저 자신의 정의감과 열심으로 일하려고 하는 사람들이 있습니다. 그 정의감은 항상 윤리와 도덕을 앞세우며 개혁의 기치를 들곤 합니다.

그러나 아무리 그것이 옳은 것이라 할지라도 하나님의 은혜와 생명의 힘으로 해야지, 선악의 힘으로 해서는 절대로 안 됩니다. 아무리 정의감을 앞세우고 윤리성과 도덕성을 앞세운다 할지라도, 그 정의감과 윤리와 도덕이 선악의 도구와 노예로 쓰임을 받으면 안 됩니다.

대체로 개혁 성향이 많고 정의감이 많은 사람일수록 사랑이 부족하고 포용력이 부족한 모습을 볼 수 있습니다. 바로 거기에는 생명이 없고 은혜가 없기 때문입니다. 그러니까 허다한 죄를 덮을 수 있는 사랑의 힘을 발휘하지 못합니다. 아마 마르다도 이 시대에 신앙생활을 했으면 이런 쪽에 서 버리고 말았을 것입니다.

그러므로 우리가 진짜 하나님을 섬기고 헌신하기 위해서는 먼저 은혜부터 받아야 합니다. 말씀을 듣고 은혜를 받아야 복음적인 열심이 생기고 주님이 기뻐하시는 열심이 생깁니다. 그리고 그 열심으로 비로소 주님을 아름답게 섬길 수 있습니다.

저는 목회하면서 성도들에게 먼저 은혜부터 받으라고 권면합니다. 왜냐하면 은혜 받지 않고 봉사부터 하다 보면 반드시 말썽을 일으키고 문제를 일으키게 되어 있기 때문입니다. 그러기 때문에 장로님들에게도 말씀부터 들으라 하고 중직자들에게도 먼저 은혜부터 받으라고 합니다.

그래야 순한 양 같은 일꾼이 되고 벧세메스로 가는 암소와 같은 일꾼이 되지 않겠습니까? 그렇지 않으면 뿔난 염소 같고 주인을 받아 버리는 찌럭대기 황소 같은 사람이 될 수 있습니다. 새에덴교회 장로님들이 왜 이렇게 순하고 마찰 없는 일꾼으로 존재한 줄 아십니까? 선임 장로님들부터 앞자리에 앉아서 말씀을 잘 듣기 때문입니다.

주님의 발 아래 엎드려

마리아는 이것을 잘 알았습니다. 그녀는 만사를 제치고 먼저 말씀 듣는 편을 선택했습니다. 주님의 발 아래 엎드려 주님의 말씀을 꿀송이처럼 "아멘 아멘" 하면서 단 말씀으로 받았습니다. "주의 말씀이 어찌 그리 단지요, 꿀과 송이꿀보다 더 다니이다"(시 19:10). 바로 이런 마리아에게 주님께서는 좋은 편을 선택하였다고 말씀하셨습니다. 생명나무를 선택하였다고 칭찬하신 것입니다.

이것은 신앙의 지혜이기도 합니다. 지혜가 얼마나 중요한지 아십니까? 어떤 사람이 짜장면을 주문해 먹는데 짜장면에서 장기 알이 나왔습니다. 얼마나 성질이 났는지 식당 주인에게 전화를 해서 소리를 질렀습니다. "여보시오. 세상에, 짜장면에서 무슨 장기 알이 나와요?" 그러자 음식점 주인이 뭐라고 대답한 줄 아세요? 잠시 주춤하더니 "아, 예, 선생님, 축하드립니다. 탕수육에 당첨되셨군요. 바로 배달해 드리겠습니다."

하물며 신앙생활에 있어서 지혜가 얼마나 중요하겠습니까? 말씀의 중요성을 알고 말씀부터 듣는 것, 이것이 지혜요, 생명나무를 선택하는 것입니다. 은혜의 중요성을 알고 주님의 발 아래 앉아 말씀부터 듣고 은혜부터 받는 것이 신앙의 지혜요, 생명나무를 선택하는 것입니다. 그러므로 언제나 신앙생활하면서 말씀을 잘 들어야 합니다. 말씀을 듣는 생명나무를 선택해야 합니다.

3) 무조건 주님을 의지하고 기도하는 생명나무를 선택했습니다.

요한복음 11장을 보면 마르다와 마리아의 집에 큰 시련이 닥쳤습니다. 갑자기 그들의 오라버니인 나사로가 죽을병에 걸렸기 때문입니다. 그래서 두 누이동생은 이 소식을 예수님께 급히 알렸습니다. "주여! 당신이 사랑하시던 우리 오라버니가 죽게 되었나이다. 어서 빨리 오셔서 우리 오라버니를 살려 주옵소서."

그러나 예수님은 오시지 않았고 나사로가 죽은 지 나흘 만에야 오셨습니다. 예수님이 이렇게 늦게 오시자 마르다가 먼저 나가 예수님을 맞이했습니다. 그런데 마르다는 처음부터 예수님께 불평만 늘어놓고 믿음이 없는 소리만 합니다. 요한복음 11장을 보면 주님과 대화가 되지 않는 모습을 주목할 수 있습니다.

겉으로 볼 때는 믿음이 있는 것처럼 보이지만, 믿음의 핵심의 자리에 서 있지 않고 자꾸 믿음의 주변에서만 겉돌고 있는 모습을 예수님과의 대화를 통해서 볼 수 있습니다. 이를테면 예수님께서 "네 오라비가 다시 살아나리라"고 말씀하셔도, "마지막 날에 살 것"이라고 대답합니다.[98] 주님께서 "나는 부활이요 생명이니 나를 믿는 자는 죽어도 살겠고" 하면서 "이것을 네가 믿느냐"라고 하셨을 때, "그러하외다 주는 그리스도시요 세상에 오시는 하나님의 아들이신 줄 믿나이다"라고 동문서답을 하고 맙니다(요 11:23-27).

대화의 핵심과 초점이 맞지 않습니다. 그래서 염치가 없었던지 마르다는 마리아를 예수님께 불러 왔습니다. 그러자 마리아는 예수님께 달려와서 어떻게 한 줄 아십니까? 예수님이 계신 곳이 길바닥인데도 그녀는 예수님의 발 앞에 엎드려 눈물로 이렇게 말하는 것이 아닙니까?

"마리아가 예수 계신 곳에 가서 뵈옵고 그 발 앞에 엎드리어 이르되 주께서 여기 계셨더라면 내 오라버니가 죽지 아니하였겠나이다 하더라"(요 11:32).

---

[98] 예수님께서는 나사로가 다시 살아날 것을 말씀하셨다(헬. ἀναστήσεται ὁ ἀδελφός σου). 이에 대해 마르다는 나사로가 마지막 날에 다시 살 것으로 알았다(헬. οἶδα ὅτι ἀναστήσεται ἐν τῇ ἀναστάσει ἐν τῇ ἐσχάτῃ ἡμέρᾳ). 당시 바리새파 유대교도 부활에 대한 신앙은 가지고 있었다(행 23:8).

마리아가 예수님의 발 앞에 엎드려 머리를 조아리며 눈물로 이렇게 말합니다. "주여! 여기 계셨다면 내 오라비가 죽지 않았을 것입니다."99)

이 말 한마디를 하고는 계속 눈물만 뿌리며 울고 있는 것이 아닙니까? 말씀을 들을 때도 주님의 발 아래 엎드려 듣던 마리아! 이번에는 길바닥에 서 계시는 주님의 발 아래 엎드려 흐느껴 울고 있습니다. 그냥 울고만 있었겠습니까? 마음속으로 애원하면서 엉엉 울었을 것입니다. 그렇게 엉엉 울면서 마음속으로 이런 노래를 부르고도 남지 않았겠습니까?

> ♪ 내 주님 서신 발 앞에 나 꿇어 엎드렸으니
> 그 크신 역사 이루게 날 받으옵소서
> 내 모습 이대로 주 받으옵소서
> 날 위해 돌아가실 주 날 받으옵소서

물론 마리아도 주님께 불평할 수 있었습니다. 왜 늦게 왔느냐고, 왜 일찍 와서 우리 오빠를 살려 주지 않았느냐고, 왜 그랬느냐며 불평할 수 있었습니다. 그러나 마리아는 그냥 엎드려 울고만 있었습니다. 계속해서 주님의 발을 붙잡고 울면서 애원의 기도를 드렸을 것입니다. 바로 이것이 마리아에게는 생명나무가 되었기 때문입니다.

---

99) 32절에서 마리아의 간청은 21절의 마르다의 간청과 동일하다. 그러나 동일한 말이지만 전체 문맥에서 나타나는 그 이면의 뉘앙스는 다르다. 마르다는 예수님께 불평하는 어조로 이러한 말을 했으나, 마리아는 예수님께서 죽은 나사로를 살리실 수 있다는 확신 가운데 이러한 고백을 한 것이다.

그녀는 이처럼 기도의 생명나무를 선택하였습니다. 얼마나 서럽게 울었는지 그 모습을 보고 있던 유대인도 함께 울었고, 예수님이 가슴에 비통한 마음을 가지셨습니다.[100]

> "예수께서 그가 우는 것과 또 함께 온 유대인들이 우는 것을 보시고 심령에 비통히 여기시고 불쌍히 여기사"(요 11:33).

주님과 마리아만이 아는 눈물과 침묵의 기도

그때 상황을 상상해 볼 것 같으면 33절과 34절 사이에 상당한 시간이 흘렀으리라고 봅니다. 그리고 이때 마리아와 예수님의 깊은 대화가 있지 않았겠습니까? 마리아가 주님 발을 붙잡고 그냥 울기만 했겠습니까? 더더구나 "예수님이 여기에 계셨다면 내 오라버니가 죽지 않았을 텐데……"라고 고백하였던 마리아가 예수님께 마음속으로 간절히 애원하는 통곡의 기도를 올리지 않았겠습니까?

주님과 마리아만이 아는 눈물의 기도, 간절한 탄원과 애원의 절규를 드렸습니다. 길바닥에서 주님의 발을 붙잡고 몸부림치며 애통하는 뼈저린 눈물의 제단을 쌓았습니다. 그리고 마리아가 먼저 주님께 이렇게 고백하며 탄원했을 것입니다.

---

[100] 유대인의 장례 전통에 의하면, 심지어 가난한 가정도 적어도 두 명의 피리 부는 자들과 전문적으로 곡하는 여인을 고용하게 되어 있다(*Mishnah Ketubot* 4:4). 따라서 지금 이 장소에는 마리아뿐만 아니라 그녀의 친구들과 여러 곡하는 사람들이 있었을 것이다. "심령에 비통히 여기시고"는 헬라어로 $\dot{\varepsilon}\nu\varepsilon\beta\rho\iota\mu\dot{\eta}\sigma\alpha\tau o$(에네브리메사토, 원형 $\dot{\varepsilon}\mu\beta\rho\iota\mu\dot{\alpha}o\mu\alpha\iota$, 엠브리마오마이)이다. 이 단어에는 '감정적인 분노와 화, 짐승이 콧김을 뿜다'라는 뉘앙스가 있다. 예수님은 인간의 질병, 죽음, 그리고 고통의 문제에 대해 거룩한 분노를 발하신 것이다. Carson, *The Gospel According to John*, 415-16.

"주님! 주께서 우리 오라버니가 살아 있을 때 얼마나 사랑해 주셨습니까? 그리고 우리 오라버니가 죽기 전에 얼마나 예수님을 많이 찾은 줄 아세요? 예수님 언제 오시느냐고, 예수님만 오시면 살 수 있는데……. 우리 오라버니가 얼마나 예수님의 이름을 부르다 죽었는지 아십니까? 아마도 천번 만번은 불렀을 것입니다."

"그리고 우리도 오라버니가 숨이 거칠어질 때면 며칠 밤을 문 열어 놓고 행여 주님이 오실까 얼마나 가슴을 졸이며 주님을 기다린 줄 아세요? 그러나 주님은 오시지 않았고, 오라버니는 결국 죽고 말았습니다. 하지만 예수님, 당신은 하나님의 아들이시기에, 지금이라도 원하시면 우리 오라버니를 살리실 수 있습니다. 주님이 기뻐하신다면 지금이라도 살려 주실 수 있습니다."

그러자 주님께서 이렇게 말씀하셨을 것입니다. "마리아야! 내가 네 눈물을 보았고 네 기도를 들었노라. 딸아, 이제 내가 네 오라버니를 다시 살려 주리라. 지금 곧 하나님의 영광을 네 눈이 보게 해 주리라."

주위에 있는 사람들은 몰랐지만 이 대화는 주는 자와 받는 자만이 아는 은밀한 대화요, 응답이었습니다. 그런 증거가 어디 있느냐고요? 주님께서 말씀하시지 않았습니까? "마리아야! 네 오빠 무덤이 어디 있느냐?"

"이르시되 그를 어디 두었느냐……"(요 11:34).

주님께서 왜 물어보시겠습니까? 장례 예배를 다시 드리기 위해 그러셨겠습니까? 아닙니다. 나사로를 살려 주려고 물어보신 것입니다. 마리아가 대답합니다. "예수님! 저를 따라와 보옵소서."

"……이르되 주여 와서 보옵소서 하니"(요 11:34).

이렇게 해서 예수님은 마리아를 따라 나사로의 무덤 앞으로 가셨습니다. 그리고는 나사로의 무덤 문을 열라고 하십니다.

믿음 없는 소리만 하는 마르다

그러니까 또 믿음 없는 마르다가 끝까지 불신의 소리를 합니다. "주님! 죽은 지 나흘이나 되어서 시체에서 썩는 냄새가 나나이다."

"그 죽은 자의 누이 마르다가 이르되 주여 죽은 지가 나흘이 되었으매 벌써 냄새가 나나이다"(요 11:39).

이 말이 무슨 말입니까? "죽은 지 나흘이나 되는데 어떻게 살리시려고 합니까? 썩은 냄새가 나는데 어떻게 살리시려고 합니까?"라는 말이 아니겠습니까? 마르다는 끝까지 믿음이 없는 의심의 소리만 했습니다. 그래서 얼마나 주님께 책망을 받습니까? "마르다야! 내 말을 믿으면 하나님의 영광을 보리라고 하지 않았느냐?"

"예수께서 이르시되 내 말이 네가 믿으면 하나님의 영광을 보리라 하지 아니하였느냐 하시니"(요 11:40).

그러나 마리아는 먼저 눈물로 기도의 생명나무를 선택했던 여인입니다. 눈물을 흘리며 주님의 발을 붙잡고 간절하게 통곡의 기도와 애원의 절규를 드렸던 여인이었습니다. 그래서 그녀는 눈물의 기도로 예수님의 마음을 감동시켰습니다. 그리고 예수님을 오라버니 무덤으로 안내합니다.

마침내 나사로의 무덤에 오신 주님은 무덤을 향해 큰소리로 명령하십니다. 그랬을 때 죽은 나사로가 일어나 무덤에서 걸어 나오는 것이 아닙니까? "나사로야! 일어나라. 나사로야, 나오라!" 이 얼마나 마르다와 마리아의 모습이 대조적입니까?

마르다는 기도할 수 있을 때 기도하지 않고 불평하는 소리만 합니다. 의심하는 소리만 합니다. 끝까지 고집스럽게 선악과만 선택합니다. 그러나 마리아는 불평을 억제하고 주님만을 의지합니다. 그리고 엎드려 기도하는 생명나무를 선택합니다. 그랬을 때 주님의 마음을 감동케 하여 사랑하는 오라버니를 살리는 위대한 결과를 낳게 된 것입니다.

낙심될 때 더 기도해야 합니다. 하나님을 의지하고 기도하는 생명나무를 선택해야 합니다. 흐르는 눈물을 막을 수 없고 절망할 수밖에 없는 상황에서도 하나님께 먼저 엎드려야 합니다. 먼저 기도하고 생명나무를 선택해야 합니다. 그럴 때 우리도 마리아처럼 하나님의 영광을 바라보고 소유하는 은혜가 함께할 수 있습니다.

4) 옥합을 깨뜨리는 생명나무를 선택했습니다.

예수님이 마지막으로 예루살렘에 가시는 길에 베다니를 방문하셨습니다. 그때에도 마르다는 열심히 음식을 장만하고 있었습니다. 그러나 마리아는 지금도 예수님의 발 아래 엎드려 있습니다. 지금 예수님은 예루살렘에 뭐하러 가시는 줄 아십니까? 십자가에 달려 돌아가시기 위해 가시는 길입니다. 이 사실을 아는 사람은 마리아 밖에 없었습니다.

마리아는 마지막 주님이 십자가에 달리러 가시는 길에 주님의 장사를 미리 기념하고 감사하는 의미에서 자신이 가장 아껴 오던 옥합을 깨뜨려 주님께 드립니다. 당시에는 사랑하는 사람이 죽으면 그 시체에 향유를 발라 주었습니다. 그런데 마리아가 이 일을 예수님께 미리 해 드립니다.

300데나리온이나 되는 옥합을 깨뜨려 주님의 머리와 주님의 발에 부었습니다.[101] 아낌없이 모든 것을 쏟아 붓습니다. 행여 옥합 속에 있는 향유를 붓다 보면 조금이라도 아까운 마음이 들지도 모르기 때문에, 그녀는 뚜껑을 열지 않고 깨뜨렸습니다. 그리고 하나도 남김없이 다 부어 버렸습니다. 그리고는 다시 주님의 발 아래 엎드립니다.

---

[101] "이 향유를 어찌하여 삼백 데나리온에 팔아 가난한 자들에게 주지 아니하였느냐 하니"(요 12:5). 한 데나리온은 당시 일반 노동자의 하루 품삯이다(마 20:2). 300데나리온은 안식일과 공휴일을 제외한 노동자의 1년 임금이다. 따라서 여인이 예수님의 발에 부은 향유는 상당한 고가의 향유이다.

눈물을 흘리며 길게 드리운 머리를 풀어서 향유로 주님의 발을 씻어드립니다. 귀한 향유와 순결한 여인의 눈물이 범벅이 되어 마침내 향유와 눈물은 주님을 향한 절대 사랑의 향기가 되었습니다. 그때 마리아는 주님께 엎드려 이렇게 고백하지 않았을까요? 그 마음속 깊이 이런 노래를 부르며 머리털로 주님의 발을 씻지 않았겠습니까?

> ♪ 내 주님 계신 발 앞에 옥합을 깨뜨린 후에
> 향유를 부어 드리니 주 받으옵소서
> 내 마음 내 정성 주 받으옵소서
> 날 위해 돌아가실 주 날 받으옵소서

그러자 제자들이 수군수군거립니다. "저 돈이 얼마인데 저렇게 비싼 것을 허비하느냐? 저것은 사치가 아니냐?" 하며 아까워 통분히 여깁니다. 모르긴 몰라도 아마 마르다도 이 불평의 대열에 끼었을 것입니다.

"마리아야, 또 유난을 떠는구나. 너만 주님을 사랑하냐? 그래서 옥합을 깨뜨리고 이 난리를 피우고 있는 거야? 그렇게 한다고 해서 그것이 진짜 큰 믿음인 줄 아느냐? 차라리 저것을 팔아 가난한 사람을 도우면 얼마나 좋았을까?" 하며 통분히 여겼을지도 모릅니다. 그러자 이때 주님이 말씀하십니다.

"예수께서 아시고 그들에게 이르시되 너희가 어찌하여 이 여자를 괴롭게 하느냐 그가 내게 좋은 일을 하였느니라……이 여자가 내 몸에 이 향유를 부은 것은 내 장례를 위하여 함이니라 내가 진실로 너희에게 이르노니 온 천하에 어디서든지 이 복음이 전파되는 곳에서는 이 여자가 행한 일도 말하여 그를 기억하리라"(마 26:10-13).

이 얼마나 주님이 기뻐하시는 모습입니까? 얼마나 주님께서 마리아를 칭찬하시고 마리아 때문에 만족해하시는 모습입니까? 한마디로 마리아는 전 역사적인 축복과 전 세계적인 명예를 얻게 되었습니다. 왜냐하면 옥합을 깨뜨리는 생명나무를 선택하였기 때문입니다.

참으로 그녀는 세상의 그 어떤 것보다 귀한 절대 사랑과 절대 헌신을 담은 순전한 나드 한 근의 향유를 한 방울도 남김없이 주님께 쏟아 부었습니다.[102] 이것이 그녀가 선택한 옥합의 생명나무였습니다. 그래서 그녀는 최고로 큰 일꾼, 주님이 인정하시고 칭찬해 주셔서 시대를 뛰어넘어 그 이름이 기억되는 최고로 아름다운 일꾼이 되었습니다.

주님의 복음이 증거되면 교회가 설립되고 거기에 많은 일꾼들이 세워지게 될 텐데, 그때 이 여자의 봉사행위가 역사를 초월하며 모

---

[102] Michael J. Wilkins, "Matthew", in *Zondervan Illustrated Bible Backgrounds Commentary*, ed. Clinton E. Arnold (Grand Rapids: Zondervan, 2002), 161. 유대인의 연회에서는 소량의 기름을 손님의 머리에 부어 그의 머리와 옷에 묻은 기름의 향기를 통하여 연회의 기쁨을 고조시켰다. 마리아는 인도에서 자라는 나드 식물의 뿌리에서 추출한 순전한 기름을 예수님께 부었다. 이 기름은 일반적인 기름이 아닌 고가의 기름이며, 아주 특별한 경우에만 사용되는 기름이다. 마리아는 단지 기름 몇 방울을 예수님의 머리에 부은 것이 아니고 기름 옥합을 깨어 예수님의 발에 부어 그분에 대한 최고의 헌신의 행위를 보였다.

든 교회 성도들의 표준이 되고 모범이 되게 해주셨습니다. 얼마나 감사하고 행복한 여인의 모습입니까?

오늘 우리도 마리아처럼 생명나무를 선택해야 합니다. 현대의 마리아가 되어야 합니다. 생명나무로 오신 예수 그리스도와 함께하고 그분을 먼저 차지하는 편을 선택해야 합니다. 생명나무가 되는 주님의 말씀을 선택해야 합니다. 무조건 주님을 의지하고 기도하는 생명나무를 선택해야 합니다. 옥합을 깨트리는 생명나무를 선택해야 합니다.

지금 우리는 마르다로 살고 있습니까, 마리아로 살고 있습니까? 세상 살기도 힘들고 삶이 귀찮다고 짜증내고 절망하고 불평하고 있지는 않습니까? 아니면 마리아처럼 감사하며 살고 있습니까? 우리에게 무슨 감사의 요건이 있습니까? 그 감사의 요건을 가지고 주님 앞에 어떤 옥합을 깨뜨려 보셨습니까?

우리는 모두 이 시대의 마리아가 되어야 합니다. 우리도 감사의 옥합을 깨뜨리며 그 향유를 주님 발에 부어야 합니다. 그럴 때 우리에게 더 많은 생명의 역사가 나타나고, 형통과 역전과 패자 부활전의 영광이 있게 될 것입니다.

17.

음녀의 금잔을 조심하라

"또 일곱 대접을 가진 일곱 천사 중 하나가 와서 내게 말하여 이르되 이리로 오라 많은 물 위에 앉은 큰 음녀가 받을 심판을 네게 보이리라 땅의 임금들도 그와 더불어 음행하였고 땅에 사는 자들도 그 음행의 포도주에 취하였다 하고 곧 성령으로 나를 데리고 광야로 가니라 내가 보니 여자가 붉은빛 짐승을 탔는데 그 짐승의 몸에 하나님을 모독하는 이름들이 가득하고 일곱 머리와 열 뿔이 있으며 그 여자는 자줏빛과 붉은빛 옷을 입고 금과 보석과 진주로 꾸미고 손에 금잔을 가졌는데 가증한 물건과 그의 음행의 더러운 것들이 가득하더라 그의 이마에 이름이 기록되었으니 비밀이라, 큰 바벨론이라, 땅의 음녀들과 가증한 것들의 어미라 하였더라"
(계 17:1-5)

아담과 하와가 선악과를 따 먹고 에덴 동산에서 쫓겨난 이후 이 세상은 두 도성으로 나누어졌습니다. 그것은 곧 하나님의 도성과 인간의 도성이었습니다.[103] 하나님의 도성에는 메시아를 중심으로 한 하나님의 약속과 계시가 있었습니다. 그러나 인간의 도성에는 하나님의 계시가 없었기 때문에 사탄의 거짓 계시로 만든 망령된 신화밖에 없습니다.

다시 말하면, 인간의 종교적 욕구를 사탄이 자극함으로써 사탄의 사기적 계시로 인간은 마침내 헛된 신화를 만들게 됩니다. 그래서 인류 최초 문명을 이룬 메소포타미아 사람들은 신을 크게 남신과 여신으로 생각했습니다. 그들이 하늘을 바라보면서 남신은 태양신으로 여겼고, 여신은 달신으로 여기게 됩니다.

그런데 남신은 능력이 충만하지만 너무 독재적이며 우락부락해서 사람들이 좀 부담스럽고 껄끄럽게 생각했습니다. 그러나 여신은 굉장히 부드럽고 모성애적인 자상함이 있고 그런 여신이 남신을 조종한다고 생각했습니다. 그래서 고대 근동에는 남신보다 여신 숭배 사상이 더 강했습니다.

---

[103] 두 도성에 관한 자세한 내용은 어거스틴의 《하나님의 도성》의 내용을 참조하라. 창세기 4장은 인간의 도성과 하나님의 도성의 모습을 잘 보여주고 있다. 가인이 여호와 앞을 떠나 놋 땅에 거주하며 성을 쌓았고 그의 아들의 이름으로 성을 에녹이라 하여 인간의 도성을 이루었다(창 4:16-17). 아벨 대신에 하나님께서 주신 아들 셋도 아들을 낳고 그 이름을 에노스라 하였다. 그때 사람들이 비로소 여호와의 이름을 불렀고 하나님의 도성을 이루었다(창 4:26).

사탄의 아바타가 되어 음녀로 나타난 여신들

인류 최초의 여신은 난나였습니다. 이 난나는 달신으로서 미의 여신이고 성과 다산의 여신이었습니다. 그리고 이 난나가 이집트 신화로 가서는 이시스라는 여신으로 변형이 됩니다.[104] 세월이 흘러 난나는 죽고 그의 딸 이난나가 그의 자리를 대신하게 됩니다. 바벨론 신화에 와서는 이 이난나가 이슈타르라는 여신으로 변형이 됩니다.[105]

이슈타르는 가나안(우가리트) 신화에 와서 아세라라고 하는 여신으로 변형됩니다.[106] 그러다가 그리스 신화에 와서는 비너스나 아데미[107] 등의 여신으로 변형되었습니다. 그런데 이 여신들이 미와 성과 다산의 신이었기 때문에 그들의 신전에서는 온갖 혼음과 음행의 의식들이 얼마나 많았는지 모릅니다. 풍요 축제나 신년 축제 때 그 여신들의 신전에서는 종교의 이름으로 그곳에 있는 성창들과 얼마나 추잡스러운 혼음과 음행의 의식들을 행했는지 모릅니다.

왜냐하면 그런 음행 의식을 해야 하늘에 있는 미의 여신들이 자

---

104) J. Gwyn Griffiths, "Isis", in *The Oxford Encyclopedia of Ancient Egypt, vol. 2* (Oxford: Oxford University Press, 2001), 188-191.
105) 사무엘 헨리 후크, 《중동 신화》, 박화중 역, 82-86.
106) Ibid., 163-182.
107) 사도 바울이 에베소에서 복음을 전할 때 은장색 데메드리오는 아데미 신상의 모형을 만들어 파는 일을 하고 있었다(행 19:24-25). 바울의 복음 사역에 대해 에베소 사람들은 "크다 에베소 사람의 아데미여!"라고 외치며 온 성을 소란케 하였다. 아데미는 에베소의 주된 여신으로 다산의 여신으로 알려졌고, 제우스(Zeus)와 레토(Leto)의 딸, 그리고 아폴로의 자매로서 "야생 짐승의 여왕"으로도 알려졌다. 로마 종교에서는 다이애나(Diana)로 알려졌다. 참조. Darrell L. Bock, *Acts: Baker Exegetical Commentary on the New Testament* (Grand Rapids: Baker Academic, 2007), 607.

극을 받고 하늘에서 남신들과 성관계를 갖는다고 생각했습니다. 그리고 하늘에서 신들이 성관계를 가져야 이 땅에 비가 많이 내리고 풍년이 든다고 믿었기 때문입니다. 그래서 고대 근동 사람들은 이런 여신 숭배로 인해서 음행을 종교의 이름으로 일상화하게 됩니다.

그런 의미에서 이 여신들은 음녀의 표상이요, 이미지가 아닐 수 없습니다. 아니, 시대 시대마다 이 여신들이 사탄의 아바타가 되어 음녀 역할을 합니다. 시대 시대마다 이 여신들은 요염한 음녀의 모습으로 손에 금잔을 들고 다니며 사람들로 하여금 세상의 탕자 문화와 쾌락에 젖어 살도록 유혹을 합니다.

그 음녀가 들고 있는 금잔에는 바벨론의 포도주가 담겨 있었습니다. 이 포도주를 마시는 사람은 반드시 세상의 탕자 문화와 쾌락에 취하게 되어 있었습니다. 그래서 그 잔을 마시면 하나님께 등 돌리고 대적하게 되었습니다.

"바벨론은 여호와의 손에 잡혀 있어 온 세계가 취하게 하는 금잔이라 뭇 민족이 그 포도주를 마심으로 미쳤도다"(렘 51:7).

이런 여신은 고대 근동에서만 활동한 것이 아닙니다. 바로 신약 시대에도 활동을 했습니다. 요한계시록에서는 바로 이 여신을 바벨론의 음녀라고 표현하고 있습니다.

"또 일곱 대접을 가진 일곱 천사 중 하나가 와서 내게 말하여 이르되 이리로 오라 많은 물 위에 앉은 큰 음녀가 받을 심판을 네게 보이리라"(계 17:1).

바벨론 음녀의 모습

그러면 이 음녀는 도대체 어떻게 생긴 여신입니까?

1) 물 위에 앉아 있습니다.

> "또 일곱 대접을 가진 일곱 천사 중 하나가 와서 내게 말하여 이르되 이리로 오라 많은 물 위에 앉은 큰 음녀가 받을 심판을 네게 보이리라"(계 17:1).

바벨론의 음녀가 물 위에 앉아 있다는 것은 당시 바벨론이 유프라테스 강과 티그리스 강 사이에 있었던 것에 대한 고대 근동의 배경적 표현입니다.108) 즉 바벨론의 음녀가 로마를 비롯한 여러 나라들 위에 군림하고 있다는 의미입니다.

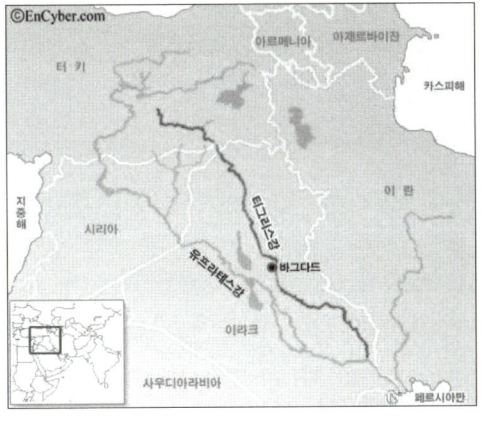

---

108) "많은 물가 위에 앉은" (헬. τῆς καθημένης ἐπὶ ὑδάτων πολλῶν). 예레미야 선지자도 바벨론을 많은 물가에 사는 자로 표현하고 있다. "많은 물가에 살면서 재물이 많은 자여 네 재물의 한계 곧 네 끝이 왔도다" (렘 51:13). 요한계시록 17장 15절은

특별히 메소포타미아 신화에서는 물신을 굉장히 중요하게 생각했습니다. 그런데 이 음녀가 물 위에 앉아 있다는 것은 그가 바벨론, 곧 세상 위에 앉아 영향을 미치고 있는 것을 은유적으로 표현하고 있는 것입니다.

2) 붉은빛 짐승을 탔습니다.

"곧 성령으로 나를 데리고 광야로 가니라 내가 보니 여자가 붉은빛 짐승을 탔는데……"(계 17:3).

이것은 그녀의 권력을 상징해 주고 있는 표현입니다. 왜냐하면 요한계시록에서 붉은빛 짐승의 일곱 머리와 열 뿔은 세상 권력으로 해석을 해 놓았기 때문입니다(계 17:8-10). 그녀는 그 권력을 가지고 사람을 유혹하고 다스립니다. 그래서 이 세상 임금들이 그녀와 행음할 뿐만 아니라 땅에 있는 모든 백성들도 그 음행의 포도주에 취해 버렸다는 것입니다.[109]

"땅의 임금들도 그와 더불어 음행하였고 땅에 사는 자들도 그 음행의 포도주에 취하였다 하고"(계 17:2).

많은 물가가 상징적으로 의미하는 바를 언급하고 있다. "또 천사가 내게 말하되 네가 본 바 음녀가 앉아 있는 물은 백성과 무리와 열국과 방언들이니라." 다시 말하면 바벨론의 통치와 지배를 받고 있는 많은 나라들을 의미한다. 요한계시록 본문에서 바벨론은 결국 로마를 상징하고 있다. 참조. Grant R. Osborne, *Revelation* (Grand Rapids: Baker Academic, 2002), 609.

[109] 예레미야 선지자도 바벨론은 포도주의 금잔이라고 언급하고 있다. "바벨론은 여호와의 손에 잡혀 있어 온 세계가 취하게 하는 금잔이라 뭇 민족이 그 포도주를 마심으로 미쳤도다"(렘 51:7). 바벨론의 음녀의 금잔이 주는 음행의 포도주에 취했다는 것은 로마가 사치와 권력을 약속하며 열방들을 유혹했다는 의미이다. 결국 로마는 정치적이며 경제적인 힘을 통하여 주변 국가들을 정복했다. 참조. Osborne, *Revelation*, 609.

그러니까 이 땅의 임금뿐만 아니라 사람들은 권력의 맛을 보면 신앙을 버리고 이런 음녀와 놀아납니다. 이것은 성도나 목사도 마찬가지입니다. 그래서 교회 안에도 교권이라는 것이 있지 않습니까? 목사건 장로건 성도건, 신앙의 본질과 영성을 잃으면 교회 안에서 교권 싸움을 하게 됩니다. 이게 다 권력을 가진 음녀가 주는 포도주 잔에 취하여 음녀와 음행을 한 결과입니다.

3) 아주 매력적으로 보이지만 음행의 더러운 것으로 가득한 모습입니다.

"그 여자는 자줏빛과 붉은빛 옷을 입고 금과 보석과 진주로 꾸미고 손에 금잔을 가졌는데 가증한 물건과 그의 음행의 더러운 것들이 가득하더라" (계 17:4).

17. 음녀의 금잔을 조심하라

이 여자는 자줏빛과 붉은빛의 옷을 입고 금과 보석, 그리고 진주로 꾸미고 손에는 금잔을 가졌다고 하지 않습니까? 그리고 그 금잔에는 감미로운 포도주가 담겨 있는데, 실상은 온갖 음행의 더러운 것과 가증한 것들로 가득 차 있었습니다. 바로 요한계시록을 근거로 해서 그린 음녀의 그림이 있습니다.

그림이 아주 현숙한 여자의 모습으로 보입니까? 얼핏 봐도 음녀의 모습이지 않습니까? 바로 저 바벨론의 음녀가 금잔의 포도주를 들고 다니면서 온 세상 사람들을 유혹합니다. 이 세상 모든 사람들을 육체의 정욕과 안목의 정욕과 이생의 자랑에 푹 빠져 살게 합니다. 그래서 이 음녀는 항상 이 세상 사람들로 하여금 바벨론의 포도주에 취하여 음행하게 합니다.

> "땅의 임금들도 그와 더불어 음행하였고 땅에 사는 자들도 그 음행의 포도주에 취하였다 하고"(계 17:2).

그러면 음행이란 무엇입니까? 하나님을 모르게 하고 언제나 하나님과 상관없이 살게 하는 것입니다. 그리고 육신의 정욕과 안목의 정욕과 이생의 자랑과 쾌락에 푹 빠져 사는 것을 말합니다. 그러면서 하나님 대신 각종 우상을 섬기고 다른 신을 섬기게 합니다.[110] 이 모든 것들이 다 바벨론의 포도주를 마시고 포도주에 취하여 음행을 하게 합니다. 그 음행한 사람들을 끌어 모아서 사탄의 도성을

---

110) 구약성경은 하나님을 버리고 우상을 숭배하는 것이 바로 음행이라고 무수히 언급하고 있다. 참조. 민 15:39, 25:1; 삿 2:17, 8:33, 20:6; 대하 21:11, 13; 겔 13:27, 16:20-26, 23:14-48; 호 2:2, 5, 3:3, 4:10-18, 5:3, 6:10, 9:1; 미 1:7; 나 3:4.

만들게 하고, 사탄의 나라를 이루어 가려고 합니다.

그러니까 이런 바벨론의 포도주를 마시지도 않고 언제나 하나님만 섬기고 하나님 중심으로 경건하고 거룩하게 살아가는 사람들을 핍박합니다. 그래서 이 음녀는 항상 성도들의 피와 예수의 증인들의 피에 취했다고 성경은 말하고 있지 않습니까?

> "또 내가 보매 이 여자가 성도들의 피와 예수의 증인들의 피에 취한지라……"(계 17:6).

이 음녀는 성도들을 핍박하기 전에 교묘한 작전으로 성도들을 유혹합니다. 음녀가 구약 시대에 바알 종교를 통해서 이스라엘 공동체 속으로까지 들어와서 그들을 유혹했던 것처럼, 이 음녀는 오늘날 교회 안에까지 들어와서 교회를 흔들고 성도들을 유혹하고 있는 것이 아닙니까?

음녀가 주는 선악과의 금잔을 조심해야

오늘날 사탄은 뿔난 도깨비 형상이나 드라큘라의 모습으로 다가오는 것이 아닙니다. 아주 요염하고 매력적인 음녀의 모습으로 다가와서 성도들을 음행하게 만듭니다. 그 요염하고 감칠맛 나는 그 매혹적인 살인 미소로 눈웃음을 치며 손에는 혼취케 하는 금잔을 가지고 와서 막 포도주를 권합니다. 그 금잔의 포도주를 마시게 함으로써 오늘날 교회가 비틀거리게 하고 성도들이 음녀와 음행을 하게 만들어 버립니다.

마치 저 에덴 동산에서 아담과 하와로 하여금 생명나무를 따 먹지 않고 선악과나무를 따 먹도록 유혹한 것처럼, 오늘날 바벨론의 음녀가 교회를 흔들어대며 성도를 비틀거리게 한단 말입니다. 다시 말하면, 오늘날에도 이 음녀가 성도들에게 절대로 생명나무를 선택하지 않고 선악과를 선택하도록 선악과의 금잔을 권하고 다닌단 말입니다.

이 선악과의 금잔을 마시게 되면 아무리 영적으로 살고 생명의 충만함으로 살던 사람도 옛사람으로 타락하게 됩니다. 아무리 성령 충만하고 영성이 풍성한 사람도 바벨론의 음녀가 주는 선악과의 금잔을 마시게 되면 옛사람의 욕망을 따라서 선악의 노예가 되고, 언제나 하나님을 대적하는 삶을 살 수밖에 없습니다.

특별히 지금 이 바벨론의 음녀가 이 금잔을 가지고 오늘 우리 한국 교회를 얼마나 흔들어대고 성도들을 유혹하는지 모릅니다. 그래서 지금 한국 교회 성도들이 이 선악과의 금잔으로 얼마나 비틀거리고 영적인 음행을 하고 있습니까?

우리는 바벨론의 음녀가 주는 선악과의 금잔을 조심해야 합니다. 우리가 정말 정신을 차리고 근신하며 이 바벨론의 음녀가 주는 선악과의 금잔을 조심해야 합니다. 그래야 우리가 끝까지 승리할 수 있고, 하나님의 사람이요 영적인 사람이요 생명의 사람으로 설 수 있습니다.

바벨론 음녀는 어떻게 선악과 금잔을 권하는가?

그러면 바벨론의 음녀는 오늘날 우리 성도들에게 어떻게 선악과의 금잔을 권하고 있습니까?

1) 종교 다원주의 사상으로 유혹합니다.[111]

우리는 지금 절대주의를 배격하는 상대주의 속에서 살고 있습니다. 그래서 현대인들은 종교 다원주의 사상을 신봉합니다. 이런 사조 때문에 오히려 요즘 젊은이들은 종교가 다 하나 되고 화합하기를 원합니다. 그래서 목사와 스님, 다른 종교 지도자들이 만나서 회합하고 사진 찍는 것을 미덕으로 생각합니다. 물론 전쟁이나 기근을 막고 민족의 평화를 위해서는 종교 지도자들이 만나서 힘을 합하고 하나 되는 것이 좋은 일입니다.

그러나 성경은 분명히 우리 하나님 한 분밖에 없다고 말씀합니다. 우리 하나님은 오직 유일하신 분이고 온 천하에 한 분뿐이라고 말입니다.

"이스라엘아 들으라 우리 하나님 여호와는 오직 유일한 여호와이시

---

[111] 포스트모던 사상의 도전에 대해서는 다음을 참조하라. David S. Dockery, ed., *The Challenge of Postmodernism: An Evangelical Engagement* (Grand Rapids: BakerBooks, 1995). 포스트모더니스트들에게는 현실이 다원주의이고 다원주의가 현실이다. 포스트모던 사상의 한 중심에 서 있는 종교 다원주의는 종교간의 대화를 추구한다. 이들은 전 세계의 종교적 체계는 모두 진리일 수 없기에, 대화를 통하여 어느 것이 진리인지를 찾는 것이 중요한 종교의 과제라고 주장한다. 그러나 이와 같은 대화도 모든 관점은 상대적이라는 그들의 교리적 주장으로 인해 결국 절대적인 진리를 찾는 것은 불가능하다(p. 262).

니……"(신 6:4).

"이스라엘의 왕인 여호와, 이스라엘의 구원자인 만군의 여호와가 이같이 말하노라 나는 처음이요 나는 마지막이라 나 외에 다른 신이 없느니라"(사 44:6).

그런데 오늘날 이 음녀가 바벨론의 포도주를 가지고 다니면서 종교 다원주의 사상을 퍼뜨리고 다닙니다. 원래 고대 근동의 종교는 다 다신교였습니다.[112] 그러니까 바벨론의 음녀는 이런 다신 종교 사상을 가지고 오늘날 이 종교나 저 종교나 다 똑같다는 사상을 퍼뜨립니다. 바로 이런 사상을 음녀가 아주 조금씩 조금씩 교회 안에까지 들어오게 하고 있다는 말입니다.

그러므로 우리는 음녀의 금잔을 조심해야 합니다. 그리고 하늘이 무너지고 땅이 꺼져도 오직 하나님 한 분만이 참 신이고, 예수 그리스도만이 유일한 구원자라는 사실을 확신해야 합니다(요 14:6; 행 4:12).

2) 선악의 지식이 생명보다 우위에 있는 것처럼 유혹합니다.

원래 하나님은 우리를 하나님 의존적인 존재로 창조하셨다고 하

---

[112] John H. Walton, *Ancient Near Eastern Thought and the Old Testament: Introducing the Conceptual World of the Hebrew Bible* (Grand Rapids: Baker Academic, 2006), 87-112. 고대 근동의 세계에서는 '종교'란 단어가 무색했다. 왜냐하면 당시 사람들은 신들이 온 우주 만물에 깃들어 있다고 생각했기 때문이다. 따라서 그들의 삶은 종교이며 종교와 삶은 결코 분리될 수 없었다. 고대 근동은 다신론적 세계였고 포스트모던 시대인 오늘날도 종교 다원주의 문화가 특징을 이루고 있다.

지 않았습니까? 왜냐면 하나님만이 모든 창조와 생명의 주인이시기 때문입니다. 그리고 하나님은 아담과 하와에게 선악 판단까지도 하나님 의존적으로 지어 주셨습니다. 왜냐하면 선악 판단의 주인이 하나님이요, 그 고유 권한을 하나님만이 갖고 계셨기 때문입니다.

그런데 이 사탄이 아주 음녀처럼 다가와서 아담과 하와에게 '너는 선악과를 따 먹으면 하나님 없이도 살 수 있다'고 유혹하였습니다. 아니, 선악과를 따 먹으면 눈이 밝아져 하나님과 같은 존재가 된다고 유혹해 왔습니다. 그래서 생명나무를 선택하지 않고 선악과, 곧 선악의 지식을 선택하도록 했던 것입니다.

오늘날에도 바벨론의 음녀는 교회 안에 들어와서 교인들에게 생명보다는 선악의 지식을 선택하도록 유혹합니다. 아니, 선악의 지식이 생명보다 우위에 있다고 가르칩니다. 그러다 보니 오늘날 성도들이 너무 은혜를 추구하는 영성보다는 지성적인 사람이 되어 갑니다. 은혜를 받는 영성보다는, 자꾸 뭘 알려고만 합니다.

물론 우리가 하나님을 알고 하나님 말씀을 배워야 합니다. 그러나 그 지성이 거룩함에 이르는 지성과 하나님을 알고자 하는 지식보다는 선악에 대한 지식 쪽이 더 많다는 말입니다. 그래서 은혜나 생명 쪽의 지식보다는 자꾸 신앙생활에 별로 도움이 되지 않는 불필요한 것들을 알려고 합니다.

그리고 그것을 알지만 그런 지식들이 자꾸 선악 판단의 도구나 수단으로 쓰이게 합니다. 심지어는 하나님의 말씀을 아는 것까지도

17. 음녀의 금잔을 조심하라

선악 판단의 잣대나 지식의 도구로 쓰려고 합니다. 그러다 보니까 자꾸 신앙이 부정적이고 비판적이고 공격적으로 됩니다.

이렇게 이야기하면, 어떤 사람은 이렇게 의아심을 가질지 모르겠습니다. "목사님, 그것은 너무 반지성주의로 몰아가는 것이 아닙니까?" 천만의 말씀입니다. 인간은 하나님의 형상대로 지음 받았기 때문에 항상 지성적 욕구가 있고 지식을 추구하게 되어 있습니다. 바로 이러한 지적 본능과 욕구 때문에 인간은 학문적 연구와 활동을 합니다.[113]

물론 이것은 하나님께서 인간에게만 주시는 아주 특별한 축복입니다. 그래서 그 축복 때문에 지금도 예수를 믿건 안 믿건 간에, 일반 은총 영역 안에서 학문의 활동을 하고 있습니다.

그러나 우리 신앙생활에서는 그 지식마저도 하나님을 아는 지식과 생명의 지식이 우선되어야 합니다. 선악의 지식이 생명보다 우위에 있으면 항상 우리가 선악의 노예가 되는 삶을 살고 선악의 종노릇만 하기 때문입니다. 그래서 사탄은 에덴 동산에서 아담과 하와를 유혹한 것처럼 항상 선악의 지식이 생명보다 위에 있다고 유혹합니다.

---

[113] 에덴 동산에서 아담과 하와는 하나님께서 주신 지성으로 하나님의 창조 세계를 살피고 연구하는 일을 하였다(창 1:26-28). 기독교인은 세상의 모든 영역이 하나님의 주권 아래 있음을 믿고 성경적 세계관으로 학문 활동에 정진해야 한다. 기독교인의 학문 활동에 대해서는 다음을 참조하라. 서철원, "그리스도인의 학문 활동," 〈신학지남〉 58 (1991): 137; 이희성, "기독교 세계관과 개혁주의 학문 활동-이사야서에 나타난 창조와 재창조 주제를 중심으로," 〈개혁논총〉 11 (2009): 253-74.

우리는 이 바벨론의 음녀의 금잔의 유혹을 조심해야 합니다. 우리는 어떤 일이 있어도 선악보다 생명이 위에 있음을 알아야 합니다. 무슨 일이 있어도 우리는 선악의 지식을 선택하지 않고 생명을 선택해야 합니다. 언제나 생명이 되는 쪽을 선택해야 합니다. 그래야 우리가 끝까지 승리할 수 있고 하나님의 사람으로 성공하며 살 수 있습니다.

3) 저마다 욕망의 바벨탑을 쌓게 합니다.

바벨론 초대 왕인 니므롯이 시날 평지에 하늘 높이 바벨탑을 쌓은 것도 바벨론의 음녀가 부추기고 자극을 해서 쌓게 한 것입니다. 마찬가지로 오늘날에도 바벨론의 음녀는 성도들로 하여금 하나님의 제단부터 쌓지 않고 교만의 바벨탑부터 쌓게 합니다.

그래서 오늘날 교회 안에서도 얼마나 교인들이 기득권 싸움을 합니까? 그 싸움은 대부분 내부의 파워 게임을 하느라 싸우는 것이 아닙니까? 누가 더 많은 힘을 가지고 누가 더 많은 파워를 행사하느냐는 싸움이 아닙니까? 또한 바벨론의 음녀는 교회 안에 성이나 쾌락이나 인본주의를 유입시킵니다. 그래서 점점 교회가 세속화되게 만듭니다.

그 세속화로 인해 성도들이 교회 안에서 성의 바벨탑을 쌓고 쾌락의 바벨탑을 쌓으며 물질의 바벨탑을 쌓게 만듭니다.[114] 그렇게

---

[114] 행크 해네그래프, 《바벨탑에 갇힌 복음: 번영 신학을 고발한다》, 김성웅 역 (서울: 새물결플러스, 2010).

욕망의 바벨탑 속에 복음이 갇히고 교회가 갇혀서 오늘날 무슨 영향력을 발휘하고 세상에 무슨 힘을 발휘할 수 있단 말입니까? 다 바벨론의 음녀가 주는 포도주에 취해서 그런 것들입니다. 그러니 음녀의 금잔을 조심해야 합니다.

4) 도덕과 윤리가 복음보다 우위에 있다고 유혹을 합니다.

언제부턴가 교회 안에도 복음보다 도덕이나 윤리가 더 위에 있다고 하는 사상이 은연중에 아주 조금씩 조금씩 들어오고 있습니다. 그래서 오늘날 성도들은 복음의 감격과 복음 전파의 사명보다는 교회 안의 도덕성과 윤리성, 투명성을 더 강조합니다. 물론 교회가 도덕성과 윤리성이 조금씩 떨어지기 때문에 그런 주장이 나올 수도 있습니다.

그러나 아닙니다. 도덕성과 윤리성이 아무리 중요하다 하더라도 복음보다 중요하지 않습니다. 절대로 복음 위에 설 수가 없습니다. 하나님은 이 도덕과 윤리를 기준으로 해서 은혜를 주시는 분도 아닙니다. 그러기로 말하면 기생 라합이나 밧세바 같은 여자가 어떻게 그 큰 은혜를 받을 수 있었겠습니까?

오늘날에도 자신의 도덕성과 윤리성, 그리고 자신의 도덕적 의 때문에 하나님 앞에 은혜를 받는다고 착각해서는 안 됩니다. 하나님은 우리를 불쌍히 여기셔서 은혜와 생명을 주시는 것이지, 우리의 도덕적 윤리적 의가 높다고 은혜를 주시는 것이 아닙니다.

우리가 이 도덕과 윤리를 우선시하다 보면 도덕적 윤리적 정죄가 더 강합니다. 자기가 상대적으로 다른 사람보다 도덕적으로나 윤리적으로 의가 강하고 우위에 있다고 생각하면 얼마나 다른 사람들을 정죄하고 비난하는지 모릅니다. 바로 바리새인들이 그랬지 않습니까? 그러나 예수님께서 그런 바리새인들의 의를 칭찬하셨습니까? 멀미하시지 않았습니까?

인간이 윤리적이면 얼마나 윤리적이고 도덕적이면 얼마나 도덕적입니까? 우리가 흠이 있고 부족하니까 하나님의 은혜와 사랑이 필요한 것이 아닙니까? 흠이 있고 연약하니까 하나님께도 매달리고 하나님의 의와 사랑을 목마르게 갈구하지 않습니까? 하나님은 바로 이런 사람에게 은혜를 주시고 이런 사람을 더 붙잡아 주십니다.

윤리와 도덕을 선악의 도구로 삼아

어떤 사람은 또 이렇게 물어볼지도 모릅니다. "목사님, 이것이야말로 반윤리주의 신앙을 추구하는 것이 아닙니까?" 천만의 말씀입니다. 하나님의 형상으로 지음을 받았기 때문에 인간이 도덕성과 윤리성이 있는 것입니다.[115] 그리고 그 윤리와 도덕이 있기 때문에 아름다운 공동체와 선한 시민 사회를 이룰 수 있는 것이 아닙니까?

---

115) Christopher J. H. Wright, *Old Testament Ethics for the People of God* (Downers Grove: InterVarsity, 2004), 23-47; Eryl W. Davies, "Walking in God's Ways: The Concept of *Imitatio Dei* in the Old Testament", in *In Search of True Wisdom, Essays in Old Testament Interpretation in Honour of Ronald E. Clements*, ed. Edward Ball (Sheffield: Sheffield Academic, 1999), 99-115. 구약성경은 윤리의 신학적 차원을 말하고 있다. 구약 백성들의 윤리적 행동은 하나님의 정체성과 관련이 있다. 하나님의 구속사역, 하나

그러므로 도덕과 윤리는 얼마나 선하고 아름다운 것인지 모릅니다. 그러나 이 윤리와 도덕이 그 자체로만 존재해야지 남을 정죄하거나 나의 욕심을 위해서, 아니면 아름다운 공동체를 깨뜨리기 위해서 선악의 도구로 사용되어서는 안 된다는 것입니다. 그 윤리와 도덕마저도 선악의 노예로 사용되어서는 안 된다는 말입니다.

그런데도 바벨론의 음녀는 현대 교인들에게 복음보다 도덕과 윤리가 더 우위에 있다고 유혹합니다. 그래서 이 유혹으로 말미암아 오늘날 성도들은 복음에 대한 확신과 신앙의 정체성을 잃어버리고 우왕좌왕하며 교회 생활을 하게 됩니다. 아니, 선악의 노예로 살아갑니다. 그러나 우리는 언제나 먼저 복음을 붙잡아야 합니다. 항상 복음의 은혜와 축복 속에서 생명이 풍성하고 더 풍성하고 더 풍성하게 넘치는 삶을 살아야 합니다.

5) 법과 정의가 덕과 사랑보다 더 위에 있다고 유혹합니다.

그래도 도덕과 윤리를 앞세우는 것까지는 좋은 때였다고 봅니다. 그런데 이제는 도덕과 윤리를 넘어서 교회 안에 법과 정의를 외치는 소리가 너무나 많습니다. 물론 법과 정의가 얼마나 아름다운 것인지 모릅니다. 법과 정의가 없으면 동물의 세계에서처럼 약육강식과 적자생존의 법칙만이 존재할 것입니다.

님의 인격, 하나님의 말씀은 구약 이스라엘 백성들에게 윤리적 삶의 신학적 원리로 작용한다. 인간은 또한 하나님의 형상을 따라 창조되었기에 하나님의 선하심과 의로우심을 반영하는 존재로 살아가야 한다. 따라서 하나님의 형상(*imitatio Dei*)을 따라 지음 받은 언약 백성들이 성경에 기초한 윤리적 삶을 살아가는 것은 반드시 필요하다.

법과 정의 때문에 선한 시민 사회가 이루어지고 아름다운 질서의 공동체를 이룰 수 있습니다.[116] 그럼에도 불구하고 법과 정의만 가지고는 온전한 시민 사회를 이룰 수 없습니다. 왜냐하면 인간은 한없이 부족하기 때문에 아무리 법과 정의를 외치며 그것을 구현한다고 해도 나도 모르는 사이에 악을 행할 수 있기 때문입니다. 그래서 성경은 이렇게 말하고 있지 않습니까?

"또 내가 해 아래에서 보건대 재판하는 곳 거기에도 악이 있고 정의를 행하는 곳 거기에도 악이 있도다"(전 3:16).

아무리 인간이 정의를 행하고 재판을 잘한다 하더라도 거기 악이 있을 수 있다는 말이 아닙니까? 왜냐하면 너무 법과 정의를 앞세우는 사람은 사랑이 없기 때문입니다. 덕과 사랑이 없다 보면 아무리 원칙을 앞세우고 법과 정의를 외친다 하더라도 남에게 상처를 주고 공동체를 와해시키는 우를 범할 수 있습니다.

그래서 성경 말씀은 교회 안에서 법과 정의 못지않게 덕과 사랑을 강조하고 있지 않습니까? 아니, 교회 안에서는 믿음보다 중요한 것이 덕이라고 말하고 있지 않습니까? 교회 안에서 믿음보다 중요한 것이 어디 있단 말입니까? 그럼에도 불구하고 믿음 위에 덕이 있

---

[116] 정의에 대한 관심은 구약 전체에 퍼져 있다. 특히 모세 오경의 대부분은 이스라엘 백성들에게 주신 하나님의 공의의 법들로 구성되어 있다. 이스라엘 공동체의 질서 유지와 하나님의 언약 백성의 정체성 유지를 위해 지켜야 할 각종 법 조항이 소개되고 있다. 그러나 사회는 단지 법의 힘으로만 유지되거나 개혁될 수는 없다. 법 자체로는 법의 목적을 달성할 수 없다. 법과 정의는 하나님을 아는 지식에서 나와야 한다. 진정한 사회정의를 세우고 유지하길 원한다면 하나님의 은혜, 구속, 그리고 회복을 먼저 경험해야 한다. 참조. Wright, *Old Testament Ethics for the People of God*, 253-263.

다는 것이 아니겠습니까? 그리고 나중에는 덕보다 위에 있는 것이 사랑이라고 하지 않았습니까?

"그러므로 너희가 더욱 힘써 너희 믿음에 덕을……형제 우애에 사랑을 더하라"(벧후 1:5-7).

"무엇보다도 뜨겁게 서로 사랑할지니 사랑은 허다한 죄를 덮느니라"(벧전 4:8).

어느 장로님을 만나 참 얼굴이 화끈거린 적이 있었습니다. 그 장로님은 담임목사님과 싸워서 담임목사님을 구속시켰던 분입니다. 제가 그 장로님을 많이 욕하고 다녔기 때문입니다. 그런데 그 장로님이 저를 보더니 대뜸 이렇게 말하는 것이 아닙니까? "왜 목사님은 저를 자꾸 욕하고 다니셨습니까?"

그래서 인간적으로 여러 번 사과는 했지만, 제가 장로님께 이렇게 이야기를 했습니다. "아무리 장로님이 억울해서 그랬다 하더라도 그렇게 해서 결국 장로님이 이겼다고 생각하십니까? 그러면 왜 장로님은 쫄딱 망해 버리셨습니까? 또 안 망했다고 하더라도 결국 손해 본 것은 누구입니까? 하나님과 한국 교회가 아닙니까? 그 일로 인해 한국 교회가 이렇게 큰 데미지를 입었으니 말입니다."

과연 승자가 누구인가?

얼마 전에도 어떤 중대형 교회 목사님이 구속되었습니다. 장로들과 목사의 싸움의 결과였습니다. 제가 볼 때 원인 제공을 목사님이 하셨고, 목사님에게도 잘못이 많다고 봅니다. 잘못이 많으니까 법정 구속이 된 것이 아닙니까? 그러니까 목사님 반대파들은 대한민국 법이 승리하고 정의가 승리했다고 감사를 할지도 모릅니다.

그러나 누가 이기고 누가 졌다는 말입니까? 정말로 우리가 하나님 앞에 조금이라도 덕과 사랑을 생각했더라면 목사님이나 장로님이나 서로 양보하고 화해하지 않았겠습니까? 그럼에도 불구하고 바벨론의 음녀는 덕과 사랑은 뒤로하고 법과 정의만 중요하다고 우리를 유혹합니다.

그로 인해 얼마나 많은 교회와 교단, 교계가 법정 공방을 하고 있는지 모릅니다. 저마다 법과 정의를 위해서 그런다고 합니다. 그런데 왜 거기에는 믿음의 덕과 하나님의 사랑이 없습니까? 왜 거기에는 진정한 생명나무 신앙이 없느냐 이 말입니다. 다 이것이 바벨론의 음녀의 금잔 때문입니다. 그러나 이 바벨론도 망하고 바벨론 음녀도 반드시 심판을 받고 말 것입니다.

"힘찬 음성으로 외쳐 이르되 무너졌도다 무너졌도다 큰 성 바벨론이여……"(계 18:2).

"……음행으로 땅을 더럽게 한 큰 음녀를 심판하사 자기 종들의 피를 그 음녀의 손에 갚으셨도다 하고"(계 19:2).

그러므로 바벨론의 금잔의 유혹을 조심해야 합니다. 거기에는

17. 음녀의 금잔을 조심하라

선악과가 숨어 있다는 사실을 알아야 합니다. 그래서 우리는 생명나무를 선택해야 합니다. 매 순간순간 주님이 권고하시고 선택하라고 하신 생명나무를 선택해야 합니다.

18.
어떻게 생명나무를 선택할 것인가 I

"내가 그리스도와 함께 십자가에 못 박혔나니 그런즉 이제는 내가 사는 것이 아니요 오직 내 안에 그리스도께서 사시는 것이라 이제 내가 육체 가운데 사는 것은 나를 사랑하사 나를 위하여 자기 자신을 버리신 하나님의 아들을 믿는 믿음 안에서 사는 것이라"(갈 2:20)

우리가 신앙생활을 하면서 생명나무를 선택한다는 것은 우리의 최고의 축복이요, 영광입니다. 그래야 우리가 항상 생명이 풍성하고 넉넉하게 승리할 뿐 아니라 하나님을 기쁘시게 하며 하나님께 영광을 돌리는 삶을 살 수 있기 때문입니다. 생명나무 안에 은혜가 있고 축복이 있습니다. 우리의 삶을 역전시킬 수 있는 역설적 믿음이 있습니다. 아무리 힘들고 어려워도 생명나무를 붙잡으면 다시 힘이 생기고 일어설 수 있습니다.

그래서 생명나무를 붙잡은 사람들은 고난의 광야를 지나서 축복의 정상으로 오를 수 있습니다. 원수들이 사방에 진 칠지라도 두려워하지 않고 담대하게 싸워 이길 수 있습니다. "나의 힘이 되신 여호와여, 내가 주님을 사랑하나이다"라고 고백하면서 반전, 재반전의 역전 드라마를 연출합니다. 고난을 축복으로, 절망을 희망으로 바꿉니다. 재앙과 저주의 흑암을 기쁨과 감사의 아침으로 바꿉니다. 왜냐하면 그에게는 생명의 능력이 철철 흘러넘치기 때문입니다. 언제나 그의 삶 속에서 생명의 역사가 역동하기 때문입니다.

생명나무를 선택하는 방법

그렇다면 우리는 어떻게 생명나무를 선택해야 합니까?

1) 먼저 십자가를 경험해야 합니다.[117]

우리가 십자가를 경험하지 않으면 항상 옛사람이 우리 안에서

---

117) 십자가를 경험하는 것에 대한 상세한 내용은 필자의 다음 저서를 참조하라. 소강석,

주인 노릇을 합니다. 옛사람이 무엇입니까? 에덴 동산에서 선악과를 따 먹었던 아담의 본성을 그대로 소유하고 있는 육신의 사람을 말합니다. 그래서 이 옛사람은 항상 선악과를 좋아하며 틈만 나면 선악과만을 선택하려고 합니다.

그런데 우리가 아무리 예수를 믿고 하나님의 자녀로 거듭났다 하더라도 옛사람의 소욕이 숨어 있단 말입니다.[118] 그래서 이 옛사람의 소욕을 따라서 사는 사람은 아무리 예수를 믿은 지 20년이 되고 30년이 되더라도 언제나 보이는 게 선악과요, 선택하고 싶은 것이 선악과일 뿐입니다. 그래서 언제나 따지고 불평하고 원망하고 실망하며 육신의 정욕의 노예로만 살아갑니다.

그러므로 우리는 이 옛사람의 소욕을 십자가에 못을 박아 버려야 합니다. 그러기 위해서 우리는 십자가를 경험해야 합니다. 십자가는 먼저 우리에게 죄의 용서와 구원을 가져다주었습니다. 왜냐하면 예수님께서 유월절 어린 양과 아사셀 염소로 오셔서 우리를 대신해서 십자가에 죽으셨기 때문입니다.

하나님께서 이스라엘을 출애굽시키기 위하여 마지막 재앙을 통하여 애굽의 모든 장자들을 다 죽이실 때, 유월절 어린 양을 통하여 이스라엘 백성들을 구원해 주시지 않았습니까? 하나님께서 사망의 신으로 이집트 온 땅을 두루 다니실 때 이스라엘 백성들에게는 미

《십자가를 체험하라》(서울: 쿰란출판사, 2012).
118) "육체의 소욕($\sigma \grave{a} \rho \xi\ \epsilon \pi \iota \theta \upsilon \mu \epsilon \hat{\iota}$)은 성령을 거스르고 성령은 육체를 거스르나니 이 둘이 서로 대적함으로 너희가 원하는 것을 하지 못하게 하려 함이니라"(갈 5:17).

리 유월절 어린 양을 잡게 하셨습니다. 그리고 그 피를 문설주와 좌우 인방에 바르게 하시고 그 양고기를 방에서 먹게 하셨습니다. 그때 하나님은 이스라엘 백성들을 절대로 치지 않고 넘어가신 것이 아닙니까?

"내가 애굽 땅을 칠 때에 그 피가 너희가 사는 집에 있어서 너희를 위하여 표적이 될지라 내가 피를 볼 때에 너희를 넘어가리니 재앙이 너희에게 내려 멸하지 아니하리라"(출 12:13).

그런데 예수님께서 이 땅에 유월절 어린 양으로 오셔서 우리를 위해 십자가에 죽으셨던 것입니다.

"이튿날 요한이 예수께서 자기에게 나아오심을 보고 이르되 보라 세상 죄를 지고 가는 하나님의 어린 양이로다"(요 1:29).

"오직 흠 없고 점 없는 어린 양 같은 그리스도의 보배로운 피로 된 것이니라"(벧전 1:19).

그뿐입니까? 예수님은 이 땅에 아사셀 염소로 오셨습니다. 구약시대에는 대속죄일이 있었습니다. 이날은 이스라엘의 모든 백성들의 죄를 용서받는 날입니다. 이 속죄의 은혜를 위해 대제사장은 두 마리의 염소를 선택합니다. 한 마리는 바로 잡아서 그 피를 가지고 지성소에 들어가 속죄소에 뿌립니다.

그러면 하나님은 그 피를 보시고 이스라엘의 모든 백성들의 죄

를 용서하여 주십시다. 이 피는 장차 오셔서 십자가에 죽으실 그리스도의 피를 예표합니다.[119]

광야에 버려진 아사셀 염소처럼

또 한 마리의 염소를 선택하는데, 이 염소를 아사셀 염소라고 합니다.[120] 대제사장은 아사셀의 염소에게 안수를 하고 나서 광야로 내쫓아 버립니다. 그러면 이 아사셀 염소는 예루살렘 시내를 거쳐서 저 유다 광야로 내쫓겨 갑니다.[121] 이 아사셀 염소는 앞으로 세상 모든 죄를 위하여 수난당하고 고난당하며 버림받으실 예수 그리스도를 예표합니다.

그러므로 제사장은 이 염소를 내쫓을 때 가장 비참하게 쫓아야 합니다. 염소를 막 회초리로 때리면서 광야로 쫓습니다. 이 모습을 구경하는 백성들도 아사셀 염소를 바라보면서 온갖 저주와 욕을 퍼부어야 합니다.[122] 절대로 그 염소를 불쌍하게 생각하면 안 됩니다.

"이 저주받을 염소야, 더러운 염소야, 이 썩을 놈의 염소야, 광야

---

119) Mishinah, Yoma 4:1. 〈미슈나〉의 요마(Yoma)에 아사셀 염소에 대한 유대 전승이 나온다. '요마'라는 말은 히브리어 '욤' 즉 '날'에 대한 이야기인데 '그날'은 '대속죄일'을 가리킨다. 따라서 대속죄일에 관련된 성전 의식들을 기술해 놓은 책이 바로 요마가 된 것이다.
120) 레위기 16장 8-10절에는 아사셀의 염소에 대한 기록이 나온다. "두 염소를 위하여 제비 뽑되 한 제비는 여호와를 위하고 한 제비는 아사셀을 위하여 할지며 아론은 여호와를 위하여 제비 뽑은 염소를 속죄제로 드리고 아사셀을 위하여 제비 뽑은 염소는 산 채로 여호와 앞에 두었다가 그것으로 속죄하고 아사셀을 위하여 광야로 보낼지니라."
121) Mishinah, Yoma 4:3.
122) Mishinah, Yoma 6:4 〈미슈나〉에서는 "짊어지고 가라! 짊어지고 가라!"라고 사람들이 외친다고 기록되었다.

에 가서 뒈져 버려라. 맹수에게 잡혀 뒈져 버려라" 하며 회초리로 아사셀의 염소를 때리고 막 돌을 던져야 합니다. 그러면 아사셀 염소는 안 맞아 죽으려고 절규합니다. "음매~ 음매~." 그래도 그냥 이스라엘 백성들은 돌팔매질을 하고 아사셀 염소를 괴롭혀야 합니다. "에이, 저주받아 뒈져 버려라. 짐승에게 잡혀 가지고 피가 철철 흐르면서 먹혀 버려라. 이 아사셀 염소야."

바로 예수님이 이 아사셀 염소처럼 대제사장의 군병들에게 잡혀서 그렇게 얻어맞고 고문을 당하시지 않았습니까? 로마 군병들에게 얼마나 채찍을 맞으셨습니까? 그 채찍 맞은 몸으로 피투성이가 된 채 십자가를 지고 골고다 언덕길을 올라가셨습니다. 그때 얼마나 많은 사람들이 예수님께 침을 뱉으며 저주하였습니까?

이 아사셀의 염소가 버림받고 수난당하신 예수님의 모습을 예표해 주었던 것입니다. 이렇게 광야로 내쫓음을 받은 아사셀의 염소는 광야에 사방팔방으로 피 냄새를 풍깁니다. 피로 낭자한 아사셀 염소가 광야에 가면 그 광야 바람에 피 냄새가 얼마나 이곳저곳으로 옮겨지겠습니까? 그러면 그 피 냄새를 맡고 사자나 늑대나 이리나 곰 같은 맹수들이 다가옵니다.

아사셀 염소는 결국 맹수들의 발톱과 이빨에 의해 갈기갈기 찢겨 죽고 맙니다. 이때 아사셀 염소는 안 죽으려고 얼마나 "음매~ 음매~" 소리를 지르겠습니까? 그러다 맹수에게 잡아먹히는 것은 뻔한 사실입니다. 바로 그 광야에서 부르짖는 "음매~" 하는 소리는 예수님이 십자가에서 부르짖는 절규와도 같습니다. "오 하나님이여, 어찌하여 나를 버리셨나이까. 어찌하여 나를 버리셨나이까. 엘리 엘리 라마 사박다니……."

그때 뒤에 따라갔던 제사장이 이 모습을 목격합니다. 그리고 감격한 마음으로 예루살렘 거리로 이렇게 외치며 달려옵니다. "여러분, 기뻐하십시오. 드디어 광야에서 아사셀 염소가 죽었습니다."

유대 전통에 의하면 그때 성전에 매달아 놓았던 빨간 띠가 하얀 천으로 변화되었다는 것입니다.[123] 대속죄일에 대제사장은 빨간 띠를 둘로 나누어 하나는 아사셀 염소에 묶고, 하나는 성전의 죽임 당한 염소에 묶었습니다. 그리고 그 띠를 성전 문 앞에 걸어 놓았다고 합니다. 그런데 아사셀 염소가 광야에서 죽었을 때 그 빨간 띠가 하얀 천으로 변화되었습니다. 이것은 두 염소의 죽음에 의해 이스라엘 백성들의 죄가 속죄함을 받았다는 하나의 사인이요 표적이었습니다.

찢어진 휘장

그런데 신약에서도 예수님이 십자가에 죽으실 때 성전 안의 성소와 지성소를 가로막고 있던 휘장이 쫙 찢어진 것이 아닙니까?

"예수께서 다시 크게 소리 지르시고 영혼이 떠나시니라 이에 성소 휘장이 위로부터 아래까지 찢어져 둘이 되고 땅이 진동하며 바위가 터지고"(마 27:50-51).

---

123) Mishinah, Yoma 6:6; 6:8.

이것이 우리가 예수님의 십자가를 통해서 죄 용서함을 받고 구원을 받았다는 것입니다. 예수님의 십자가 보혈의 은총을 통해서 사죄함과 거듭남의 은총을 받았다는 말입니다. 얼마나 위대한 십자가의 복음입니까? 얼마나 위대한 십자가의 능력입니까? 이처럼 십자가는 우리에게 죄 용서와 구원을 가져다주었습니다.

> ♪ 나 같은 죄인이 용서함 받아서 주 앞에 옳다 함 얻음은
> 확실히 믿기는 어린 양 예수의 그 피로 속죄함 얻었네
> 속죄함 속죄함 주 예수 내 죄를 속했네 할렐루야
> 소리를 합하여 함께 찬송하세 그 피로 속죄함 얻었네
>
> 금이나 은같이 없어질 보배로 속죄함 받은 것 아니요
> 거룩한 하나님 어린 양 예수의 그 피로 속죄함 얻었네
> 속죄함 속죄함 주 예수 내 죄를 속했네 할렐루야
> 소리를 합하여 함께 찬송하세 그 피로 속죄함 얻었네

그러나 십자가의 복음은 여기서 끝나는 것이 아닙니다. 우리가 십자가를 통하여 죄 사함과 구원을 얻었다면 동시에 십자가에서 예수님과 함께 우리도 죽어야 합니다. 이것 역시 십자가의 복음입니다. 아니, 우리는 이미 예수 그리스도와 함께 십자가에 못 박혀 죽은 사람이라는 것입니다. 우리가 예수 믿을 때 하나님의 언약 안에서, 예수 그리스도와 함께 이미 십자가에 못 박힘을 당했다는 것입니다. 이 얼마나 위대한 복음이요, 축복의 소식입니까?

그래서 이미 우리는 본질적으로 십자가에서 옛사람이라는 존재

가 죽고 그리스도 안에서 새사람으로 태어났습니다. 그런 죽음을 본질적인 죽음이요, 언약적인 죽음이요, 존재적인 죽음이라고 합니다. 이 죽음을 헬라어로 '아포트네스코'라고 하는데, 단번에 과거적으로 죽어 버린 것을 말합니다.[124] 갈라디아서 2장 20절에서도 이것을 이야기하고 있습니다.

> "내가 그리스도와 함께 십자가에 못 박혔나니 그런즉 이제는 내가 사는 것이 아니요 오직 내 안에 그리스도께서 사시는 것이라"(갈 2:20).

우리는 예수를 믿을 때 그리스도 안에서 언약적이고 존재적인 죽음을 한 사람입니다. 이 존재적인 죽음을 한 사람은 이제부터 내가 사는 것이 아니라 내 안에 주님이 사십니다. 내가 사는 것이 아니라 내 안에 주님이 사신다면 나라고 하는 존재는 없단 말입니까? 아닙니다. 내 옛사람이 죽은 대신에 내 안에 새사람이 태어났습니다. 그리고 그 새사람은 주님을 주인으로 모시고 살아갑니다.

왜냐하면 이 새사람은 주님 없이는 못 삽니다. 주님이 주시는 생명의 힘과 능력으로만 살아가게 됩니다. 그래서 주님이 내 안에 오셔서 주인으로 계실 뿐만 아니라, 우리에게 은혜와 생명을 공급하셔서 새사람의 삶을 살아가게 해주십니다. 바로 이것을 주님이 우

---

[124] 헬라어 $ἀποθνήσκω$는 단번에 죽음, 분리적인 죽음을 의미한다. 사도 바울은 갈라디아서 2장 19절에서 율법에 대하여 죽은 자신을 다음과 같이 말한다. "내가 율법으로 말미암아 율법에 대하여 죽었나니 이는 하나님에 대하여 살려 함이라." 율법에 대하여 죽은 자신의 모습을 헬라어 $ἀποθνήσκω$의 직설법 부정과거 능동태 1인칭 단수형인 $ἀπέθανον$(아페따논)으로 표현한다. 갈라디아서 2장 20절에서 '함께 십자가에 못 박혔다'는 헬라어 표현은 직설법 1인칭 단수 수동태 완료형인 $συνεσταύρωμαι$(쉬네스타우로마이)이다.

리 안에 사신다고 표현하고 있습니다. 그러니까 이 사람은 주님 없이는 못 살기 때문에 항상 생명나무를 선택합니다. 주님의 생명, 주님의 은혜, 주님의 인도만을 따르고 추구합니다.

그러므로 이 사람은 육체로 사는 것 같치만 나를 사랑하사 나를 위해서 죽으신 그 예수님을 믿는 믿음 안에서 삽니다. 살아도 주를 위해 살고, 죽어도 주를 위해 죽습니다. 바로 이것이 십자가를 경험하는 삶이라는 말입니다. 우리 모두 이런 십자가를 경험해야 합니다. 그리고 언제나 십자가 안의 생명나무를 선택해야 합니다.

> ♪ 내가 그리스도와 함께 십자가에 못 박혔나니
> 그런즉 이제 내가 산 것 아니요 오직 내 안에 예수께서 사신 것이라
> 이제 내가 육체 가운데 사는 것은 나를 사랑하사 자기 몸 버리신
> 예수 위해 사는 것이라

옛사람의 본성과 소욕을 십자가에 못 박아야

옛사람의 존재는 죽었지만 아직도 우리 안에는 옛사람의 소욕과 본성이 남아 있습니다. 그리고 이 옛사람의 소욕과 본성이 자꾸 선악과를 좋아합니다. 선악의 원리와 법칙 속에서 사는 것을 좋아하고, 선악의 노예로 사는 것을 좋아합니다. 그러니까 늘 비판적이고 공격적인 신앙을 갖게 합니다. 그래서 교회에서 어떻게 하면 싸울 것이 없나, 불평하고 원망할 것이 없나 하고 살아갑니다.

그러므로 우리는 이 옛사람의 본성과 소욕을 십자가에 못 박아

야 합니다(갈 5:24).[125] 우리가 존재적이고 언약적인 십자가의 죽음을 경험했다면 이제는 우리의 옛사람의 본성과 행위와 습관까지 십자가에 못을 박아 버려야 합니다.

> "너희가 육신대로 살면 반드시 죽을 것이로되 영으로써 몸의 행실을 죽이면 살리니"(롬 8:13).

영으로써 몸의 행실을 죽인다는 표현은 옛사람의 죄악된 본성과 소욕을 십자가에 못 박는 것을 의미합니다. 이 본문에서 '죽인다'라는 헬라어는 '사나토오' 라고 합니다.[126] 성도가 지속적으로 죄악된 욕망을 죽이는 것을 의미합니다.

> "그러므로 땅에 있는 지체를 죽이라 곧 음란과 부정과 사욕과 악한 정욕과 탐심이니 탐심은 우상숭배니라"(골 3:5).

골로새서에 나타난 '죽인다' 는 표현은 옛사람의 죄악된 욕망과 그로 인한 행위와 습관까지도 죽이며 처형시키는 것을 의미하며,

---

125) "그리스도 예수의 사람들은 육체($σάρκα$)와 함께 그 정욕($παθήμασιν$)과 탐심($ἐπιθυμίαις$)을 십자가에 못 박았느니라($ἐσταύρωσαν$)"(갈 5:24). "십자가에 못 박았다" 에 해당하는 헬라어 $ἐσταύρωσαν$(에스타우로산)은 부정 과거 직설법 3인칭 복수이다. 부정 과거형(aorist)은 발생한 사건을 요약해 주며 발생한 행동에 대해 사진을 찍듯이 밖에서 전체를 한눈으로 보듯이 제시해 주는 의미를 가지고 있다. 참조. Daniel B. Wallace, *Greek Grammar Beyond the Basics* (Grand Rapids: Zondervan, 1996), 554-555.

126) 로마서 8장 13절의 "몸의 행실을 죽이면"에서 사용된 헬라어 동사는 $θανατόω$(사나토오)의 현재 직설법 능동태 2인칭 복수 형태인 $θανατοῦτε$(사나투테)이다. 본문에서 이 동사의 의미는 지속적이며 점진적으로 진행되는 과정에 있는 죽음을 의미한다. 몸의 행실을 따르려는 욕망이 너무도 강하기 때문에 바울은 이것들을 극복하는 것을 죽이는 것으로 표현하고 있다. 참조. Thomas R. Schreiner, *Romans: Baker Exegetical Commentary on the New Testament* (Grand Rapids: Baker Academic, 1998), 421.

18. 어떻게 생명나무를 선택할 것인가1

'네크로오'라는 헬라어 동사가 사용되었습니다.[127]

그러므로 우리는 우리 속에서 솟구치는 본성도 못 박아야 하지만, 우리도 모르게 저질러지는 옛사람의 행위와 습관까지도 십자가에 못 박는 훈련을 하고 연습을 해야 합니다. 그래서 사도 바울도 "나는 날마다 죽는다"[128]고 고백하지 않습니까? 이것이야말로 날마다 십자가에 죽는 연습을 한다는 말입니다.

> "형제들아 내가 그리스도 예수 우리 주 안에서 가진 바 너희에 대한 나의 자랑을 두고 단언하노니 나는 날마다 죽노라"(고전 15:31).

> "내가 내 몸을 쳐 복종하게 함은……"(고전 9:27).

이렇게 사도 바울도 항상 십자가를 실제적으로 경험하고 살았습니다. 그러므로 우리가 아무리 구원받고 예수를 믿고 하나님의 자녀가 되고 중직자가 되었다 할지라도 십자가에서 매일매일 죽는 경험이 없으면 절대로 생명나무를 선택할 수가 없습니다.

---

[127] 골로새서 3장 5절에서 사용된 헬라어 동사는 $\nu\epsilon\kappa\rho\acute{o}\omega$(네크로오)의 명령형 부정 과거 능동태 2인칭 복수 형태인 $N\epsilon\kappa\rho\acute{\omega}\sigma\alpha\tau\epsilon$(네크로사테)이다. 골로새서에서 사도 바울은 '죽이다'라는 표현을 사용하여 죄악을 정복해야 한다는 것을 역설하고 있다. $\nu\epsilon\kappa\rho\acute{o}\omega$(네크로오)는 '죽이다, 처형시키다'를 의미하며, 의학적으로 위축증 또는 기능 감퇴에 대하여 사용된다. 참조. 게르하르트 킷텔, 게르하르트 프리드리히, 《新約聖書 神學辭典: 킷텔 단권 신약 원어 사전》(서울: 요단출판사, 1986), 516.

[128] "……나는 날마다 죽노라($\kappa\alpha\theta$' $\acute{\eta}\mu\acute{\epsilon}\rho\alpha\nu$ $\acute{\alpha}\pi o\theta\nu\acute{\eta}\sigma\kappa\omega$)……"(고전 15:31). 이 구절에서 '죽노라'를 의미하는 헬라어 $\acute{\alpha}\pi o\theta\nu\acute{\eta}\sigma\kappa\omega$는 직설법 현재 능동 1인칭 단수이며, 반복적이며, 진행되는 죽음을 의미하고 있다. 그러므로 이 말은 아포트네스코의 본질적 죽음을 반복적으로 죽는 경험을 하고 있다는 의미이다.

옛사람이 폐기 처분될 때

옛사람이라고 하는 괴물이 얼마나 무서운지 아십니까? 항상 말씀드리지만 그리스 신화에 나오는 메두사의 머리와 같습니다. 아무리 목을 잘라도 또 솟아 나오고 또 솟아 나오는 메두사의 대가리 말입니다.

바로 우리 안에 옛사람의 정욕과 죄의 본성이 메두사의 대가리처럼 솟구쳐 오르고 또 솟구쳐 오릅니다. 그러므로 방법은 하나밖에 없습니다. 십자가에 못을 박아 버리는 것입니다. 대못으로 인정사정없이 쾅쾅 박아 버리는 것입니다. 그래야 옛사람이 폐기 처분됩니다. 옛사람이 폐기 처분될 때 우리 안에 거룩한 자아 교환 사건이 일어납니다. 나라고 하는 옛사람은 사라지고 주님이 내 안에 오셔서 나의 참된 자아, 곧 새사람의 주인으로 사시게 됩니다.

이럴 때 신앙의 중심 이동이 이루어지게 되고, 우리 안에 속사람의 새판짜기가 이루어지게 됩니다. 그렇게 되면 내 안에 있는 새사람이 언제나 생명나무를 선택합니다. 언제나 생명을 우선으로 하며, 생명나무와 생명의 성령의 법이 삶의 원리가 되고 법칙이 되고 영원히 추구하게 될 목표와 방향이 되는 것입니다.

그러나 십자가에 못을 박지 않고 신앙생활을 하면 교회 안에서 어쩔 수 없이 가면을 쓰고 살 수밖에 없습니다. 속에서는 여전히 갈등하고 회의하고 시험의 종으로 살아갑니다. 그러면서도 겉으로는 거룩하고 믿음이 있는 척해야 하니 얼마나 신앙생활이 힘들겠습니

18. 어떻게 생명나무를 선택할 것인가1

까? 겉으로는 믿음이라고 하는 가면을 쓰고 있지만, 본성적으로는 옛사람의 소욕을 가지고 선악을 선택하며 살아갑니다.

자기 딴에는 선을 앞세우고 의를 앞세우며 진실과 정의를 앞세웁니다. 자기 딴에는 교회를 위하고 하나님을 위한다고 합니다. 그러나 그것이 하나님 보시기에는 선악 판단에 불과합니다. 항상 이 사람은 선을 앞세우고 의를 앞세우지만, 내면적으로는 선악 판단을 하는 것이고 자기주장을 선과 의로 포장을 하여 교회에서 얼마나 문제를 일으키는지 모릅니다. 그래서 한국 교회에 계속 문제가 생기고 끊임없는 소용돌이에 빠지는 것이 아닙니까?

우리는 십자가를 온전히 경험해야 합니다. 십자가에서 존재적이고 언약적인 죽음을 경험했다면, 본성적이고 습관적인 행위까지도 못을 박아 버려야 합니다. 그것이 온전히 십자가를 경험하는 것입니다. 그렇게 해야 생명나무를 순간순간마다 선택할 수 있습니다.

2) 성령의 감동과 인도를 따라야 합니다.

우리는 십자가에 못 박힐 뿐만 아니라 언제나 성령의 감동과 인도를 따라야 합니다. 그래야 언제나 생명나무를 선택할 수 있습니다. 우리가 먼저 성령의 감동과 인도를 따라 살면 죄와 사망의 법에서 해방을 받습니다. 성령의 감동과 인도를 따르지 않으면 우리가 아무리 도덕적으로 살고 선하게 살려고 해도, 그래 봤자 우리는 죄와 사망의 법 아래에서 살아가게 됩니다.

아무리 우리가 율법을 지키고 종교적인 수양을 하고 금욕을 한다고 해도, 그래 봤자 죄와 사망의 법 아래에서 살아가는 것일 뿐입니다. 아무리 우리가 금식하고 경건하게 살고 매일매일 성경 보고 규칙적으로 기도를 한다 할지라도, 내 힘으로 선을 행하고 의를 행하려 한다면 원리적으로는 죄와 사망의 법 아래에서 살아가게 됩니다.

그 사실을 사도 바울이 로마서 7장에서 고백하고 있지 않습니까? 그는 그렇게 말씀대로 살고 율법대로 살려고 몸부림을 치고 발버둥을 쳤지만 이렇게 고백하고 있지 않습니까?

"오호라 나는 곤고한 사람이로다 이 사망의 몸에서 누가 나를 건져내랴"(롬 7:24).

그러나 성령의 힘과 감동과 인도를 따랐을 때 그는 뭐라고 고백했습니까? 죄와 사망의 법에서 온전히 해방을 받았다고 선포하고 있지 않습니까?

"그러므로 이제 그리스도 예수 안에 있는 자에게는 결코 정죄함이 없나니 이는 그리스도 예수 안에 있는 생명의 성령의 법이 죄와 사망의 법에서 너를 해방하였음이라"(롬 8:1-2).

그러면 왜 성령의 힘과 감동과 인도를 따르게 될 때 우리가 죄와 사망의 법에서 해방되는지 아십니까? 그것은 우리가 성령의 감동과 인도를 따를 때 우리 안에 있는 생각의 주체가 성령님으로 바뀌기 때문입니다. 그래서 성령이 우리 안에서 생각을 주관하고 마음을 다스리며 우리 모든 판단을 주관하게 되는 것입니다.[129]

주로 우리는 생각의 주체가 나 자신이지 않습니까? 내가 생각하고 내가 판단하고 내가 결정합니다. 나 중심의 삶을 살고 인본주의 중심의 삶을 살아갑니다. 그래서 데카르트는 말하지 않았습니까? "나는 생각한다. 고로 존재한다." 한마디로 이것은 생각의 주체가 인간에게 있고 나 자신에게 있다는 말입니다.

그래서 대부분의 사람들은 그렇게 살아갑니다. 자기가 아무리 선을 말하고 선을 행해도 생각의 주체가 자기입니다. 그 자기는 새 사람으로서의 자기가 아니라, 십자가에 못 박혀 죽지 않은 옛사람으로서의 자기입니다.

생각의 주체가 내가 되면

우리 그리스도인들도 마찬가지입니다. 하나님의 뜻대로 살려고 하고, 선하게 살고 거룩하게 살고 정결하게 살려고 해도 생각의 주체가 내가 되는 경우가 많습니다. 그렇게 될 때 결국은 거기서 나

---

[129] 사도 바울은 로마서 8장 1-4절에서 그리스도 안에 있는 자들에게 더 이상 정죄함이나 저주가 없는 이유를 설명하고 있다. 성령께서 그들을 죄와 율법의 권세로부터 자유롭게 하고 새로운 시대를 여셨기 때문이다. 사도 바울은 율법 자체가 성도들을 절대로 자유롭게 할 수 없고 성령의 법 안에 있는 자들만이 새로운 삶을 누릴 수 있음을 역설한다. 예수 그리스도 안에 있는 생명(τῆς ζωῆς ἐν Χριστῷ Ἰησοῦ)은 성령을 수식하고 있고 성령의 사역은 '생명' 임을 지시하고 있다. 사도 바울은 이 같은 설명을 통해 복음 안에서 에스겔 선지자의 예언이 성취되었음을 바라보고 있다(겔 36:26-27, 37:5-6). 참조. Schreiner, Romans, 398-408.

자신의 의가 나오게 됩니다. 내 공명심이 나오고, 내 의가 나옵니다. 내 공로가 나옵니다.

이것은 결국 무엇으로 우리를 이끌어 가는 것입니까? 선악 판단으로 이끌어 가는 것입니다. 내가 판단하고 내 기준에 의해서 결정하고, 그러다가 내 기준에 안 맞고 내 선입견에 안 맞으면 비판하고 불평하고 비난하게 되어 있습니다. 그 대상은 사람일 수도 있고, 교회일 수도 있고, 목회자일 수도 있고, 심지어 하나님까지도 선악 판단의 대상으로 삼습니다.

하나님은 이것을 제일 싫어하십니다. 인간적으로 볼 때는 굉장히 의롭고 선하고 대단한 것처럼 보일지 모르지만, 하나님이 보시기에는 원수입니다. 아무리 그것이 선이고 윤리이고 경건이고 거룩인 것처럼 보이지만, 그것이 옛사람의 생각에서 나온 것이라면 그 자체를 하나님은 싫어하십니다. 그래 봤자 죄와 사망의 법 아래 있는 것입니다. 결국 그것은 하나님 앞에서 자신의 의와 공명심과 공로를 주장하기 때문에 그렇습니다. 그래서 하나님은 그것을 제일 싫어하십니다.

더구나 그 옛사람이 주장하는 선과 정의감으로 교회 분쟁에 투사가 되고 전사가 되면 어떻게 되겠습니까? 자기 딴에는 교회 안에서 정의를 회복하고 개혁을 원한다고 하지만, 그것 때문에 교회가 분란이 나고 사달이 나고 깨져 버립니다. 그러면 하나님이 그것을 얼마나 더 싫어하시겠습니까? 정의를 세우고 선을 행하려다가 하나님의 원수가 되어 버린 것입니다.

18. 어떻게 생명나무를 선택할 것인가1

그러나 하나님은 우리 안에 성령님이 생각의 주체가 되는 것을 가장 기뻐하십니다. 성령이 우리 안에 생각의 주체가 되어서 성령이 생각하고 판단하게 하시고 자기를 기준하게 하셔서 우리의 삶을 언제나 핸들링하고 이끌어 가기를 원하십니다.

그럴 때 우리는 언제나 생명을 선택하게 됩니다. 하나님의 은혜를 선택하고, 하나님의 의를 선택합니다. 그러니 이 사람은 자기 의와 힘으로 살지 않고 언제나 하나님의 은혜와 하나님의 생명으로 살아갑니다. 그리고 하나님이 주시는 힘과 능력으로 살아갑니다. 이렇게 살아가는 것이 바로 생명의 성령의 법입니다.

성령이 우리의 생각의 주체가 되면 우리는 자연스럽게 하나님을 따르게 되고, 생명을 선택하게 되고, 하나님의 은혜를 선택하게 됩니다. 그럴 때 우리는 내 의로 경건한 삶을 사는 것이 아니라, 하나님의 은혜와 생명으로 거룩한 신앙생활을 하게 되어 있습니다. 내 의와 내 공명심으로 살아가면 내적으로는 매일 넘어지고 실패합니다. 그러나 하나님의 은혜와 의로 신앙생활하는 사람은 항상 승리하고 감격합니다. 언제나 그 속에 생명과 평안이 넘쳐흐릅니다.

성령의 생각은 육신의 생각을 쳐서 복종케 하고

육신의 생각은 사망이지만 영의 생각은 생명과 평안이라고 하지 않습니까?

"육신의 생각은 사망이요 영의 생각은 생명과 평안이니라"(롬 8:6).

예컨대 정말 불평하고 싶을 때가 있습니다. 그런데 불평을 하고 나면 우리 마음이 그렇게 어둡고 하나님의 은혜로부터 버림을 받은 것같이 느껴집니다. 그러나 성령님께서 감동을 주십니다. "어렵고 힘들어도 감사해라. 찬양해라." 바로 그때 순종하면 얼마나 마음이 평안하고 기쁜지 모릅니다.

우리가 교만하고 싶고 자랑하고 싶고 사람 앞에서 뽐내고 싶을 때가 있습니다. 그런데 만약 그대로 하면 우리 마음이 얼마나 캄캄하고 어둡게 되는지 모릅니다. 그럴 때 성령님이 "겸손해라. 더 낮아져라. 더 섬기며 살아라" 하시며 감동을 주십니다. 그때 성령님의 감동을 따라 순종하면 얼마나 마음이 평안하고 기쁨이 넘치는지 모릅니다.

또 성령께서 우리에게 감동을 주십니다. "어려워도 헌신해라. 이 총체적인 위기, 경제 위기 때도 십일조 잘하고 사르밧 과부처럼 눈물로 씨를 뿌려라. 헌신의 씨를 뿌려라. 희생의 씨를 뿌려라. 내가 반드시 복을 주겠다."

그럴 때 우리가 인간의 생각으로는 우선 먹기는 곶감이 달다고, 성령님의 감동을 따르지 않고 우리 생각과 판단을 따릅니다. 그러면 우리의 마음이 얼마나 어둡고 찜찜한지 모릅니다. 그런 사람은 이상하게 예배드리고 평소에는 인사도 잘하고 가던 사람이 담임목사를 피해 도망 갑니다. 앞자리에 앉다가 뒷자리에 앉습니다. 그런데 성령의 감동에 순종하면 얼마나 생명과 평안이 가득합니까? 얼마나 마음이 평안하고 은혜와 생명으로 충만합니까?

18. 어떻게 생명나무를 선택할 것인가1

이처럼 성령은 우리에게 생명나무를 선택하게 하고 생명과 평안으로 인도하십니다. 그러므로 성령님을 붙들고 따라 살면 언제나 생명의 성령의 법 아래에서 살게 되고 생명과 평안 안에서 살게 됩니다. 왜 그런 줄 아십니까? 언제나 성령의 생각은 육신의 생각을 거슬러 싸우고 이기게 만들기 때문입니다. 항상 육신의 생각을 쳐서 복종하게 만들기 때문입니다.

> "내가 이르노니 너희는 성령을 따라 행하라 그리하면 육체의 욕심을 이루지 아니하리라"(갈 5:16).

육체의 소욕과 성령의 소욕

우리 안에는 두 가지 소욕이 있습니다. 하나는 육체의 소욕이요, 또 하나는 성령의 소욕입니다.[130] 육체의 소욕은 항상 선악과를 선택하길 좋아하고, 성령의 소욕은 항상 생명나무를 선택하기를 좋아합니다. 그러니 이 두 소욕이 우리 안에서 대적할 수밖에 없습니다.

> "육체의 소욕은 성령을 거스르고 성령은 육체를 거스르나니 이 둘이 서로 대적함으로 너희가 원하는 것을 하지 못하게 하려 함이니라"(갈 5:17).

---

[130] 육체의 소욕($σὰρξ\ ἐπιθυμεῖ$)과 성령의 소욕($τὸ\ πνεύματος$)은 서로 상반되는 특성이며, 서로가 원하는 것을 하지 못하도록 반대하고 있다. 육체의 소욕은 인간 자신이 인도하고 무엇이든지 인간적인 방향으로 이끌며 사는 것이다. 그러나 성령의 소욕은 그리스도 안에서 새로운 존재로 살아가며 성령의 인도를 받으며 사는 것이다. 사도 바울은 $σὰρξ$(사륵스)와 $πνεύμα$(프뉴마)란 용어를 사용하여 윤리적 이원론을 설명하고 있고, 사도 요한도 요한복음 3장 6절에서 유사한 설명을 하고 있다(참조. 롬 7:14-25). Richard N. Longenecker, *Galatians*, WBC 41 (Dallas: Word Books, 1990), 245-246.

그런데 우리 안에 있는 육체의 소욕을 선택하고 따르면, 우리는 선악과를 선택합니다. 그렇게 하면 우리의 신앙이 곧 죽게 됩니다. 그러나 우리가 성령의 소욕을 선택하면 자동적으로 육체의 소욕을 이기고 생명나무를 선택하게 됩니다. 그럴 때 우리는 생명으로 풍성하게 되고 언제나 승리하는 삶을 살게 되는 것입니다.

> "너희가 육신대로 살면 반드시 죽을 것이로되 영으로써 몸의 행실을 죽이면 살리니 무릇 하나님의 영으로 인도함을 받는 사람은 곧 하나님의 아들이라"(롬 8:13-14).

이처럼 성령님은 언제나 우리로 하여금 육신의 생각을 좇지 않고 성령의 생각을 좇도록 하십니다.[131] 우리로 하여금 하나님을 기쁘게 하는 데 집중하게 하십니다. 어떻게 하면 하나님을 더 감동시키고, 어떻게 하면 하나님께 더 헌신하고 충성할 것인지 깨닫고 순종하게 하십니다.

그러므로 우리가 생명나무를 선택하며 언제나 승리하는 삶을 살기 위해서는 생각의 주체를 성령으로 삼고 살아야 합니다. 바로 그런 사람이 성령의 감동과 인도를 따르는 사람이요, 생명의 성령의 법 아래서 사는 사람입니다. 그러므로 우리가 생명나무를 선택하기 위해서는 성령의 감동과 인도를 따라야 합니다.

---

[131] "하나님의 영으로 인도하심을 받는다"는 헬라어로 $\pi\nu\epsilon\acute{\upsilon}\mu\alpha\tau\iota\ \theta\epsilon o\hat{\upsilon}\ \acute{\alpha}\gamma o\nu\tau\alpha\iota$ (프뉴마티 테오 아곤타이)이다. '인도함 또는 통제를 받는 것' 또는 '자발적인 헌신과 개인적인 순종'을 의미한다. 지배적인 힘에 의해 제한을 당하거나 그 충동에 완전히 굴복하는 것을 의미한다. James D. G. Dunn, *Romans 1-8: Word Biblical Commentary, vol 38* (Dallas: Word Books Publisher, 1988), 450.

하나님은 어떤 사람을 귀하게 쓰시고 어떤 사람을 안 쓰십니까? 하나님이 쓰시는 사람은 자신의 약점을 극복하기 위해 성령님의 감동과 인도를 따르는 사람입니다. 성령님의 인도를 자신을 향한 은혜의 사슬로 생각하며 스스로 성령님의 사슬에 묶여서 살아가려는 사람입니다. 이런 사람이 언제나 생명나무를 선택하며 하나님 앞에 귀하고 아름답게 쓰임을 받는 사람입니다.

반면에, 하나님이 안 쓰시고 버리는 사람은 그 약점이 있음에도 불구하고 그 약점을 계속해서 방치해 두는 사람입니다. 그리고 선악과를 선택하며 방종의 도구가 되기 위하여 자기 멋대로 살아갑니다. 어떻게 하나님이 이런 사람을 쓰실 수가 있겠습니까?

성령님의 전공이 무엇인 줄 아십니까? 우리의 연약함을 돕는 것이고, 우리의 약점을 넘어서 언제나 생명나무를 선택하도록 도와주시는 것입니다. 따라서 우리가 성령을 따르고 성령님의 감동과 인도를 따르면 따를수록, 주님은 우리를 더욱더 생명나무로 인도하시고 승리의 길로 인도하여 주십니다. 그러므로 우리 모두 십자가를 경험하고 성령의 인도와 감동을 따라 살면서 생명나무를 선택해야 합니다.

19.
어떻게 생명나무를 선택할 것인가 2

"내가 그리스도와 함께 십자가에 못 박혔나니 그런즉 이제는 내가 사는 것이 아니요 오직 내 안에 그리스도께서 사시는 것이라 이제 내가 육체 가운데 사는 것은 나를 사랑하사 나를 위하여 자기 자신을 버리신 하나님의 아들을 믿는 믿음 안에서 사는 것이라"(갈 2:20)

생명나무를 선택하기 위해서는 우리가 먼저 십자가의 죽음을 경험해야 합니다. 그리고 성령을 따르는 삶을 살아야 합니다. 그럴 때 우리는 언제나 생명나무를 선택하며 축복과 기적의 인생을 살 수 있습니다. 그렇지 않고 내 생각과 판단, 나의 공명심과 의를 먼저 앞세우면 결코 생명나무를 선택할 수 없습니다. 그런 인생이 어찌 생명의 열매를 맺고 축복과 기적의 인생을 살아갈 수 있겠습니까?

그러므로 우리는 언제나 생명나무를 선택하는 신앙을 소유해야 합니다. 그러기 위해서 우리에게 꼭 필요한 것이 있습니다.

3) 로드십(Lordship) 신앙을 소유해야 합니다.

로드십 신앙이 무엇일까요? 한마디로 주님을 주인으로 삼고 왕으로 삼는 신앙을 말합니다. 많은 사람들이 주로 예수님을 주님이라고 부르는데, 주님이라는 말에는 두 가지 의미가 있습니다. 먼저, 세이비어(Savior)라고 하는 의미입니다. 이 말은 주로 구세주나 구원자라는 뜻입니다. 다시 말하면, 우리의 죄를 용서해 주시며 환난이나 질병, 모든 문제로부터 구원해 주시는 구세주라는 의미입니다.

로드십의 또 하나의 의미가 있는데, 로드(Lord)나 킹(King)이라는 의미입니다. 이 말은 구세주나 구원자의 이름을 넘어서 주님이 나의 왕이 되시고 주인이 되신다는 의미입니다. 그런데 대부분의 사람들은 주님을 주인이나 왕으로 부르는 것이 아니라 구원자나 구세주로만 부릅니다.

그래서 어려움을 당할 때 "주님, 제발 이 문제를 해결해 주세요. 이 환난에서 구원해 주시기를 바랍니다"라고 애걸복걸을 합니다. 그러나 막상 주님이 그 문제와 환난에서 구원해 주시면 주님과 아무 상관없이 자기 멋대로 살아갑니다. 그렇게 애걸복걸하고 안절부절못해 놓고 막상 문제가 해결되고 나면 주님과는 아무 상관없이 자기 멋대로 살아갑니다.

그러나 주님을 왕으로 부르고 주인으로 모시고 살아가는 사람은 그보다 중요한 것이 있습니다. 그것은 내가 하나님의 통치와 다스림 속에서 살아가는 것입니다. 그분의 말씀대로 순종하고 그분의 인도 속에서 헌신하며 살아갑니다. 이 사람에게 중요한 것은 언제나 삶 속에서 주님이 나의 왕이 되시고 주인이 되시는 것입니다.

물론 신앙의 초기에는 주님을 세이비어로 부르는 경향이 많습니다. 그러나 신앙이 성숙하고 장성하게 되면 주님을 주인으로 모시고 왕으로 모시기 시작합니다. 그럼에도 불구하고 이 세상에는 얌체 그리스도인들이 얼마나 많은지 모릅니다. 예수를 믿은 지 20년, 30년이 지나도 예수님을 여전히 세이비어로만 부르고 살아가는 사람들입니다.

이 사람들이야말로 그저 옛사람으로만 살아가다가 막상 문제가 급하고 위기에 처하면 그 문제만 해결해 달라고 주님께 애걸복걸합니다. 옛사람을 십자가에 못 박지 않은 채 급할 때마다 "주여, 나 좀 도와주세요"라고 안절부절못하는 것입니다.

19. 어떻게 생명나무를 선택할 것인가 2

그런데 주님이 그를 불쌍히 여겨 주셔서 그 문제를 해결해 주시고 환난으로부터 건져 주시면 그 후에는 여전히 자기가 인생의 주인으로 군림합니다. 주님을 왕으로 모시지 않고 자기 스스로 왕이 되어 자기 멋대로 살아갑니다. 그러다가 또 힘든 일을 당하면 주님께 그 문제 좀 해결해 달라고 애걸복걸합니다.

그러나 주님도 몇 번 속지 계속 속으시겠습니까? 그래서 이젠 놔둬 버리십니다. 그러면 하나님께 원망하고 불평하게 될 수밖에 없습니다. "하나님, 왜 내 문제를 해결해 주시지 않습니까? 나를 왜 이 어려움에서 구해 주지 않습니까? 이래도 하나님이 나를 사랑한다 할 수 있습니까?"

바로 이것이 한마디로 선악과를 따는 것입니다. 이런 사람은 하나님까지도 선악 판단의 대상으로 삼아 버립니다. 그래서 사도 바울은 뭐라고 고백했습니까? 장성한 후에는 어린아이의 일을 버렸다고 했습니다.

> "내가 어렸을 때에는 말하는 것이 어린아이와 같고 깨닫는 것이 어린아이와 같고 생각하는 것이 어린아이와 같다가 장성한 사람이 되어서는 어린아이의 일을 버렸노라"(고전 13:11).

어린아이는 주로 자기 멋대로 왕 노릇 하지 않습니까? 자기 고집대로만 우기지 않습니까? 물론 어릴 때는 그것마저도 예쁘게 보일 수 있습니다. 그러나 이놈이 커서도 계속 그 짓거리를 하면 예쁘게 보이겠습니까? 열 살이 되고 스무 살이 되었는데도 계속 어린애 짓만 하면 부모가 그냥 두겠습니까?

자아 교환 사건을 경험해야

하나님 앞에서도 마찬가지입니다. 우리가 초신자 신앙일 때는 주님 앞에 그저 고집 부리고 어리광을 부려도 예쁘게 보일 수 있습니다. 그저 주님의 이름만 불러대도 예쁘고, 어리광을 부리며 고집 피우며 간구해도 주님 보시기에 예쁠 수 있습니다. 이때는 대부분 자기가 왕 노릇 하고 주인 노릇을 합니다.

그러나 예수 믿은 지 20년, 30년이 지나도 계속 이런 행동을 하면 하나님이 기뻐하시겠습니까? 계속해서 하나님은 저리 가라 하고 자기가 주인 노릇 하고 왕 노릇만 하고 살아가면 하나님이 가만히 놔두시겠습니까? 이런 사람을 통해서 무슨 영광을 받으시고, 기쁨을 받으시겠습니까?

바로 이때 드디어 하나님께서 우리에게 로드십 신앙을 훈련시키십니다. 그래야 선악과를 버리고 생명나무를 선택하기 때문입니다. 그런데 로드십 신앙을 훈련시키기 위해서는 우리가 먼저 십자가를 통해 자아 교환 사건을 경험해야 합니다.

자아 교환 사건이란 십자가에 나의 옛사람을 못 박는 것입니다.[132] 그리고 내 안에 새로운 자아가 다시 태어나 새로운 존재로

---

132) 소강석, 《십자가를 체험하라》(서울: 쿰란출판사, 2012), 169-206.

살아가는 것입니다. 뿐만 아니라 이 새 자아는 마침내 주님을 왕으로 모십니다. 주님을 나의 황제로, 절대 주권자로 모시고 살아갑니다.

그러면 내 안에 있는 새사람이 항상 무엇을 선택합니까? 생명나무를 선택합니다. 주님의 생명과 생명의 마인드를 가지고 살아갑니다. 그래서 항상 선악이 아니라 생명을 선택하며 살아갑니다. 내가 왕이 되고 내가 주권자가 되는 사람은 언제나 내가 기준이 되고 내 자아가 중심이 되어서 항상 선악을 판단하고 따지며 살아갑니다. 이것이 주로 원망과 불평, 미움과 증오로 나타납니다. 그리고 그것이 남을 비판하고 공격하는 것으로 나타납니다.

심지어는 이 '선악과 신앙'이 도덕과 윤리로 포장되어 나타날 때도 있고, 또 아주 지식적인 것과 법과 정의로 포장되는 경우도 있습니다. 이것을 가지고 항상 남을 비판하고 공격하고 끌어내립니다. 심지어는 하나님까지도 선악 판단의 대상으로 삼습니다.

그러나 주님을 왕으로 모시고 절대 주권자로 모시는 사람은 무조건 생명나무를 선택합니다. '과연 이것이 주님의 생명이냐, 아니냐? 과연 이것이 주님이 기뻐하시는 뜻이며, 주님께 기쁨과 영광을 돌리는 일인가, 아닌가?'에 기준을 두고 선택하며 추구하며 살아갑니다. 바로 이런 사람은 인격자가 아니라 영격자[133]라고 할 수 있습니다.

---

[133] 영격자라는 의미는 성경이 말하는 영적인 인격을 가진 자이다. 즉 십자가에 자신의 모든 자아를 못 박고 예수 그리스도의 말씀을 따라 성령의 지배와 인도를 받는 자이다. 영격자의 삶의 목적은 자신의 자아가 아닌 오직 하나님의 영광이다. 영격자는 하나님 중심, 예수 생명 중심의 삶을 산다.

인격의 어원

오늘날 많은 사람들이 큰 착각을 합니다. 성경공부를 하고 제자훈련을 시키는 목표가 사람의 성품을 바꾸고 인격을 훈련시킨다고 생각합니다. 착각을 해도 유분수입니다. 보통 착각이 아닙니다. 사실 성격은 평생 바꿀 수가 없습니다. 아무리 제자훈련을 시키고 성경공부를 시켜도 성격이 바뀌고 성품이 바뀌는 것이 아닙니다. 성격은 성령에 의해 다스려지고 길들여지는 것이지 스스로 바뀌는 것이 아닙니다.

인격도 마찬가지입니다. 영어로 인격이라는 말이 'personality'라고 하는데, 이 말이 어디에서 나온 말입니까? 이 말의 어원(語源)은 헬라어의 '프로소폰'에서 찾아볼 수 있습니다. '프로소폰'이라는 말은 헬라어로 '가면'이라는 말인데, 그리스의 희극과 비극 배우들이 쓰는 가면이라는 말에서 나왔습니다. 이 프로소폰이라는 말에서 라틴어의 '페르소나'(persona)라는 말이 나왔고, 다시 'personality'라는 말로 발전합니다.[134]

옛날 그리스에서는 배우들이 가면을 쓰고 연극을 하지 않았습니까? 바로 그 가면이 인격이라는 말입니다. 그러니까 오늘날 성질이 나도 성질이 안 난 척하고, 기분이 안 좋아도 그렇지 않은 척하며 적절하게 연기를 잘하는 것이 인격이라는 것입니다. 하나님은 성도

---

134) 프로소폰(πρόσωπον)은 그리스 신학에서 나타나는 전문 용어이다. 라틴어에 기원을 둔 'persona'는 원래 연극에서 사용하는 '가면'으로 번역된다. 참조. en.wikipedia.org/wiki/Persona.

를 이런 인격자로 만들려고 하시지 않습니다. 그건 세상이 원하고 인간 사회가 원하는 사람입니다.

하나님이 진정으로 원하는 사람은 로드십 신앙을 가진 영격자입니다. 영격자가 무엇입니까? 하나님을 왕으로 모시며 하나님의 뜻에 무조건 순종하는 사람입니다. 바로 그 영격자가 언제나 생명을 선택하기 때문입니다.

로드십 신앙을 가진 영격자

성경을 보면 우리를 향한 하나님의 모든 목표가 어디에 있습니까? 로드십 신앙을 가진 영격자에 있지 않습니까? 아브라함, 이삭, 야곱도 그렇고 모세도 그렇고 다윗도 그렇고 다 영격자가 목표였습니다. 그렇지 않은 사람은 하나님이 한동안 쓰시다가 다 버리셨습니다. 그러나 하나님이 쓰시고자 하는 사람은 끝까지 로드십 신앙을 가진 영격자로 만들어 가셨습니다.

이런 로드십 신앙을 가진 사람은 한 가지 특징이 있습니다. 먼저 무조건 주님을 주군으로 모시고 섬깁니다. 또 모든 인생의 목적이 내게 있지 않고 주님께 있기 때문입니다. 왜 그렇습니까? 그것이 내 신앙의 생명이 되기 때문입니다. 그러므로 우리가 남과 더불어 살아가면서 인격자로서 살아가는 것도 중요하지만 하나님 앞에서는 먼저 영격자가 되어야 합니다.

아무리 성숙한 인격자라도 삶의 목표는 자기에게 있습니다. 그러나 영격자의 목적은 내가 아니라 하나님입니다. 우리가 살아가면서 삶의 목적이 나에게 있으면 얼마나 허무합니까? 이런 사람은 종교적 의와 공명심이 가득할 뿐입니다. 주로 그런 사람은 참으로 허무하고 허탈해합니다. 아무리 인생을 엔조이하며 살아도 허망합니다. 인생의 목적이 자신에게 있기 때문입니다.

그러나 하나님이 목적일 때는 그저 내가 사는 것도 은혜요, 잘되는 것도 못되는 것도 다 은혜라고 생각합니다. 그리고 언제나 드릴 수 있는 것도 은혜라고 생각합니다. 왜 그럴까요? 항상 생명 중심으로 생각하고 선택하고 추구하기 때문입니다. 이런 사람은 주님의 말씀이라면 무조건 순종하고 헌신합니다. 항상 살아도 주 위해 살고 죽어도 주를 위해 죽으려고 합니다.

이런 사람은 항상 담대할 수밖에 없습니다. 왜냐하면 그것이 언제나 삶 속에서 생명의 능력이 되기 때문입니다. 그 속에서 생명이 철철 넘치고 충만하니까 언제나 은혜가 충만하고 감격이 넘치지 않겠습니까? 그러니까 하나님의 은혜와 생명 안에서 언제나 떳떳하고 담대할 수밖에 없습니다. 이런 사람은 담대하게 순종하고 헌신합니다. 그저 살아도 주 위해 살고, 죽어도 주 위해 죽는 삶이 가장 큰 행복이고 축복일 수밖에 없습니다.

얼마나 아름다운 삶이고 복된 삶입니까? 그러므로 우리는 착각해서는 안 됩니다. 예수 믿고 은혜 받고 훌륭한 인격자가 되려고만 해서도 안 됩니다. 훌륭한 성품을 소유해 보려고만 해서도 안 됩니다. 우리는 먼저 주님을 왕으로 모시고 주인으로 모시는 삶을 살아야 합니다.

갈라디아서 2장 20절에서 로드십의 본질을 이렇게 이야기하고 있습니다.

"내가 그리스도와 함께 십자가에 못 박혔나니 그런즉 이제는 내가 사는 것이 아니요 오직 내 안에 그리스도께서 사시는 것이라 이제 내가 육체 가운데 사는 것은 나를 사랑하사 나를 위하여 자기 자신을 버리신 하나님의 아들을 믿는 믿음 안에서 사는 것이라"(갈 2:20).

로드십 신앙을 소유하기 위해서는 먼저 십자가에 죽는 삶을 살아야 한다고 이야기하지 않습니까? 그리고 그 주님을 왕으로 모시는 삶을 말합니다. 이제는 왕 되신 주님을 믿는 믿음 안에서 그분을 위해 사는 것이라고 말하지 않습니까? 그럴 때 우리는 생명나무를 저절로 선택하고 자연스럽게 선택할 수 있습니다. 무슨 일이 있어도 하나님 중심, 예수님의 입장에서 생각하고 생명을 선택합니다.

그러니까 항상 생명 중심일 수밖에 없습니다. 그리고 생명 중심이니까 언제나 생명나무를 선택합니다. 그래서 무슨 일이 있어도 욥처럼 찬양부터 나오고, 하박국처럼 감사부터 나오고, 사무엘처럼 순종부터 나오며, 아브라함처럼 헌신부터 나오며 무조건 생명나무를 선택합니다.[135]

---

[135] "손을 내밀어 칼을 잡고 그 아들을 잡으려 하니"(창 22:10).
"이르되 내가 모태에서 알몸으로 나왔사온즉 또한 알몸이 그리로 돌아가올지라 주신 이도 여호와시요 거두신 이도 여호와시오니 여호와의 이름이 찬송을 받으실지니이다 하고"(욥 1:21).

그러므로 이제부터 로드십 신앙을 회복해야 합니다. 하나님을 진정한 왕이요 우리의 주권자로 모시는 영격자로 바뀌어야 합니다. 주님을 진정한 왕으로 모시고 주인으로 모시는 영격자들이 되어야 합니다. 지금까지 그렇게 살지 못했다면 이제부터 로드십 신앙으로 살아야 합니다. 그럴 때 우리는 본질적으로, 궁극적으로 생명나무를 선택하며 살 수 있습니다.

♪ 예수 우리 왕이여 이곳에 오셔서
  보좌로 주여 임하사 찬양을 받아 주소서
  주님을 찬양하오니 주님을 경배하오니
  왕이신 예수여 오셔서 좌정하사 다스리소서

♪ 왕이신 나의 하나님 내가 주를 높이고
  영원히 주의 이름을 송축하리이다

4) 생명 중심의 기준과 생명 중심의 가치관에 우선순위를 두고 살아야 합니다.

그리스도인에게 있어서 생명보다 중요한 것이 없다는 사실을 잘 알아야 합니다.

"비록 무화과나무가 무성하지 못하며 포도나무에 열매가 없으며 감람나무에 소출이 없으며 밭에 먹을 것이 없으며 우리에 양이 없으며 외양간에 소가 없을지라도 나는 여호와로 말미암아 즐거워하며 나의 구원의 하나님으로 말미암아 기뻐하리로다"(합 3:17-18).
"여호와께서 임하여 서서 전과 같이 사무엘아 사무엘아 부르시는지라 사무엘이 이르되 말씀하옵소서 주의 종이 듣겠나이다"(삼상 3:10).

"사람이 만일 온 천하를 얻고도 자기 목숨을 잃으면 무엇이 유익하리요 사람이 무엇을 주고 자기 목숨과 바꾸겠느냐"(막 8:36-37).

사람이 온 천하를 얻고도 목숨을 잃으면 무엇이 유익하겠습니까? 이 세상에 생명보다 귀한 것이 없습니다. 그래서 성경은 온 천하보다 귀하다고 말하고 있습니다. 그러므로 당연히 이런 생명의 가치와 소중함을 아는 사람은 삶 속에서도 생명 중심의 기준과 생명 중심의 가치관에 우선순위를 두고 살아가야 합니다. 그럼에도 불구하고 많은 사람들은 생명 중심의 가치관보다는 선악을 더 중요하게 생각하며 살아가고 있습니다.

창세기 31장을 보면 야곱이 외삼촌 라반에게 잘못한 사실이 드러나지 않습니까? 야곱은 외삼촌 라반의 집에서 야반도주를 했습니다. 왜 떳떳하지 못하게 야반도주를 합니까? 거기에다 라헬이 드라빔까지 훔쳐서 나오잖아요? 그러니까 윤리적으로 도덕적으로는 당연히 지탄을 받아야 합니다.

라반이 야곱에 대해서 얼마든지 선악을 판단하고 해롭게 할 수 있었습니다. 그러나 하나님께서는 라반에게 어떻게 말씀하십니까? "너는 절대로 야곱에게 선악간에 말하지 말라."[136] 야곱이 잘못한 일이 있더라도 그 잘못을 지적도 하지 말고 책망도 하지 말고 덮으라고 하셨습니다. 자칫하면 야곱이 라반에게 해를 받을 수 있기 때문에 하나님은 야곱을 덮어 주시고 선악간에 말하지 못하게 하셨습

---

136) 선악간에(מטוב עד־רע, 미토브 아드 라아).

니다.

> "너를 해할 만한 능력이 내 손에 있으나 너희 아버지의 하나님이 어젯밤에 내게 말씀하시기를 너는 삼가 야곱에게 선악 간에 말하지 말라 하셨느니라"(창 31:29).

선악보다 중요한 것이 생명이고 하나님이라는 사실입니다. 그러므로 우리는 하나님 앞에도 선악을 먼저 말해서는 안 됩니다. 먼저 옳고 그름을 자꾸 따지려 하지 말고 하나님이 무엇을 원하시고 아름답게 보시는가를 알아야 합니다. 무엇이 생명인가를 분별하고 선택해야 합니다.

그래서 욥은 모든 재산이 다 날아가 버리고 자녀가 다 죽었어도, 하나님 앞에 선악간에 말하지 않았습니다. 하나님 앞에서 선악을 따지지 않고 무조건 하나님을 찬양하지 않았습니까? 왜 그렇습니까? 그것이 자기의 생명이 되기 때문이었습니다. 만약 선악을 말하고 옳고 그름을 따지기만 했다면 자기 심령부터 죽었을 것입니다. 얼마나 심령이 침침하고 허탈하게 되었겠습니까? 그래서 욥은 무조건 찬양하고 하나님을 노래했습니다.

> "이르되 내가 모태에서 알몸으로 나왔사온즉 또한 알몸이 그리로 돌아가올지라 주신 이도 여호와시요 거두신 이도 여호와시오니 여호와의 이름이 찬송을 받으실지니이다 하고"(욥 1:21).

19. 어떻게 생명나무를 선택할 것인가 2

하나님 앞에 낙헌제를 드리며

다윗도 마찬가지입니다. 다윗은 이유 없이 사울의 미움을 받아야 했습니다. 그래서 그는 사울에게 항상 쫓겨 다녔습니다. 그는 사냥꾼에게 쫓겨 다니는 한 마리 사슴처럼 이리 쫓기고 저리 쫓기고 도망 다녀야 했습니다. 그러다가 한번은 십 황무지라는 곳으로 도망갔습니다. 그런데 십 황무지에 살았던 십 사람들이 사울에게 일러바친 것이 아닙니까?

그래서 사울은 3천 명의 특공대를 거느리고 다윗을 잡으러 갑니다. 그러니 다윗은 꼼짝없이 죽게 되었습니다. 그때 보나마나 다윗을 따라다녔던 사람들이 얼마나 원망하였겠습니까? "왜 우리를 이렇게 광야에서 죽게 하느냐? 하필 우리를 사울의 손에 잡혀 죽게 하느냐?"

다윗은 그렇게 선악과를 따고 원망하는 사람들에게 둘러싸였습니다. 그래서 어쩌면 다윗도 자신의 처량한 신세를 한탄하며 하나님께 원망과 불평을 할 수밖에 없었을 것입니다. 스스로 절망하고 낙담하여 포기할 수밖에 없었을 것입니다.

"하나님, 도대체 제가 뭘 잘못했다고 사울에게 잡혀 죽게 하십니까? 왜 저를 이곳으로 보내셨습니까? 왜 하필이면 이 광야로 도망하게 하셨단 말입니까? 하나님, 이럴 수가 있습니까? 저는 지금 완전히 독 안에 든 쥐처럼 사울에게 잡혀 죽게 되었습니다. 이제 순순히 잡혀 죽을까요? 아니면 자결해서 죽을까요?"

다윗도 사람인지라 그렇게 원망하고 불평할 수밖에 없었을 것입니다. 그러나 다윗은 절대로 하나님을 원망하지 않았습니다. 절대로 좌절하거나 포기하지도 않았습니다. 다윗은 오히려 생명나무를 선택하고 담대하게 외쳤습니다.

"하나님, 하나님이 구원해 주시면 제가 사는 것이고 하나님이 구원해 주시지 않으면 제가 죽는 것입니다. 그러나 저는 죽기 전에 하나님께 예배드리고 죽겠습니다. 어차피 죽을 바에야 제사나 드리고 죽겠습니다. 이래도 죽고 저래도 죽을 바에야 저는 하나님께 감사하고 헌신하고 하나님께 충성이나 한 번 하고 죽겠습니다."

그 상황에서 그는 하나님 앞에 낙헌제를 드렸습니다. 낙헌제는 스스로 하나님께 감사해서 드리는 예물입니다.[137]

"내가 낙헌제로 주께 제사하리이다 여호와여 주의 이름에 감사하오리니 주의 이름이 선하심이니이다"(시 54:6).

시편 54편은 그때 상황에서 쓴 시입니다. 그런데 그때 다윗은 하나님 앞에 낙헌제를 드리며 아마 사울 왕과 그의 군사들에게 보란 듯이 이런 말을 하고도 남았을 것입니다.

---

[137] 낙헌제(freewill-offering)는 히브리어로 נדבה(네다바)이다. 낙헌제는 다른 어떤 이유가 아닌 단지 하나님에 대한 사랑의 표현과 하나님의 구원에 대한 감사의 표시로 드려지는 예물이다. 낙헌제는 이스라엘의 제사 제도에서 중요한 부분을 차지하고 있었으며 절기 때 드려지기도 했다(레 7:16; 신 16:11). 참고, Eugene Carpenter/Michael A. Grisanti, "נדב", in *New International Dictionary of Old Testament Theology & Exegesis, vol 3*, ed. Willem VanGemeren (Grand Rapids: Zondervan, 1997), 31.

19. 어떻게 생명나무를 선택할 것인가 2

"사울 왕 당신, 당신이 나를 잡으러 온다고요? 그래 한번 잡을 테면 잡아 보시오. 나는 끝까지 생명을 선택하는 사람이오. 나는 이 와중에도 생명을 선택하고 하나님께 감사의 제단을 쌓는 사람이오. 그리고 사울 왕의 졸개 이놈들아, 어디 나를 한번 잡으러 와봐라. 너희들이 사울 왕의 사냥개가 되어 아무리 나를 잡으려 한다고 해도 나는 이렇게 생명을 선택하고 하나님께 예배를 드리고 있단 말이다. 나는 그래도 하나님이 너무나 좋고 감사하여 하나님께 낙헌제를 드리고 있단 말이다. 죽더라도 나는 죽기 전에 하나님께 감사하며 예배나 드리고 죽으련다. 이놈들아!"

아마 다윗은 낙헌제를 드리면서도 하나님께 이런 찬양을 하고도 남았을 것입니다. "나의 힘이 되신 여호와여 내가 주님을 사랑합니다~." 실제로 그는 시편 18편에서 이런 고백을 하지 않았습니까? "나의 힘이 되신 여호와여, 내가 주님을 사랑하나이다."

그는 광야에서 사울에게 쫓겨 다닐 때도 이런 노래를 불렀습니다. 사울의 손에서 벗어나서 왕이 되었을 때도 부른 노래가 이 노래였습니다. 그러니 사울의 3천 명의 군사들에게 포위를 당했을 때도 이런 노래를 부르고도 남았을 것입니다. "하나님, 이런 상황에서도 하나님을 찬양하겠습니다. 이런 가운데서도 생명을 선택하며 하나님만을 왕으로 모시고 높이겠습니다." 왜냐하면 그는 언제나 생명 중심의 기준으로 살고 생명을 선택하며 살았기 때문입니다.

오늘 우리의 삶이 힘들고 어렵다고 합니다. 경제가 힘들다 보니까 삶이 여러 가지로 악순환으로 돌아갑니다. 이럴 때 선악과를 선택하는 사람은 좌절하고 절망을 합니다. 항상 원망하고 불평하게 됩니다. 그러나 생명을 선택하고 생명 중심의 기준으로 살아가고 생명 중심의 가치관에 우선순위를 두고 사는 사람은 먼저 하나님을 사랑합니다. 먼저 낙헌제를 드리고 하나님께 찬양합니다. 왜냐하면 그것이 내 생명이고 내게 은혜가 되기 때문입니다.

그러므로 아무리 우리의 삶이 힘들고 어려워도 항상 생명나무를 선택해야 합니다. 무슨 일이 있어도 오히려 하나님을 더 사랑해야 합니다. "나의 힘이 되신 여호와여, 내가 주님을 사랑합니다. 나의 힘이 되신 여호와여, 내가 주님을 사랑합니다."

♪ 나의 힘이 되신 여호와여 내가 주님을 사랑합니다
주는 나의 반석이시며 나의 요새시라
주는 나를 건지시는 나의 주 나의 하나님
나의 피할 바위시요 나의 방패시라
나의 하나님 나의 하나님 구원의 뿔이시요 나의 산성이라
나의 하나님 나의 하나님 그는 나의 여호와 나의 구세주
나의 하나님 나의 하나님 그는 나의 여호와 나의 구세주

나의 하나님 나의 하나님
생명의 면류관으로 기적의 면류관으로
역전의 면류관으로 영광의 면류관으로
축복의 면류관으로 치료의 면류관으로
응답의 면류관으로 내게 씌우소서
나의 하나님 나의 하나님 그는 나의 여호와 나의 구세주

19. 어떻게 생명나무를 선택할 것인가 2

생명 중심의 원칙과 우선순위

그리스도인에게 가장 큰 축복은 내면에서 생명이 터질 듯이 철철 흘러넘치는 것입니다. 툭 건드리기만 해도 생명이 터질 정도로 풍성한 생명이 넘쳐야 합니다. 주님이 오신 목적이 무엇입니까? 풍성한 생명을 주기 위하여 오시지 않았습니까?

> "도둑이 오는 것은 도둑질하고 죽이고 멸망시키려는 것뿐이요 내가 온 것은 양으로 생명을 얻게 하고 더 풍성히 얻게 하려는 것이라"(요 10:10).

댐의 물이 철철 흘러넘치는 것처럼, 저수지의 물이 흘러넘치는 것처럼 생명이 풍성해야 합니다. 이런 생명 중심의 가치관과 생명 중심의 원칙과 우선순위를 가지고 있으면 생명을 선택하지 않을 수 없습니다. 생명의 패러다임을 따라 생활하면 항상 생명나무를 선택합니다.

그런데 생명이 없으면 항상 습관적으로 공허하게 되고 허탈합니다. 그런 사람은 항상 선악을 따집니다. 법을 따집니다. 늘 "법이요!"를 외칩니다. 그래서 회의하다가 싸우고 갈라지고 이 파, 저 파로 나누어지고 의견이 달라지고 입장이 달라집니다.

사실, 법으로만 말하면 법으로 구원받을 수 있는 사람이 어디 있겠습니까? 선악으로 구원받고 윤리로 구원받을 수 있는 사람이 어디 있습니까? 법으로 말하면 자기부터 죽어야 할 뿐입니다. 우리가 사랑과 은혜와 생명으로 구원받은 것이 아닙니까?

우리는 법과 원칙을 가지고 따지고 선악을 말하기 전에 생명으로 풍성해야 합니다. 우리 안에 생명이 풍성하고 철철 넘쳐야 합니다. 무조건 먼저 생명부터 추구하고 생명부터 선택해야 합니다. 그래야 생명이 창일하게 되고 생명의 열매를 맺게 됩니다. 그래야 찬양이 가득하고 감사가 가득하고 순종과 헌신이 가득해집니다.

이런 사람은 항상 축복의 통로자가 되고 은혜의 통로자가 되는 삶을 삽니다. 이런 사람은 항상 무슨 말을 해도 하나님을 자랑하고 하나님을 간증하고 전도하는 삶을 살아갑니다. 언제나 은혜를 취하고 순종과 헌신을 선택할 뿐입니다. 그러므로 우리는 생명나무를 선택해야 합니다. 십자가를 경험하고 성령을 따르며 로드십 신앙과 생명을 먼저 추구하는 신앙으로 생명나무를 선택하는 성도가 되어야 합니다.

20.

교회 갈등, 생명나무로 해결하라

"형제들아 내가 우리 주 예수 그리스도의 이름으로 너희를 권하노니 모두가 같은 말을 하고 너희 가운데 분쟁이 없이 같은 마음과 같은 뜻으로 온전히 합하라 내 형제들아 글로에의 집 편으로 너희에 대한 말이 내게 들리니 곧 너희 가운데 분쟁이 있다는 것이라 내가 이것을 말하거니와 너희가 각각 이르되 나는 바울에게, 나는 아볼로에게, 나는 게바에게, 나는 그리스도에게 속한 자라 한다는 것이니 그리스도께서 어찌 나뉘었느냐 바울이 너희를 위하여 십자가에 못 박혔으며 바울의 이름으로 너희가 세례를 받았느냐 나는 그리스보와 가이오 외에는 너희 중 아무에게도 내가 세례를 베풀지 아니한 것을 감사하노니 이는 아무도 나의 이름으로 세례를 받았다 말하지 못하게 하려 함이라 내가 또한 스데바나 집 사람에게 세례를 베풀었고 그 외에는 다른 누구에게 세례를 베풀었는지 알지 못하노라 그리스도께서 나를 보내심은 세례를 베풀게 하려 하심이 아니요 오직 복음을 전하게 하려 하심 이로되 말의 지혜로 하지 아니함은 그리스도의 십자가가 헛되지 않게 하려 함이라"(고전 1:10-17)

생명나무 신앙으로 가득하면 사실 갈등이라고 하는 것이 있을 수가 없습니다. 또 갈등이 있다 하더라도 생명나무 신앙은 그 갈등을 해결해 주고 맙니다. 물론 교회에 갈등이 없으면 얼마나 좋겠습니까마는, 그러나 교회도 인간이 모인 곳이기에 갈등이 없을 수가 없습니다.

갈등이라고 하는 것은 에덴 동산에서 사탄의 유혹 때부터 생겼습니다. 오직 하나님 의존적이고 하나님만 섬기며 살아야 했던 아담과 하와에게 어느 날 사탄이 접근해서 유혹을 합니다. '선악과를 따 먹으면 너희도 하나님처럼 되고 하나님 없이도 살 수 있다'고 말입니다. 그럴 때 아담과 하와가 신앙적으로 갈등했을 것입니다.

그들은 마침내 그 선악과를 따 먹어 버리고 맙니다. 그래서 서로 갈등하고 비난하고 정죄하게 되었습니다. 원래 아담이 하와를 바라보며 뭐라고 말했습니까? "이는 내 뼈 중의 뼈요 살 중의 살"이라고 하지 않았습니까?(창 2:23) 그러나 선악과를 따 먹고 난 다음에 아담이 하와에게 뭐라고 말했습니까? "하나님이 주신 저 여자"라고 말하지 않았습니까?(창 3:12)

선악과를 따 먹기 전에는 "이는 내 뼈 중의 뼈요 살 중의 살이라", 다시 말하면 서로가 한 몸 중의 한 몸이라고 했는데, 선악과를 따 먹고 나니까 그야말로 3인칭으로 바뀌어 버렸습니다.[138] 바로

---

138) "아담이 이르되 하나님이 주셔서 나와 함께 있게 하신 여자 그가 그 나무 열매를 내게 주므로 내가 먹었나이다"(창 3:12). "그가"는 히브리어로 אִוה이며 여성 3인칭 단수 대명사이다. 아담은 자신의 죄악이 하나님께서 주신 여자 때문이라고 하면서 하나님과 여자 모두에게 책임을 전가하고 있다.

저 여자, 저 여편네 때문에 내가 선악과를 따 먹어 버리고 말았다고 말입니다. 인간의 갈등은 바로 거기서부터 시작된 것입니다. 마침내 그들은 하나님으로부터 저주를 받고 에덴의 동쪽으로 쫓겨나고 말았습니다.

에덴의 동쪽으로 쫓겨나

에덴의 동쪽은 어떤 곳입니까? 온갖 분노와 증오와 미움, 그리고 살육과 강포가 가득한 곳이었습니다. 에덴의 수많은 과일 대신에 온갖 엉겅퀴와 저주의 가시들이 숲을 이룬 곳입니다. 그곳에서 부부가 갈등하고 형제가 갈등하지 않았습니까? 그래서 가인이 아벨을 돌로 쳐 죽이는 사건이 벌어지게 됩니다.

무엇 때문에 그런 갈등이 왔습니까? 바로 선악과 때문에 그런 갈등과 충돌이 왔습니다. 그래서 그들은 선악과를 따 먹은 것을 놓고 서로가 서로를 원망하며 갈등하고 살았을 것입니다. 그리고 그 원망과 갈등은 후손 대대로 이어졌습니다.

선악과를 따 먹은 아담과 하와의 후손은 어쩔 수 없이 갈등하게 되어 있습니다. 갈등을 일으키는 본능과 욕구가 선악과를 따 먹은 아담과 하와의 후손들에게 심겨지고 유전되어 왔기 때문입니다.[139] 성경을 보더라도 그 거룩한 이스라엘의 신정 공동체에서도 얼마나

---

[139] 아담과 하와의 원죄는 그 후 모든 인간들에게 전가되었다. 아담의 원죄로 인하여 우리 모두는 죄인이라고 간주된다. "그러므로 한 사람으로 말미암아 죄가 세상에 들어오고 죄로 말미암아 사망이 들어왔나니 이와 같이 모든 사람이 죄를 지었으므로 사망이 모

갈등을 일으키는 사건들이 많이 일어납니까?

그것은 오늘날 교회도 마찬가지입니다. 교회도 사람이 모이고 죄인들이 모인 까닭에 어쩔 수 없이 갈등이 일어나고 충돌이 일어날 수밖에 없었습니다. 아무리 은혜스러운 교회이고, 성령 충만한 교회라 하더라도 갈등이 전혀 없을 수가 없습니다.

선악과를 따 먹은 아담과 하와의 후손들이 어떻게 갈등이 없을 수가 있겠습니까? 인간이라면 누구나 선악의 본능이 있고 선악을 추구하는 욕구와 기질이 있는데 말입니다.

설상가상으로 교회는 초신자보다는 중직자끼리 갈등을 일으키고 충돌을 일삼는 경우가 많습니다. 오히려 그들이 은혜를 더 많이 받고 교회 밥을 오래 먹었는데도 말입니다. 그렇다면 더 화목하고 화해하며 살아가야 하지 않겠습니까? 그러나 서로 알면 알수록, 가까이하면 가까이할수록 오히려 그들끼리 갈등을 일으키고 시기하고 질투하는 경우가 많습니다. 더 교회에 봉사를 많이 하고 헌신을 많이 하는 사람들이 다투기도 하고 분란을 일으키기도 합니다.

왜 그럴까요? 여전히 우리 속에 선악의 본능과 옛사람의 욕망이 존재하기 때문입니다. 그 본능과 욕망이 서로 충돌하고 부딪치기 때문에 교회 안에서 오히려 중직자끼리 부딪치고 갈등하게 됩니다.

든 사람에게 이르렀느니라"(롬 5:12). 웨인 그루뎀은 아담에게서 유전된 것은 죄책뿐만 아니라 부패한 본성도 유전되었다고 한다. 다음을 참조하라. Wayne Grudem, *Systematic Theology: An Introduction to Biblical Doctrine* (Grand Rapids: Zondervan, 1994), 494-498.

이렇게 볼 때 마치 갈등은 우리의 운명처럼 느껴집니다.

교회 갈등의 이유

교회 갈등은 주로 다음과 같은 이유 때문에 생겨납니다.

1) 목회자 혹은 영적 지도자로 인해서 생겨납니다.

노아의 가정에 왜 갈등이 생기고 문제가 생겼습니까? 그것은 바로 노아 때문이었습니다. 노아는 당시 가정의 제사장이었고 그 가정의 영적인 지도자였습니다. 그런데 그가 술을 마시고 취하여 옷을 벗고 쓰러져 잠을 자고 있었던 것이 아닙니까? 그러므로 문제의 발단이 노아에게 있었고 갈등의 빌미를 노아가 주었던 것입니다. 이것으로 인해 노아의 가정에는 얼마나 많은 갈등과 악하고 저주스러운 파문이 일게 되었습니까?

이스라엘이 광야 생활을 할 때 모세가 구스 여자와 결혼을 한 일이 있었습니다. 이 일로 인하여 이스라엘 공동체에 큰 파장이 일어났습니다. 당시 이스라엘의 율법에 의하면 레위인과 영적인 지도자들은 이스라엘의 처녀와 결혼을 해야 했습니다(레 21:13-15).

그런데 모세는 구스 여인과 결혼을 했습니다. 구스 여인이라는 말은 오늘날로 말하면 에티오피아 여자를 말합니다.[140] 이들은 셈

---

[140] R. Dennis Cole, *Numbers*, 200-201. 구스 여인에 대해서는 여러 가지 설명이 가능하다.
   (1) 창 2:13, 10:6; 시 68:31; 사 18:1. 이 성구를 근거로 함의 첫 번째 아들인 구스는 고대

이나 야벳의 자손이 아니라 함 자손이었습니다. 게다가 그들은 피부가 굉장히 검었습니다. 그러므로 당시 모세가 구스 여인을 취했다는 것은 이스라엘 공동체 안에서 분명한 갈등의 요소가 될 만한 것입니다.

그 일로 인해서 아론과 미리암이 모세를 대항하며 갈등을 일으키지 않았습니까? 어떻게 모세가 첩을 얻을 수가 있느냐고 말입니다. "다 늙은 할아버지 주제에 어떻게 당신이 첩을 얻을 수가 있느냐? 게다가 우리 동족과 결혼을 해야지, 왜 하필이면 함의 후손인 구스 여자하고 결혼을 하느냐?" 그래서 이스라엘 공동체에 엄청난 소용돌이를 일게 했습니다.

고린도 교회도 지도자를 중심으로 여러 가지 계파가 나누어지지 않았습니까? 어떤 사람은 베드로파, 어떤 사람은 아볼로파, 어떤 사람은 바울파라고 말입니다. 이렇게 된 것은 어느 정도는 지도자들의 책임도 있었다고 봅니다.

오늘날 교회도 마찬가지입니다. 정말 은혜롭고 분위기 좋을 때 목회자가 덕스럽지 못한 행동을 할 때가 있습니다. 교인들에게 본이 되지 못하고 윤리 도덕적으로 흠이 되는 행동을 할 때가 있습니

애굽 남쪽 경계의 누비아(또는 에티오피아) 사람과 동일시된다. 만약 이 가정이 맞는다면 모세의 구스인 아내는 십보라였을 것이다. 그러나 몇몇 학자들은 십보라가 죽어 모세가 구스 여인과 결혼했다고 주장한다. (2) 하박국 3장 7절의 유사 평행법은 구스인과 미디안인을 연관시키고 있다. 따라서 이 같은 연관성의 증거는 구스 여인을 십보라로 볼 수 있게 한다. (3) 구스인이라는 용어는 구분할 수 있는 생리학적인 특성을 언급할지도 모른다. 즉 북서 아라비아 출신의 깊게 그을린 피부를 가진 미디안 족속들을 일컬었을 것이다. 고대 근동에서 인종적인 순수함은 아주 중요한 문제였을 것이다(레 24:10).

다. 그래서 이 일로 인해 교회 안에 갈등이 일어나고 교회가 몸살을 앓기도 합니다.

이것은 담임목사도 그럴 수 있고 부교역자도 그럴 수 있습니다. 그러면 어떻게 목사가 되어 가지고 그럴 수가 있느냐, 교인들이 막 도덕적인 잣대로 공격을 하고 수군거립니다. 또 그것이 교회 바깥으로 나가게 되면 세상 사람들은 교회를 사회적인 잣대로 정죄하고 비난합니다.

사실은 목사도 사람이기 때문에 얼마든지 실수할 수 있고 덕스럽지 못한 행동을 한번은 할 수 있지 않습니까? 물론 그런 일을 어떤 경우에도 정당화할 수는 없습니다만. 그러므로 우리는 영적 지도자인 목회자를 위해 기도를 많이 해야 합니다. 하나님의 은혜와 사랑으로 실수와 허물을 범하지 않게 지켜 달라고 더 뜨겁게 기도해야 합니다.

2) 중직자나 평신도 지도자에 의해서 생기는 경우도 있습니다.

이스라엘 백성들이 광야 행진을 할 때였습니다. 그때 고라와 다단과 아비람과 온이 당을 짓고 모세를 대항하고 거스르지 않습니까? 이들은 오늘날로 말하면 다 교회 중직자이고 평신도 지도자라고 할 수 있습니다. 그런데 그들은 이유도 없이 모세의 권위를 떨어뜨리고 파당을 짓고 모세에게 대항을 합니다.

"여보시오, 모세. 아니, 하나님이 당신과만 함께하시는 거요? 하나님이 우리와도 함께하시지 않소? 그런데 당신은 왜 그렇게 유달리 거룩한 척하고 폼을 재고, 우리 앞에서 권위를 세우는 거요? 우리는 그런 모습이 싫소. 왜 당신은 그렇게 권위적인 거요?"

> "레위의 증손 고핫의 손자 이스할의 아들 고라와 르우벤 자손 엘리압의 아들 다단과 아비람과 벨렛의 아들 온이 당을 짓고 이스라엘 자손 총회에서 택함을 받은 자 곧 회중 가운데에서 이름 있는 지휘관 이백오십 명과 함께 일어나서 모세를 거스르니라 그들이 모여서 모세와 아론을 거슬러 그들에게 이르되 너희가 분수에 지나도다 회중이 다 각각 거룩하고 여호와께서도 그들 중에 계시거늘 너희가 어찌하여 여호와의 총회 위에 스스로 높이느냐"(민 16:1-3).

지도자에게는 당연히 영적인 권위가 있어야 합니다. 수많은 사람을 이끌고 거느리기 위해서는 어떻게 영적인 권위가 없을 수 있겠습니까? 그런데 괜히 자기들끼리 당을 짓고 모세를 씹고 대항하고 있는 것입니다. 그래서 이 일로 인하여 하나님께서 지진을 일으키사 그들과 그의 가족들까지 다 저주의 구렁텅이에 빠져 들게 하고 말았습니다.

> "땅이 그 입을 열어 그들과 그들의 집과 고라에게 속한 모든 사람과 그들의 재물을 삼키매 그들과 그의 모든 재물이 산 채로 스올에 빠지며 땅이 그 위에 덮이니 그들이 회중 가운데서 망하니라"(민 16:32-33).

오늘날에도 교회 갈등은 중직자들에 의해서 생기는 경우가 많습니다. 초신자들은 그저 어지간하면 아멘 하고 순종합니다. 하나님을 두렵게 생각하고 교회를 성스럽게 생각합니다. 그래서 어지간하면 두렵고 떨리는 마음으로 하나님을 섬기고 교회에 봉사합니다.

그런데 아이러니컬한 것은 교회를 오래 다니면서 하나님을 두려워하지 않게 됩니다. 또한 교회를 우습게 생각하고, 목사를 우습게 생각하며 동네북으로 생각합니다. 그래서 교회에 와서 목사와 싸우고 교인들과 싸우기도 합니다. 또 자기 생각과 안 맞으면 대들고 도전하고 대항을 하고 흔들려고 합니다.

장로와 장로가 싸우고 중직자와 중직자가 싸웁니다. 서로 알력과 힘겨루기를 하며 서로 기득권을 차지하려고 합니다. 이렇게 교회 갈등은 중직자와 평신도 지도자에 의해서 생기는 경우가 많습니다. 무엇 때문에 그렇습니까? 당연히 그것은 선악과 신앙 때문입니다.

3) 일반 평신도에 의해 일어나기도 합니다.

가데스바네아에서 모세가 열두 정탐꾼을 보내어 가나안 땅을 정탐하게 하지 않습니까? 그런데 가나안 땅을 정탐한 그들 중에 여호수아와 갈렙만 빼고 모두가 다 가나안 땅을 악평하고 부정적인 보고를 합니다. 그러자 그 보고를 들은 이스라엘 백성들이 얼마나 울고불고 난리였습니까?

몇 사람이 불평을 하고 원망하기 시작하면서 그 불평과 원망이 염병처럼 삽시간에 퍼져 버렸습니다. 그러더니 그들은 모세와 아론을 얼마나 원망하고 한탄했는지 모릅니다. 얼마나 원망하고 한탄했으면 밤새도록 소리를 지르며 통곡했다고 했지 않습니까? 그들은 밤새도록 통곡하면서 이렇게 외쳤습니다.

"어찌하여 모세가 이곳으로 우리를 인도했단 말인가. 차라리 우리가 애굽 땅에서 죽었으면 좋았을 텐데, 광야에서 죽었더라면 좋았을 텐데, 어찌하여 우리를 가나안 땅으로 인도하여 그들의 칼에 쓰러지게 하려 한단 말인가. 우리 처자가 사로잡혀 가나안 백성들의 종 노릇을 한다면 차라리 우리가 애굽으로 돌아가는 것이 낫지 아니한가."

"온 회중이 소리를 높여 부르짖으며 백성이 밤새도록 통곡하였더라 이스라엘 자손이 다 모세와 아론을 원망하며 온 회중이 그들에게 이르되 우리가 애굽 땅에서 죽었거나 이 광야에서 죽었으면 좋았을 것을 어찌하여 여호와가 우리를 그 땅으로 인도하여 칼에 쓰러지게 하려 하는가 우리 처자가 사로잡히리니 애굽으로 돌아가는 것이 낫지 아니하랴"(민 14:1-3).

그뿐입니까? 그들은 광야생활을 하면서 물이 없다고 불평하고 고기를 못 먹는다고 불평합니다. 하나님이 매일매일 만나를 공급해 주시지만, 고기 못 먹고 부추와 마늘을 못 먹는다고 원망하고 불평합니다. 그러면서 다리를 뻗고 울면서 모세에게 원망합니다.

"차라리 애굽에 있을 때가 좋았는데, 그때 우리가 고기 가마 곁에 앉아서 떡도 배불리 먹고 고기도 배불리 먹을 때도 있었는데, 뭐하러 우리를 광야로 인도해서 우리를 영양실조에 걸리게 한단 말인가?"

"이스라엘 자손 온 회중이 그 광야에서 모세와 아론을 원망하여 이스라엘 자손이 그들에게 이르되 우리가 애굽 땅에서 고기 가마 곁에 앉아 있던 때와 떡을 배불리 먹던 때에 여호와의 손에 죽었더라면 좋았을 것을 너희가 이 광야로 우리를 인도해 내어 이 온 회중이 주려 죽게 하는도다" (출 16:2-3).

오늘날 우리 교회도 아무것도 아닌 일을 가지고 평신도들이 수군거리고 불평을 할 때가 많습니다. 생명나무만 붙잡으면 아무것도 아닌 것을, 선악과 마인드로 바라보니까 별것도 아닌 것을 가지고 불평합니다. 자기와 아무 상관도 없고 또 자기는 평소에 그런 불평을 안 했는데 남의 말을 듣고 불평합니다.

남이 불평하니까 덩달아서 불평하고 다닙니다. 그래서 그 불평은 온 교구로 돌고 구역까지 돕니다. "우리 교회가 이래서 되느니 안 되느니, 우리 목사님이 이래서 되느니 안 되느니……." 남이 장에 가니까 나도 따라서 장에 가는 것처럼 말입니다. 이처럼 교회 갈등은 일반 평신도들에 의해서 생겨날 때가 있습니다.

4) 의견 충돌이나 내부 파워 게임으로 인해 생기기도 합니다.

교인들의 생각이 항상 같으면 얼마나 좋겠습니까? 그리고 항상 섬기며 양보하고 서로 세워 주면 얼마나 좋겠습니까? 그러나 사소한 의견 충돌이나 기득권 싸움, 혹은 내부 파워 게임 등으로 갈등이 초래되기도 합니다. 이것은 지금 한국 교회의 현실이기도 합니다.

이런 교회의 갈등을 어떻게 해결할 수 있습니까? 당연히 생명나무 신앙으로 해결해야 합니다. 선악과 마인드나 선악과 신앙으로는 절대로 불가능합니다. 아무리 옳고 그른 것을 따지며 해결하려고 해도 끝이 없었습니다. 자기 편에서는 다 부분적으로 옳은 일이기 때문입니다.

그러니까 계속 선악을 따지고 판단하며 끊임없이 싸우고 갈등하게 합니다. 그러다가 교회가 결국 깨지기도 하고 작살이 나는 경우가 있습니다. 그 갈등의 문제가 매스컴을 통해서 보도가 되기도 하고, 또 마침내 그 갈등은 사회 법정으로까지 옮겨가서 지방법원, 고등법원, 대법원까지 가기도 합니다.

이런 교회 갈등은 생명나무 신앙으로 해결해야 합니다. 그리고 갈등이 생겨났다 하더라도 생명나무 신앙으로 해결하고, 생명나무 신앙으로 다시 부흥의 길을 열어야 합니다.

생명나무 신앙으로 교회 갈등을 해결하는 방법

그러면 생명나무 신앙으로 어떻게 교회 갈등을 해결해야 합니까?

1) 이성으로 판단하지 않고 생명의 시각으로 보고 생명의 마인드로 결정해야 합니다.

선악과를 따 먹은 아담과 하와의 후손은 누구나 먼저 이성적인 판단을 하려고 합니다. 먼저 '누가 옳고 그른가? 누가 잘하고 잘못했는가?' 이것만을 보려고 합니다. 그래서 선악으로 판단해서 결정하려고 합니다. 그것으로 끝납니까? 이런 사람은 항상 잘잘못을 비판하고 떠들고 다닙니다.

그러나 생명나무 신앙을 소유한 사람은 먼저 생명의 시각과 생명의 마인드로 보려고 하고 항상 공동체의 덕을 생각합니다. 물론 그 사람이라고 해서 어찌 옳고 그름이 안 보이겠습니까? 어찌 선악이 안 보이고 옳고 그름이 안 보이겠습니까? 그러나 그것으로 끝나지 않습니다. 옳고 그름이 판단이 되고 눈에 보임에도 불구하고, 그것을 넘어 생명의 시각으로 바라보고 생명의 마인드로 결정하려고 합니다. 왜냐면 이 사람은 항상 공동체의 덕이라고 하는 것을 염두에 두고 있기 때문입니다.

그래서 노아의 실수를 본 함은 그 실수를 선악으로 바라보고 이곳저곳으로 떠들고 다녔지만, 셈과 야벳은 아버지의 허물과 실수를 생명의 시각과 마인드로 바라보았습니다. 생명의 마인드로 그 가정 공동체의 덕과 아버지의 권위를 세우기 위해서 절대 떠들지 않고 아버지를 조심스럽게 장막으로 모셨습니다.

그뿐입니까? 다윗도 자기를 해하려는 사울을 절대로 선악으로 판단하지 않았습니다. 그는 사울을 죽일 수 있는 절호의 찬스를 두 번이나 가졌음에도 불구하고 절대로 사울을 죽이지 않았습니다.[141]

---

[141] 다윗은 사울에게 쫓김을 당하고 있을 때 두 번이나 사울을 죽일 기회가 있었으나 사울을 살려 주었다. 첫 번째는 엔게디 광야에서이다(삼상 24:1-15). 사울이 뒤를 보고 있는 도중 다윗은 단지 사울의 옷자락만 베었다. 둘째는 십 광야에서다(삼상 26:1-20). 다윗은 사울이 깊이 잠들어 있을 때 사울의 머리 곁에서 창과 물병을 가지고 왔다. 이 두 번 모두 다윗은 사울이 여호와의 기름 부음 받은 자이기 때문에 살려준 것이다.

원수 갚는 일을 하나님께 맡기고 위탁했습니다. 왜냐면 그는 사울을 생명의 시각으로 바라보고 생명의 마인드로 대했기 때문입니다.

오늘날에도 교회 안의 모든 사건을 선악의 마인드를 가지고 이성적인 판단만 해서는 안 됩니다. 내 도덕과 윤리의 잣대나 사회적 잣대로만 바라보면 안 됩니다. 목사도 그렇게 바라봐서는 안 되고, 옆에 있는 성도를 그렇게 바라봐서는 안 됩니다.

또 내 선입견으로 선악을 판단하고 정죄하거나 비판해서는 절대로 안 됩니다. 그 사건이 절대로 내 마음에 안 들고 내 기준에 안 맞아도 우리는 먼저 정죄하고 비난하고 떠들어서는 안 됩니다. 그렇게 할 때 과연 우리 교회 공동체에 덕이 될 것인가, 아니면 악영향을 끼칠 것인가를 생각해야 합니다.

그러므로 우리는 생명나무 시각으로 교회를 바라보고 목사와 교인들을 바라봐야 합니다. 생명의 마인드로 바라보고 결정하며, 어떻게든지 교회의 덕이 되고 은혜가 되고 생명이 되는 쪽으로 생각해야 합니다. 그래서 사도 바울도 고백하지 않았습니까? 절대로 사람을 육체대로 보지 않겠다고 말입니다. 다시 말하면, 교회 안에서 모든 사람과 사건들을 내 육체적인 선입견과 주관으로 보지 않고, 십자가의 생명을 통해서 바라보리라고 말입니다.

"그러므로 우리가 이제부터는 어떤 사람도 육신을 따라 알지 아니하노라 비록 우리가 그리스도도 육신을 따라 알았으나 이제부터는 그같이 알지 아니하노라"(고후 5:16).

2) 하나님의 사랑의 눈으로 바라보고 덮을 수 있어야 합니다.

주로 윤리성이 강하고 개혁 성향이 강한 사람은 하나님의 공의만을 강조합니다. 그런데 공의만을 강조하다 보면 항상 교회나 사람을 난도질만 하게 됩니다. 대책 없이 공격하고 정화만 하자고 막 부르짖습니다. 더구나 그 개혁정신과 공의를 주장하는 소리가 선악과적인 동기로 출발했다면 더욱 공격과 비난이 무차별적으로 쏟아집니다. 그래서 교회를 수라장으로 만들고, 교계를 혼돈과 공허 속에 빠지게 만듭니다.

그러나 생명나무 신앙을 가진 사람은 공의뿐만 아니라 사랑의 마인드가 있습니다. 그래서 하나님의 사랑으로 보고 측은지심의 마음으로 대합니다. 왜냐면 항상 어떤 사건과 사람을 생명의 마인드로 접근하고 대하기 때문입니다. 그래서 그것이 하나님의 뜻이라면 떠들거나 폭로하지 않고 하나님의 사랑으로 덮고 품어 줍니다.

예컨대 함은 아버지의 실수를 여기저기 폭로하고 다녔지만 셈과 야벳은 그것을 하나님의 사랑의 마음으로 바라보고 아버지의 하체를 비롯해서 그 실수를 조용히 덮어 주었지 않습니까? 그런 의미에서 성경은 말합니다. 진정한 사랑은 허다한 죄를 덮는다고 말입니다.

"무엇보다도 뜨겁게 서로 사랑할지니 사랑은 허다한 죄를 덮느니라"(벧전 4:8).

사랑은 허다한 죄를 덮습니다. 그러므로 오늘 우리도 신앙생활을 하면서 모든 사건과 사람을 먼저 하나님의 사랑으로 보고, 하나님의 뜻이라면 그 모든 허물과 어두운 부분까지도 덮을 수 있는 아량이 필요합니다.

"아, 그래 목사도 사람인데, 아니 목회자도 연약한 사람이고 우리와 똑같은 죄인인데 다 그럴 수 있는 것이지. 또 장로도 사람이 아닌가, 집사도 사람이 아닌가. 누군들 그 환경 그 상황에서 넘어지지 않겠는가. 그럴 만하니까 그랬겠지 뭐!" 생명나무 신앙을 가진 사람은 이런 아량이 있습니다.

3) 생명의 마인드로 양보하고 사랑으로 세워 주어야 합니다.

선악과를 선택하는 사람은 절대로 양보가 없습니다. 끝까지 비난하고 공격하고 폭로합니다. 내가 주어가 되고 내가 주인공만 되려고 하니까 나를 포기하지 않고 절대로 남을 인정하지 않습니다. 그리고 끝까지 자신의 기득권과 권리를 빼앗기지 않으려고 합니다. 남이야 어떻게 되든지, 또 공동체가 허물어지거나 말거나 내 권리와 기득권만 차지하려고 합니다. 절대로 내 자리나 감투, 기득권을 양보하지 않습니다. 그리고 자신의 고집을 꺾지 않습니다.

그래서 교회에 갈등이 생기고 분쟁이 생깁니다. 그 갈등과 분쟁은 끝없이 악순환을 일으키게 됩니다. 그러나 생명나무 신앙을 소유한 사람은 양보할 줄 압니다. 양보하는 사람은 생명의 신앙으로 나를 포기할 수 있습니다. 그리고 사랑의 마음으로 남을 인정하고 오히려 남을 세워 줍니다. 아니, 남을 나보다 낫게 여기며 더 남을 세워 줍니다. 바로 이러한 행위와 섬김 때문에 갈등이 해소되고 분쟁이 해결됩니다.

그래서 성경은 이렇게 말합니다.

> "아무 일에든지 다툼이나 허영으로 하지 말고 오직 겸손한 마음으로 각각 자기보다 남을 낫게 여기고"(빌 2:3).

이렇게 할 때 우리는 진정한 화목과 하나 됨을 이룰 수 있습니다. 저는 이 화목과 하나 됨이 얼마나 소중한 것인가를 어릴 때부터 깨달았습니다. 왜냐면 제가 어렸을 때 저희 아버님과 어머니가 너무 부부 싸움을 많이 했기 때문입니다. 아버님이 술을 안 드실 때는 그런 성자, 아니 그런 천사가 없는데 술만 드셨다 하면 어머니하고 매일같이 싸우셨습니다. 그래서 저는 어린 시절에 어머니, 아버지가 안 싸우는 것이 소원이었습니다.

그래서 어릴 때 부모님이 싸울 때 가운데 끼어가지고 싸움을 말리고 화목하게 했던 적이 있습니다. 제가 이래봬도 어릴 때부터 피스메이커요, 화해의 사역자였던 것이 아닙니까? 그래서 제가 목회도 항상 화해 사역을 하고 교회를 이렇게 화목하게 하지 않습니까? 제가 그때부터 하나님의 특별한 훈련을 받았기 때문입니다.

우리도 생명나무 신앙으로 남에게 양보하는 미덕을 보여야 합니다. 사랑의 마음으로 남을 인정하기도 하고 남을 세워 주어야 합니다. 남을 나보다 낫게 여기고 칭찬하며 높여 주는 사람들이 되어야 합니다. 그렇게 해서 언제나 화목하는 분위기요, 하나 되는 공동체로 만들 수 있어야 합니다.

> ♪ 낮엔 해처럼 밤엔 달처럼 그렇게 살 순 없을까
> 욕심도 없이 어둔 세상 비추어 온전히 남을 위해 살듯이
> 나의 일생에 꿈이 있다면 이 땅에 빛과 소금 되어
> 가난한 영혼 지친 영혼을 주님께 인도하고픈데
> 나의 욕심이 나의 못난 자아가 언제나 커다란 짐 되어
> 나를 짓눌러 맘을 곤고케 하니 예수여 나를 도와주소서

4) 무조건 하나님께 영광이 되는 것과 십자가의 복음을 전하는 것을 목표로 삼아야 합니다.

사도 바울은 고린도전서 1장 16절에서 누가 세례 좀 많이 주면 어떠냐고 말하지 않습니까? 누가 유명해지면 어떻고 안 유명해지면 어떠냐는 말입니다. 그저 하나님께 영광이 되고 그리스도의 복음이 많이 전파되면 되는 것이 아니냐는 것입니다. 그저 하나님이 우리의 왕이 되시고 교회의 주인이 되시면 되는 것이 아니냐, 그저 많은 사람에게 복음이 전파되고 세례 받고 구원받으면 되는 것이 아니냐는 말입니다.

생명나무 신앙을 가진 자에게는 하나님이 교회 안에서 왕이 되고 주인이 되면 끝나는 것이지, 누가 좀 높아지면 어떻고 낮아지면 어떻습니까? 그저 우리는 하나님께 영광을 돌리는 종이요 머슴이 아닙니까? 나는 그저 하나님 앞에 종으로 쓰임 받으면 끝나는 것이

지, 누가 낮아지면 어떻고 높아지면 어떻겠습니까?

바로 생명나무를 선택하는 사람은 이렇게 살아갑니다. 그리고 이러한 사람들이 있을 때 교회는 갈등이 방지되고 또 분쟁과 갈등이 해소됩니다. 그러므로 생명나무 신앙으로 교회 갈등을 미리 방지해야 합니다. 아니, 갈등이 생기더라도 언제나 그 갈등을 해소하고 해결할 수 있는 축복의 사람, 화해의 사람, 화목의 사람이 되어야 합니다.

21.
생명나무로 교회의 영광을 회복하라

"모든 통치와 권세와 능력과 주권과 이 세상뿐 아니라 오는 세상에 일컫는 모든 이름 위에 뛰어나게 하시고 또 만물을 그의 발 아래에 복종하게 하시고 그를 만물 위에 교회의 머리로 삼으셨느니라 교회는 그의 몸이니 만물 안에서 만물을 충만하게 하시는 이의 충만함이니라"(엡 1:21-23)

어거스틴의 말을 빌리지 않더라도 주님의 교회는 이 땅에서 가장 위대하고 거룩하고 영광스러운 공동체입니다.[142] 아무리 현대인들로부터 교회가 비난을 받고 공격을 받는다 하더라도 교회는 이 땅에서 가장 영광스럽고 거룩한 주님의 몸입니다. 아무리 작은 개척 교회라 할지라도, 열 명, 스무 명도 채 안 모이는 작은 교회라 할지라도, 교회는 가장 영광스러운 곳입니다.

참으로 초라한 간판과 녹슨 종탑을 자랑하는 개척 교회, 아니 비가 오면 물이 새고 쥐들이 우글거리는 지하실 개척 교회, 그래서 목회자 사례비 하나 제대로 주지 못하는 가난한 교회라 할지라도, 교회는 가장 영광스러운 공동체입니다. 그 교회가 진실로 주님의 이름으로 설립되고 주님의 이름으로 간판과 종탑을 달았으며 여전히 주님의 피 묻은 복음을 전하는 교회라면 그 교회도 가장 영광스러운 주님의 몸입니다.

그뿐입니까? 목회자의 대물림이나 세습 문제로 비난을 받는 교회, 목회자가 호화판 삶을 산다고 공격을 받는 교회, 교회 재정이 불투명하거나 은행 돈을 무리하게 빌려 교회 건물을 엄청나게 크게 지었다고 지탄받는 교회라 할지라도, 주님의 이름으로 시작했고 주님의 이름으로 건축하였으며 매 주일 주님의 이름으로 회집되고 피 묻은 복음이 전해지고 있다면, 그 교회도 이 세상에서 가장 영광스러운 공동체입니다.[143]

---

[142] 어거스틴은 교회의 거룩성이 신자들에게 달린 것이 아니고 "교회가 그리스도의 몸인 것에 달려 있다"고 주장했다. 교회는 예수그리스도와 직접적인 관계를 가지고 있으며, 그리스도가 교회 안에 영적으로 임재하시기 때문에 교회는 거룩하다고 했다. 김길성, 《개혁 신학과 교회》 (서울: 총신대학교 출판부, 2004), 27.

교회는 왜 영광스러운 공동체인가?

그러면 교회가 왜 그렇게 영광스럽습니까?

1) 교회만이 이 땅에 참 생명과 구원을 공급해 주는 기관이기 때문입니다.

이 땅에 수많은 종교가 있습니다. 그러나 그 많은 종교들이 다 죄 사함과 구원과 영원한 생명을 가져다주는 것이 아닙니다. 바로 그리스도의 교회만이 죄 사함과 구원과 영원한 생명을 가져다줍니다. 그래서 주님도 교회만이 음부의 권세를 이길 뿐만 아니라 사죄와 구원을 공급하는 공동체라고 말씀하시지 않았습니까? 교회에만 천국 열쇠를 주셔서 하늘 문을 열기도 하고, 닫기도 하고, 사람의 죄를 묶어 두기도 하고 풀어지게도 할 수 있기 때문입니다.

> "또 내가 네게 이르노니 너는 베드로라 내가 이 반석 위에 내 교회를 세우리니 음부의 권세가 이기지 못하리라 내가 천국 열쇠를 네게 주리니 네가 땅에서 무엇이든지 매면 하늘에서도 매일 것이요 네가 땅에서 무엇이든지 풀면 하늘에서도 풀리리라 하시고"(마 16:18-19).

---

143) 고린도 교회는 여러 가지 내부 문제를 가진 교회였다. 교회 내에 분열과 다툼이 있었고 온갖 음행과 방탕함이 성도들의 삶 가운데 있었다. 그럼에도 불구하고 사도 바울은 고린도 교회를 하나님의 교회라고 부르고 있다. "고린도에 있는 하나님의 교회(τῇ ἐκκλησίᾳ τοῦ θεοῦ) 곧 그리스도 예수 안에서 거룩하여지고 성도라 부르심을 받은 자들과 또 각처에서 우리의 주 곧 그들과 우리의 주 되신 예수 그리스도의 이름을 부르는 모든 자들에게"(고전 1:2).

21. 생명나무로 교회의 영광을 회복하라

2) 교회는 주님의 피 값으로 사신 당신의 몸이기 때문입니다.

"……하나님이 자기 피로 사신 교회를 보살피게 하셨느니라"(행 20:28).

교회가 어떻게 세워졌다고 했습니까? 하나님께서 자기 피로 세우신 교회라고 하지 않았습니까? 다시 말하면, 하나님의 아들 예수 그리스도의 피를 흘려서 그 피 값을 지불하고 세우신 교회라는 것입니다. 이 세상에서 가정이 아무리 귀중하다 할지라도 주님은 자기 피를 흘려 가정을 세우시지는 않았습니다. 국가도 마찬가지고, 이 세상 어느 조직과 단체도 마찬가지입니다. 그런데 하나님께서는 교회만을 자기 피로 사셨다고 말씀하셨습니다. 그래서 교회를 주님의 몸이라고 했던 것입니다.[144]

3) 교회의 머리와 주인이 주님이시기 때문입니다.

"또 만물을 그의 발 아래에 복종하게 하시고 그를 만물 위에 교회의 머리로 삼으셨느니라"(엡 1:22).

교회의 머리는 다른 사람이 아니라 주님 자신입니다. 이 땅의 대통령도 아니고 황제도 아닙니다. 로마 교황청에 있는 교황도 아니고 총회장이나 당회장은 더더욱 아닙니다. 교회의 머리와 주인은 오직 예수 그리스도이십니다. 그렇기 때문에 교회는 이 세상에서

---

[144] "교회는 그의 몸이니 만물 안에서 만물을 충만하게 하시는 이의 충만함이니라"(엡 1:23). 칼빈은 교회를 하나님께서 이 땅 위에 친히 세우신 기관으로 말하고 있다. 하나님께서 교회를 통해 자기 백성을 모으시며, 교회는 이 땅 위에서 성도의 교통을 위한 신자들의 어머니라고 말한다. 참조. 김길성,《개혁 신학과 교회》, 32-45.

가장 영광스러운 곳입니다.

4) 교회는 세상을 향해 하나님의 은혜와 복을 공급해 주는 곳이기 때문입니다.

복은 세상으로부터 교회로 흘러오는 것이 아닙니다. 또한 국가나 사회 단체로부터 교회로 흘러오는 것도 아닙니다. 복은 오직 교회에서만 세상과 사회로 흘러갑니다. 그리고 교회에서 국가로 흘러가는 것입니다.

춘원 이광수 선생은 이렇게 말했습니다. "우리 민족은 기독교에 감사해야 한다. 기독교는 신문명으로 우리 민족의 무지를 깨우쳐 주었다. 학교를 세워 신학문을 전해 주었고 병원을 세워서 병든 육체를 고쳐 주었으며 민족정신을 일깨워 주었다." 그래서 이광수 선생도 교회에 나오게 되었습니다. 그만큼 한국 교회가 절망하던 민족, 국가를 잃고 유리방황하는 우리 민족의 희망이요 축복이었다는 것을 나타내는 것이 아닙니까?

지난 정권 때 보건복지부 장관을 지냈던 분이 있습니다. 그분은 굉장히 진보적이고 좌파적인 사상을 가진 분이었습니다. 그래서 그분은 기독교를 무조건 못마땅하게 생각했고, 그의 홈페이지에서도 이 땅에서 교회가 사라져야 한다는 극단적 표현을 했던 분입니다. 그런데 막상 보건복지부 장관이 되고 나서 기독교에 대한 생각이 많이 바뀌었다고 합니다. 사회 복지와 민간 복지의 70-80%를 교회가 감당하고 있는 것을 보았기 때문입니다.

한국 교회는 지금도 여전히 이 사회에 하나님의 은혜와 축복과 섬김을 공급해 주고 있습니다. 이것은 앞으로도 계속될 것입니다. 왜냐하면 교회야말로 하나님의 복의 기관과 은혜의 기관으로 영원히 존재할 것이기 때문입니다. 그러기 때문에 교회는 이 땅에서 가장 영광스러운 공동체입니다.

그럼에도 불구하고 문제는 오늘날 너무나 많은 성도들이 교회의 영광성을 모르고 있다는 것입니다. 성도들이 교회의 영광성과 거룩성을 모르고 있으니 어떻게 세상이 교회의 영광성을 알고 거룩성을 알겠습니까? 오히려 성도들이 교회를 우습게 보고 교회를 비난과 공격의 대상으로 여기고 있으니, 세상이 더욱더 교회를 우습게 보고 손가락질을 하고 있는 것이 아니겠습니까?

오늘날 교회는 세상으로부터 얼마나 많은 지탄과 공격을 받고 있는지 모릅니다. 존경을 받고 칭송을 받아 마땅할 주님의 몸 된 교회가 사회와 언론으로부터 무차별적인 공격을 받고 비난을 받고 있단 말입니다. 이렇게 된 것은 오늘날 성도들이 교회의 영광성을 모르기 때문일 뿐 아니라, 교회가 교회다움을 세상에 보여주지 못하고 지탄받을 빌미를 제공하였기 때문입니다.

교회가 사회적 공격을 받는 것에 대한 견해

그러면 교회가 세상에 어떤 빌미를 제공했기에 이런 공격과 비난을 받게 되었습니까?

1) 어떤 사람은 교회가 인권 문제에 침묵했기 때문이라고 합니다.

일제 시대에는 교회가 그토록 고난받는 민족과 함께했고, 민족의 눈물을 닦아 주었습니다. 일제 시대에 다른 종교는 거의 민족 운동, 독립 운동에 앞장서지 않았습니다. 오직 기독교만이 목숨을 걸고 앞장섰습니다. 그래서 세상으로부터 칭찬을 받았습니다. 그리고 6·25 한국전쟁 때도 신앙 때문에 그토록 많은 순교자를 내고 폐허가 된 조국 강산을 위해 교회가 얼마나 많이 기도했는지 모릅니다.

그런데 정작 독재 정권 시절 인권을 말살하고 탄압할 때 대부분의 교회가 아무 말도 하지 않고 침묵했습니다. 그저 독재 정권을 위해 기도해 주고, 독재 정치를 지지해 주고 협력했습니다. 젊은이들이 데모를 하고 희생을 하는데도, 교회는 그저 침묵하고 그 정권을 위해 기도해 주고 지지해 주었습니다. 그래서 오늘날 젊은이들과 지성인들로부터 교회가 박해를 받고 공격을 받고 있다는 것입니다. 물론 일리가 있는 견해입니다.

그러므로 교회는 이 땅의 인권 문제에도 관심을 가져야 합니다. 가난하고 소외된 이들의 편에 서서 침묵하지 말고 선지자적인 메시지를 외쳐야 합니다. 또한 약자 편에 서서 그들을 보듬어 주고 대변해 주어야 합니다. 그래야 세상 사람들로부터 지탄을 받지 않습니다.

2) 교회가 너무 우쪽으로 속해 있기 때문이라는 해석도 있습니다.

요즘은 이상하게 보수적이고 우파적인 사상을 가진 젊은이들이 별로 없습니다. 젊은이들은 무조건 진보적이고 좌파적인 쪽으로 편중되어 있습니다. 물론 저의 아들 같은 경우는 온전한 보수적 생각을 가진 것 같은데, 대부분의 젊은이들이 진보적입니다.

그런데 이상하게 교회는 대부분 보수적입니다. 제가 볼 때도 목사님들 가운데 거의 40-50%는 극우적인 생각을 갖고 있습니다. 그리고 70-80%가 보수적인 경향이 있습니다. 그러다 보니까 진보적이고 좌파적인 생각을 가진 젊은이들에게 교회가 공격과 비난을 받고 있다는 것입니다. 이런 견해도 일리가 있을 뿐만 아니라 무시하지 못할 통찰력이라고 봅니다.

성경은 좌로나 우로나 치우지지 말라고 하지 않습니까? 이 말씀은 먼저 신학적인 의미로 부여해야 하지만 2차적인 교훈으로, 이념적인 면에서도 좌로나 우로나 치우지지 말아야 한다고 적용할 수 있다고 봅니다. 우리가 정통 신학과 말씀을 지키는 데에는 보수적이어야 하지만, 시대를 향해서는 폐쇄적이지 않고 언제나 열려 있어야 하고 진보적인 사상도 가져야 합니다.

3) 교회가 사람을 키워 놓지 않았기 때문이라고 합니다.

교회는 그동안 수적 성장과 외적 성장에만 몰두해 왔습니다. 그리고 영적인 사람이나 진정한 하나님의 사람을 키우는 것보다는 좀 기복적인 사람들로만 키웠다는 것입니다. 그리고 성도들에게 공동체적인 신앙과 시대와 역사를 향한 사명 의식을 고취시킨 것이 아니라, 항상 복이나 받고 세상에서 성공하는 사람으로만 키웠다는 것입니다.

그러니까 그들이 아무리 성공한 정치인이 되고 또 기업인이 되고 예술인이 된다 하더라도 교회에서는 그리스도인이지만, 세상에 나가서는 그리스도인의 정체성과 사명을 가지고 살아가지 않습니다. 그래서 세상 사람과 똑같이 살다가 세상에 나가서는 사고를 치고 사회적으로 물의를 일으키는 범죄를 저지름으로써 교회도 덩달아 비난을 받고 손가락질을 받게 되었다는 것입니다.

또 교회가 어려운 일을 당하고 비난을 당해도 자기와는 아무 상관이 없는 것처럼 살아간다는 말입니다. 예컨대, 크리스천 가운데 많은 기자가 있고 PD가 있고 작가들이 있지만, 현대 시류에 편승해서 그들까지도 교회를 부정적으로 다룹니다. 분명히 그들도 크리스천 작가이고 PD인데도 많은 사람들이 교회를 부정적으로 이야기하니까, 그들도 그렇게 글을 쓰고 편집해 버립니다. 기자 같은 경우는 더 교회를 부정적으로 취재를 하고 보도를 합니다.

이렇게 교회는 사람을 키우지 않았다는 것입니다. 이것도 일리가 있는 견해입니다. 그러므로 이제부터라도 교회는 이 시대의 빛과 소금이 될 수 있는 영적인 사람과 하나님의 사람을 키워야 합니다.

4) 기독교의 이미지 때문이라고 합니다.

크리스천과 교회는 현대인들에게 아주 폐쇄적이고 그들만의 이익 집단으로 비쳐지고 있습니다. 왜냐면 크리스천들이 세상에 나가서 섬김과 양보 정신이 없고 너무 이기적인 삶을 산다는 것입니다. 교인들만 그런 것이 아니라 교회가 그렇다는 것입니다.

　교회가 자체 성장과 부흥만 하려고 했지, 도대체 사회에 무슨 봉사를 하고 기여를 했느냐고 말합니다. 왜 그렇게 은행 돈을 많이 빌려다가 교회 건물을 크게 짓느냐 이 말입니다. 그러더니 결국 담임목사가 은퇴할 때 자기 아들을 심어 놓고 말입니다. 이런 것들이 대기업의 경영권을 아들에게 물려주는 세속경영과 다를 바 없이 비쳐진다는 것입니다.

　그러니 소위 교회를 교회로 보는 것이 아니라 기업처럼 보려고 하는 경향이 있습니다. 사실은 어느 보건복지부 장관이 깨달았던 것처럼 교회보다 사회 복지와 민간 복지를 많이 하는 곳이 없는데 말입니다.

　그러나 교회가 세상과 소통하는 일을 소홀하게 여기고 교인들끼리만 서로 이기적으로 뭉치는 폐쇄적인 공동체로 존재하는 모습이 현대인들에게 아주 부정적인 이미지로 각인되었던 것입니다. 그것도 매우 일리가 있는 통찰력이라고 봅니다. 그렇기 때문에 우리도 교회의 문턱을 낮추며 더 낮은 곳에서 사회를 위해 봉사하고 섬겨야 합니다. 그러나 정말 가장 중요할 뿐만 아니라 근본적인 이유가 있다고 봅니다.

5) 정말 근본적인 이유는 바로 교회와 성도들의 영적인 타락 때문입니다.

교회가 박해를 받고 역경 중에 있을 때는 복음의 본질에 서 있고 복음을 위한 그 어떤 고난과 역경도 기뻐하였고 소망을 가졌습니다. 그런데 교회가 갑작스럽게 부흥을 하게 되었습니다. 양적으로 부흥하고 수적으로 부흥하고 얼마나 외연이 확대되었는지 모릅니다. 세계 역사에 이렇게 부흥을 한 예가 없었습니다.

그러자 교회가 서서히 사회에서 가장 큰 영향력을 행사하고 파워가 넘치는 공동체로 부상하게 되었습니다. 교회가 돈이 없습니까, 사람이 없습니까, 힘이 없습니까? 이제는 박해를 받는 것이 아니라 힘 있는 집단이 되어 버렸습니다. 그러다 보니까 언제부턴가 교회가 영적 정체성을 상실해 버렸습니다. 그리고 본질로부터 이탈해 버렸습니다.

그러더니 언제부턴가 서민의 옷을 벗어 버리고 귀족의 옷을 입고, 교회 안에서 귀족들끼리 싸움을 일으키기 시작했습니다. 그때 그 싸움을 하게 하는 사탄의 가장 달콤하고 매혹적인 유혹의 도구가 무엇이었습니까? 바로 선악과였습니다. 그래서 한국 교회는 사탄의 그 미끼에 걸려 선악 논쟁에 말려들게 된 것입니다. 우리나라 정치가 한동안 이념 논쟁으로 몸살을 앓았다면 한국 교회는 선악 논쟁으로 몸살을 앓았습니다.

이 선악의 논쟁이 겉으로 포장되어 나타난 것이 바로 도덕과 윤리성입니다. 그러다 보니까 복음의 본질이 윤리와 도덕이라는 바벨탑 속에 갇혀 버린 것입니다. 그래서 지금 교회마다, 그리고 교단과 교계 안에서 다들 선악 논쟁을 하고, 그 선악 논쟁으로 인한 법정 싸움으로 얼마나 높이 선악의 바벨탑을 쌓고 있는지 모릅니다.

바로 이런 이유 때문에 한국 교회는 복음의 능력을 잃고 영혼의 생명력을 잃어버린 채 현대인들에게 공격을 받고 비난을 당하고 있는 것이 아닙니까? 이러한 현실을 바라볼 때마다 얼마나 가슴이 아픕니까? 얼마나 심장의 통증을 느끼고 가슴이 찢어지는 고통을 느낍니까? 아니면 '그게 나하고 무슨 상관이냐? 나만 그저 경건하게 살고 나만 신앙생활 잘하면 되는 것이지, 그것이 나와 무슨 상관이야?' 이런 생각을 갖고 있지는 않습니까?

오늘 이 시대를 사는 우리는 교회의 영광성과 거룩성을 회복해야 할 사명을 갖고 있습니다. 교회를 교회 되게 하고, 예배를 예배 되게 하며, 하나님의 집을 하나님의 집답게 해야 할 의무와 책임과 사명을 갖고 있습니다.

♪ 우리에겐 소원이 하나 있네 주님 다시 오실 그날까지
　우리 가슴에 새긴 주의 십자가 사랑 나의 교회를 사랑케 하네
　주의 교회를 향한 우리 마음 희생과 포기와 가난과 고난
　하물며 죽음조차 우릴 막을 수 없네 우리 교회는 이 땅의 희망
　교회를 교회 되게 예배를 예배 되게 우릴 사용하소서
　진정한 부흥의 날 오늘 임하도록 이르도록 우릴 사용하소서
　성령 안에 예배하리라 자유의 마음으로

> 사랑으로 사역하리라 교회는 생명이니
> 교회를 교회 되게 예배를 예배 되게 우릴 사용하소서
> 진정한 부흥의 날 오늘 임하도록 우릴 사용하소서

생명나무를 통해 교회의 영광성을 회복하는 방법

그러면 우리가 어떻게 교회의 영광성과 거룩성을 회복해야 합니까? 당연히 생명나무 신앙을 통해서만 할 수 있습니다. 그러면 어떻게 생명나무 신앙을 통해서 교회 영광을 회복할 수 있습니까?

1) 복음의 생명력부터 회복해야 합니다.

교회는 예수님을 머리로 한 영원한 생명 공동체입니다.[145] 그러므로 교회에는 생명보다 중요한 것이 없습니다. 그 생명은 육신의 생명이 아닙니다. 그것은 복음의 생명력을 말합니다. 그 복음의 생명력이 사람들의 영혼을 살리고 심령을 살리며 교회를 살리기 때문입니다.

따라서 교회는 먼저 복음의 생명력부터 회복해야 합니다. 교회 안에서는 어떤 경우도 생명 이전에 선악을 먼저 말해서는 안 됩니다. 먼저 옳고 그름을 따지려고 하지 말고 주님의 생명을 추구하고 사모해야 합니다. 그래서 복음의 생명력이 물이 철철 흘러넘치는

---

[145] 예수 그리스도는 태초부터 계신 말씀이며 창조주이시다(요 1:1-3). 예수 그리스도 안에는 풍성한 생명이 있다. "그 안에 생명($\zeta\omega\eta$)이 있었으니 이 생명은 사람들의 빛이라"(요 1:4).

댐처럼 우리 안에 철철 넘치게 하고, 교회 안에 철철 넘치게 해야 합니다.

복음의 생명력이 회복될 때 선악의 유혹이 우리를 틈타지도 않고 음부의 권세가 이길 수도 없습니다. 생명력이 없을 때 선악의 시험이 오는 것입니다. 생명나무가 가득하고 생명력이 가득하면 교회에 선악의 시험이 올 수 없습니다. 오히려 교회는 저절로 영광성과 거룩성이 회복됩니다.

에베소 교회를 보면 이단을 분별하고 온갖 수고와 희생과 인내를 가졌지만 그 교회는 가장 중요한 것을 잃어버리지 않았습니까? 그들은 주님을 향한 처음 사랑, 곧 복음의 생명력을 잃어버렸습니다.

"또 네가 참고 내 이름을 위하여 견디고 게으르지 아니한 것을 아노라 그러나 너를 책망할 것이 있나니 너의 처음 사랑을 버렸느니라"(계 2:3-4).

그랬을 때, 주님은 에베소 교회로부터 복음의 촛대를 옮겨 버릴 것이라고 경고하시지 않았습니까? 복음의 촛대를 옮겨 버린다는 말은 교회의 영광성과 거룩성이 소멸되어 버릴 것이라는 의미입니다. 사데 교회도 마찬가지였습니다. 살았다 하는 이름은 가졌지만 실상은 죽은 교회가 아니었습니까? 그 안에 생명력이 소멸되어 죽은 것이나 마찬가지였기 때문입니다.

"사데 교회의 사자에게 편지하라……내가 네 행위를 아노니 네가 살았다 하는 이름은 가졌으나 죽은 자로다"(계 3:1).

오늘날 현대 교회가 그런 모습이 아닙니까? 살았다 하는 이름은 있지만 실상은 죽은 신앙을 가진 성도들이 모여 있고 죽은 예배를 드리고 있는 현실이 아닙니까? 이런 교회가 아무리 도덕성을 회복하고 윤리성을 회복한다 할지라도 어찌 교회의 영광성과 거룩성을 회복할 수 있겠습니까? 영적으로 죽어 있는데 말입니다.

그러므로 교회의 영광성과 거룩성을 회복하기 위해서는 무엇보다 생명나무 신앙을 회복해야 합니다. 생명나무 신앙을 소유해야 합니다. 우리 모두 생명나무 신앙으로 이 시대에 교회의 영광스러운 모습과 거룩한 모습을 회복해 나가야 합니다. 생명나무 신앙으로 교회의 영광을 회복해야 합니다.

2) 로드십 신앙을 회복해야 합니다.

로드십 신앙이 무엇입니까? 바로 주님을 교회의 머리요 주인이요 왕으로 모시는 신앙이 아닙니까? 그래서 오늘 사도 바울은 교회는 주의 몸이요, 주님께서 교회의 머리라고 하지 않았습니까?

> "또 만물을 그의 발 아래에 복종하게 하시고 그를 만물 위에 교회의 머리로 삼으셨느니라 교회는 그의 몸이니 만물 안에서 만물을 충만하게 하시는 이의 충만함이니라"(엡 1:22-23).

아무리 교회가 사회 봉사를 잘하고 이 세상을 잘 섬겨도 주님이 머리 되시지 않은 교회는 영광스러울 수가 없습니다. 주님을 정말 머리로 삼지 않고 왕으로 모시지 않으면서 아무리 도덕성과 윤리성을 회복하고, 아무리 교회가 투명하게 운영된들 교회가 어떻게 영광스럽고 거룩할 수 있겠습니까?

교회는 주님을 머리로 삼고 왕으로 모시면서 신정주의적 통치가 실현되어야 합니다.[146] 그것이 바로 하나님 나라의 모습이고 하나님 나라의 속성입니다. 그러므로 신정주의 통치가 이루어지지 않으면서 제아무리 교회가 민주적으로 운영되고 합리적으로 운영되고 투명하게 운영된다 한들, 그런 교회는 절대로 거룩한 공동체요 영광스러운 공동체가 될 수 없습니다.

신정주의 교회를 이루기 위해서는 반드시 로드십 신앙이 필요합니다.[147] 그 로드십 신앙이 생명나무 신앙이고 생명나무 정신입니다. 아담과 하와가 에덴 동산에서 하나님을 왕으로 모시고 진정한 통치자로 생각했다면 당연히 생명나무를 선택했을 것입니다. 그러나 하나님을 왕으로 모시지 않고 하나님 없이도 잘 살 수 있다고 생각하며 자기들이 하나님처럼 살려고 했던 그 유혹과 욕망 때문에 선악과를 선택하였던 것입니다.

---

[146] 니케아-콘스탄티노플 신조는 교회에 대해 다음과 같이 말하고 있다. "하나의 교회, 곧 예수 그리스도를 머리로 하고 그리스도의 몸을 이룬 하나의 교회를 고백하고 있다. 이것은 교회의 외면적·제도적 통일이 아닌, 내면적·영적 특성을 지닌다. 교회는 머리 되신 그리스도께 전적으로 복종해야 한다." 참조. 김길성, 《개혁 신학과 교회》, 54-55.

[147] 신정주의 교회를 이루기 위해서는 (1) 성도들이 먼저 하나님을 왕으로 모셔야 한다. "주님이 우리 교회의 왕이십니다. 주님이 우리 교회의 진정한 주인이십니다"라고 고백하는 교회여야 한다. (2) 하나님이 주인이 되시는 교회를 세워야 한다. (3) 교회의 본질인 말씀을 우선순위에 두어야 한다. 제도는 교회의 본질인 말씀을 섬기기 위해 존재해야 한다. (4) 지도자를 귀하게 여기고 세워 주는 교회가 되어야 한다. (5) 하나님의 영감과 생명력으로 이끌리는 교회가 되어야 한다. 참조. 소강석, 《신정주의 교회를 회복하라》(서울: 쿰란출판사, 2006), 149-175.

그런 의미에서 교회 회의도 생명나무 패러다임, 곧 로드십 신앙으로 해야 합니다. 즉, 교회 회의는 내 뜻과 내 주장을 관철시키기 위한 회의가 되어서는 안 됩니다. 정말 우리 교회를 향한 하나님의 뜻이 어디 있는가, 우리 교회에 왕이 되시고 주인이 되시는 주인의 뜻이 어디 있는가, 그것을 찾고 분별해서 결정하는 것이 교회 회의입니다.

그러기 위해서 우리는 마음을 비우고 먼저 기도부터 해야 합니다. 그렇게 기도하다 보면 내 속에서 하나님의 감동을 느낄 수 있습니다. 그러면 그 감동을 그대로 내 의견으로 발표를 합니다. 물론 내가 성령의 감동을 받고 좋은 의도로 발표를 해도 여전히 부족한 사람이기 때문에 표현 방법에 있어서 미숙할 수 있습니다. 그러면 또 다른 사람이 성령의 인도로 조금 더 완전하게 의견을 보충하는 것입니다. 그렇게 함께 기도하는 마음으로 서로 하나 되어서 하나님의 뜻을 발견하고 만들어 갑니다.

그렇게 해서 결정이 되면 이것이 하나님의 뜻인 줄 알고 결정이 되었음을 의장이 선포합니다. 이것이 로드십 신앙으로 신정주의 교회를 이루는 것입니다. 그런데 이것은 오직 생명나무로만 할 수 있습니다. 이런 교회가 어떻게 싸우고 분쟁하겠습니까? 이런 교회가 어떻게 싸움을 하며 나누어질 수 있겠습니까? 이런 교회는 결코 서로 분쟁하고 싸우고 나누어질 수 없습니다.

교회 안에서 회의를 할 때 언제나 로드십 신앙으로 결정을 하면 저절로 신정주의 통치가 이루어지는 것이 아니겠습니까? 교회 안에서도, 교회 바깥에서도 교회를 바라보는 모습이 얼마나 영광스럽고 거룩한 교회로 보여지지 않겠습니까? 우리는 생명나무로 로드십 신앙을 회복해야 합니다.

3) 생명나무 열매로서의 도덕성을 회복해야 합니다.

오늘날 현대인들은 도덕적이고 윤리적인 잣대로만 교회를 재면서 얼마나 비난을 하고 공격을 하는지 모릅니다. 교회만의 어떤 특수성과 독특한 생리를 무시하고 무조건 사회적인 잣대로만 교회를 정죄하고 무차별하게 공격해 옵니다.

그러다 보니까 교회 자체에서도 더 이상 세상으로부터 비난받지 않도록 하기 위해서 도덕성과 윤리성을 회복해야 한다고 강조합니다. 특별히 교회 안에서는 유달리 윤리성과 개혁 성향이 강한 사람들에 의해서 그런 소리가 나오고, 교회 바깥에서는 기독교 시민 단체들이 목청을 높이고 있습니다.

물론 맞는 말입니다. 교회가 세상 사람 앞에서, 그리고 시민 단체나 언론 앞에서도 깨끗하고 투명하며 정직한 도덕성을 회복해야 합니다. 그러나 우리가 꼭 알아야 할 것이 있습니다. 같은 도덕성이라 하더라도 생명나무 열매로서의 도덕성이 있고 선악의 동기가 된 도덕성이 있다는 사실을 말입니다.

우리는 선악에 기초한 도덕성을 회복하려고 해서는 안 됩니다. 사회 윤리나 규범에 기초한 도덕성을 회복하려고 해서도 안 됩니다. 자칫하면 거기에는 자신의 의가 드러나고 공명심이 드러날 수 있기 때문입니다. 하나님 없는 의와 하나님 없는 공명심 자체가 선악과가 아니고 무엇이겠습니까?

선악과를 따 먹은 아담과 하와의 후손들은 생명나무 없이는 언제나 이런 것들만 추구하고 앞세우게 되어 있습니다. 그러니까 결국은 복음의 생명력이 있을 수가 없습니다. 그리고 복음의 생명력이 없으니까 항상 선악 논쟁을 하고 선악의 논리로 싸우며 살아가는 것이 아닙니까?

그러므로 우리는 같은 도덕성과 윤리성을 회복한다 하더라도 생명나무 열매로서 그것들을 회복해야 합니다. 절대로 선악과 열매로서의 도덕성과 윤리성을 회복하려고 하면 안 됩니다. 생명나무 신앙과 그 열매로서의 도덕성과 윤리성을 회복해야 합니다. 그럴 때 같은 윤리와 도덕끼리 부딪치지 않습니다. 같은 개혁 정신과 삶이 절대로 부딪치지 않습니다. 거기에는 오히려 생명나무의 꽃이 만발할 뿐만 아니라 그 열매가 주렁주렁 맺히게 됩니다. 그럴 때 드디어 교회의 영광성과 거룩성이 회복됩니다.

우리가 그냥 도덕성만 회복한다고 본질적으로 교회 영광이 회복되는 것이 아닙니다. 생명나무 신앙과 생명나무 열매로서의 윤리성을 회복할 때, 마침내 궁극적으로 교회의 영광이 회복되고 거룩성이 회복됩니다. 그러므로 우리는 생명나무 신앙을 회복해야 합니다. 누가 뭐래도 생명나무 신앙으로 돌아가야 합니다. 생명나무 신앙만을 굳건하게 붙잡아야 합니다.

22.

성도여, 영원히 생명나무를!

"또 그가 수정같이 맑은 생명수의 강을 내게 보이니 하나님과 및 어린 양의 보좌로부터 나와서 길 가운데로 흐르더라 강 좌우에 생명나무가 있어 열두 가지 열매를 맺되 달마다 그 열매를 맺고 그 나무 잎사귀들은 만국을 치료하기 위하여 있더라 다시 저주가 없으며 하나님과 그 어린 양의 보좌가 그 가운데에 있으리니 그의 종들이 그를 섬기며 그의 얼굴을 볼 터이요 그의 이름도 그들의 이마에 있으리라 다시 밤이 없겠고 등불과 햇빛이 쓸데없으니 이는 주 하나님이 그들에게 비치심이라 그들이 세세토록 왕 노릇 하리로다"(계 22:1-5)

에덴 동산에 있었던 생명나무는 어거스틴의 해석대로 예수 그리스도의 모형이었습니다. 그런데 이 생명나무는 아담과 하와에게 언약으로 주어졌습니다. 선악과나무를 선택하지 않고 생명나무, 곧 예수 그리스도를 선택하면 영원한 생명을 얻고 영원한 삶을 살 수 있다는 언약으로 말입니다.

그러나 아담은 생명나무 되신 그리스도를 선택하지 않고 사탄의 유혹을 따라 선악과를 선택해 버리고 말았습니다. 그래서 아담과 하와는 하나님의 첫 언약에 실패하여 낙원으로부터 쫓겨나고 말았습니다. 그리고 에덴의 동쪽에서 영원한 저주와 끝없는 절망의 삶을 살아야 했습니다.

그러나 하나님은 그들을 그대로 버려두지 않으시고 생명나무 되시는 메시아, 즉 예수 그리스도를 보내기로 약속하셨습니다. 그뿐입니까? 하나님은 아담과 하와에게 에덴으로 가는 길을 다시 열어 주셨습니다. 아니, 에덴 동산의 구조와 시스템을 담은 장소를 아담과 하와의 후손에게 주셨습니다. 그것이 무엇입니까? 바로 하나님의 성전입니다.

하나님은 구약의 성전을 통하여 에덴 동산으로 가는 길을 열어 주셨습니다. 그리고 거기에서 생명나무 되신 예수 그리스도를 만나는 은혜와 축복을 주셨습니다. 그러나 이것은 어디까지나 생명나무의 모형적인 은혜요, 예표적인 축복이었습니다. 그러므로 이제는 생명나무의 원형인 메시아가 직접적으로 오셔야 했습니다.

그래서 때가 차매 예수 그리스도가 생명나무의 모형이 아닌 원형으로 오신 것입니다(갈 4:4). 요한복음에서 말하는 대로, 그분은 생명의 빛으로 오셨고, 생명의 물로 오셨으며, 영생의 말씀과 생명의 호흡으로 오신 것입니다. 그러니까 하나님의 언약 신학적인 패러다임으로 볼 때, 예수님은 참 생명나무로 이 땅에 오셨습니다.

아담은 선악과를 선택함으로써 낙원의 삶과 축복의 삶을 빼앗겼지만 예수님이 오심으로써 우리는 영원한 생명과 축복을 얻을 수 있게 되었습니다. 생명나무 되시는 예수 그리스도를 선택해야만 우리가 아담이 빼앗긴 낙원의 삶을 되찾고 복낙원을 회복할 수 있기 때문입니다.

그러면 생명나무 되시는 예수 그리스도를 선택한다는 말은 무슨 말입니까? 그것은 일차적으로 예수 그리스도를 구주로 모시고 왕으로 섬기는 삶을 말합니다. 뿐만 아니라 동시에 예수 그리스도의 가르침, 그분의 영과 말씀을 따라 사는 삶을 말합니다. 다시 말하면, 예수 그리스도를 구주로만 영접하는 것이 아니라 그분의 생명과 가르침과 정신을 따라서 살아야 한다는 말입니다.

요한계시록에 소개된 생명나무

이 생명나무는 요한계시록에도 소개되고 있습니다. 그 생명나무는 생명 강가 좌우에 심겨 있고 달마다 열두 가지 열매를 맺는다고 했습니다.[148] 그리고 그 잎사귀들은 만국을 치료하는 능력을 갖고 있다고 했습니다.

22. 성도여, 영원히 생명나무를!

"또 그가 수정같이 맑은 생명수의 강을 내게 보이니 하나님과 및 어린 양의 보좌로부터 나와서 길 가운데로 흐르더라 강 좌우에 생명나무가 있어 열두 가지 열매를 맺되 달마다 그 열매를 맺고 그 나무 잎사귀들은 만국을 치료하기 위하여 있더라"(계 22:1-2).

무슨 말씀입니까? 이 생명나무야말로, 에덴 동산에서 약속된 영생이 예수 그리스도를 통하여 종말론적으로 성취되었다는 의미입니다. 새 하늘과 새 땅에서 성도들이 누릴 종말론적인 영생을 상징합니다. 하나님은 에덴 동산에서 생명나무를 통하여 영생을 약속하시지 않았습니까? 그러나 아담과 하와는 생명나무를 선택하지 아니하고 선악과를 선택해 버렸습니다.

그럼에도 불구하고 하나님은 다시 생명나무 되시는 예수 그리스도를 보내주셨습니다. 그리고 예수 그리스도를 통하여 이제는 모형으로서가 아니라 원형으로서의 생명나무를 종말론적이고 궁극적으로 완성해 주셨다는 말입니다.

그러면 여기에서 생명나무가 달마다 열두 가지 열매를 맺고 그 잎사귀가 만국을 치료한다는 말은 무슨 의미입니까? 그것은 영원히 완성된 하나님의 나라에서 예수 그리스도를 통해 나오는 그 생명이

---

148) 강 좌우에 있는 각종 먹을 과실나무에 대한 이미지는 이미 에스겔서에서 소개되었다. "강 좌우 가에는 각종 먹을 과실나무가 자라서 그 잎이 시들지 아니하며 열매가 끊이지 아니하고 달마다 새 열매를 맺으리니 그 물이 성소를 통하여 나옴이라 그 열매는 먹을 만하고 그 잎사귀는 약 재료가 되리라"(겔 47:12). 여기에 나타난 나무는 창세기 2장 9-17절의 생명나무의 이미지를 암시하고 있고, 요한계시록 22장 2절의 종말론적인 생명나무를 바라본다.

새 인류를 향하여 끝없이 편만하게 전달될 것이라는 말입니다.[149]

결국 구속사적으로 볼 때 생명나무로 오신 예수님은 생명나무의 진정한 은혜와 능력을 종말론적으로 완성해 주신 것입니다. 그러므로 생명나무는 천상세계에서 새 인류의 영원한 생의 원리가 되고 삶의 영원한 양식이 될 것입니다.

따라서 우리가 영원한 천국에 입성하게 되면 우리는 다른 양식을 먹고 살지 않습니다. 오직 생명나무, 다시 말하면 영원한 예수님의 생명에 대한 은유적 표현인 생명나무 열매만 따 먹고 살게 됩니다. 그리고 영원한 생명 강가에서 진정한 생명수가 되시는 예수 그리스도의 은혜만 마시고 누리며 살게 됩니다.

그때는 우리가 밥을 해 먹고 반찬을 만들어 먹는 그런 삶을 살지 않습니다. 생명나무 되시는 예수 그리스도가 우리의 영원한 생의 원리요, 삶의 방식이 되신다는 말입니다. 그 생명나무 열매만 따 먹고 생명 강가에서 영원한 생명수만 마시고 살게 된다는 말입니다.

얼마나 아름다운 세계요, 복된 삶이겠습니까? 바로 그 세계는 에덴이 회복된 천상의 세계입니다. 아담이 살았던 에덴의 영광을 훨

---

[149] 에스겔 47장 12절에 나오는 과실나무의 열매는 먹을 만하고 그 잎사귀는 약 재료가 된다고 하였다. 그런데 에스겔서에 나오는 잎사귀의 약 재료는 이스라엘만을 위한 것이었지만, 요한계시록 22장 2절에 나타나는 생명나무의 잎사귀는 만국을 치료하기 위해 있다. 예수 그리스도를 통하여 나타난 하나님의 구속의 역사와 생명의 은혜는 열방으로부터 온 모든 하나님의 백성들에게 영원토록 임할 것이다. 참조. Osborne, *Revelation*, 772.

씬 더 뛰어넘고, 처음 에덴 동산의 영광과는 비교할 수도 없는 아름다운 동산의 삶입니다. 그래서 우리는 그 새 하늘과 새 땅을 사모하며 살아갑니다. 저 영원하고 아름다운 복락원의 삶을 사모하며 살아갑니다. 이런 이야기를 할 때마다 생각나는 노래가 있지 않습니까?

> ♪ 아름답다 저 동산 우리 다 같이 가보세
> 무궁세월 흐르는 풍파가 일지 않는 곳
> 평화의 동산 백합화 피고 공기는 신선
> 아 저 아름다운 저 동산
> 저 아름다운 저기 묘한 음악 천군 천사 화답함이라
> 주님의 동산 아름다운 산 주님의 집은 아름답고 좋도다
> 영원무궁 변함없는 우리들의 집이라
> 평화의 동산 고요한 미풍 천사의 노래
> 곱게 곱게 들린다 사면으로 사면으로 이리저리 퍼진다
> 백합화 피는 곳 평화의 동산에
> 주님이 계신 곳 평화의 동산

새에덴교회의 비하인드 스토리

우리 교회의 이름이 '새에덴교회'가 아닙니까? 제가 개척하기 전에 교회 이름을 짓느라 얼마나 생각을 많이 했는지 아십니까? 저는 신학교 다닐 때 구원사와 언약 신학, 그리고 하나님 나라에 대해 공부를 많이 한 사람입니다.

그래서 어떻게 하든지, 비록 교회가 지상에 있지만, 지상 교회로서 때 묻지 않고 어떻게 하면 천상 교회의 이미지를 추구하며 천상 교회를 닮은 교회로 만들어 볼까 하는 그런 고민을 많이 했습니다. 그리고 그런 이미지가 담겨 있는 교회 이름을 많이 생각해 봤습니다.

그중의 하나가 '신천지교회'였습니다. 이 말은 '새 하늘과 새 땅의 교회'라는 말입니다. 그런데 그때 '신천지교회'라고 안 짓기를 정말 잘했습니다. 저희 교회가 하마터면 이단 교회가 될 뻔하지 않았습니까? 또 '생명나무교회'도 생각해 봤습니다. 그러나 그때만 해도 생명나무교회라고 하면, 이해가 잘 안 되던 때였습니다.

또 제가 개척한 교회는 틀림없이 부흥하게 될 텐데, 그러다 보면 저와 저희 교회를 싫어하고 배 아파하는 목사님들이 계실지도 모릅니다. 그렇게 되면 그분들이 저를 싫어해서 교회 이름을 선악과교회로 지을까봐 생명나무교회로 이름을 짓지 않았습니다.

그러다가 생각 끝에 '새에덴교회'라고 이름을 지은 것입니다. 이 새에덴교회야말로 생명나무의 신앙이 그 중심을 이루는 이름이라고 확신했습니다. 또한 에덴 동산이 회복된 영원한 천상 교회의 이미지를 담고 있으며, 천상 세계를 추구하는 아름다운 교회의 이름이라고 확신했습니다. 지금 생각해 봐도 얼마나 아름다운 교회요 복된 교회의 이름입니까?

특별히 우리 지상 교회 성도들은 생명나무를 선택하는 훈련을 해야 합니다. 왜냐하면 주님께서 지상에서 생명나무 신앙을 인내와

22. 성도여, 영원히 생명나무를!

믿음으로 지키고 생명나무를 선택하는 성도들에게 영원한 천상 교회의 온전하고 풍성한 생명나무를 약속하셨기 때문입니다.

히브리서 4장을 보면, 지상 교회 성도들은 안식에 들어가기를 힘써야 한다고 말합니다. 왜냐하면 이 지상에서 안식에 들어가기를 힘쓰는 자들은 예수 그리스도로 인하여 주어진 안식을 이 땅에서 누릴 뿐만 아니라 영원한 천국에서도 더 풍성하게 누릴 수 있기 때문입니다.

> "그런즉 안식할 때가 하나님의 백성에게 남아 있도다 이미 그의 안식에 들어간 자는 하나님이 자기의 일을 쉬심과 같이 그도 자기의 일을 쉬느니라 그러므로 우리가 저 안식에 들어가기를 힘쓸지니 이는 누구든지 저 순종하지 아니하는 본에 빠지지 않게 하려 함이라"(히 4:9-11).

이처럼 우리는 이 땅에서 안식에 들어가기를 힘쓰며, 동시에 생명나무를 선택하는 훈련을 해야 합니다.

구약 성도들의 생명나무 훈련

이것은 구약에서도 마찬가지였습니다. 하나님이 구약 백성들에게 생명나무 되시는 예수 그리스도를 메시아로 보내주실 것을 약속하셨습니다. 그러므로 구약 백성들은 앞으로 오실 생명나무 되신 예수 그리스도를 바라보고 소망하며 믿음으로 구원을 받았습니다. 그리고 하나님의 자녀로 살아갔던 것입니다. 그런데 이런 구원사적인 노정 속에서, 갑자기 잠언서에 생명나무가 소개되지 않습니까?

잠언서에 소개된 생명나무는 구약 백성들에게는 은유적이고 상징적인 표현으로 언급되고 있습니다. 다시 말해, 구약 백성의 삶 속에서 선택하고 따라야 할 지혜와 형통과 축복과 승리의 길을 상징적인 생명나무로 소개한 것입니다.[150]

그렇게 함으로써 구약의 백성들도, 생명나무의 길을 선택하고 생명나무의 은혜를 누릴 수 있도록 하신 것입니다. 그렇게 생명나무의 신앙을 붙들고 생명나무를 선택하는 삶을 사는 자들이 예수 그리스도의 풍성한 생명과 승리와 축복을 누렸을 뿐만 아니라, 저 영원한 천국에서도 생명나무의 은혜와 풍성함을 온전히 누릴 수 있을 것이기 때문입니다.

신약 백성들은 더더욱 그렇습니다. 지금 지상 교회에서 믿음과 인내로 생명나무를 선택하는 삶을 훈련하며 살아가는 성도들이 저 영원한 천상 세계에서 생명나무의 은혜와 영광을 영원히 누리며 살 것이기 때문입니다. 그래서 저는 이 사실을 도표로 그려서 자주 설명하지 않습니까?

에덴 동산 → 성막·성전 → 예수 그리스도 성전 → { 성도 성전 (개인 성전) 교회 성전 } (전체 성전) → 생명나무 선택 → 천상 성전

하나님은 에덴 동산에서 생명나무를 통해 영원한 생명을 약속하셨습니다. 그런데 아담과 하와가 선악과를 따먹고 그 영생을 빼앗

---

150) 이희성, "생명나무의 신학적 의미와 적용: 창세기와 잠언을 중심으로," 141.

겨 버리고 말았습니다. 그러나 하나님은 다시 그런 아담과 하와에게 생명나무 되신 예수 그리스도를 약속하셨습니다. 그리고 성막과 성전을 통해서 아담의 후손들에게 에덴으로 가는 길을 허락해 주셨고, 생명나무의 은혜를 맛보기 식으로 누리도록 허락해 주셨습니다.

그런데 때가 차매 마침내 예수 그리스도가 생명나무로 오신 것입니다. 그분은 오셔서 돌과 나무로 지은 성전을 다 무너뜨리고, 친히 하나님의 진정한 성전이 되어 주셨습니다. 그리고 십자가에 죽으심을 통해서 그를 믿는 성도들을 당신의 개인 성전으로 삼아 주셨고, 그 성도들이 모여서 주님의 몸 된 교회를 이루게 하신 것입니다.

이때 성도와 교회가 할 일이 무엇인지 아십니까? 그저 우리는 생명나무를 선택하는 삶을 살아야 합니다. 바로 생명나무 되신 예수 그리스도를 믿고 따르는 것입니다. 왜냐하면 요한계시록은 생명나무 신앙을 지키는 성도들에게 천상 성전에서 생명나무로 상징된 치유와 종말론적인 예수 그리스도의 영원한 생명을 약속하고 있기 때문입니다(계 22:2).

특별히 제가 담임하고 있는 교회는 '새에덴교회' 입니다. 그러므로 새에덴교회 성도들은 더 생명나무를 선택하는 훈련을 하고 있습니다. 우리는 천상에서뿐만 아니라 지상에서도 새에덴교회 성도로 살아가야 하기 때문입니다. 진정한 생명나무 신앙을 지키는 새에덴의 백성들은 예수 그리스도 안에서 생명나무의 은혜를 영원히 누리고 차지하는 소망이 있기 때문입니다.

이처럼 생명나무를 선택하는 삶을 살아가는 모든 성도들에게 주님은 영원한 천국에서도 생명나무 되시는 예수 그리스도의 종말론적인 영생과 은혜를 약속하셨습니다(계 22:14).

지상 교회에서 생명나무를 선택한다는 말의 의미

그러면 요한계시록적으로 볼 때 성도가 지상 교회에서 생명나무를 선택하는 삶을 사는 것을 어떻게 말하고 있습니까?

1) 거룩한 영적 전쟁에서 싸워 이기는 삶을 말합니다.[151]

"귀 있는 자는 성령이 교회들에게 하시는 말씀을 들을지어다 이기는 그에게는 내가 하나님의 낙원에 있는 생명나무의 열매를 주어 먹게 하리라"(계 2:7).

우리 주님께서 이기는 자에게만 영원한 천상 세계의 생명나무 열매를 주어 먹게 하신다고 하지 않습니까? 그러므로 지상 교회 성도들은 항상 거룩한 전쟁을 해나가야 합니다.[152] 그래서 천상 교회는 영원한 승리의 교회이지만 지상 교회는 전투적인 교회입니다.

---

151) 요한계시록의 중요한 주제들 가운데 하나는 '이기는 자' 이다. '이기는 자' ($T\tilde{\omega}$ $\nu\iota\kappa\tilde{\omega}\nu\tau\iota$, 토 니콘티)란 운동 경기나 군사적인 은유이며 적수에 대한 우위와 승리를 함의하고 있는 용어이다. 이 단어는 신약에서 총 26회 사용되었다. 그 가운데 21회가 요한 문헌에 나타나고, 15회가 요한계시록에서 사용되었다. 참고. Osborne, *Revelation*, 122.
152) 성도의 거룩한 전쟁에 대해서는 필자의 다음 책을 참고하라. 소강석,《거룩한 전쟁 I》(서울: 쿰란출판사, 2011).

그러면 지상 교회가 싸우는 전투의 내용은 무엇입니까? 크게는 선악과를 선택할 것이냐, 생명나무를 선택할 것이냐의 싸움이라고 할 수 있습니다.

이 거룩한 전쟁은 에덴 동산에서부터 시작되었습니다. 하나님께서는 아담과 하와에게 생명나무를 선택하라고 하셨지만 마귀가 선악과를 선택하라고 꾄 것입니다. 그 이후에 계속해서 인류는 선악과를 선택할 것인가 생명나무를 선택할 것인가에 대한 전쟁을 했습니다.

에덴의 동쪽에서부터 이 세상에는 두 개의 도성이 생겼습니다. 어거스틴의 표현대로, 하나는 인간의 도성이고, 다른 하나는 하나님의 도성입니다. 어거스틴은 인간의 도성에는 선악과가 중심이고, 하나님의 도성에는 생명나무가 중심이 된다고 했습니다.

선악과가 중심이 된 인간의 도성에서는 사탄이 신화를 만들어서 신화의 선악과를 따게 했습니다. 그래서 고대 근동의 사람들은 신화에 눈이 씌어서 하나님을 모르고 인간의 도성에서 신화 속에 나오는 신들을 섬기며 살아왔습니다. 그러나 하나님의 도성에 사는 사람들에게는 생명나무의 계시가 있었습니다. 그래서 생명나무의 은혜를 소망하며 생명나무를 선택하며 살아왔습니다. 이런 역사는 신약에서도 계속되었습니다.

로마, 인간의 가시적 도성 속에서

특별히 요한계시록의 수신자들은 로마 시대를 살아가고 있었습니다. 당시 로마는 거대한 인간의 도성의 가시적인 모습이었습니다. 그런데 이 로마 안에도 하나님의 도성이 있었습니다. 이 도성 안에서 사는 사람들은 생명나무 되시는 예수 그리스도 때문에 엄청난 핍박과 박해를 받았습니다.

그 핍박과 박해 속에서도 하나님의 도성 안에 살아가는 성도들은 생명나무의 믿음과 소망으로 살아갔습니다. 그럼에도 불구하고 사탄은 하나님의 도성 안에서 살아가는 사람들까지도 유혹하였습니다.

"지금 당장 생명나무 은혜를 포기하고 선악과를 선택하면 편안하게 살 수 있는데……. 핍박을 받게 하는 생명나무를 버리고 평안과 자유를 주는 선악과를 선택하면 얼마든지 행복하고 편안하게 살아갈 수 있을 텐데……."

이것이 로마 시대 속에 살아가는 성도들의 거룩한 영적 전쟁이었습니다. 로마 시대를 살아가는 성도들은 그 핍박과 고난 속에서도 생명나무를 선택하는 훈련, 그리고 전쟁을 해야 했습니다. 그래서 주님은 말씀하시지 않습니까? 바로 이 거룩한 영적 전쟁에서 승리한 자만이 영원한 천상에서도 생명나무를 따 먹고 온전히 차지하게 되는 은혜를 입게 될 것이라고 말입니다. 이처럼 생명나무를 선택하는 삶을 산다는 말은 거룩한 전쟁에서 승리하고 이기는 것을 말합니다.

그렇다면 오늘날 이 시대를 살아가는 성도들에게 선악과를 통한 거룩한 전쟁은 무엇이겠습니까? 그것은 사람들에 따라 다양하지 않겠습니까? 어떤 사람에게는 세속적인 타락과 싸우는 것이 될 수도 있습니다. 이제 좀 먹고 살 만하고 경제 수준이 높아졌다고 정말 기도하고 경건하게 살며 헌신하며 사는 역설적 신앙보다는 자기 스스로 자유롭게 살며 나태하고 안일하게 살아가려고 합니다.

또 어떤 사람에게는 도덕적이고 지식적인 교만의 선악과를 선택하기도 합니다. 요즘은 사람들이 복음보다 도덕과 지식을 더 추구하려는 경향이 있습니다. 또 하나님보다는 인간적인 신앙을 추구하려고 합니다. 그것을 가지고 사탄이 현대인에게 선악과로 접근하기 때문입니다. 그래서 교만한 마음을 가지고 교회와 성도들을 정죄하고 비난하며 공격합니다.

그런데 성도들마저도 이러한 선악과의 유혹에 빠져서 헤매는 삶을 살아갑니다. 그러나 우리는 이러한 거룩한 전쟁에서 이기는 삶을 살아야 합니다. 예수 그리스도를 따르지 않고 선악과를 선택하는 삶만을 산다면 우리가 어떻게 영광스런 천국에서 온전히 생명나무의 은혜를 누릴 수 있겠습니까?

천국이 얼마나 영광스러운 곳인지 아십니까? 다시는 죽음이 없고, 아픈 것도, 애통하는 것도 전혀 없이 예수 그리스도와 함께 영원히 사는 곳입니다.[153] 거기서 우리는 영원히 생명나무를 따 먹고 영생의 은혜를 누리며 살게 됩니다.[154] 그러므로 우리는 이 땅에서 부지런히 생명나무를 선택하는 삶을 살아야 합니다. 생명나무를 선택하는 전쟁에서 이기는 자가 되어야 합니다.

그러기 위해서 언제나 우리는 생명나무의 시각으로 현실을 바라봐야 합니다. 우리의 눈이 생명나무의 안경을 쓰게 될 때 우리 내면의 가치관과 세계관이 생명나무화될 수 있습니다. 그래야 우리가 거룩한 영적 전쟁에서 승리하게 되고, 언제나 생명나무만 선택하는 연습을 반복하게 됩니다. 그리고 영원한 천국에서 생명나무를 온전히 차지하게 될 것입니다.

> ♪ 똑바로 보고 싶어요 주님 온전한 눈짓으로
> 똑바로 보고 싶어요 주님 곁눈질하긴 싫어요
> 하지만 내 모습은 온전치 않아 세상이 보는 눈은
> 마치 날 죄인처럼 멀리하며 외면을 하네요
> 주님 이 낮은 자를 통하여 어디에 쓰시려고
> 이렇게 초라한 모습으로 만들어 놓으셨나요
> 당신께 드릴 것은 사모하는 이 마음뿐

---

153) "내가 들으니 보좌에서 큰 음성이 나서 이르되 보라 하나님의 장막이 사람들과 함께 있으매 하나님이 그들과 함께 계시리니 그들은 하나님의 백성이 되고 하나님은 친히 그들과 함께 계셔서 모든 눈물을 그 눈에서 닦아 주시니 다시는 사망이 없고 애통하는 것이나 곡하는 것이나 아픈 것이 다시 있지 아니하리니 처음 것들이 다 지나갔음이러라"(계 21:3-4).

154) "요한계시록 2장 7절은 이기는 자에게 하나님의 낙원에 있는 생명나무의 열매를 주어 먹게 하겠다고 약속한다. 이 말씀은 마지막 에덴에서는 첫 에덴의 저주가 없어지고 하나님의 백성들에게 생명나무의 열매로 상징된 하나님의 임재가 회복될 것이라는 것이다. 즉 다시 생명나무로 나아가는 길이 열리고 에덴 동산에서 누렸던 하나님의 임재가 회복될 것을 약속한다(창 3:24). 참조. 이희성, "생명나무의 신학적 의미와 적용: 창세기와 잠언을 중심으로," 55.

이 생명도 달라시면 십자가에 놓겠으니

허울뿐인 육신 속에 참 빛을 심게 하시고

가식뿐인 세상 속에 밀알로 죽게 하소서

2) 날마다 두루마기를 빠는 것을 의미합니다.

"자기 두루마기를 빠는 자들은 복이 있으니 이는 그들이 생명나무에 나아가며……"(계 22:14).

두루마기를 빠는 것은 무엇을 의미합니까? 언제나 죽은 행실을 회개하며[155] 생명나무의 은혜로 도덕적이고 영적인 거룩한 삶을 살려고 하는 것을 말합니다. 다시 말하면, 순간순간 선악과를 선택하는 삶을 회개하고 다시 생명나무를 선택할 것을 결단하며 사는 삶을 말합니다.

어찌 사람이 항상 생명나무만 선택할 수 있겠습니까? 사람인지라 순간순간 선악과를 선택할 수도 있습니다. 왜냐하면 우리는 선악과를 따 먹은 아담과 하와의 후손이기 때문입니다. 그래서 그 아담과 하와의 선악과를 따 먹었던 본성이 우리 안에 여전히 내재해

---

[155] "두루마기를 빠는"이란 표현은 요한계시록 7장 14절과 함께 해석해야 한다. "……어린 양의 피에 그 옷을 씻어 희게 하였느니라"(계 7:14). 이 두 구절 모두 πυλών (퓰론, 빨다)이란 단어를 사용하기 때문이다. 요한계시록 7장 14절에서 나타나는 ἐπλυναν(에퓰난)은 부정 과거로 과거의 한 시점에 발생한 행위를 의미한다. 반면에, 요한계시록 22장 14절에 나타난 πλύνοντές (플류논테스)는 현재 분사형으로 직접적이며 지속되는 영적인 행위를 의미한다. 참고. Stephen S. Smalley, *The Revelation to John: A Commentary on the Greek Text of the Apocalypse* (Downers Grove: InterVarsity, 2005), 573.

있기 때문입니다. 그래서 나도 모르게 여전히 선악과를 선택할 수 있습니다.

저 자신도 마찬가지입니다. 생명나무를 연구하고 설교한 목사이지만, 저 자신도 모르게 선악과를 선택할 때가 있습니다. 그러나 그것을 바로 깨닫자마자 회개합니다. "이래서는 안 되지……. 내가 선악과를 선택해서야 되겠나……. 이제라도 생명나무를 선택해야지……. 그래서 내가 더 도덕적으로나 영적으로나 거룩하고 경건한 삶을 살아야지……." 이렇게 고백하고 회개하는 것이 바로 두루마기를 빠는 것입니다.

원래 우리 성도들은, 거룩한 세마포 옷을 입습니다. 그런데 그 세마포 옷은 무엇을 상징합니까? 의롭고 거룩한 삶을 상징합니다.

> "그에게 빛나고 깨끗한 세마포 옷을 입도록 허락하셨으니 이 세마포 옷은 성도들의 옳은 행실이로다 하더라"(계 19:8).

그러나 이런 세마포 옷도 선악과를 선택함으로써 더러워질 수 있습니다. 그때마다 우리는 더럽혀진 세마포 옷을 회개함으로 빨아야 합니다. 이것이 두루마기를 빠는 것이고 생명나무를 다시 선택하는 것입니다. 바로 이런 사람들이 영원한 천국에서 생명나무를 온전히 차지하며, 따 먹고 누립니다. 이들은 문들을 통하여 거룩한 성, 새 예루살렘 성에 들어갈 권세를 가지게 됩니다(계 22:14). 새 예루살렘 성에서 예수 그리스도의 영원한 생명을 누리게 됩니다.

22. 성도여, 영원히 생명나무를!

♪ 거룩하기 원합니다 진심으로 진심으로

거룩하기 원합니다 진심으로

진심으로 진심으로

거룩하기 원합니다 진심으로

3) 말씀을 제멋대로 가감하지 않고, 온전히 말씀을 따라 사는 삶을 의미합니다.

"내가 이 두루마리의 예언의 말씀을 듣는 모든 사람에게 증언하노니 만일 누구든지 이것들 외에 더하면 하나님이 이 두루마리에 기록된 재앙들을 그에게 더하실 것이요 만일 누구든지 이 두루마리의 예언의 말씀에서 제하여 버리면 하나님이 이 두루마리에 기록된 생명나무와 및 거룩한 성에 참여함을 제하여 버리시리라"(계 22:18-19).

기록된 말씀을 자기 멋대로 가감하는 자는 누구든지 재앙과 저주를 받을 뿐 아니라 영원한 천국에서 생명나무를 절대로 차지할 수 없다고 말하지 않습니까? 물론 이것은 크게 볼 때 각종 이단들에게 하시는 말씀이라고 할 수 있습니다.[156] 말씀을 제멋대로 가감해서 자기가 재림주니, 자기가 보혜사니 하면서 사람들을 미혹하는 이단들은 반드시 지옥에 갈 뿐만 아니라, 절대로 생명나무 은혜와

---

156) 하나님의 말씀을 가감한다는 의미는 거짓 선지자의 가르침을 따라 불순종하는 삶을 사는 것이다. 당시 에베소 교회, 버가모 교회, 두아디라 교회는 거짓 선지자들의 가르침의 공격을 받고 있었다(계 2:2, 14-15, 20). 아마도 사도 요한은 신명기 4:1-2, 12:32, 29:19-20을 염두에 두고 있었을 것이다. 특히 신명기 4장 2절은 "내가 너희에게 명령하는 말을 너희는 가감하지 말고 내가 너희에게 내리는 너희 하나님 여호와의 명령을 지키라"고 기록하고 있다. 참조. G.K . Beale, *The Book of Revelation: A Commentary on the Greek Text* (Carlisle: Paternoster, 1999), 1151.

축복을 소유하지 못한다는 것입니다.

그러나 이 말씀이 이단에게만 해당되는 것은 아니라고 봅니다. 교회 내에 있는 성도들을 위한 말씀이기도 합니다. 요즘 성도들은 하나님의 말씀대로 신앙생활을 하려고 하는 것이 아니라 자기 취향대로 교회 생활을 하려고 합니다. 그러다 보면 말씀을 자기 멋대로 가감하는 실수를 범할 수 있습니다.

이런 사람들은 귀가 가려져 말씀 외에도 다른 이야기를 듣고 싶어합니다.[157] 그런 욕구가 있습니다. 주의 종의 정상적인 가르침보다는 뭔가 새로운 것을 듣고 싶어합니다. 그러다 보면 이단의 성경공부에 참여하거나 꼬임에 빠져서 이단에 빠질 수가 있습니다. 또 하나님 외에 각종 우상을 섬길 수도 있습니다. 이런 사람은 절대로 생명나무의 은혜를 차지할 수 없습니다.

그러므로 우리는 어떠한 경우에도 하나님의 말씀을 가감해서는 안 됩니다. 말씀대로 따르고 말씀대로 순종하며 말씀대로 오직 하나님만을 섬겨야 합니다. 그런 사람만이 영원한 천국에서 온전히 생명나무를 차지하게 된다는 말입니다.

지상 교회 성도들은 저 영원한 천국에 입성하기 전까지 끊임없이 생명나무를 선택하는 삶의 훈련을 해야 합니다. 인내와 믿음으

---

[157] "때가 이르리니 사람이 바른 교훈을 받지 아니하며 귀가 가려워서 자기의 사욕을 따를 스승을 많이 두고 또 그 귀를 진리에서 돌이켜 허탄한 이야기를 따르리라"(딤후 4:3-4).

로 하나님의 말씀을 붙들고 순종하는 삶을 사는 생명나무 신앙을 지켜야 합니다. 왜냐하면 주님은 생명나무 신앙을 붙드는 자들에게 거룩한 성에 참여하여 생명수를 마시는 영광스런 은혜를 약속해 주셨기 때문입니다(계 22:2, 14, 17).[158]

그러므로 우리는 영원히 생명나무를 선택해야 합니다. 생명나무 신앙만이 교회의 영광성과 거룩성을 다시 회복하며 시대와 역사의 대지 위에 빛을 발할 수 있습니다. 잠든 우리의 심령에 다시 생명의 능력이 철철 흘러넘치게 할 수 있습니다.

생명나무 신앙은 제 목회의 보화요, 목숨과도 바꿀 수 없는 값진 진리입니다. 제게 숨을 거두기 전 마지막 한 편의 설교를 하라고 한다면 1초의 주저함도 없이 생명나무 설교를 할 것입니다. 그만큼 생명나무는 제 생명이요, 기업이요, 마지막까지 외쳐 부르다 죽을 진리입니다.

메마른 광야를 적시며 거침없이 흘러온 푸른 장강(長江)의 물결처럼 이제 장엄한 생명나무 대서사를 맺으려 합니다. 눈을 떠도, 눈을 감아도 항상 나의 붉은 심장을 뛰게 하는 한국 교회의 영광성과 거룩성 회복을 향한 사명감과 거룩한 열정들……. 이제 혼돈과 공허의 블랙홀에 빠져 표류하고 있는 한국 교회를 다시 회복할 수 있

---

[158] 생명나무 신앙을 붙든다는 의미는 예수 그리스도를 믿는 믿음을 간직하고 그분의 말씀에 온전히 순종하는 것이다. 믿음은 하나님의 은혜로 주어지는 하나님의 최고의 선물이다. 그러므로 성도는 그 어떤 상황 가운데서도 예수 그리스도를 향한 믿음을 배반하지 않고 그분의 말씀을 순교의 정신으로 순종해야 한다.

는 길은 생명나무 신앙밖에 없습니다. 갈기갈기 찢기고 상처받은 한국 교회와 성도들의 가슴을 치유하고 회복할 수 있는 길도 우리가 다시 생명나무 신앙으로 돌아가는 것입니다.

그러므로 한국 교회여, 다시 생명나무를 선택합시다. 새 하늘과 새 땅에서 영원한 생명나무의 은혜를 누립시다. 아니, 새 예루살렘 성에 나아가 예수 그리스도의 영원한 생명을 우리 모두 함께 누립시다. 이 땅의 모든 성도여, 숨질 때 되도록 마지막까지 생명나무를 붙잡읍시다. 저 영원한 축복의 생명나무를!

생명나무

1판 1쇄 발행 _ 2012년 10월 5일
1판 7쇄 발행 _ 2025년 6월 20일

지은이 _ 소강석
펴낸이 _ 이형규
펴낸곳 _ 쿰란출판사

주소 _ 서울특별시 종로구 이화장길 6
편집부 _ 745-1007, 745-1301~2, 743-1300
영업부 _ 747-1004, FAX 745-8490
본사평생전화번호 _ 0502-756-1004
홈페이지 _ http://www.qumran.co.kr
E-mail _ qrbooks@daum.net / qrbooks@gmail.com
한글인터넷주소 _ 쿰란, 쿰란출판사
페이스북 _ www.facebook.com/qumranpeople
인스타그램 _ www.instagram.com/qrbooks
등록 _ 제1-670호(1988.2.27)
책임교열 _ 김향숙·송은주

ⓒ 소강석 2012   ISBN 978-89-6562-360-1 93230

책값은 뒤표지에 있습니다.
이 출판물은 저작권법에 의해 보호를 받는 저작물이므로 무단 복제할 수 없습니다.
파본(破本)은 구입처에서 교환해 드립니다.